Toskana

Als ich vorgestern den Apennin hinunterfuhr und mich Florenz
näherte, hatte ich starkes Herzklopfen. Wie kindisch! (...)
Vor dem Livorno-Tor (...) sah ich viele Frauen, die vom Lande
kamen, und ich bemerkte, dass sie sehr schöne Augen hatten;
aber diese Gesichter verraten nichts von ... dem leidenschaft-
lichen Wesen der Lombardinnen. Erhitzte Gemüter wird man in
Toskana niemals finden, dafür aber Geist, Stolz, Vernunft und
etwas leise Herausforderndes.

Stendhal, Rom, Neapel und Florenz, 1817

Reisebuch
Toskana

Lebensart, Land & Leute

Monika Kellermann
Thilo Weimar

BRUCKMANN

Inhalt

Oben: Blick vom Kirchturm auf Sienas Altstadtpalast
Unten: Fresken der Libreria Piccolomini im Dom von Siena

Der »Mythos Toskana«   8

Florenz und das reizvolle Umland   12
Prachtvolles Tor in die Toskana   14

1 Florenz – Mercato San Ambrogio Für Flaneure –
   Erlebnisse für alle Sinne   16
2 Florenz – Der Dom In und auf dem Dom und
   darum herum   20
3 Florenz – Piazze Zwei Plätze, zwei Gesichter der Stadt   22
4 Florenz – Um S. Maria Novella Streifzug durch
   das quirlige Genussviertel   24
5 Florenz – Ortrarno Über den Ponte Vecchio auf
   die andere Seite des Arno   26
6 Florenz – Via Tornabuoni Auf den Spuren der Mode
   statt Kunst und Kultur   28
7 Fiesole Auf dem »Balkon von Florenz« im Mugello-Tal   30
8 San Casciano Die Weinberge im Val di Pesa   32
9 Prato Die pulsierende Textilmetropole   34
10 Prato Ausflugsziele rund um Prato   36
11 Pistoia Europas größtes Baumschulzentrum   40
12 Monsummano Terme Schwitzen oder
   Schokolade naschen   44
13 Montecatini Mondäner Kurort mit Charme   46
14 Pescia & Collodi Blumenmarkt & Pinocchio   48
15 Montalbano & Vinci Weinberge und
   Olivenhaine   52
16 Lamporecchio Ein Gespräch mit Andreas März   54

Chianti – Rotweinkultur in Purezza   56
Eine Reise von Weingut zu Weingut   58

17 Impruneta Kunstwerke aus Terracotta   60
18 Greve & Panzano Schlemmerparadies und
   Vino al Vino   62
19 Radda Weindorf mit Weitblick   66
20 Badia a Coltibuono Kochen und Wein
   genießen   70
21 Gaiole Im Land der Weinburgen   72
22 Castellina in Chianti Kleinod mit bella vista   74
23 Pievasciata Kunst und Natur im Einklang   76
24 Castelnuovo Beradenga Begehrtes Ziel fur
   Weinliebhaber   78
25 San Gimignano Und ewig steppt das
   Mittelalter   80
26 San Gimignano Treffpunkt Piazza della
   Cisterna   84
27 Certaldo Boccaccio an allen Ecken   86

28 **Montaione & San Miniato** Entdeckungstour
     mit Vito Lacerenza   88
29 **Volterra** Magie des Mittelalters   92
30 **Colle di Val d'Elsa** Die Kristall-Stadt   94
31 **Monteriggione** Nicht nur schöne Aussicht   96

Von Siena bis Montalcino   98
Stolze Kunst, sanfte Hügel und große Rotweine   100

32 **Siena** Juwel gotischer Kunst   102
33 **Siena** Faszinierend und einzigartig – Il Campo 104
34 **Siena** Il Palio – Wettkampf mit Tradition   106
35 **Siena** Genussvolle Entdeckungstour   108
36 **Rund um Siena** Abseits der Touristenpfade   110
37 **Asciano und die Crete Senesi** Metropole
     der Schafzucht   112
38 **San Giovanni d'Asso** Verlockend duften
     die Trüffel   114
39 **Monte Oliveto Maggiore** Hier lässt sich gut
     beten und einen Gang zurückschalten   116
40 **Buonconvento** Malerisch und (noch) abseits
     der Touristenströme   118
41 **Montalcino** Mekka der Weinliebhaber   120
42 **Montalcino** Auf Winzer-Entdeckungstour   122
43 **Montalcino** Shopping-Paradies par excellence 124
44 **Sant' Antimo** Magischer Anziehungspunkt   126
45 **Monte Amiata** Sehenswertes am Fuß des
     Berges   128
46 **Bagno Vignoni** Malerisch mit dampfenden
     Thermen   130

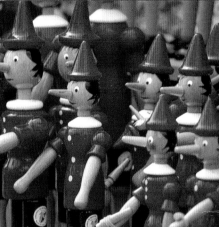

Von Arezzo bis Montepulciano   132
Ein ganz besonderer Mix aus Kunst und Landwirtschaft 134

47 **Arezzo** Geschichtsträchtige, pulsierende Stadt 136
48 **Arezzo** Ein kultureller Spaziergang   140
49 **Valtiberina** Im Tiber-Tal nach Borgo
     Sansepolcro   144
50 **Castiglione Fiorentino** In fruchtbarem
     Bauernland   146
51 **Cortona** Die schöne Unbekannte   148
52 **Valdichiana** Weites Land und weiße Rinder   150
53 **Lucignano & Sinalunga** Kulinarische
     Einkaufsziele   152
54 **Pienza** Schmuckstück der Renaissance   154
55 **Montepulciano** Nobile – nicht nur der Wein   158

Oben: Montalcino – Heimat des weltweit bekannten
Weines Brunello di Montalcino
Mitte: Pinocchio von Collodi – Kultfigur für Kinder
aus aller Welt
Unten: Mode spielt in der Toskana eine
wichtige Rolle

56	**San Biagio** Liebliche Südtoskana	162
57	**San Chianciano** Wo heiße Quellen sprudeln	164
58	**Chiusi** Die fast vergessene Etruskerstadt	166

Maremma und die Südliche Küste 168

Wilde Landschaft, heiße Quellen und feine Weine 170

59	**Pitigliano** Bilderbuchidylle aus Tuffstein	172
60	**Saturnia** Kuren zum Nulltarif	176
61	**Scansano** Heimat der Morellino-Weine	178
62	**Roselle** Ein archäologisches Highlight	182
63	**Monte Argentario** Herrliche Buchten und Vogelparadies und Promitreff	184
64	**Monte Argentario** Die schönsten Strände der südlichen Maremma	186
65	**Parco Naturale della Maremma** Wild und ursprünglich	188
66	**Grosseto** Idyllische Altstadt mit Grüngürtel	190
67	**Massa Marittima** Mittelalterliche Schönheit	194
68	**Abbazia San Galgano** Legendäre Klosterruine der Zisterzienser	198
69	**Suvereto & Castagneto Carducci** Stararchitektur Mitten in den Weinbergen	200
70	**Bolgheri** Ein Dorf schreibt Weingeschichte	202

Livorno und die nördliche Küste 204

Weite Strände, Hafenstädte und Kultur 206

71	**Livorno** Quirlige Hafenstadt mit Charme	208
72	**Livorno – Venezia Nuova** Das grüne Neu-Venedig	212
73	**Pisa** Ein Platz voller Wunder	214
74	**Pisa** Studentenleben zwischen alten Palazzi	218
75	**Pisa** Kuren und genießen im Umland	220
76	**Lucca** Heiter in die Altstadt	224
77	**Lucca** Comics, Jazz und Puccinis Spuren	228
78	**Lucca** Puccini, Olivenhaine und eine Barockvilla	230
79	**Viareggio** Perle am Tyrrhenischen Meer	232
80	**Riviera della Versilia** Sandstrand, Badehaus und Sonnenschirm	234
81	**Pietrasanta** Blaues Meer und Marmorberge	236
82	**Forte dei Marmi** Nobles Seebad am Fuß der Marmorberge	238

Oben: Zypressen und Weinberge prägen überall das toskanische Landschaftsbild.
Mitte: Terrakotta aus Impruneta
Unten: Die kunstvoll gestalteten Etiketten der Fattoria Nittardi in Castellina in Chianti

Alpi Apuane & Garfagnana 240

Dichte Wälder, hohe Berge, leuchtender 242
Marmor

83 **Bagni di Lucca** Zur Kur in ein bezauberndes Bergdorf 244
84 **Barga** Die »Metropole« der Garfagnana 246
85 **Castelnuovo di Garfagnana** Wandern und
gut essen 248
86 **Massa** Lange Strände im Reich der Malaspina 250
87 **Carrara** Erlebnisausflug in Michelangelos
Marmorberge 252
88 **Colonnata** Pilgerfahrt in das Reich des
gewürzten Specks 254
89 **Lunigiana** Waldreiches Hügelland mit
hübschen Dörfern 256

Paradiesische Inseln vor der Küste 258

Einsame Buchten, klares Wasser, unberührte Natur 260

90 **Elba – Portoferraio** Ferienparadies mit
quirliger Hauptstadt 262
91 **Elba – Porto Azzurro** Hübscher Fischerort
und malerische Buchten 266
92 **Elba – Marciana Marina** Die Lieblingsstrände
der Italiener 268
93 **Elba – Monte Capanne** Der wilde Westen
an der Küste 270
94 **Elba – Marina di Campo** Elbas längster
Sandstrand 272
95 **Elba – Rio nell'Elba** Vom Industriezentrum
zum Touristenort 274
96 **Isola Pianosa** Ausflug in unberührte Natur 276
97 **Isola di Montecristo** Einsames, wildromantisches
Naturjuwel 278
98 **Isola del Giglio** Romantisch und von trauriger
Berühmtheit 280
99 **Isola del Giglio** Die etwas andere Urlaubsinsel 282
100 **Isola Capráia** Die wilde Insel der Ziegen 284

Register 286
Impressum 288
Bildnachweis 288

Oben: Der Palazzo dei Vicari in Florenz
Mitte: Das Weben edler Stoffe ist noch ein
verbreitetes Handwerk in der Toskana.
Unten: Modern illuminiert: Der Weinkeller der
Kellerei Petra in Suvereto

Oben: Traumhafte Bucht am Monte Argentario
Mitte: Die Sangiovese-Traube ist eine der vielfältigsten Rebsorten und bildet den Hauptbestandteil des Chianti.
Unten: Die Winzer Marco Pallanti und Lorenza Sebasti vom Weingut Castello di Ama

Der »Mythos Toskana«

»Ich mache Urlaub in der Toskana« – bei dieser Ankündigung werden bei Ihren Freunden sicher die Augen neidisch aufblitzen. »In die Toskana? Großartig!« So oder so ähnlich lautet in der Regel die Antwort. Doch kaum einer wird fragen, welche Ecke der Toskana man besuchen möchte, obwohl sie eine der größten Regionen Italiens und an Vielfältigkeit kaum zu überbieten ist. Wer sie erkundet, wird immer eine Menge entdecken.

Der Reiz der Toskana liegt immer noch in der Einfachheit und in der Authentizität, auch wenn heute viele einfache Bauerngehöfte und alte Dörfer in edle Hotels oder Relais umgewandelt wurden und Weingüter aus dem Boden schießen, deren Besitzer aus aller Herren Länder stammen. Eine relativ unberührte Natur und die Weite der Landschaft locken seit den 1980er-Jahren Touristen aus der ganzen Welt an. Diese Beliebtheit hat der Region einen unglaublichen Aufschwung gebracht und verhalf Winzern, Bauern, Handwerkern und Gastronomen zu lukrativen Verdienstmöglichkeiten.

Unberührte Landstriche und unendliche Weite

Besonders eindrucksvoll erlebt man die unendliche Weite der Toskana in der herben Landschaft der **Crete Senesi** im Südosten der Region. Hier erstrecken sich sanft gewellte Hügel, auf denen sich im Sommer Weizenähren wiegen, drängen sich auf kargen Weiden riesige Schafherden und tauchen immer wieder wie aus dem Nichts Zypressenalleen auf. Es ist eine einzigartige Landschaft, die Maler und Fotografen stets aufs Neue entzückt. Wie mit einer lockeren Handbewegung verteilt, sieht man verstreute kleine mittelalterliche Dörfer oder Trutzburgen, meist auf einem Hügel gelegen, der besseren Übersicht wegen.

Selbst das berühmte und stark frequentierte Chianti-Classico-Gebiet zwischen Florenz und Siena ist mehr als zur Hälfte mit Wald bedeckt und relativ dünn besiedelt. Auf dem Weg von einem Weingut zum anderen führen *strade bianche*, auf denen man freiwillig gerne langsam fährt, oft kilometerlang durch dichte Wälder, bis man die nächste *tenuta* erreicht. Das geschäftige Leben der Einheimischen und Touristen spielt sich in den wenigen kleinen Orten ab.

Ähnlich dünn besiedelte und naturbelassene Landschaften findet man in der **Garfagnana**. Die kleine Provinz liegt im Norden

der Toskana zwischen Ligurien und der Emilia Romagna. Die wilde **Maremma** war lange Zeit sogar weitgehend unbewohnbar, weil ihre weiten Sumpfgebiete eher Moskitos als Menschen anlockten. Obwohl das Gebiet längst trockengelegt ist, blieb die Maremma bislang vom Massentourismus verschont. Ihre unverfälschte Ursprünglichkeit hat sich bis heute weitgehend erhalten. Hier lassen sich Individualtouristen von frei zugänglichen Thermalquellen und anderen Naturphänomenen faszinieren, von herrlichen Sand- und Felsstränden bezaubern und von beeindruckenden Etruskerstädten begeistern. In der Maremma scheint die Zeit noch immer ein wenig langsamer zu vergehen als anderswo.

Die Toskana ist mit knapp 23 000 Quadratkilometern eine der größten Regionen Italiens, mit nur etwa 3,7 Millionen Einwohnern aber auch eine der am spärlichsten besiedelten. Ihre einzigartige Magie basiert sicher auf ihren einmaligen Kulturschätzen, aber auch auf der Unberührtheit ihrer anmutigen, vielfältigen Landschaften.

Ein Schatzkästchen für Kulturinteressierte

In der langen Geschichte der Toskana spielten zahlreiche Einflüsse eine mehr oder minder wichtige Rolle. Am tiefsten und nachhaltigsten geprägt haben sie jedoch die Etrusker und die Renaissance. Die Etrusker waren die Gründer von Städten wie **Arezzo**, **Cortona** und **Chiusi** in der östlichen Toskana. Die Größe und Bedeutung der etruskischen Zentren im Südwesten der Region, wie **Populónia** und **Roselle**, kann man in der Regel nur noch

Oben: Beeindruckend – die Abbazia Sant'Antimo nahe Montalcino
Mitte: Die klassischen weißen Maremma-Rinder
Unten: Blick über Florenz
Links: Nahe der Piazza die Ciompi gibt es viele Antiquitäten-Geschäfte und einen lebhaften Flohmarkt.

anhand von Ausgrabungsfunden festmachen. In der ganzen Toskana zeugen städtebauliche Meisterwerke von den weitreichenden Handelsbeziehungen, dem Wohlstand und der bewundernswerten Kultur des antiken Volkes.

Nach den Etruskern spielten die Römer eine wichtige Rolle und später, wenn auch in geringerem Umfang, die Langobarden und die Franken. Die großen Attraktionen, die wir heute vor allem in den Städten der Toskana bewundern, verdankt die Region vorrangig der Renaissance und den Medici. Was wäre die Toskana ohne den wirtschaftlichen und politischen Einfluss dieser mächtigen Dynastie? Sie hat die Region auf eine Weise geprägt, wie es in der Geschichte nur wenige Beispiele gibt. Über Jahrhunderte gaben die Medici zahllose Kunstwerke in Auftrag und verhalfen auf diese Weise den Künstlern ihrer Zeit zu großem Ansehen. In der ganzen Toskana haben sie prächtige Palazzi, herrliche Schlösser und anmutige Villen hinterlassen. Zweifellos am eindrucksvollsten zeigt sich ihr Einfluss jedoch in Florenz, der Wiege der Renaissance.

Cuciana toscana und der Sangiovese

Die hochgeschätzte toskanische Küche verdankt ihren guten Ruf nicht ihrer Raffinesse, sondern der Qualität der verwendeten Produkte. Es ist eine arme Küche, die nur deshalb so gut schmeckt, weil die *materie prime*, die Grundzutaten, so hochwertig und schmackhaft sind. Der kulinarische Genuss beginnt schon beim Olivenöl. Es ist ausdrucksstark, aromatisch, mit einer ordentlichen Portion Schärfe, also *perfetto* als Würze zum Beispiel für eine *bistecca alla fiorentina*. Womit wir bereits bei einem anderen wichtigen kulinarischen Highlight der Toskana wären: das Fleisch der weißen Chianina-Rinder. Überaus begehrt ist vor allem die etwa ein Kilogramm schwere *bistecca alla fiorentina*, ein T-Bone-Steak vom Chianina-Rind, das auf der sanften Glut eines Holzfeuers langsam rosa und saftig gegrillt wird. Lediglich mit heimischem Olivenöl beträufelt und von einem Glas Chianti-Wein begleitet, ist sie ein unvergesslicher Hochgenuss.

Wahre Pilgerstätten für Genießer sind die Metzgereien in der Toskana, deren Fleisch und schmackhafte Würste Kunden aus der ganzen Welt anlocken. Hülsenfrüchte spielen auch heute noch eine wesentliche Rolle, neben (Kichererbsen) *ceci* werden *fagioli*, die weißen Bohnen, in vielerlei Variationen aufgetischt. Keine lange Tradition haben hingegen *pasta e riso*, denn die *toscani* sind ursprünglich Brotesser. Das toskanische Brot ist salzlos, muss

Oben: Alles wird vorbereitet für die beliebte Aperitivo-Zeit
Mitte: In vielen Weinkellern in der Toskana schlummern edle Tropfen.
Unten: Kleine Snacks zum Aperitivo gehören einfach dazu.

außen kross krachen und die Krume darf keinesfalls zu locker sein. Für unseren Gaumen ist es zwar vielleicht ein wenig gewöhnungsbedürftig, beträufelt man es jedoch mit würzigem Olivenöl oder serviert es zur kräftigen Bohnensuppe *ribolitta*, schmeckt es richtig gut. Wenn man von Käse spricht, ist in der Toskana ein *pecorino* gemeint – mal jung, mal gereift, aber immer aus der Milch der freilaufenden Schafe, die das Landschaftsbild vorwiegend der **Crete Senesi** prägen. In der Toskana einen Parmesan zur Pasta zu verlangen, ist ein echter Fauxpas. An der Küste und auf den Inseln werden die Besucher natürlich mit frischen Meeresfischen und Krustentieren verwöhnt, am liebsten gegrillt, zu einem *cacciuccio* oder einer anderen köstlichen Fischsuppe verarbeitet.

Hochwertiges Olivenöl ist das A und O der toskanischen Küche, verleiht es doch den Speisen diesen ganz typischen Charakter. Gleichgültig, welches der einfachen, typischen Gerichte Sie sich auch schmecken lassen, der Wein, der Ihnen dazu kredenzt wird, ist garantiert ein Sangiovese. Es ist »die« Traube, die sich wie ein roter Faden durch diese gesamte Region zieht; teils verschnitten mit anderen heimischen oder internationalen Rebsorten, wie es vorwiegend im **Chianti**, in **Montepulciano** oder in der **Maremma** üblich ist, oder in purezza, wie es das Gesetz für den Brunello di Montalcino vorschreibt.

Der Reiz der Vielfalt

So vielfältig die Landschaft in der Toskana ist, so unterschiedlich sind auch die Menschen, die hier Urlaub machen oder sich für immer hier niederlassen. Ende der 1980er-Jahre war die Toskana in aller Munde, weil einige, vorwiegend links orientierte Politiker, hier ihr Urlaubs-Traumziel fanden. Die Toskana wurde zum Symbol für Genuss und Lebensfreuden und der Begriff »Toskana-Fraktion« war rasch in aller Munde. Für Peter Glotz, Otto Schily, Joschka Fischer, um nur einige zu nennen, war es aber in erster Linie der Reiz des Einfachen und die Ursprünglichkeit, weshalb sie hier ihre kostbare Freizeit verbrachten. Viele Promis aus Film, Funk und Fernsehen zieht es nach wie vor Jahr für Jahr in die Toskana, und zahlreiche Industrielle und Künstler kaufen sich Weingüter und Olivenhaine. Die Toskana ist aber auch bei Otto Normalverbraucher ein begehrtes Urlaubsziel, denn kaum irgendwo findet man ein so unglaublich vielseitiges Angebot. Badeurlaub, Kulturausflüge, Naturparks, Sightseeing in herrlichen Städten, Shopping und gutes Essen und Trinken – das alles kann man erleben, auch wenn man nur zwei Wochen Urlaub hat.

DIE TOP TEN

Santa Maria Novella in Florenz.
Die Kreuzgänge der prachtvollen Kirche gehören zu den schönsten gotischen Bauwerken in ganz Italien.

Marktplatz von Greve.
Schöner Markplatz mit charmanten Laubengängen mit Trattorien, Läden und der Macelleria Falorni.

Trüffelmarkt von San Miniato.
Ein absolutes »Must« für Liebhaber der weißen Trüffel, findet jedes Jahr im November statt.

Volterra und die Alabasterwerkstätten.
Die atemberaubende mittelalterliche Stadt ist ein Zentrum der Alabasterverarbeitung.

Piazzo del Campo in Siena.
Einen Café oder Drink an diesem traumhaften Platz sollte man unbedingt einplanen.

Montalcino.
Hier locken eine Shoppingtour durch die schönen alten Läden und ein Glas Brunello in einer Enoteca.

Cascate del Mulino-Saturnia.
Zum Nulltarif kann man hier mitten in der Natur auf den Sinterterrassen im Thermalwasser kuren.

Parco Naturale della Maremma.
Das Paradies für Natur- und Pferdeliebhaber kann auf verschiedene Arten erkundet werden.

Pisa.
Hier faszinieren der schiefe Turm auf der Piazza dei Miracoli und ein Spaziergang durch die Altstadt.

Riviera della Versilia.
An der italienischen Côte d'Azur liegen weite Sandstrände im Schutz der weißen Marmorberge.

Oben: So kommt man einfach an das begehrte Nass.

FLORENZ UND DAS REIZVOLLE UMLAND

Der Dom Santa Maria del Fiore von Florenz, das weithin sichtbare Wahrzeichen der Stadt

Rechts: Die Officina Profumo-Farmaceutica di Santa Maria Novella in Florenz ist ein wahres Parfüm-Eldorado

Mitte: Ziegen im Mohnfeld bei Massa Marittima in der Provinz Grosseto

Links: Immer adrett anzusehen: die Polizisten von Florenz

Prachtvolles Tor in die Toskana

Fährt man wie die meisten von Bologna auf der Auto-strada A 1 durch unzählige Tunnels ins Paradies Toskana, erreicht man zuallererst die magische Metropole Florenz. Um diese bezaubernde, geschichtsträchtige Stadt zu erobern, braucht man ein paar Tage.

Eine sympathische Einstimmung auf die Stadt ist der **Mercato San Ambrogio**, dort gibt es eine große Tiefgarage und das Viertel ist weniger touristisch! Überlegen Sie sich am besten vor dem Besuch, was Sie in Florenz sehen und erleben möchten. Das historische Zentrum ist zwar relativ klein und übersichtlich, bietet jedoch unendlich viel zu entdecken. Kunstliebhaber sollten nicht Stunden, sondern Tage einplanen, denn die Wiege der Renaissance wartet mit einem fantastischen Angebot auf. Am besten, Sie studieren vorab einen Kunstführer, damit Sie ganz gezielt vorgehen können. Um Florenz besser zu verstehen, ist es hilfreich, sich ein wenig mit der bewegten Geschichte der Stadt zu befassen. Den größten Einfluss auf das heutige Stadtbild übte die römische Bankiersfamilie de Medici aus, die sich im Jahr 1397 in der Stadt am Arno niederließ.

Giovanni de'Medici (1360–1429) gründete zusammen mit der Familie Bardi im Jahr 1393 mit der Banco Medici die erste Bank in Florenz. Da die Geschäfte florierten und er zusehends reicher wurde, wuchs nicht nur sein Vermögen, sondern auch sein Ansehen. Er schuf die Basis für den Aufstieg der Medici zur mächtigsten Familie ihrer Zeit. Seinem Sohn Cosimo (1389–1464) hinterließ Giovanni de'Medici ein unermessliches finanzielles Erbe. Der intelligente Mann setzte sich damit für die Kunst und die Wissenschaft ein, viele großartige Kunstschätze sind ihm zu verdanken. Cosimo vererbte seine Liebe zu den schönen Dingen an seinen Sohn Piero (1416–1469) und dieser weiter an seine beiden Söhne Lorenzo (1449–1492) und Giuliano (1453–1478). Doch Piero zog sich durch seine undiplomatische Art den Zorn der Florentiner zu. Danach erlebte die Familie ein stetes Auf und Ab, prägte aber dennoch die elegante Pracht der Stadt. Von der letzten Medici, Anna Maria Ludovica (1667–1743), erbte Florenz die gesamten Kunstschätze der Familie.

Lassen Sie sich von Florenz faszinieren. Vergessen Sie dabei jedoch nicht, sich ab und zu in einer der unzähligen Bars einen *aperitivo* zu gönnen, innezuhalten und einfach das Gesehene auf sich wirken zu lassen. Besonders hinreißend erlebt man die Stadt

Oben: Die Scuola del Cuoio lohnt einen Besuch, vor allem, weil man hier die schönsten handgefertigten Ledertaschen, Schuhe und vieles mehr kaufen kann.
Unten: Ein Bummel auf der Ponte Vecchio gehört unbedingt zu einem Florenz Besuch.

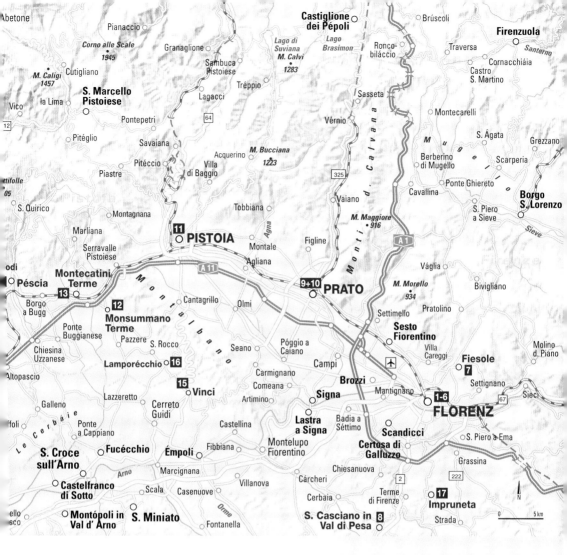

bei einem gemütlichen Abendspaziergang durch die belebten Straßen mit den schicken Cafés. Dann haben die Tagestouristen die Stadt wieder verlassen, und die Einheimischen und Studenten aus aller Welt sind – mehr oder weniger – wieder unter sich.

Beliebte Ausflugsziele der Florentiner

Sofern sie nicht vom Tourismus leben und in Florenz bleiben müssen, flüchten die Einheimischen in den warmen Monaten vor der Hitze der Stadt am liebsten ins Hinterland. Beliebte Ausflugsziele sind das etruskische Städtchen Fiesole und das von sanften, bewaldeten Hügeln umschmeichelte Tal **Mugello**. Diese Ecke der Toskana ist noch vom Tourismus verschont. Hier ist man noch unter sich, genießt es, unter Schatten spendenden Kastanienbäumen zu sitzen und mit Freunden zu plaudern. Fährt man Richtung Meer, ist man nach 20 Kilometern in **Prato**. Das Städtchen ist entgegen seinem Ruf, eine Industriestadt zu sein, reizend. Gleiches gilt für das hübsche **Pistoia**.

Tipp der Autorin

DIE STADT KANN SEHR VOLL WERDEN ...

Wer nur eine Stippvisite in Florenz machen möchte, muss sich vorher überlegen, was er gerne sehen möchte, denn die Wartezeiten bei den diversen Sehenswürdigkeiten sind oft immens lang. Also: Entweder, Sie reservieren bereits vorher Eintrittstickets oder Sie bummeln einfach durch die schönen Gassen der Stadt …

Für Flaneure – Erlebnisse für alle Sinne

Nicht verpassen!

★ **Loggia del Pesce.** 1567 erbaut, damals wurde unter der Loggia, die heute auf der Piazza dei Ciompi steht, frischer Fisch verkauft. Um 1955 wurde sie restauriert.

★ **Chiesa di Santa Croce.** Monumentale Basilika von 1228 mit einer prachtvollen Fassade und beeindruckendem Inneren. Piazza Santa Croce, Eintritt für alle Sehenswürdigkeiten 6 €; im gesamten Komplex sind Rauchen, Handy und Hunde verboten.

★ **Cappella Pazzi.** Anmutige Kapelle mit schöner Kuppel im Kloster Santa Croce, 1429–1446 erbaut, an der Ausstattung haben namhafte Künstler gearbeitet.

★ **Kreuzgang und Museo dell'Opera.** Ebenfalls im Innern des Klosters Santa Croce finden sich herrliche Kreuzgänge und das Museum mit großartigen Kunstwerken, wie das Abendmahl von Taddeo Gaddi (1340).

★ **Biblioteca Nazionale Centrale.** Sie hütet eine der größten und wertvollsten Büchersammlungen der Welt. Piazza dei Cavalleggeri 1, www.bncf.firenze.sbn.it

Oben: Im Ristorante «Alle Murate» isst man nicht nur gut, auch das Ambiente ist einmalig.
Rechts: Scuola del Cuio: Ein Shopping-Paradies nicht nur für die Damenwelt

Dieser Markt ist bei den Einheimischen sehr beliebt, weil er nicht ganz so touristisch wie der Mercato Centrale ist, sein Angebot aber eine ähnliche Vielfalt aufweist. Will man hier an den verlockenden Ständen etwas kaufen, sind ein paar italienische Worte hilfreich. Ein sympathischer Auftakt, um Florenz kennenzulernen!

Echtes Marktfeeling erlebt man morgens, wenn die Waren gerade frisch aufgebaut worden sind und die Hausfrauen und Wirte des Viertels zum Einkaufen kommen. Man kennt sich, tauscht Neuigkeiten aus, prüft die Ware und feilscht lautstark. Berge unterschiedlichster Salamisorten, fangfrische Fische und Meeresgetier, duftendes Obst, knackiges Gemüse und, naturalmente, Pecorino in allen Reifestufen locken hier. Lautes Stimmengewirr und appetitliche, intensive Düfte machen den Besuch zu einem Festival der Sinne. Vor der Markthalle bieten Händler den ganzen Tag über Klamotten, Schuhe, Tischwäsche und vieles andere an, was man zum Leben braucht - oder auch nicht.

Flohmarkt, Antiquitäten und *semelle*

Vorbei an kleinen Antiquitätenläden, die auch bekannt für ihre wirklich geschickten Restaurationsarbeiten sind, geht es zur **Piazza dei Ciompi.** Dort findet täglich ein noch sehr uriger Flohmarkt statt. Der **Mercato delle Pulci** ist ein Eldorado für Schnäppchenjäger, wenngleich man auf der Hut sein muss, haben sich doch auch hier bereits einige pfiffige Händler auf kaufwillige Touristen eingestellt. Neben viel Krimskrams und Staubfängern

können Flohmarktversierte sicherlich das eine oder andere interessante Fundstück ergattern. Die meisten lieben jedoch einfach nur die Atmosphäre und sehen gerne zu, wie um mehr oder weniger Wertvolles mit großem Palaver leidenschaftlich verhandelt wird. An jedem letzten Sonntag eines Monats ist der Markt besonders quirlig und dehnt sich auch in die umliegenden kleinen Gassen aus.

Wo immer Sie eine Menschentraube sehen, hat dort möglicherweise ein *trippaioli* seinen Stand aufgestellt. In Windeseile werden luftige Panini aufgeschnitten und mit leckerem *lampredotto* (Kutteln in einem Stück) gefüllt, entweder *bagnato*, mit Brühe, oder *asciutto*, trocken. Zum Schluss wird die schmackhafte Füllung mit Salz und Pfeffer gewürzt und je nach Wunsch mit pikanter oder grüner Sauce beträufelt. Sinnigerweise heißt diese bei den Florentinern so beliebte Straßenmahlzeit *semelle*.

Der Platz mit den kleinen Läden, auf dem sich der Flohmarkt erstreckt, wird geprägt von der **Loggia del Pesce**. Der langgestreckte Bogengang war ursprünglich die Fischhalle von Florenz und stand an der heutigen Piazza della Repubblica. Ende des 19. Jahrhunderts wurde die Loggia im Rahmen der Altstadtsanierung einfach auf die **Piazza dei Ciompi** versetzt.

Durch enge Gassen, in denen sich Schmuckgeschäfte reihen, die mehr von Touristen aus aller Welt als von Einheimischen besucht werden, kommt man nach wenigen Fußminuten zur **Piazza Santa Croce**. Der riesige Platz verleiht dem Aufgang zur dortigen Kirche **Santa Croce** eine majestätische Ausstrahlung. Alljährlich findet

Hingehen!

EINKAUFEN

★ **Mercato San Ambrogio.** Auf der Piazza Ghiberti. Öffnungszeiten: Mo bis Sa 7–14 Uhr.

★ **Mercato delle Pulci (Flohmarkt).** Auf der Piazza dei Ciompi, größtes Angebot am letzten So des Monats. Öffnungszeiten: Di–So 9–19.30 Uhr.

★ **Scuola del Cuoio.** Hochwertige handgefertigte Lederwaren. Via San Giuseppe 5, Rückgebäude, Tel. 055 24 45 33-4, www.scuoladelcuoio.it

ESSEN UND TRINKEN

★ **Sant'Ambrogio – Caffé Enoteca.** Beliebte Enoteca, vormittags Cappuccino, mittags Pasta oder leckere Panini, abends Aperitivo und nachts Highlife. Der perfekte Treffpunkt zu jeder Tageszeit. Piazza Sant'Ambrogio, Tel. 055 247 72 77, www.caffesantambrogio.it

★ **Vivol.** Köstliches Eis aus besten Zutaten in stilvollem Ambiente. Via dell Isola delle Stinche 7, Tel. 055 29 23 34, www.vivoli.it

★ **Trattoria Boccadama.** Heimeliges Ambiente, Renaissance-Palazzo, klassische Gerichte der Toskana. Piazza Santa Croce 25/26, Tel. 055 24 36 40, http://boccadama.com

Oben: Für den Besuch der Kirche Santa Croce sollte man sich unbedingt etwas Zeit nehmen.

Hingehen!

* **Enoteca Pinchiorri.** Die Französin Annie Féolde wurde seit 1993 immer mit drei Michelin-Sternen ausgezeichnet, derzeit gibt es nur zwei weitere Drei-Sterne-Köchinnen weltweit. Ein Essen in der Enoteca Pinchiorri ist ein fantastisches Highlight! Via Ghibellina 87, Tel. 055 24 27 77, www.enotecapinchiorri.com, Ruhetage: So, Mo.

* **Alle Murate.** Authentische Gerichte in einem sensationellen Palazzo, der einem Museum gleicht. Via del Proconsolo 16/r, Tel. 055 24 06 18, www.artenotai.org, Ruhetage: So Mittag, Mo.

* **Baccarossa.** Enoteca und Osteria mit schlichten Holztischen, mediterrane Küche, Weine auch glasweise. Via Ghibellina 46/r, Tel. 055 24 06 20, www.baccarossa.it, Ruhetag: Mo.

ÜBERNACHTEN

* **Relais Santa Croce.** Elegantes Luxushotel mit Ristorante, das Tradition und Moderne harmonisch vereint. Via Ghibbellina 87, www.relaissantacroce.com

* **Il Guelfo Bianco.** Historischer Palazzo in der Altstadt, jedes Zimmer ist anders gestaltet, großartiges Frühstück, Parkgarage. Via Cavour 29, www.ilguelfobianco.it

* **Hotel Casci.** Sympathisches, familiäres Zwei-Sterne-Hotel in einem historischen Gebäude aus dem 15. Jh. Via Cavour 13, www.hotelcasci.com

Oben: Immer schön anzusehen, von welchem Blickwinkel auch immer: der Dom von Florenz
Rechts: Schüler aus der ganzen Welt erlernen in der Scuola del Cuoio, wie man aus Leder geschmackvolle Accessoires herstellt.

hier am 24. Juni der **Calcio in Costume** statt, ein traditionelles Fußballspiel in historischen Gewändern, dessen Ursprung in das 15. Jahrhundert datiert.

Das prachtvolle Äußere der Kirche setzt sich im Inneren fort. Der Legende nach soll Franz von Assisi selbst den Grundstein für die 1294 erbaute Franziskanerkirche gelegt haben. In der Kirche Santa Croce befinden sich die Grabmäler von Michelangelo, Rossini, Galilei und vielen anderen Berühmtheiten früherer Zeiten. Die Wände zieren herrliche Fresken, und der Hochaltar wird durch das Licht von den schmalen bunten Glasfenstern eindrucksvoll in Szene gesetzt. Kunstliebhaber sollten für die Kirche und vor allem das dazugehörige Kloster reichlich Zeit einplanen, denn es gibt viel zu bewundern.

Scuola del Cuoio – die Lederschule in S. Croce

Modebewusste Kauflustige zieht es dennoch weiter, nämlich gleich um die Ecke in die Lederschule **Scuola del Cuoio**. Durch den schmalen Innenhof geht man an den Lederwerkstätten vorbei und gelangt über eine Treppe in die Ausstellungs- und Verkaufsräume. Entstanden ist dieses sehenswerte Lederatelier in den ehrwürdigen Klosterräumen nach dem Zweiten Weltkrieg. Die Familien Gorri und Casini erhielten damals von den Franziskanermönchen die Erlaubnis, in diesem Teil des Klosters eine Lederschule einzurichten und zugleich einen passenden Rahmen für eine stilvolle Präsentation des Lederhandwerks zu schaffen. Heute führen Francesca Gorri und ihre Schwestern Laura und Barbara das Atelier, in dem großartige Designerstücke aus edelstem Leder handgefertigt werden. In der Schule kann man Kurse belegen, um dieses für Florenz typische Handwerk zu erlernen. Und erfreulicherweise darf natürlich auch gekauft werden!

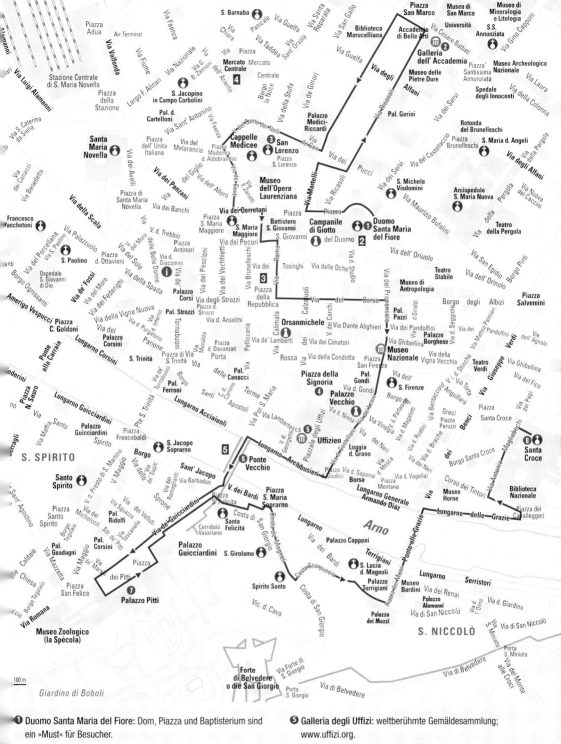

❶ **Duomo Santa Maria del Fiore:** Dom, Piazza und Baptisterium sind ein »Must« für Besucher.

❷ **Galleria dell'Accademia:** Akademie der Schönen Künste mit dem »David« (1504) von Michelangelo.

❸ **San Lorenzo:** Hauskirche der Medici.

❹ **Piazza della Signoria:** Renaissance-Bauten und Neptunbrunnen.

❺ **Galleria degli Uffizi:** weltberühmte Gemäldesammlung; www.uffizi.org.

❻ **Ponte Vecchio:** älteste Brücke der Stadt mit Geschäften.

❼ **Palazzo Pitti:** Hauptresidenz der Medici, Kunstsammlung.

❽ **Santa Croce:** Kirche mit Werken von Michelangelo, Galilei und Machiavelli.

2 Florenz – Der Dom

In und auf dem Dom und darum herum

Nicht verpassen!

★ **Duomo Santa Maria del Fiore.** Zeit und Geduld mitbringen, Eintritt für Duomo, Cupola, Battisterio, Campanile, Cripta, Museo dell'Opera 10 €, genaue Öffnungszeiten unter http://ilgrandemuseodelduomo.it

★ **Battisterio di San Giovanni.** Achteckige Taufkirche gegenüber dem Dom, weiß-grüne Marmorverkleidung, großartiges Kuppelmosaik, schöner Mosaikboden.

★ **Museo dell' Opera del Duomo.** Unschätzbare Kunstwerke, u.a. die Paradiespforte des Battistero, die berühmte »Pietra« von Michelangelo (1475–1564) und die »Maddalena« von Donatello (um 1386–1466).

★ **Basilica di San Lorenzo.** Die Backsteinkirche mit der von Michelangelo entworfenen Fassade wurde nicht fertiggestellt, weil den Medici das Geld ausging; das Renaissance-Innere mit der Chorkuppel ist sehenswert.

★ **Palazzo Medici-Riccardi.** Ältester Renaissance-Palast von Florenz (1444–1464), hier lebten alle hochrangigen Medici, bis die Familie in den Palazzo Vecchio übersiedelte. 1655 kaufte die Familie Riccardi den Palazzo. Sehenswerter Innenhof.

Oben: Das Casa del Dante liegt in der Altstadt von Florenz, in der Via Santa Margherita, und ist ein Museum.
Rechts: Das wunderschöne Kuppelmosaik im Baptisterium San Giovanni in Florenz

Von welcher Seite auch immer man auf Florenz blickt, die mächtige Kuppel des Doms, die aus dem Häusermeer herausragt, fällt sofort ins Auge. Doch wenn man direkt vor dem Bauwerk steht, ist der Anblick einfach atemberaubend. »Das« Wahrzeichen der Stadt und beinahe der ganzen Rennaissance lockt Besucher aus aller Welt an.

Filippo Brunelleschis (1377–1446) sensationelle Domkuppel ist 107 Meter hoch, hat einen Durchmesser von 45 Metern und eine Gewölbehöhe von 23 Metern. Ihr Bau dauerte 16 Jahre, begann 1418 und endete 1434. Die einzigartige Konstruktion ist unumstritten der Höhepunkt der Renaissance. Der Dom selbst ist mit einer Länge von 153 Metern, einer Breite von 38 Metern und einer Höhe von 114 Metern (mit Laterne) die viertgrößte Kirche Europas, übertroffen nur vom Petersdom in Rom, der Saint Paul's Cathedral in London und dem Mailänder Dom. Älter als die Kuppel ist jedoch der Glockenturm. Sein Bau wurde von Giotto (1266–1337) bereits 1334 begonnen und später von Andrea Pisano weitergeführt. Wenn es schon mit dem Dom, dessen Bau zwar schon begonnen war, sich aber in die Länge zog, nicht nach Wunsch klappte, sollte wenigstens der **Campanile** ein alles überragendes Bauwerk werden – nicht aus religiösen Gründen, sondern einfach, um im Vergleich zu den anderen bedeutenden

Städten dieser Zeit die Nase vorn zu haben. Wer gut zu Fuß ist und Geduld hat, sollte die 414 Stufen hinauf zur Spitze des Campanile erklimmen. Die Anstrengung wird reich belohnt mit einem atemberaubenden Blick über die Dächer der bezaubernden Stadt. Etwas höher, nämlich 463 Stufen, liegt der Panorama-Rundgang in der Kuppel. Dazu kann aber leider nicht einfach weiter hinaufsteigen, sondern muss wieder hinunter- und auf der anderen Seite des Doms erneut hinaufsteigen. Von dort oben sehen die vielen tausend Touristen in der Tiefe wie hin und her wuselnde Ameisen aus. Bei dem Anblick will man eigentlich gar nicht mehr hinunter und dazugehören.

Das Baptisterium – gut Ding will Weile haben

Gegenüber dem **Dom Santa Maria del Fiore** kommen Kunstliebhaber bei der Besichtigung der Taufkirche **San Giovanni Battista** aus dem Staunen nicht heraus. Der genaue Zeitpunkt ihrer Entstehung ist umstritten, sicher ist man sich jedoch, dass dieses kunstvolle Bauwerk nach San Miniato die älteste Kirche von Florenz ist. Die Fertigstellung der Taufkirche zog sich über mehrere Epochen hin. Das absolute Highlight sind ihre drei massiven Bronzeportale, die man allerdings nur schwerlich zu Gesicht bekommt, weil ständig Menschentrauben davorstehen. Die Türen entstanden innerhalb eines Zeitraums von 120 Jahren. Besonders belagert ist die **Paradiestür** von Lorenzo Ghiberti (um 1378–1455), die 1452 am Ostportal angebracht wurde. Auf all den Fotos, die davon geschossen werden, sieht man allerdings lediglich eine Kopie dieses Meisterwerks. Das unermesslich wertvolle Original befindet sich nämlich im Dombaumuseum. Original sind dagegen die faszinierenden Mosaikzyklen in der Kuppel der Taufkirche. Sie zählen zu den bedeutendsten Mosaiken in ganz Italien, obwohl die Namen der Künstler nicht mehr bekannt sind.

Hingehen!

EINKAUFEN

★ **Vestri Cioccolato.** Liebevoll geführter Laden mit großartiger Schokolade und dem besten Schokoladeneis. Borgo degli Albizi 11/r, www.vestri.it

ESSEN UND TRINKEN

★ **Perchè no.** Superleckeres Eis, nur aus frischen Produkten, süßer kleiner Laden, von Slow Food empfohlen. Via dei Tavolini 19/r, Tel. 055 239 89 69, www.percheno.firenze.it

★ **Cantinetta dei Verrazzano.** Gemütliches, stilvolles Bistro des gleichnamigen Weinguts im Chianti, freundlicher Service. Via dei Tavolini 18/r, Tel. 055 26 85 90, www.verrazzano.com

★ **La Taverna del Bronzino.** Palazzo aus dem 15. Jh., feine Küche, interessantes Weinangebot. Via delle Ruote 27 Rosso, Tel. 055 49 52 20, www.tavernadelbronzino.com

★ **Buca Mario.** Freundliches Restaurant im Herzen von Florenz, seit 1886 serviert es Traditionsküche in guter Qualität. Piazza degli Ottaviani 16/r, Tel. 055 21 41 79, www.bucamario.it

ÜBERNACHTEN

★ **Palazzo Niccolini al Duomo.** Edles Ambiente, in der Domsuite ist die Kuppel zum Greifen nahe. Via dei Servi 2, www.niccolinidomepalace.com

★ **Relais Uffizi.** Mittelalterlicher Palazzo nahe den Uffizien, große, helle Zimmer. Chiasso de'Baroncelli-Chiasso del Buco 16, www.relaisuffizi.it

Oben: Blick von der Piazza Michelangelo auf die Altstadt von Florenz

3 Florenz – Piazze

Zwei Plätze, zwei Gesichter der Stadt

Nicht verpassen!

★ **Galleria degli Uffizi.** Die weltberühmte Gemäldesammlung zeigt in 39 Sälen 104 000 Zeichnungen und Drucke und präsentiert Sonderausstellungen. Mehr zum Eintritt und zu den Öffnungszeiten unter www.uffizi.org

★ **Palazzo Vecchio.** Teilweise Rathaus, teilweise Museum, sehenswert sind die Fresken einiger Säle. Den Eingang flankieren eine Marmorgruppe »Herkules und Cacus« (1533 von Bandinelli) und eine Kopie des »David« von Michelangelo.

★ **San Marco.** 1299 erbaut, seit 1436 im Besitz des Dominikanerordens, fantastische Fresken im Kloster, die man besichtigen kann. Eintritt 4 €, www.florentinermuseen.com, Öffnungszeiten: Mo–Fr 8.15–13.50 Uhr, Sa 8.15–18.50 Uhr, So und Feiertage teilweise geöffnet.

★ **Badia Fiorentina.** Der Jungfrau Maria geweihte Kirche, 978 errichtet, im Lauf der Zeit mehrmals umgebaut, wunderschöner Kreuzgang mit Orangenbäumen, Eintritt frei. Öffnungszeiten: Mo 15–18 Uhr.

Oben: Links die Badia Fiorentina und rechts der Bargello, ein Stadtpalast errichtet 1255 bis 1261
Rechts: Heimelig und gut: die Trattoria Le Mossacce in der Via del Proconsolo 55r

Prächtig, riesig, fast protzig präsentiert sich die Piazza della Repubblica. 1865 sollte sie Florenz' Stellung als Zentrum Italiens symbolisieren, die Mühe war jedoch vergeblich. Die Stadtverwaltung residiert am geliebten Wohnzimmer der Florentiner, der Piazza della Signoria.

Wo sich heute die weitläufige **Piazza della Repubblica** erstreckt, befand sich einst das römische Stadtzentrum. Im 19. Jahrhundert waren die Stadtväter überzeugt, dass Florenz der Nabel des neu gegründeten italienischen Königreichs werden würde, und ließen für die Anlage des pompösen Platzes alles abreißen. Viele mittelalterliche Kirchen, Türme und Paläste fielen diesem Größenwahn zum Opfer. Dieser wurde jedoch bald gedämpft, denn Florenz wurde nach nur sechs Jahren 1871 als Hauptstadt von Rom abgelöst. Verblieben ist von den großen Ambitionen die überdimensionale Piazza della Repubblica, in deren Palazzi sich viele Bars und Cafés angesiedelt haben und zu horrenden Preisen Drinks und Snacks anbieten. Ehrlich gesagt, gibt es in Florenz nettere Ecken mit besserer Aussicht, wo man Cappuccino & Co. zu einem vernünftigeren Preis bekommt.

Auf einen Drink auf der Piazza

Die **Piazza della Repubblica** ist ein beliebter Treffpunkt für ein elegantes, gut situiertes Publikum. Dies nicht zuletzt, weil man von hier aus in wenigen Schritten die Flaniermeile **Via de Tornabuoni** erreicht, in der sich die schicken Läden der internationalen Modedesigner reihen. Auch wenn das Budget fürs Einkleiden bei

Prada, Gucci, Versace & Co. nicht reicht: Allein der Schaufensterbummel in der noblen Einkaufsstraße ist eine wunderschöne Urlaubsentspannung und eine willkommene Abwechslung nach so viel Historie. Wer am Ende der Via de Tornabuona Richtung Arno weiterflaniert, kommt durch kleine Gassen mit netten Geschäften zur **Piazza della Signoria**. Sie zählt zu den berühmtesten und schönsten Plätzen Italiens. Dort spiegelt auf der einen Seite der prägnante Palazzo Vecchio mit seinem hohen Turm immer noch die Macht von Florenz im 14. und 15. Jahrhundert wider und bietet auf der anderen Seite der nicht zu übersehende **Neptunbrunnen** einen markanten Gegenpol. Michelangelos »David« am Eingangsportal des **Palazzo Vecchio**, auch Palazzo del Popolo oder **Palazzo della Signoria** genannt, sollten Sie auf jeden Fall bewundern, auch wenn er nur eine Kopie ist. Immerhin handelt es sich dabei um die bekannteste Skulptur überhaupt. Das aus einem Marmorblock gefertigte Original steht in der **Galleria dell'Accademia**. Vergessen Sie einfach die Zigtausenden anderen Besucher oder freuen Sie sich mit Ihnen an der Pracht des Ortes. Suchen Sie sich einen Platz in einem Straßencafé, möglichst mit Blick auf die **Fontana di Piazza**, und genießen Sie das historische Flair dieses Platzes.

Schönheit zählt – Museo Salvatore Ferragamo

Im Palazzo Spini Feroni, Via de Tornabuoni 2, gibt es im zweiten Stock eine etwas andere Ausstellung zu sehen: über 10 000 Modelle, die der berühmte Modeschöpfer Salvatore Ferragamo ab den späten 1920er-Jahren bis zu seinem Todesjahr 1960 entwarf sowie zahlreiche Fotos, Entwürfe und hölzerne Fußnachbildungen seiner berühmten Kunden. www.museoferragamo.it

Hingehen!

EINKAUFEN

★ **The Bridge.** Schicke Taschen und Reisegepäck. Pelleteria e Borse. Via Vacchereccia 17/r, www.thebridge.it

★ **Mazzoni.** Feinste Tisch- und Bettwäsche, Traditionsladen seit 1889. Viale Minzoni Don Giovanni 13–15/r, www.mazzonicasa.it

ESSEN UND TRINKEN

★ **Enoteca Alessi.** Seit 1953 von Familie Alessi betrieben, perfekt zum Einkaufen, Essen und Weintrinken. Via delle Oche 27/r–31/r, Tel. 055 2149 66, www.enotecaalessi.it

★ **Le Mossacce.** Ein Lieblingslokal der Florentiner, zur Mittagszeit, Essen *come a casa*. Via del Proconsolo 55/r, Tel. 055 29 43 61, Ruhetag: Sa, Feiertage, www.trattorialemossacce.it

★ **Da Mario.** Echte bistecca fiorentina und köstlichen Ossobucco gibt es hier. Nur mittags. Via Rosina 2, Tel. 055 21 85 50, www.trattoria-mario.com, Ruhetag: So.

ÜBERNACHTEN

★ **Hotel La Residenza.** Perfekte Lage angenehmes Ambiente in einem Gebäude aus dem Mittelalter. Via Tornabuoni 8, www.laresidenzahotel.com

★ **La Casadel Garbo.** Charmanter B&B, tolle Lage, elegante Zimmer und Apartments. Piazza della Signoria 8, www.casadelgarbo.it

Oben: Detail des Neptunbrunnens auf der Piazza della Signorina

Streifzug durch das quirlige Genussviertel

Nicht verpassen!

★ **Santa Maria Novella.** Zu der prachtvollen Kirche, Baubeginn 1340, gehört der monumentale Baukomplex der Kreuzgänge, die zu den schönsten der gotischen Architektur in Italien zählen. Eintritt 3,50 €, Öffnungszeiten: So–Fr 9–17.30 Uhr, Sa 9–17 Uhr.

★ **Officina Profumo Farmaceutica.** Historische Apotheke mit großartigem Verkaufsraum, Eintritt frei. Verkauf der feinen, vor Ort hergestellten Produkte in eleganten Verpackungen. Öffnungszeiten: 9.30–19.30 Uhr.

★ **Kirche Ognissanti.** Liegt ein wenig im Schatten der berühmten Kirchen von Florenz, herrliche Fresken von Ghirlandaio, Eintritt frei, So geschlossen.

★ **Loggia di San Paolo.** Das langgestreckte Bauwerk gegenüber Santa Maria Novella wurde 1489–1498 erbaut und war Teil eines Krankenhauses.

★ **Palazzo Medici-Riccardi.** 1444–1460 als einer der ältesten Renaissance-Paläste in Florenz für die Medici errichtet, magischer Anziehungspunkt ist die Kapelle, mit Fresken von Benozzo Gozzoli (1459), wechselnde Ausstellungen. Via Cavour 3, Eintritt 4 € einschließlich Kapelle, Öffnungszeiten: 9–17 Uhr, Mi geschlossen.

Oben: Die sehenswerte Kirche Santa Maria Novella in Florenz
Rechts: Zeit für eine kurze Rast in der Cantinetta Antinori sollte man sich gönnen

Nach einigen Tagen in Florenz versteht man besser, weshalb die Florentiner Fremden gegenüber so aufgeschlossen und freundlich sind, obwohl es in dieser Kunst- und Kulturstadt von Menschen aus aller Welt wimmelt. Diese Offenheit gegenüber fremden Kulturen ist historisch gewachsen.

Zu dieser offenen Lebenseinstellung kommt hinzu, dass die Florentiner viel Wert auf gutes Essen und ein Glas feinen Weines legen, denn köstlich gesättigt sieht man das Leben gleich viel gelassener. Die echten Florentiner genießen gerne und geben dafür auch viel Geld aus. Am besten lässt sich das auf ihrem Lieblingsmarkt, dem **Mercato Centrale**, beobachten.

Der Bauch von Florenz

Dort wird nicht in erster Linie um den Preis gefeilscht, sondern um die beste Qualität. Eigentlich müssten ja die Einheimischen ein wenig sauer sein, dass nun auch Besucher aus aller Welt ihr Schlaraffenland bevölkern. Sie nehmen es hin, doch sicherlich nicht immer erfreut, denn die Preise klettern von Jahr zu Jahr und viele Einheimische können sich »ihre« Stadt nicht mehr leisten. Sie ziehen ins Umland, um dann morgens auf den ständig verstopften Straßen zur Arbeit zu fahren. Doch *cosa vuoi fare?* – »Was soll man machen?«, der Tourismus hat auch viel Geld in die

Stadt gebracht und Arbeitsplätze geschaffen. Also wuseln die Florentiner gemeinsam mit den Besuchern zwischen den Marktständen und genießen die unglaubliche Vielfalt. Touristen lockt zudem der Ledermarkt, der vor der schönen Markthalle aus Gusseisen und Glasgewölbe stattfindet.

Noch vor einigen Jahren war das Viertel, das vom **Mercato Centrale** hinüber zur **Piazza Santa Maria Novella** und bis zum **Lungarno** reicht, noch nicht so überlaufen. Das hat sich geändert, nicht zuletzt auch deshalb, weil es in diesem vom Zentrum aus fußläufig erreichbaren Quartier hübsche und gute Trattorien gibt. Wer weiter zum **Borgo Ognissanti** und hinunter zum Arno spaziert, findet zudem kleinere Läden mit preiswerten, hübschen Waren.

Normalerweise zählt das Bahnhofsviertel nicht gerade zu den schönsten einer Stadt. In Florenz ist dies anders, denn hier steht in unmittelbarer Nähe die **Basilica di Santa Maria Novella**. Das gotische Kleinod mit der faszinierenden Fassade ist mittlerweile ein magischer Anziehungspunkt für Florenz-Besucher geworden. Besorgen Sie sich trotzdem Eintrittskarten, der Besuch lohnt sich.

Ebenfalls kirchlichen Ursprungs, jedoch den feinen Düften und der Schönheit zugetan, ist eine der ältesten Apotheken der Welt, die **Officina Profumo-Farmaceutica di Santa Maria Novella**. Dominikanermönche gründeten die Klosterapotheke bereits 1221. Ab dem 18. Jahrhundert wurden die dort erzeugten Lotionen und Essenzen nach Russland, China und Indien verkauft. Bis heute werden im dazugehörigen Laboratorium nur natürliche Rohstoffe verwendet. Im Mittelpunkt stehen Kräuter, die auf den Hügeln der Toskana gedeihen. Im diesem sensationellen, wunderschönen Laden bekommt man alles, was Frau, Mann, Hund und Katz schöner und glücklicher macht. Willkommen ist aber auch, wer nur die Räume besichtigen möchte.

Hingehen!

EINKAUFEN

★ **Officina Profumo di Santa Maria Novella.** Exquisite Düfte, Seifen und Cremes, Heilmittel und vieles mehr aus natürlichen Rohstoffen. Via della Scala 16, www.smnovella.it

ESSEN UND TRINKEN

★ **Benedicta.** Antikes Gewölbe mit modernen Elementen, modern auch der Stil der Küche auf traditioneller Basis. Via Benedetta 12/r Tel. 055 2 78 61, www.ristorantebenedicta.it

★ **La Taverna del Bronzino.** Gute Küche, angenehmes Ambiente, professionelle Weinkultur. Via delle Ruote 27/r. Tel. 055 49 52 20, www.tavernadelbronzino.com

★ **Cantinetta Antinori.** Im Erdgeschoss des Palazzo (15. Jh.) der Antinori, kleine Gerichte, große Weine, schönes Ambiente. Piazza Antinori 3, www.cantinetta-antinori.com

ÜBERNACHTEN

★ **Residenza Johanna I.** Charmantes B&B in der Altstadt, neu renoviert und mit antiken Möbeln ausgestattet. Via Bonifacio Lupi 14, sowie weitere B&B in Florenz. www.johanna.it

★ **Botticelli.** Schlichte moderne Zimmer in einem Palazzo aus dem 15. Jh. in der Altstadt. Via Taddea 8, www.hotelbotticelli.it

Oben: Einladend für Genießer und alle, die es werden wollen: die Enoteca Alessi in Florenz

5 Florenz – Oltrarno
Über den Ponte Vecchio auf die andere Seite des Arno

Signoria
❹ Palazzo Vecchio
❺ Uffizien
❻ Ponte Vecchio
5

Nicht verpassen!

★ **Palazzo Pitti.** Größter Palazzo in Florenz, Baubeginn 1457, 1549 wegen finanzieller Schwierigkeiten der Pitti verkauft an die Medici, heute in Besitz des Staates. Viele Ausstellungen, 30 Säle, Galleria di Arte Moderna.

★ **Santa Maria del Carmine.** Von außen unauffällige Kirche, sehenswert ist die berühmte Brancacci-Kapelle mit interessanten Masaccio- und Masolino-Fresken im Inneren, die beim Brand 1771 nicht zerstört wurde. Eintritt 4 €, Öffnungszeiten: täglich 10–17 Uhr im Sommer, Di und Feiertage geschlossen.

★ **Basilika San Miniato al Monte.** Romanische Kirche, vermutlich aus dem 11./12. Jh., über eine Freitreppe erreichbar, faszinierende Marmorarbeiten im Inkrustationsstil. Via del Monte alle Croci, hinter dem Piazzale Michelangelo, Eintritt frei, Öffnungszeiten: im Sommer 8–19.30 Uhr.

★ **Giardino di Boboli.** Mit 32 000 qm einer der größten Parks Italiens, zahlreiche Skulpturen. Eingang Via S. Leonardo, Eintritt 7 €, Öffnungszeiten: Juni–Aug. 8.15–19.30 Uhr.

★ **Museo delle Porcellane.** Das Porzellanmuseum ist eine Sonderabteilung des Museo degli Argenti (Silber-Museum), im Casino del Cavaliere aus dem 17. Jh. im Giardino di Boboli. Zu sehen ist edles Tafelporzellan aus verschiedenen Manufakturen und Ländern.

Oben: Die Basilika San Miniato al Monte ist eine der vielen schönen und sehenswerten Kirchen von Florenz.
Rechts: Ein Spaziergang durch den Boboli-Garten ist ein Augenschmaus und eine Wohltat für die Seele.

Die Florentiner sind bekannt für ihr Selbstbewusstsein, ihren Stolz, ihre angenehme, unaufdringliche Liebenswürdigkeit und ihre Weltoffenheit. Als Gast in dieser Stadt fühlt man sich herzlich willkommen. Am allerbesten spürt man das auf der anderen Seite des Arno.

Diese Offenheit gegenüber Fremden spürt man bereits auf dem **Ponte Vecchio**, der das Zentrum mit dem liebenswerten Stadtteil **Oltrarno** verbindet. Auf dieser ältesten Brücke der Stadt über den Arno trifft man Abertausende von Touristen. Aber auch die Florentiner gehen gerne dorthin. Sie kommen vor allem abends, um den romantischen Sonnenuntergang über dem Fluss zu genießen.

Wo das Kunsthandwerk zu Hause ist

Die 1345 erbaute Brücke zeigt, dass die Florentiner schon damals clever und geschäftstüchtig waren. Um die immensen Kosten für den Bau wieder hereinzuholen, errichtete man auf der Brücke kleine Häuser, die als Läden vermietet wurden. Verkauft werden durfte ausschließlich kunsthandwerklich hergestellter Gold- und Silberschmuck. Bis heute floriert das Geschäft, es glitzert und glänzt sprichwörtlich an allen Ecken und Enden. Ob man dabei

ein echtes und günstiges Schmuckstück ergattert, sei dahingestellt. Verlässlicher ist die Lage auf der anderen Seite des Arno. Hier finden Freunde des Kunsthandwerks ein wahres Eldorado an zahllosen kleinen Handwerksbetrieben aus allen erdenklichen Bereichen: Goldschmiede, Mosaikkünstler, Uhren- und Schuhmacher, Papierschöpfer. Um mehr auf sich aufmerksam zu machen, haben die Menschen in diesen Vierteln jenseits des Flusses sogar eine eigene Website entwickelt (siehe »Einkaufen«).

Oltrarno bietet aber noch mehr: einzigartige Ausblicke auf die Altstadt, Kirchen, Museen und großartige Bauwerke, allen voran der berühmte **Palazzo Pitti**. Sie möchten einfach mal nur die Schönheit der Natur genießen? Dann ist der **Giardiono di Boboli** genau richtig. Spazieren Sie durch die barocke Parkanlage und entspannen sich in dieser grünen Oase, die lediglich durch einige Skulpturen und reizende Pavillons aufgelockert wird. Wie wär's mit einem kleinen Fußmarsch hinauf zur **Piazza Michelangelo** kurz vor Sonnenuntergang? Aber verweilen Sie dort nicht zu lange, denn wesentlich romantischer ist das Erlebnis ein bisschen weiter oben an der Kirche **San Miniato al Monte**. Dort können Sie sich einfach auf die Treppe vor der Kirche setzen und zusehen, wie die Sonne über Florenz untergeht.

Man sieht sich wo das wahre Leben spielt

Siamo diladdarno hört man hier oft, korrekt ausgesprochen: *siamo al di là del fiume Arno* – »Wir sind von der anderen Seite des Arno!« Und das sagt man mit Stolz, denn für Florentiner spielt sich hier das wahre Leben ab. Vor allem abends! Draußen mit Freunden essen, Wein trinken und hinüberschauen auf die Stadt, die im Sommer den Touristen gehört.

Hingehen!

EINKAUFEN

★ **Cartiera Verdi.** Laden mit handgefertigten Papieren. Via Pisana 17/r, nahe Palazzo Pitti.

★ **Stefania Masini.** Witziger Laden mit Antiquitäten, Porzellan, selbstgemachten Pinocchio-Figuren. Sdrucciolo de'Pitti 21/r.

★ **Firenze Oltre il Fiume.** Unter www.diladdarno.it finden Sie nicht nur die handwerklichen Betriebe, sondern auch einen Veranstaltungskalender, Hotels und Restaurants. In italienischer und englischer Sprache.

ESSEN UND TRINKEN

★ **Pane e Vino.** Familiär geführtes Lokal. Piazza di Cestello 3/r, Tel. 055 247 69 56, www.ristorante-paneevino.it Ruhetag: So.

★ **Trattoria del Carmine.** Sympathisch mit einfacher Küche, köstliches Vitello Tonnato. Piazza del Carmine 18, Tel. 055 21 86 01, Ruhetag: So.

★ **Alla Vecchia Bettola.** Authentische Florentiner Spezialitäten. Viale Ariosto 34/r, www.florence.ala.it/bettola, Ruhetag: So, Mo.

★ **Libreria, Ristorante.** Liebe zum Lesen ist das Motto des ungewöhnlichen Ristorante. Via dei Serragli 3/r, Tel. 055 277 62 05.

ÜBERNACHTEN

★ **Palazzo Guadagni.** Renaissance-Palazzo mit großen hellen Zimmern in Oltrarno. Piazza Santo Spirito 9, www.palazzoguadagni.com

Oben: Die berühmte Ponte Vecchio im Abendlicht

6 Florenz – Via Tornabuoni
Auf den Spuren der Mode statt Kunst und Kultur

Nicht verpassen!

★ **Gucci Museo.** Das Museum zeigt abwechslungsreich die Geschichte des Modedesigners, im Erdgeschoss finden sich eine nettes Bistro, eine Buchhandlung und ein Geschenkladen. Eintritt 6 €. Piazza della Signoria 10, Tel. 055 75 92 33 00, www.guccimuseo.com

★ **Galleria d'Arte Moderna.** Galerie für moderne Kunst im 2. Stock des Palazzo Pitti. Die Sammlung zeigt Kunst aus dem 19. und 20. Jh. Eintritt 8,50 €. Öffnungszeiten: 8.15–18.50 Uhr, Mo geschlossen.

★ **Galleria del Costume.** Galerie in der Palazzina della Meridiana im Palazzo Pitti, zeigt Bekleidung aus dem 18. Jh. bis heute, 90 Theaterkostüme der Schneiderei Tirelli und eine Werkstatt für Textilrestauration. Eintritt 8,50 €, Öffnungszeiten: im Sommer 8.15–18.30 Uhr.

★ **Museo Nazionale di Fotografia.** Nationalmuseum der Fotografie, benannt nach den Brüdern Alinari, ein weltberühmtes Foto-Atelier in Florenz. Piazza Santa Maria Novella in den ehemaligen Scuole Leopoldine, in sieben Abteilungen unterteilt, fotografische Raritäten und vieles mehr. Eintritt 9 €. Öffnungszeiten: 9.30–19.30 Uhr, Mi geschlossen.

★ **Information über alle Museen.** Die Website über die Museen von Florenz ist ausgezeichnet und informativ. Hier findet man Informationen zu jedem einzelnen Museum, einschließlich Öffnungszeiten, Preise, Stadtplan und angebotene Führungen. In deutscher Sprache. www.florentinermuseen.com

Geschichte, Kunst und Kultur der Stadt ist das Eine elegante Mode, edler Schmuck und schicke Schuhe, mit denen man Frauen glücklich macht, das andere. Auch darin ist Florenz großartig und bietet der Modestadt Mailand Paroli. Bei der Herrenmode hat die Stadt am Arno ohnehin die Nase vorne.

Selbstsicher, wie die Toskaner sind, behaupten Sie, dass nur in der Toskana, vor allem in Florenz, das einzig wahre Hochitalienisch gesprochen wird. Ähnliches gilt für die Mode! Auch hier sind die *fiorentini* berühmt für ihr stilsicheres Auftreten. Dieser Sinn für schöne Mode und edle Stoffe liegt in der Vergangenheit begründet. Eine Seiden- und Baumwollindustrie siedelte sich in Florenz und in der nahegelegenen Kleinstadt Prato schon früh an, und bereits 1951 fand in Florenz die erste internationale Modemesse statt. Auch wenn Mailand in Bezug auf Damenmoden die Nummer Eins ist, in Sachen topmodische Herrenmode ist die toskanische Hauptstadt Dreh- und Angelpunkt. Zweimal im Jahr findet hier die Männermodemesse »Pitti Immagine Uomo« statt und ein wenig zeitversetzt die Kindermodemesse »Pitti Immagine Bimbo«. Weltberühmte Modedesigner kommen aus Florenz, haben hier ihren internationalen Durchbruch geschafft und sind immer noch mit der Toskana fest verbandelt, einige mittlerweile zusätzlich in puncto Wein, wie Ferragamo oder Cavalli. Dass Florenz ein Zentrum der Mode ist und bleibt, zeigt auch das hiesige internatio-

Rechts: Nach dem Besuch des Gucci Museums kehrt man gerne im Gucci-Café ein.
Nächste Seite links: Einkaufen auf dem Mercato San Lorenzo macht Spaß und meist wird man auch fündig.
Nächste Seite rechts: Der Mercato del Porcellino in der Loggio del Mercato Nuovo ist perfekt für eine Shoppingtour.

nale Institut für Mode, Design und Marketing »Polimoda«. Es ist ein wichtiges Sprungbrett für junge talentierte Modeschüler ins internationale Mode-Business.

Shoppingtour in und um Florenz

Ein verführerisches Angebot internationaler Designermode findet man in der bereits genannten berühmten **Via de Tornabuoni** sowie in der **Via dei Calzaiuoli**, die von der Piazza della Signoria abgeht. Modebewusste zieht es zudem in den **Borgo San Lorenzo**. Dort haben sich viele junge und talentierte Designer angesiedelt, die witzige und nicht alltägliche Mode zu bezahlbaren Preisen verkaufen. Richtig hippe Mode für Teenies findet man in den zahlreichen Geschäften auf beiden Seiten der **Via della Vigna Nuova**, die von der Via de Tornabuoni abgeht. Im Viertel um die **Basilica Santo Spirito** locken diverse Läden mit schicken Designerschuhen zu moderaten Preisen. Das Quartier ist zudem berühmt für seine Juweliere, die handwerklich hergestellten, trendigen Schmuck verkaufen. Wer nach Taschen und Accessoires aus hochwertigem Leder Ausschau hält, versucht es am besten in **Santa Croce** (Lederschule) oder in einem der vielen umliegenden Geschäfte rundherum oder auf dem **Mercato San Lorenzo**. Aber aufgepasst, leider werden dort immer mehr Lederwaren aus Leder angeboten, das unter schrecklichen Bedingungen in Bangladesch produziert wurde. Eine fachmännische Beratung in einem handwerklichen Betrieb ist da auf jeden Fall sicherer. Rund um Florenz gibt es einige Designer-Outlets (siehe »Hingehen«!).

Hingehen!

EINKAUFEN

★ **Barberino Designer Outlet.** Mode von Prada, Gucci, Ferragamo und mehr, 30–70 % günstiger. Ausfahrt Barberino di Mugella (A1 Richtung Bologna). Via Meucci snc, 50031 Barberino di Mugello, www.mcarthurglen.com, Öffnungszeiten: täglich 10–20 Uhr, Sa, So 10–21 Uhr.

★ **The Mall.** Mode von Fendi, Armani, Sergio Rossi, Valentino, Tods und mehr. Via Europa, 8, 50066 Leccio Reggello, 30 Minuten von Florenz auf der A 1 in Richtung Rom, Ausfahrt Incisa Reggello, http://www.themall.it, Öffnungszeiten: je nach Jahreszeit täglich 10-19/20 Uhr.

★ **Dolce&Gabbana Outlet.** Preisnachlass bis 50 %, alles aus der vergangenen Saison. Loc. Santa Maria Maddalena 49, 50067 Pian dell'Isola Rignano, Tel. 055 833 13 00, südöstlich von Florenz, Öffnungszeiten: täglich 9–19 Uhr, So 15–19 Uhr.

★ **Valdechina Outlet Village.** Calvin Klein, Bata, Geox, Crocs, Timberland etc. Via Enzo Ferrari 5, 52045 Foiano della Chiana, A 1 Richtung Rom, Ausf. Valdichiana, www.valdichianaoutlet.it, Öffnungszeiten: Di–So 10–20 Uhr, Mo 14–20 Uhr.

★ **Prada Outlet.** Bis 50 % reduziert, stark frequentiert, im Gewerbegebiet (Zona Industriale), Ausschilderung »I Pellettieri d'Italia«, an der Rückseite eines flachen Gebäudes. Loc. Levanella 68 A, 52020 Montevarchi, Tel. 055 9 19 01, A 1 Richtung Rom, Ausfahrt Valdarno, dann SS 69 in Richtung Arezzo. Öffnungszeiten: täglich, genaue Zeiten telefonisch erfragen.

ÜBERNACHTEN

★ **Agriturismo Odina.** Hinreißend schöne Ferienwohnungen und -Villa inmitten der Natur in Traumlage, Pool, herrliche Gärten, www.siglinde-fischer.de

7 Fiesole

Auf dem »Balkon von Florenz« im Mugello-Tal

Nicht verpassen!

★ **Convento San Francesco.** Franziskanerkirche und Museum mit toskanischer Malerei aus dem 15./16. Jh., herrlicher Klostergarten, Eintritt frei. Öffnungszeiten: Mo–Sa 9–12, 15–19 Uhr.

★ **Area Archeologica.** Überreste römischer Thermen, Theater aus dem 1. Jh. v. Chr., kleines Museum mit etruskischen Fundstücken, Eintritt 7 €. Öffnungszeiten: 10–19 Uhr.

★ **Convento di Monte Senário.** Kloster des Serventinerordens, 1233 gegründet, Cappella dei Sette Santi mit Reliquienschrein, bedeutende Wallfahrtskirche für Florentiner Katholiken, Terrasse auf 800 m Höhe mit einem traumhaften Rundblick, unterhalb der Kirche kann man den Kräuterlikör der Mönche kaufen.

★ **Cafággiolo.** Ehemalige Festung, 1451 umgestaltet in eine Landvilla, beliebte Sommerresidenz der Medici, heute im Privatbesitz, teilweise zu besichtigen. Eintritt 5 €, Führungen im Sommer 10–12.30 Uhr und 14.30–18.30 Uhr.

★ **Golf&Country Club Poggio dei Medici.** 18-Loch-Platz, schönes Hotel mit Wellness-Angebot. Via San Gavino 27, 50038 Scarperia, Tel. 055 8 43 50, www.golfpoggiodeimedici.com

Oben: Eine Ausgrabungsstätte im Archäologischen Gebiet von Fiesole
Rechts: Zypressen in der weiten Landschaft des Mugello.

Wenn es den Fiorenti zu heiß wird, dann flüchten sie auf den »Balkon von Florenz«, wie das liebenswerte Städtchen Fiesole gerne genannt wird. Hier oben und in der angrenzenden bewaldeten Hügellandschaft des lieblichen Mugello sind die »Hundstage« einfach viel besser zu ertragen.

Dabei bestand – geschichtlich betrachtet – zwischen Florenz und Fiesole keine große Freundschaft. Das Städtchen ist nämlich wesentlich älter als die Hauptstadt der Toskana und kann auf eine eindrucksvolle Geschichte zurückblicken. Zu Zeiten der Etrusker war *Faesulae* eine stattliche Siedlung, die hoch erhobenen Hauptes auf das sumpfige Arnotal hinunterblickte. Auch den Römern gefiel es hier oben besser, und sie errichteten ein Theater und eine Therme. Im 12. Jahrhundert kam die Rache! Florenz, mittlerweile erstarkt, zerstörte das Städtchen und beschlagnahmte das ganze Gebiet um Fiesole. Ein bisschen gibt es diese Querelen zwischen den beiden Städten auch heute noch! Den ein oder anderen bissigen Kommentar hört man vor allem im Hochsommer, wenn wieder mal allzu viele Florentiner die reizende **Piazza Mino da Fiesole** in Beschlag nehmen.

Im Herbst ist Kastanienzeit

Der Mugello ist ein himmlisches Tal, das viel zu bieten hat und dennoch im Schatten anderer Toskana-Regionen liegt. Auch die

Medici liebten dieses Gebiet unweit von Florenz und hinterließen viele Spuren. Der einflussreichen Adelsfamilie gehörten hier herrliche Landgüter und Villen, zudem erbaute sie Kirchen. Die Villen sind vorwiegend in Privatbesitz und nicht zu besichtigen.

Da viele Bauern ihren Hof an zahlungskräftige Ausländer oder Florentiner verkauft haben, spielt die Landwirtschaft in dieser Region noch eine untergeordnete Rolle. Selbst die weitläufigen Kastanienwälder, deren Früchte für die Bevölkerung ein Grundnahrungsmittel darstellten, gehen immer weiter zurück. Der Kult um die schmackhafte Esskastanie ist jedoch immer noch lebendig. Das Mehl, das man aus den Maroni herstellt, ist hochgeschätzt und wird in den Feinkostläden in Florenz ebenso verkauft wie der Honig oder die Wildschweinspezialitäten des Mugello.

Individualisten zieht es ins Umland

Allerdings ist es nicht überall so ruhig! So hört man auf dem Weg Richtung **Scarperia** plötzlich das monotone Brummen von Motoren. Hier liegt eine Testrennstrecke der Formel 1, die vor allem von Ferrari genutzt wird. Darüber hinaus findet im Autodrom jedes Jahr der große Preis von Italien im Rahmen der Motorrad-Weltmeisterschaft statt.

Das mittelalterliche Dorf ist aber auch berühmt für seine handwerkliche Produktion hochwertiger Messer und Schneidewerkzeuge. Das größte und bedeutendste Städtchen des Mugello ist mit gut 18 000 Einwohnern **Borgo San Lorenzo**, das seinen wirtschaftlichen Ruhm den Ziegelbrennereien und der Töpferkunst verdankt. Seinen reizenden kleinen Stadtplatz säumen historische Bauwerke mit erstaunlich vielen hübschen Modeboutiquen. Für viele sind schon alleine diese die Anreise wert.

Der Vorgarten von Florenz ist noch immer eine Oase für Menschen, die gerne abseits des Mainstream Urlaub machen.

Hingehen!

EINKAUFEN

★ **Saladini.** Handwerklich hergestellte Messer, Ausstellungsraum: Via Roma 25, 50038 Scarperia, www.coltelleriasaladini.it

ESSEN UND TRINKEN

★ **L'O di Giotto.** Beste heimische Produkte, gute Weine, im modernen Hotel Ripaverde. Viale Giovanni XXIII 36, 50032 Borgo San Lorenzo, www.ripaverde.it, Ruhetag: So.

★ **Osteria Viandro.** Typische Osteria an einem bezaubernden Platz, gemütliche Atmosphäre, Florentiner Gerichte. Piazza Mino da Fiesole, 50010 Fiesole, Tel: 055 5 91 21, Ruhetag: Mo, im Sommer kein Ruhetag.

★ **Trattoria Tremoto.** Bar, Lebensmittelladen und Trattoria, wie anno dazumal, familiär, gute bodenständige Küche. Via Bolognese 16, 50010 Fiesole, Tel. 055 40 11 08, Ruhetag: Mi.

ÜBERNACHTEN

★ **Locanda San Barnaba.** Mitten im Grünen, geschmackvolle Zimmer, Ristorante mit guter Küche. Viale J.F. Kennedy 15, 50030 Scarperia, www.lalocandasanbarnaba.com

★ **Casa Palmira.** Ein restaurierter Bauernhof mit sechs reizenden Zimmern, schöner Garten, Wohlfühloase. Loc. Feriolo-Polcanto, 50032 Borgo San Lorenzo, www.casapalmira.it

Oben: Ein Spaziergang durch den Park der Villa Peyron al Bosco de Fontelucente in Fiesole

8 San Casciano

Die Weinberge im Val di Pesa

Nicht verpassen!

★ **Chiesa della Misericordia.** Kirche aus dem Jahr 1304 mit Werken von Ugolino di Nerio (um 1280–1349), Rutilio Manetti (1571–1639) und Giovanni di Badluccio (um 1300– um 1349).

★ **Museum von Casciano.** Das Museum für sakrale Kunst befindet sich in der Kirche Santa Maria del Gesù aus dem 15. Jh., in der Ortsmitte.

★ **Fattoria Poggiopiano.** Familie Bartoli betreibt das Weingut seit 1992, Chianti mit Charakter und Finesse, derzeit Umstellung auf biologischen Anbau. Loc. Pisignano 28, Tel. 055 822 96 29, www.fattoriapoggiopiano.it

★ **Principe Corsini – Fattoria Le Corti.** Berühmtes Weingut in einer prachtvollen mittelalterlichen Villa der Familie Corsini, exzellente Chianti und Rotweincuvées. Via San Piero di Sotto 1, Tel. 055 8293 01, www.principecorsini.com

★ **Villa del Cigliano.** Wunderschöne Villa aus dem 15. Jh. auf Fundamenten aus dem Mittelalter, Rundbögen mit Wappen der Antinori und Tornabuoni, ansprechende, charaktervolle Weine. Via Cigliano 17, Tel. 055 82 00 33, www.villadelcigliano

Oben: Weinliebhaber zieht es im Herbst in die Toskana, wenn die Sangiovesetraube reif ist.
Rechts: Gian Luca Grandis und seine Frau Judyta (Ranocchiaia) sind bekannt für großartige Olivenöle, die Jahr für Jahr viele Auszeichnungen gewinnen.

Die Fiorentini lieben gute Weine, am liebsten natürlich Chianti, liegt doch das berühmte Anbaugebiet direkt vor ihrer Haustür. Nur 15, dank der Autobahn, schnelle Kilometer sind es nach San Casiano im lieblichen Pesa-Tal. Dort locken nicht nur viele namhafte Winzer, sondern auch Ristoranti mit guter Küche.

Es ist schwierig, in der Toskana eine Stadt zu finden, die kein hübsches Zentrum hat und in der nicht schon vor langer, langer Zeit bereits die Etrusker lebten. Dies gilt auch für das charmante, von Weinbergen und Olivenhainen umgebene **San Casciano**. Das Flüsschen Pesa, das im Tal unterhalb des Städtchens fließt, gleicht im Sommer eher einem trockenen Rinnsal, kann in den Wintermonaten jedoch zu einem reißenden Fluss anschwellen. Grund dafür sind die fünf Zuflüsse, die den Pesa auf seinem Lauf von Greve, wo er in 893 Meter Höhe entspringt, über Radda und Castellina nach San Casciano speisen. In Florenz schließlich mündet der Fluss in den Arno. Die vielen historischen Steinbrücken, die den Fluss überspannen, verleihen dem **Val di Pesa** seinen ganz besonderen Charme. San Casciano wird durch die Via Cassia in zwei Teile geteilt. Der wichtige Handelsweg hat wesentlich zur wirtschaftlichen Entwicklung der netten Kleinstadt mit den gut 17 000 Einwohnern beigetragen. Noch heute wirkt sich die Via Cassia positiv auf den Tourismus in dem Gebiet nahe der Auto-

bahn zwischen Florenz und Siena aus, das dank der historischen Straße rasch und unkompliziert erreichbar ist. Rund um San Casciano, das nicht gerade reich mit Sehenswürdigkeiten gesegnet ist, prägen Weinberge, Wälder, Burgen und Schlösser sowie Olivenhaine die zauberhafte Landschaft – ideal für einen entspannten Urlaub im Grünen und dennoch nahe an Florenz und Siena. Die vielen Winzer rund um **San Casciano** bieten fast alle Direktverkauf an, so auch der biologische Landwirtschaftsbetrieb La Ranocchiaia. Familie Grandis hat sich vorwiegend und voller Leidenschaft der Produktion von Olivenöl verschrieben. Die Oliven von 3000 Bäumen der Sorten Sorten Moraiolo, Frantoio, Pendolino, Correggiolo, Leccio del Corno, und Leccino werden innerhalb von vier bis sechs Stunden mit Hilfe modernster Technik zu einem sensationellen Öl mit einem extrem hohen Gehalt an Polyphenolen verarbeitet, die nachweislich der Gesundheit sehr zuträglich sind. Ein angenehmer Nebeneffekt dieses großartigen Geschmackserlebnisses! Die sieben, zum Teil reinsortigen Olivenöle gewinnen laufend die wichtigsten nationalen und internationalen Auszeichnungen. Es lohnt sich, den kleinen Betrieb zu besuchen und von Gian Luca und seiner Frau Judyta mehr über hochwertiges Olivenöl zu erfahren.

Frischer Mai und September?

A settembre chi è esperto, non viaggi mai scorto – »Wer klug ist, reist im September niemals leicht bekleidet« – weiß ein toskanisches Sprichwort. Diese Lebensweisheit lässt sich auch auf den Monat Mai ausdehnen. Toskana-Kenner wissen, dass es in diesem von der Sonne verwöhnten Paradies in manchen Monaten morgens und abends ganz schön frisch werden kann.

Hingehen!

EINKAUFEN

★ **Azienda Agricola La Ranocchiaia.** Spitzen-Olivenöl aus der Toskana, auch reinsortig, biologisch, profunde Beratung. Verkaufsstelle Via Sant'Anna 7/b, Loc. Mercatale, Tel. 055 82 11 71. www.laranocchiaia.it

ESSEN UND TRINKEN

★ **La Tenda Rossa.** Familiäres Ein-Sterne-Restaurant, spannende, schmackhafte Küche, herzlicher Service. Piazza del Monumento 9/14, Tel. 055 8 21 80 39, Ruhetag: So, Mo Mittag, www.latendarossa.it

★ **Cantinetta del Nonno.** Leckere Florentiner Spezialitäten im Zentrum. Via IV Novembre 18, Tel. 055 82 05 70, 50026 San Casciano, Ruhetag: Mi.

★ **Trattoria Mammarosa.** 40 Jahre Kocherfahrung, authentische typische Gerichte. Via Cassia per Siena 32, Tel. 055 824 94 54, Ruhetag: So Abend, Mo.

ÜBERNACHTEN

★ **Agriturismo Salvadonica.** Eine Oase der Ruhe, mit guter Küche, Pool. Via Grevigiana 82, Tel. 055 821 80 39, www.salvadonica.it

★ **Villa i Baronci.** Grandiose Aussicht, große Restaurantterrasse, Pool, Wellness, komfortable Zimmer. Via Sorripa 8, Tel. 055 82 05 98, www.ibarronci.com

Oben: Die Kirche Santa Cecilia in San Casciano

9 *Prato*
Die pulsierende Textilmetropole

Nicht verpassen!

★ **Centro per l'arte contemporeanea Luigi Pecci.** Museum für zeitgenössische Kunst, ein Highlight ist Henry Moores berühmte Skulptur »Quadratische Form mit Schnitt«. Viale della Repubblica 277, Tel. 0574 5317, www.centropecci.it, Öffnungszeiten: Mi–Mo 10–19 Uhr.

★ **Museo del Tessuto.** Stoffmuseum in einer ehemaligen Textilfabrik, Wissenswertes über die geschichtliche Entwicklung vom 14. bis zum 18. Jh., berühmte Kollektionen, Stoffmuster aus aller Welt, technische Entwicklung, Textilveredelung usw. Via Santa Chiara 24, Eintritt 6 €, So frei. Öffnungszeiten: 10–18 Uhr, Sa 10–14 Uhr, So 16–19 Uhr.

★ **Museo dell'Opera del Duomo.** Im Bischofspalast neben dem Dom, Skulpturen, Bilder aus dem 13. Jh., liturgische Bücher und vieles mehr. Piazza del Duomo 49, Eintritt 3 €. Öffnungszeiten: 9.30–12.30 und 15–18.30 Uhr, Di geschlossen.

★ **Duomo Santo Stefano.** 1211 errichtet, mehrfach umgebaut, romanisch mit drei Kirchenschiffen, Hauptchorkapelle mit Fresken von Fra Filippo Lippis (um 1406–1469), Führungen auf Deutsch mit Audioguide, Eintritt 3 €.

★ **Cappella della sacra cintola.** Berühmte Kapelle des heiligen Gürtels, mit Darstellung über das Leben der Muttergottes und der Legende des Heiligen Gürtels. Gesichert mit einem Bronzegitter aus der Renaissance.

★ **Palazzo Datini.** Aus dem 14. Jh., Räume im Erdgeschoss können besichtigt werden. Via Mazzei Ser Lapo 43, unregelmäßige Öffnungszeiten, siehe www.museocasadatini.it

★ **Castello dell'Imperatore.** Aus dem 13. Jh., wuchtiges Bauwerk mit einer Mauerkrone, auf die man hinaufsteigen kann. Herrlicher Blick über die reizende Stadt. Piazza Santa Maria delle Carceri.

Rechts: Der mächtige Dom der Stadt Prato, die zu Unrecht ein wenig im Schatten von Florenz liegt

Prato liegt sozusagen vor der Haustür von Florenz, doch die zweitgrößte Stadt der Toskana wird leider allzu häufig vergessen. Ihr haftet der schlechte Ruf einer Industriestadt an, und die jüngsten Schlagzeilen verhelfen nicht gerade zu einem positiven Image. Die Altstadt von Prato ist jedoch unbedingt sehenswert!

Vergessen wir also rasch die unangenehmen aktuellen Nachrichten über chinesische Industriegebiete und die Müllentsorgung durch die Camorra rund um Prato und widmen wir uns der geschichtsträchtigen, schönen Innenstadt. Dabei geben wir die Hoffnung nicht auf, dass diese unerfreulichen Zustände aufgeklärt und beendet werden.

Prato wurde erstmals im 10. Jahrhundert urkundlich erwähnt und entwickelte sich schon sehr früh zu einem bedeutenden Zentrum der Stoffindustrie. Diesen Aufstieg verdankt das Städtchen dem berühmtesten Wollhändler des Spätmittelalters, Francesco Datini (1330–1410). Er verhalf der Stadt zu unermesslichem

Reichtum und Ansehen. Der geschäftstüchtige Kaufmann aus Prato gilt als Erfinder des Wechsels sowie der doppelten Buchführung und hat der Stadt das größte Kaufmannsarchiv des Mittelalters hinterlassen. Sein prachtvoller Palazzo aus dem späten 14. Jahrhundert ist außen wie innen mit grandiosen Fresken berühmter Künstler geschmückt. Geld spielte keine Rolle – das spiegelt auch das gesamte Stadtbild wider, denn Prato konnte sich die besten Künstler leisten. Diese Liebe zur Kunst ist bis heute geblieben. 1998 hat man sich in Prato ein Museum für zeitgenössische Kunst mit Werken weltberühmter Künstler spendiert.

Junggebliebene Altstadt voller Kunstschätze

Um Prato schätzen und lieben zu lernen, bummeln Sie einfach durch das historische Zentrum, das von der gut erhaltenen mittelalterlichen Stadtmauer in Form eines unregelmäßigen Sechsecks umschlossen wird. In der autofreien Innenstadt kann man ohne Gefahr die prunkvollen Sehenswürdigkeiten bewundern. Unter dem Schutz des mächtigen **Castello dell'Imperatore**, das im 13. Jahrhundert errichtet wurde, um den reichen Stoff-Handelsplatz zu sichern, schlendern Sie über die eher bescheidene **Piazza del Comune**, um die sich mittelalterliche Bauten und Türme scharen. Gegenüber dem besonders beeindruckenden **Palazzo Pretorio** erinnert ein Denkmal an den berühmtesten Mann der Stadt, Francesco Datini. Über die Via Giuseppe Mazzini, die zahlreiche Läden und Schaufenster säumen, geht es zum wesentlich attraktiveren Domplatz. Entspannen Sie in einem der vielen Straßencafés und genießen Sie bei einem Drink den Blick auf den **Dom Santo Stefano**, insbesondere auf die zierliche Außenkanzel von 1356. Wie und warum Prato seinen immensen Reichtum der Stoffherstellung und -verarbeitung verdankte, erfährt man am besten im spannenden **Museo del Tessuto**.

Hingehen!

EINKAUFEN

★ **Beby Cashmere Outlet.** Fabrikverkauf edler und schicker Kaschmirmode. Via Vicenzo Bellini 91, www.bebyoutletcashmere.it, Öffnungszeiten: Mo–Fr 9–13 Uhr, 15–19 Uhr.

★ **Pasticceria Nuovo Mondo.** Sie können Prato nicht verlassen, ohne die zarte, in Alkermes-Likör gebadete Spezialität Pesche di Prato probiert zu haben. Via Guiseppe Garibaldi 25, Tel. 0574 2 77 65.

ESSEN UND TRINKEN

★ **Ristorante Tonio.** Geschmackvolles, modernes Restaurant, gute Fischgerichte. Piazza Mercatale 161, Tel. 0574 2 12 66, www.ristorantetonio.it, Ruhetag: So, Mo Mittag.

★ **Trattoria Cibbè.** Direkt am mittelalterlichen Platz im Zentrum, regionale Küche, herzlicher Service. Piazza Mercatale 49, Tel. 0574 60 75 09, Ruhetag: So.

ÜBERNACHTEN

★ **Wall Art.** Vor den Stadttoren, modernes Hotel mit komfortablen Zimmern und moderner Kunst. Viale della Repubblica 8, über die Viale Monte Grappa, www.wallart.it

★ **Art Hotel Museo.** Nahe dem Museum für zeitgenössische Kunst, moderne Zimmer mit Komfort, Pool. Viale della Repubblica 289, über die Viale Monte Grappa, www.arthotel.it

Oben: Shoppen in Pratos Einkaufsmeile in der Altstadt

Ausflugsziele rund um Prato

Oben: Immer wieder verlockend, die Bruschette, hier serviert in der Osteria Le Panzanelle
Rechts: Kunst im weitläufigen Park des Centro per l'arte Contemporanea Luigi Pecci

So sehenswert die Innenstadt von Prato ist, den Stadtrand prägen Mietskasernen, die in den 1950er-Jahren aus dem Boden gestampft wurden. Während man in Florenz die schönen Künste pflegte, dominierte in Prato eher der Geschäftssinn. Wie gut, dass das Umland so schön ist!

Der gute Ruf der Stadt als Produzentin feinster Stoffe verhalf der ortsansässigen Industrie nach dem Zweiten Weltkrieg zu einem grandiosen wirtschaftlichen Erfolg. Um die damals riesige Nachfrage nach schöner, bezahlbarer Kleidung zu befriedigen, besann man sich in **Prato** auf seine jahrhundertelange Erfahrung und stellte aus gesammelten alten Lumpen für jedermann erschwingliche Textilien her. Durch diesen neuen Boom der Textilindustrie wuchs die Bevölkerung in Prato stetig an. Zu Beginn des Wirtschaftswachstums holte man vorwiegend Arbeiter aus dem Süden Italiens. Nachdem die Chinesen die Führung im Billigmarkt der Kleidungsindustrie erreicht hatten, übernahmen sie eine Textilfabrik nach der anderen. Heute ist hier über ein Drittel der Stoff- und Bekleidungsindustrie in chinesischer Hand. Die damit verbundenen Skandale kennen wir aus der Presse, aber: Prato kämpft entschlossen um seinen Ruf als Produktionszentrum edler Stoffe. Nicht zuletzt deshalb trägt dazu das Institut Tullio Buzzi bei, zu dem auch eine Schule gehört, in der die Herstellung hochwertiger Textilien mit moderner Technik gelehrt wird. Wer sich informieren möchte, kann im Museo del Tessuto die Bedeutung von Pratos Stoffindustrie vom 14. Jahrhundert bis heute nachvollziehen.

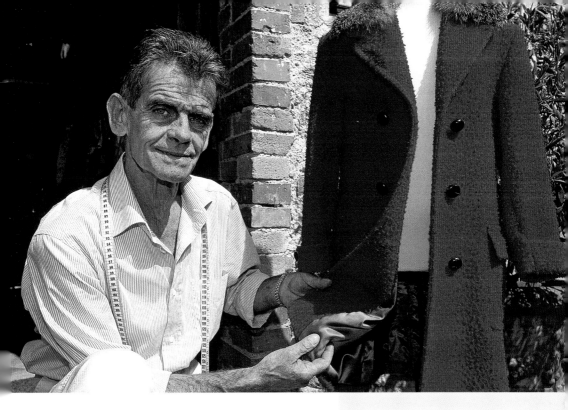

Auf ein Glas Wein nach Carmignano

Nur wenige Kilometer südlich von Prato liegt das beliebte Ausflugsziel **Carmignano**. Dort erwartet die Städter eine liebliche Landschaft mit Weinbergen und Olivenhainen, *perfetto*, um den Alltagsstress zu vergessen. Dort gedeihen beeindruckende Weine, die seit 1990 sogar den DOCG-Status haben und damit in die *upper class* der italienischen Weine aufgerückt sind. Dass hier schon lange charaktervolle Tropfen gekeltert werden, ist dokumentiert. Schon 1369 kosteten die Rotweine aus Carmignano viermal mehr als Weine der umliegenden Regionen. Bis heute wird in den 250 bis 400 Meter hoch gelegenen Weinbergen vorwiegend die Rebsorte Sangiovese angebaut. Des Weiteren finden sich die heimische rote Sorte Canaiolo nero, seit einigen Jahrzehnten auch Cabernet Franc und Cabernet Sauvignon sowie einige weiße Rebsorten. Das geschichtsträchtigste und berühmteste Weingut dieser kleinen Weinregion ist die **Tenuta di Capezzana**. Das Haus mit der über 1200-jährigen Tradition folgte immer dem jeweiligen Zeitgeist. Der eng mit der Besitzerfamilie Bonacossi befreundete Baron Eric de Rothschild aus Paullac hinterließ im Gästebuch ihres Schlosses folgenden Satz: »Nie zu jung, nie zu alt« – eine treffende Beschreibung dieser großen Weine. Sie möchten das hautnah erleben? Im dazugehörigen Agriturismo wohnt man nicht nur wunderschön, sondern hat zudem die Möglichkeit, an Kochkursen und Verkostungen teilzunehmen sowie nach Absprache das Weingut zu besichtigen. Selbstverständlich gibt es einen Verkaufsraum, der für alle Weinliebhaber zugänglich ist.

Hingehen!

ESSEN UND TRINKEN

★ **Da Delfina.** Auf der herrlichen Terrasse köstliche toskanische Gerichte genießen, was will man mehr? Via della Chiesa, 59015 Carmignano-Artimino, Tel. 0558 71 80 74, www.dadelfina.it, Ruhetag: Mo.

★ **Su Pè I Canto.** Rustikales Ambiente im Inneren, schöne Terrasse, kreative, toskanische Küche, profunde Weinempfehlung. Piazza Matteotti 25–26, 59015 Carmignano, Tel. 055 871 24 90, Ruhetag: Mo.

★ **Gelateria i'Campano.** Eisdiele mit cremigem selbstgemachten Eis, freundlicher Service. Piazza Matteotti 31, 59015 Carmignano, Tel. 327 122 37 79.

★ **La Vinsantaia di Capezzana.** Weinbar und Direktverkauf im Zentrum der Tenuta Capezzana, Imbiss oder Menü, der passende Wein ist garantiert, freundlicher Service. www.lavinsantaia.it, Öffnungszeiten: 10–19 Uhr, am Wochenende bis 23 Uhr, im Sommer kein Ruhetag.

Oben: Individuell auf Maß gemacht ist dieses Prachtstück von einem Schneider, die es in der Toskana noch häufig gibt.

Hingehen!

EINKAUFEN

★ **Fattoria di Bacchereto Terr a Mano.** Das kleine Weingut setzt auf naturnahen Anbau, feine Weiß- und Rotweincuvées. Via Fontemorana 179, 59015 Carmignano, Tel. 0558 71 71 91.

★ **La Fattoria Artimino.** Weine und Olivenöl ab Hof. Viale Papa Giovanni XXIII 1, 59015 Artimino-Carmignano, www.artimino.com, Öffnungszeiten: Mo, Di, vorm. geschlossen.

★ **La Bottega d'Fochi.** Biscotti und andere Back-waren alter Tradition. Via Roma 10, 59015 Car-mignano, Tel. 055 871 20 33, www.daifochi.it

ÜBERNACHTEN

★ **B&B Lagufaia.** Sehr hübscher Agriturismo, wun-derschöne Lage, Pool, viele Freizeitmöglichkei-ten. Via Elzana 12, 59015 Carmignano-Prato, www.lagufaia.it

★ **Hotel Paggeria Medicea.** Ehemalige Unterkunft der Bediensteten des Jagdschlosses der Medici aus dem 15. Jh., heute ein komfortables Hotel in herrlicher Lage. Der historische Borgo umfasst 59 Apartments, das exklusive Gebäude Le Fagia-nai Luxusappartements. www.artimino.com

★ **Agriturismo Sottotono.** Steinhaus mit schickem, modernem Ambiente, schöner Garten, Pool, Aussicht, Olivenölproduzent. Via Poggio dei Colli 1/2/3, Loc. S. Cristina a Mezzana, 59015 Carmignano, www.agriturismosottotono.it

★ **Agriturismo Fattoria Petrognano.** Häuser im Kolonialstil aus dem 18. Jh. mit großen Gärten, Pool, Tennis. Via Bottinaccio 116, 50056 Monte-lupo Fiorentino, www.petrognano.it

Oben: Ein Weinanbaugebiet in der Nähe von Florenz
Rechts: Das kaiserliche Kastell von Prato
Rechte Seite oben: Nebel über Carmignano
Rechte Seite unten: Der Dom von Prato mit dem Brunnen des Pescatorello

Prato

Tradition und zeitgenössische Kunst

Entlang der Weinstraße **Carmignano** sind knapp 20 Winzerbe-triebe angesiedelt, die alle mit einer *Punta Vendita Diretta*, also einem Direktverkauf, locken. Darüber hinaus bietet die Straße aber auch viele kunsthistorische Highlights. Nur knapp zehn Kilo-meter von **Prato** entfernt steht gleich am Anfang der Weinroute die fantastische **Villa Medici von Poggio a Caiáno.** Lorenzo de'Medici gefiel die Lage des Anwesens so gut, dass er 1485 den Auftrag erteilte, eine dort bereits bestehende Villa nach seinen Vorstellungen umzubauen. Leider erlebte er das Ergebnis seines Vorhabens nicht mehr. Die Villa zeigt sich heute noch in einem klaren Renaissance-Stil, lediglich einige repräsentative Treppen-aufgänge kamen in späterer Zeit hinzu.

Ebenfalls an der Straße nach Carmignano hat der international bekannte Bildhauer **Quinto Martino** (1908–1990) seinem Hei-matdorf **Seano** einen riesigen **Skulpturenpark** gestiftet, den er 1981 eröffnete. In dem weitläufigen Park mit den alten Bäumen vermitteln 36 Bronzearbeiten von Martino einen Überblick über dessen fast 60-jähriges Schaffen.

Wer sich für die ältere Geschichte des Weinbaugebiets interes-siert, ist im **Parco Archeologico di Carmignano** an der richtigen Stelle. Seit 1965 werden in dem archäologischen Park Ausgra-bungen unternommen.

Freunde der Keramikkunst wird es dagegen in das hübsche Städtchen **Montelupo Fiorentino** ziehen. Ein Höhepunkt ist dort das unterhaltsame Keramikmuseum.

11 *Pistoia*
Europas größtes Baumschulzentrum

Borgo a Mozzano · Bagni di Lucca · Pontepetri · Cantagallo · Montecatini Terme · **11** Pistoia · Pescia · Collodi · Monsummano Terme · Lucca · Quarrata · Altopascio · Lamporecchio

Nicht verpassen!

★ **Duomo San Zeno.** Eine der ältesten Kirchen der Toskana, Altar des San Jacopo, Cappella del Giudizio mit Freskenresten aus dem 14. Jh., Eintritt frei.

★ **Baptisterium San Giovanni in Corte.** Beeindruckt wegen seiner Höhe, geheimnisvoll dunkel im Inneren.

★ **Museo Civico.** Befindet sich im Palazzo Comunale am Domplatz, herrliche Kunstwerke von Malern aus Pistoia. Eintritt frei, Öffnungszeiten: Mi und Fr 9–12 Uhr, Di und Do 15–18 Uhr.

★ **Ospedale del Ceppo.** 1277 gegründet, 1348 nach der Pest vergrößert, die Vorhalle mit dem sehenswerten Fries wurde 1526–1530 gestaltet.

★ **Pieve di Sant'Andrea.** Romanische Fassade, prächtige gotische Kanzel aus dem 13./14. Jh. von Giovanni Pisano, der auch das Kruzifix am Altar schuf. War und ist Taufkirche.

★ **Skulpturenpark Villa Celle.** Die etwa 5 km von Pistoia entfernt in einem schönen Park gelegene zeitgenössische Skulpturensammlung, 1980 von dem Kunstmäzen und Sammler Giuliano Gori gegründet, vermittelt einen Eindruck der modernen Bildhauerei. 51300 Santomato di Pistoia, Tel. 0573 47 94 86, Besuch auf Anfrage.

Oben: Die romanische Kirche San Giovanni Fuoricivitas im Herzen von Pistoia

Egal, von welcher Seite man auf Pistoia zusteuert, an allen Zubringerstraßen säumen weitläufige Baumschulen mit Palmen, Oliven und Zypressen, aber auch Gärtnereien mit üppig blühenden Pflanzen und Sträuchern den Weg. Sie verführen jeden Gartenliebhaber sofort zum Anhalten.

In der Regel lässt man die Stadt auf dem Weg von Florenz nach Lucca und zum Meer links, besser gesagt, rechts liegen. Schade. Nehmen Sie doch einmal die Autobahnausfahrt und sehen Sie sich die hübsche Innenstadt an. Dafür brauchen Sie nur wenige Stunden, denn alles liegt nah beieinander. Hobbygärtner allerdings sollten möglicherweise mehr Zeit veranschlagen, denn rund um Pistoia gibt es 1500 Baumschulen, die auf 5200 Hektar Pflanzen aller Art anbauen und verkaufen. Tatsächlich befinden Sie sich hier in Europas größtem Baumschulgebiet.

Geschäftiges Treiben auf der Piazza

Man merkt es bereits, wenn man in die Altstadt fährt und einen Parkplatz sucht: **Pistoia** ist keine überlaufene Touristenmetropole. Auf dem Parkplatz nahe dem Bahnhof oder entlang der Stadtmauer kann man das Auto in der Regel problemlos abstellen. Gleich hinter der Stadtmauer beginnt die Fußgängerzone, und von hier aus ist alles Sehenswerte im Nu erreicht. Durch enge Gassen geht es erst einmal zum weitläufigen Domplatz, wo gleich neben dem **Duomo San Zeno** der befestigte Glockenturm **Fortezza del Campanile** 67 Meter hoch aufragt. Die Kathedrale und das Baptisterium sind mit grün-weißen Marmorinkrustationen verblendet, während der Glockenturm lediglich im oberen Bereich so verkleidet ist. Begründet ist diese Uneinheitlichkeit durch die verschiedenen Bauphasen des Bauwerks, die sich über eine lange Zeit hinzogen. Der hauptsächliche Teil des Doms stammt aus dem 12. Jahrhundert, die Fassade und der siebenbogige Portikus wurden im 14. Jahrhundert errichtet. Kunstinteressierte müssen hier nicht Schlange stehen, um die **Cappella del Giudizio** und den aus Silber geschmiedeten, unschätzbar kostbaren **Altar des Hl. Jakobus** zu bewundern. Die wuchtigen Palazzi an den Seiten des Domplatzes zeugen von der glorreichen und bewegten Vergangenheit der Stadt. Im **Palazzo Vescovile**, dem ehemaligen Bischofssitz, hütet heute das **Museo Capitolare** den Jakobus-Schatz. Der **Palazzo Podestà** (1367) fällt durch seine elegante

Schlichtheit auf, ihm gegenüber residiert im großzügig gestalteten Inneren des **Palazzo Comunale** aus dem 12. Jahrhundert das **Museo Civio**. Der prächtige Domplatz ist alljährlich am 25. Juli Schaubühne für die **Giostra dell'Orsa**. Das »Bärenfest«, ein Spektakel mit einer tiefverwurzelten Tradition, wird zu Ehren von Pistoias Schutzpatron, San Jacobo, veranstaltet. Ähnlich dem Palio in Siena wird der Wettbewerb zwischen vier Stadtvierteln hoch zu Ross ausgetragen.

Sehenswert, zumindest von außen, ist das gleich um die Ecke gelegene historische Hospiz. Folgen Sie einfach der engen Gasse zwischen Palazzo Comunale und Dom und erreichen Sie nach knapp 300 Metern die **Piazza Giovanni XXIII**. Am **Ospedale del Ceppo** aus dem 13. Jahrhundert stellt ein farbig lasierter Terrakottafries die barmherzigen Aufgaben dar, denen sich das Hospiz gewidmet hat: Krankenpflege, Segnung der Sterbenden und Speisung der Bedürftigen.

Man sieht sich – beim Blues-Festival?

Jedes Jahr dreht sich Mitte Juli auf dem Domplatz und in der Altstadt mit den vielen Kneipen alles um Blues-, Rock- und Folkmusik. Das 1980 gegründete Festival »Pistoia-Blues« lockt Besucher aus nah und fern an. Berühmte Musiker aus dem In- und Ausland begeistern vor der herrlichen Kulisse der Piazza del Duomo mit heißen Rhythmen ihr Publikum. www.pistoiablues.com

Hingehen!

ESSEN UND TRINKEN

★ **Corradossi.** Bekannt für gute Fischküche, aber auch traditionelle Fleischgerichte. Viale Attilio Frosini 112, Tel. 0573 2 56 83.

★ **Baldo Vino.** Nüchternes, aber elegantes Ambiente, vier verschiedene Themen-Menüs, große Weinauswahl. Piazza San Lorenzo 5, Tel. 0573 2 15 91, Ruhetag: Sa Mittag, So.

★ **La Vineria die Bottegaia.** Kleine Karte, schmackhafte Küche, kompetenter Service, Plätze vor der Osteria mit Blick auf die Palazzi der Piazza. Via del Lastrone, Tel. 0573 36 56 02, www.labottegaia.it

★ **Il Cucciolo.** Das Restaurant für Fischliebhaber, hier gibt es ausschließlich frischen, köstlich zubereiteten Fisch. Via Panciatichi, Tel. 0573 2 92 30, Ruhetag: So nur abends geöffnet.

★ **Antico Forno da Ildo.** Urige Trattoria mit Terrasse, nur lokale Gerichte. Viale del Castagno di Piteccio 34, Tel. 0573 40 80 22.

Oben: Das liebenswerte Städtchen Pistoia von oben gesehen

Hingehen!

EINKAUFEN

★ **Ghelardeschi Pianti.** Eine der ältesten Baumschulen Pistoias, Bäume, Sträucher, Kletterpflanzen und wunderschöne Kamelien. Via Loreto e Carraiola 11, Tel. 0573 38 04 80, www.ghelardeschipiante.it

★ **Vivai Palandri.** Spezialisiert auf Skulpturenschnitt, Freiland- und Topfpflanzen. Via Toscana, Loc. Chiazzano, Tel. 0573 53 03 06, www.palandri.it

★ **Pasticceria Elite.** Witzige und raffinierte Torten und Gebäck für alle Anlässe. Viale Petrocchi 35, 51100 Pistoia, Tel. 0573 273 26.

★ **Ciocolatteria Bruno Corsini.** Hier dreht sich seit 1918 alles um feinste Schokolade. Piazza San Francesco 42, 51100 Pistoia, Tel. 0573 201 38, www.brunocorsini.com

ÜBERNACHTEN

★ **Villa Cappugi.** Fünf-Sterne-Hotel mit toskanischer Tradition und modernem Ambiente, große, helle Zimmer, schöner Garten, Pool. Via di Collegigliato 45, über Viale Italia, www.hotelvillacappugi.com

★ **Villa Giorgia.** In den Hügeln von Pistoia gelegen, 5 km zur Altstadt, moderne Zimmer, gepflegter Garten mit Panoramablick. Via Bolognese 164, www.villagiorgia.it

★ **Villa de' Fiori.** Inmitten eines Parks mit mediterranen Pflanzen, freundliche Zimmer und Apartments, Pool, Stadtnähe. Via di Bigiano e Castel Bovani 39, www.villadefiori.it

Oben: Einladende Obststände findet man überall, hier einer auf der Piazza del Ortaggio in Pistoia
Rechts: Die Vorhalle des Ospedale del Ceppo aus dem 13. Jh. mit den Keramikbildern
Rechte Seite: Besonders beeindruckend sind der Dom und die Piazza del Duomo in Pistoia bei Nacht.

Pistoia

Hier lässt es sich gut leben

Apropos Speisung: Falls Ihnen nun der Magen knurrt, lockt in nächster Nähe die gemütliche **Piazza della Sala**, das Wohnzimmer Pistoias. Wer diesen Platz hungrig wieder verlässt, dem ist nicht zu helfen. Um den Renaissance-Brunnen, in dem zwar kein Wasser plätschert, der aber dennoch schön anzusehen ist, bieten Marktstände Gemüse, Obst und andere Köstlichkeiten an. Rund um den Platz kann man wählen, ob man unter den schattenspendenden Markisen einer Trattoria oder Enoteca, eines Cafés oder eines Ristorante genussvoll speisen möchte. Einfach *perfetto* für eine angenehme Siesta, weil der Platz zwar belebt, aber nicht bevölkert ist.

Wenn Sie wissen möchten, wo all die Einheimischen, die wochentags auf den Plätzen und Gassen zu sehen sind, am Wochenende zu finden sind, fahren Sie etwa drei Kilometer Richtung Norden nach **Castagno di Piteccio**. Das 500 Meter hoch gelegene Dörfchen mit den alten Steinhäusern hat sich im Lauf der vergangenen Jahre zu einer Art Freiluftmuseum und einem beliebten Ausflugsziel entwickelt. Die engen Gassen sind steil und gepflastert und links und rechts von Werken zeitgenössischer Künstler aus Pistoia flankiert. Darüber hinaus ist hier wie überall in Italien auch für das leibliche Wohl gesorgt.

Schwitzen oder Schokolade naschen

Nicht verpassen!

★ **Grotta Giusti.** Gepflegtes Hotel mit direktem Zugang zur berühmten Grotte und Natur-Spa, Luxury Hotel of the World. Via Grottagiusti 1411, Grotte ist für Nicht-Hotelgäste gegen Gebühr zugänglich, Tageskarte werktags 17 €, am Wochenende und feiertags 20 €, www.grottagiustispa.com.

★ **Slitti – Schokolade und Kaffee.** Der Chocolatier Andrea Slitti ist bei Süßschnäbeln aus aller Welt berühmt. Handwerkliche Herstellung von Schokolade und Kaffee, schöner Laden, ein Muss für alle, die Schokolade lieben. Via Francesca Sud 1268, www.slitti.it

★ **Wallfahrtskirche Santa Maria di Fontenuova.** 1607 auf Wunsch von Ferdinand I. de Medici erbaut, Freskenzyklus mit Marienwundern.

★ **Museo di Casa Giusti.** Geburtshaus des Dichters Giuseppe Giusti (1809–1928), nahe der Piazza Giusti. Via Vincenzo Martini 8, 51015 Monsummano Terme.

★ **Villa Medici di Montevettolini.** Erbaut 1595 im Auftrag von Ferdinand I. de Medici am Fuß des Monte Albano, in Besitz der Broghese-Erben und nicht zu besichtigen.

Monsummano hat nur 20 000 Einwohner und ist kulturhistorisch betrachtet eher ein Niemandsland; selbst die Etrusker sind hier nur durchgereist. Ihren Wohlstand verdankt die Stadt den zahlreichen Schuhfabriken und der großartigen Thermalquelle – Anreiz genug, um dort zu verweilen.

Monsummano liegt in einer bezaubernden Landschaft mit bewaldeten Hügeln und Olivenbäumen. Schleckermäuler zieht es aber in die Stadt, denn schöne Kirchen und Palazzi gibt es in der ganzen Toskana, den Laden von **Slitti** aber nur hier. Zum besseren Verständnis für alle Nicht-Naschkatzen: Andrea Slitti ist ein weltbekannter Meister der Schokoladenherstellung. Die Erfolgsgeschichte der Slittis begann 1969 mit einer Kaffeerösterei. Weil Vater Luciano keine Lust mehr auf schlechten Espresso hatte, beschloss er, ihn einfach selbst herzustellen. Der Erfolg ließ nicht lange auf sich warten. Als seine Söhne in die Firma einstiegen, entdeckte Andrea seine Leidenschaft für Schokolade. Er verliebte sich in die tropische Kakaofrucht und begann sie gründlich zu erforschen, um alle naturgegebenen Aromen der Pflanze optimal erhalten zu können. Kurzum, Andrea Slitti gewann alle weltweit wichtigen Schokoladen-Wettbewerbe, darunter den Eurochocolate Award, den »Oscar« der Chocolatiers. Vergessen Sie die Museen und lassen Sie sich vom Schokoladen-Schlaraffenland ver-

Oben: Die Grotta Giusti mit ihrem warmen Heilwasser wurde im Jahr 1849 entdeckt.
Rechts: Der ältere Teil von Montecatini Terme - herrlich auf einem von Olivenbäumen bewachsenen Hügel gelegen.

führen. Der von Kunsthandwerkern gestaltete Laden ist optisch eine Augenweide, aber noch mehr freut sich die Nase. Duftender Kaffee vermischt sich mit edlen Kakaoaromen zu einer himmlischen Verführung. Lust auf Verkostungen? In einer hübschen Probierecke können Sie Ihren Gaumen verwöhnen.

Unterirdisch – Ein See mit Heilkraft

Ein weiteres Ziel in Monsummano ist die **Grotta Giusti**, deren Geschichte fast wie ein Märchen klingt. Sie beginnt im Jahr 1849, als Arbeiter in einem Kalksteinbruch eine Höhle entdeckten. Sie informierten den Gutsverwalter Domenico Giusti, der sofort freiwillige Forscher bat, sich mit einem Seil in diese Höhle hinabzulassen. Die Männer berichteten von fantastischen Tropfsteinen an Decke und Boden sowie von einem See mit warmem Wasser. Darüber hinaus erzählten sie von Dämpfen – und dass sie sich viel besser fühlten, seitdem sie die Höhle erkundet hatten. Schon bald begannen Mediziner die Heilquelle zu erforschen. Sie erbrachten schließlich den wissenschaftlichen Beweis, dass die Naturquelle eine wirksame Hilfe bei Arthritisleiden sei. In der Folge ließ Signor Giusti erst Behandlungsräume bauen und danach im Jahr 1880 ein Hotel, in dem berühmte Persönlichkeiten aus ganz Europa weilten. Auf der illustren Gästeliste stehen Giuseppe Verdi, der Prinz von Neapel, und wenn Sie möchten, auch Sie. Die Grotte mit der Naturquelle ist noch wie anno dazumal, das Drumherum hat sich heutigen komfortablen Lebensgewohnheiten angepasst.

Hingehen!

ESSEN UND TRINKEN

★ **La Veranda.** Schönes Restaurant mit Terrasse im Hotel Grotta Giusti, toskanische Spezialitäten, mittags wird auch am Pool serviert. Via Grotta Giusti 1411, Tel. 0572 9 07 71, www.grottagiustispa.com

★ **Osteria Il Maialetto.** Der Name verpflichtet: Im zum »Zum Schweinchen« steht Fleisch aus der eigenen Metzgerei im Mittelpunkt. Via della Repubblica 372, Tel. 0572 95 38 49, www.macelleriadagiacomo.com

★ **La Foresteria.** Schlichtes Ambiente in einem mittelalterlichen Borgo, feine regionale Spezialitäten, Panoramablick, Loc. Monsummano Alto, Piazza Castello 10, Tel. 0572 52 00 97.

EINKAUFEN

★ **Spaccio Daniele Lepori – Indios Shoes.** 1956 von Dario Lepori gegründet, schicke hochwertige Schuhe für Herren und Damen. Via Colligiana 32, 51019 Ponte Buggianese, Tel. 0572 93 05 38, www.indioshoes.it

ÜBERNACHTEN

★ **Podere Saliciaia.** Ruhig wohnen im hübschen Landhaus, Pool, Restaurant. Via dei Poderi 1142, www.agriturismopoderesalicaia.it

★ **Fattoria Melazzano.** Ehemaliges Bauernhaus, schön restauriert. Via della Croce a Monte 815, Loc. Monsummano Alto, www.fattoriamelazzano.com

★ **Agriturismo Colina Toscana Resort.** 800 m von der Terme Grotta Giusti entfernt, hübsch renoviertes Landhaus, Pool. Via delle Rave 901, Loc. Pozzarello, www.collinatoscanaresort.it

Oben: Die Toskana ist bekannt für die Herstellung allerfeinster Schokolade.
Links: Hier, im Außenbereich der Grotta Giusti Terme in Monsummano ist Entspannung vor großartiger Kulisse garantiert.

Mondäner Kurort mit Charme

★ **Grotta Maona.** Tropfsteinhöhle, 1,5 km nördlich von Montecatini. 200 m lang, 20 m breit, 1860 entdeckt, mit zwei unterirdischen Seen. Eintritt 6 €. www.grottamaona, Öffnungszeiten: 9–12 und 15–18 Uhr.

★ **Viale Verdi.** Schöne Straße mit prachtvollen Palazzi im Zentrum von Montecatini, hier gilt »sehen und gesehen werden«.

★ **Terme Tettuccio.** Piccola tettoia – kleines Dach, das zu Beginn die Quelle schützte, die Anlage ist mit Fresken und Kunstwerken geschmückt, riesiger Park.

★ **Terme Tamerici, Redi, Regina, Excelsior oder Leopoldine.** Suchen Sie sich aus, welche Ihnen besser gefällt. Lediglich die Terme Leopoldine wird derzeit umgebaut, die Wiedereröffnung ist noch ungewiss. www.termemontecatini.it

★ **Funicolare di Montecatini Terme.** Eine der ältesten im Betrieb befindlichen Standseilbahnen Italiens, alle 30 Minuten bringt sie Besucher ins mittelalterliche Montecatini Alto, Fahrzeit 10 Minuten.

Oben: Die Terme Tettuccio in Montecatini erinnert an die prachtvollen Zeiten von Montecatini.

In Italiens berühmtesten Kurort spürt man noch heute den Charme längst vergangener Zeiten. Klassizistische Paläste, Jugendstilvillen und ein Kurpark mit prächtigen alten Bäumen sind Balsam für die Seele. Da schmeckt sogar das leicht salzige Heilwasser, das aus den bronzenen Hähnen sprudelt.

Er war Großherzog Leopold von Habsburg (1747–1792) der die Heilquellen förderte, indem er die Thermalbäder wieder in einen Topzustand brachte und Badeanstalten errichten ließ. Aus dieser Zeit stammen die traumhaft schöne **Therme Leopoldine** und das beeindruckende **Heilbad Tettuccio** (1773–1779), die heute noch genauso wie damals die Besucher entzücken. Montalcinos Schönheit und noble Eleganz lockte jedes Jahr Giuseppe Verdi (1813–1901) in den aufstrebenden Kurort, und mit ihm die Schickeria der damaligen Zeit.

Damals war es trendy, durch die eleganten Wandelhallen mit den Prunkfassaden, den Säulen und den bronzenen Hähnen, aus denen das Heilwasser sprudelte, zu flanieren. Man kleidete sich todschick, ein weit ausladender Hut durfte niemals fehlen. Ein schöner Anblick! Leider klappt das mit der eleganten Kleidung heute nicht mehr ganz so gut. Allzu oft sieht man Menschen mit kurzen Hosen, viel zu engen T-Shirts und Birkenstockschuhen, die sich eher watschelnd als flanierend durch diese prachtvollen Hallen bewegen.

Wellness mit dem Flair vergangener Epochen

Das kostbare Heilwasser, das man überall zapfen kann, soll bei Erkrankungen von Leber, Galle, Magen und Darm helfen – so sagt man jedenfalls. Die meisten der Besucher sehen diese Wirkung jedoch meist eher als angenehmen Nebeneffekt.

Durch den 50 Hektar großen Park mit den ausladenden Zedernbäumen und den herrlichen mediterranen Sträuchern spazieren oder joggen, sich an der Schönheit der Bauwerke aus dem 19. Jahrhundert erfreuen, in einem der unzähligen Straßencafés ein – wahrscheinlich verbotenes – Glas Wein trinken und in einem der prächtigen Hotels aus der Belle Époque residieren, unterstützt die Gesundung. Längst werden in diesem schicken Kurort nicht nur »einfache« Trinkkuren angeboten. Fango, Massagen, Ayurvedakuren und natürlich ein umfassendes Beauty-Angebot stehen dem verwöhnten Publikum zur Verfügung. Viele kommen

aber auch einfach nur, um dieses Kleinod aus dem 19. Jahrhundert mit den wunderschönen Bauwerken, den Wandelhallen mit den Säulen und die bezaubernde Parkanlagen zu sehen. Wenn nachmittags die zarten Töne des Kurkonzerts erklingen, wagt man vielleicht sogar ein Tänzchen und entspannt ganz ohne Kur.

Mit der Seilbahn nach Montecatini Alto

Montecatini von oben sehen? Kein Problem. Vom Kurzentrum fährt seit 1898 die Funicolare mit den zwei knallroten Kabinen, eine der ältesten Standseilbahnen Italiens, hinauf in das mittelalterliche Dorf **Montecatini Alto**. Das pittoreske Dörfchen ist Fußgängerzone und steht unter Denkmalschutz. Alleine der atemberaubende Ausblick auf Montecatini und das liebliche Umland lohnen die kurze Fahrt in die Höhe.

Schlendern Sie durch die engen Gassen, vorbei an den Häusern, die teilweise Steinfassaden haben, teilweise aber auch in warmen Rot- und Gelbtönen gestrichen sind. Die **Torre Ugolino**, das einzige Überbleibsel aus dem noch befestigten mittelalterlichen Stadtkern, erinnert an den 1348 hier geborenen Gründer der modernen Thermaltherapie. Nun heißt es, rasch einen Platz auf der **Piazza Giuseppe Giusti** zu suchen, die echtes Mittelmeerfeeling bietet. Das liegt zum einem am Charme dieses Plätzchens, zum anderen an dem leichten Knoblauchduft in der Luft. Ganz besonders intensiv ist dieser Duft beim **Fettunta-Fest**, das kurz nach Ostern gefeiert wird. *Fettunte* sind quasi toskanische *bruschette*: geröstetes toskanisches Weißbrot, mit frischer Knoblauchzehe eingerieben und mit aromatischem Olivenöl der Region beträufelt. Lassen Sie sich die herzhafte Brotspezialität nicht entgehen, und bestellen Sie dazu einen Weißwein der nahegelegenen Weinregion Montecarlo.

Weißweinenklave DOC Montecarlo

Das kleine Weinbaugebiet, von Montecatini Alto aus schön zu sehen, liegt nordwestlich des Kurortes und ist eine Weißweinenklave in der von Rotwein geprägten Toskana. Die DOC Montecarlo ist zwar eine winzige, aber eine sehr alte Weinregion und wurde schon im Jahr 846 erstmals erwähnt. Lediglich sieben Winzer keltern hier ihren Bianco aus Trebbiano Toscano und einer Beigabe anderer weißer Rebsorten, die der Winzer entscheidet. Es sind zartduftende Weine, frisch und lebendig, mit einem Bukett aus saftigen weißen Früchten, und harmonische Begleiter zu leckeren *fettunte. Salute* e *buon appetito!*

Hingehen!

EINKAUFEN

★ **Kroll Schuhe.** Schicke und hochwertige Mokassins, Showroom und Verkauf. Via Mazzini 4, 51010 Massa e Cozzile, Tel. 0572 77 06 32.

★ **Fattoria La Torre.** Guter Weißwein und feines Olivenöl. Via Provinciale Montecarlo 7, 55015 Montecarlo, Tel. 0583 22981, www.fattorialatorre.it

ESSEN UND TRINKEN

★ **Antica Ristorante Forassiepi.** Edles Ambiente, herrlicher Ausblick, feine Küche. Via della Contea 1, 55015 Montecarlo, Tel. 0583 22 94 75, www.ristoranteforassiepi.it, Ruhetag: Di Mittag und Mi.

★ **Gourmet.** Elegant, modernes Ambiente, Fisch- und Toskana-Landküche. Viale Amendola 6, Tel 0572 77 10 12, Ruhetag: Di, www.ristorantegourmetmontecatini.it.

★ **Enoteca Giovanni.** Köstliche Fleisch- und Fischgerichte, begleitet von feinen Weinen. Via Garibaldi 25/27, Tel. 0572 730 80, www.enotecagiovanni.it

ÜBERNACHTEN

★ **Borgo La Torre.** Gepflegter Agriturismo im Weingut in Montecarlo, gutes Ristorante, ansprechende Apartments, Panoramablick. Via Porvinciale Montecarlo 7, 55015 Montecarlo, Tel. 0583 2 29 81, www.fattorialatorre.it

★ **Grand Hotel Tettuccio.** Historisches Vier-Sterne-Hotel zum Wohlfühlen, gegenüber der Terme Excelsior, komfortabel. Viale Verdi 74, Tel. 0572 7 80 51, www.hoteltettuccio.it

★ **Villa Magnolie.** Modernes Hotel mit allem Komfort und schönem Park. Viale Fedeli 15, Tel. 0572 91 17 00, www.villamagnolieit

Oben: Das mondäne Opernhaus im Kurort Montecatini

Blumenmarkt & Pinocchio

★ **Museo della Carta.** Alles über die Papierherstellung anschaulich dargestellt. Loc. Pietrabuona, Pescia, Tel. 0572 40 80 20, Öffnungszeiten: Mo–Fr 9.30–13 Uhr, Führungen Mo–Do 9–12.30 und Sa 9.30–13.30 Uhr, www.museodellacarta.org.

★ **Villa Garzoni.** Erbaut auf den Ruinen einer alten Burg im 17. Jh., barocker Bau, größte lucchesische Villa, herrliche mediterrane Gartenanlage. Piazza della Vittoria 1, 51014 Collodi-Pescia, Tel. 0572 42 73 14.

★ **Butterfly House in Collodi.** Gewächshaus aus Glas und Stein im Garten Garzoni, Tropenpflanzen, über 1000 Schmetterlinge. Piazza della Vittoria 1, 51014 Collodi-Pescia, Tel. 0572 42 73 14.

★ **Parco di Pinocchio.** Via San Gennaro 3, 51017 Collodi, Tel 0572 42 93 42, Eintritt 12 €, komplett mit Garten Garzoni und Butterflyhouse 21 €. Öffnungszeiten: im Sommer täglich 8.30 Uhr bis Sonnenuntergang, www.pinocchio.it

★ **Castello di Collodi.** Die Burg aus dem 12. Jh. steht oberhalb der Villa Garzoni und ist nur zu Fuß erreichbar.

★ **Museo Civico C. Magnani.** Mineraliensammlung, archäologische Funde aus dem Valdiniévole. Piazza Santo Stéfano 1, 51017 Pescia.

Oben: Für Kinder ein Erlebnis - im Pinocchio-Park sind Szenen aus dem Buch nachgebaut.
Rechts: Herzlich willkommen in der Villa Garzoni in Collodi

Wer kennt sie nicht, die hölzerne Puppe, deren Nase sich bei jeder noch so kleinen Lüge verlängert? Pinocchio wurde in Collodi geboren, und ihm zu Ehren gibt es einen Park, bei dem sich alles um die weltberühmte Märchenfigur dreht. Nicht minder berühmt: der Blumenmarkt von Pescia.

Pescia ist eine reizende Stadt abseits der klassischen Toskana-Touristenwege. Sie ist eingebettet in eine hügelige Landschaft mit Buchen- und Kiefernwäldern, Olivenhainen und Weinbergen und geschützt von den Pisaner Bergen. Für Menschen, die gerne abseits des Mainstream reisen, ist Pescia eine echte Entdeckung, und das nicht nur wegen des berühmten Blumenmarktes. Das Städtchen mit seinen 19 500 Einwohnern wird durch den gleichnamigen Fluss in zwei sehr unterschiedliche Hälften geteilt: in ein lebendiges, charmantes Stadtviertel am linken Ufer und ein strengeres religiöses Viertel am rechten Ufer. Der sakrale Teil der Kleinstadt ist geprägt vom Dom aus dem 17. Jahrhundert und dem **Palazzo Pretorio**, der einer Festung gleicht.

Liebenswerte Plätze und Blumen in allen Farben

Das beschwingtere Leben spielt sich auf der anderen Flussseite ab, wo die romantische **Piazza Mazzini** zum Bummeln und Shoppen einlädt. Ein Platz, so italienisch, wie man es sich vorstellt, belebt, aber ohne Touristengetümmel. Wie viele toskanische Städte feiert

auch Pescia einen **Palio**. Der »Palio dei Rioni« ist ein Wettstreit mit Bogenschützen und wird zwischen den vier Stadtvierteln immer am ersten Sonntag im September ausgetragen. Die meisten Besucher reizt aber vor allem der berühmte Blumenmarkt. Händler aus ganz Europa kaufen hier ihre Ware ein, insbesondere Nelken und Gladiolen. Wer das geschäftige Treiben hautnah miterleben möchte, muss früh aus den Federn. Der Markt in den neuen modernen Hallen hinter dem Bahnhof startet morgens um 6.30 Uhr, und gegen 8 Uhr ist das Spektakel bereits vorüber. Dank seines Pflanzenhandels ist Pescia weltweit zu einer bekannten, renommierten Blumenstadt aufgestiegen. Er ist aber längst nicht die einzige Erwerbsmöglichkeit der Einheimischen, die bereits in längst vergangenen Zeiten dank der hiesigen Papiermühlen und Seidenspinnereien sehr wohlhabend waren. Einige kleine, familiär geführte Papierfabriken, die hochwertiges Papier handwerklich herstellen, gibt es noch immer. Zwei der Manufakturen sind mittlerweile zu todschicken Hotels umgebaut worden. Sie sind wunderschön oberhalb des Flusses gelegen und verströmen immer noch das Flair der alten Papiermühlen. Der fruchtbare Landstrich rund um Pescia ist aber auch ein hochwertiges Anbaugebiet für Gemüse. In den vergangenen Jahren hat sich die Region zudem zu einem geschätzten Spargelgebiet entwickelt. Darüber hinaus beweisen die zahllosen Olivenbäume, dass Olivenöl eine gute Einnahmequelle für die Landwirte darstellt.

»Das« Urlaubs-Erlebnis für Kinder

Wie lässig in ein Waldstück drapiert sieht es aus, das Dörfchen **Collodi**. Wäre da nicht Carlo Lorenzini gewesen, der italienische Schriftsteller und Journalist (1826–1890), würde es, so hübsch es auch ist, heute wahrscheinlich lediglich von ein paar Wanderern besucht werden. Lorenzo schrieb für eine italienische Kinderzei-

Hingehen!

EINKAUFEN

★ **Tenuta del Buonamico.** Olivenöl, Weiß- und Rotwein, Spumante, Verkostung, Besichtigung und Direktverkauf. Via Provinciale di Montecarlo, 55015 Montecarlo, Tel. 0583 2 20 38, www.buonamico.it

★ **Pastificio Ma.Mi.** Täglich frisch zubereitete Pasta in allen Versionen. Via Borgo della Vittoria, 26, 51017 Pescia, Tel. 0572 49 00 78.

ESSEN UND TRINKEN

★ **Monte a Pescia da Palmira.** Das Ristorante liegt im Hügelgebiet, Speisesaal mit großem Kamin zum Fleischgrillen, Veranda. Via del Monte Ovest 1, 51017 Pescia, Tel. 0572 49 00 00, Ruhetag: Mi.

★ **Cantina Nobile-EnoBar-OstiNati.** Ein reizender Platz, um ein gutes Glas Wein zu trinken. Piazza XX Settembre 16, 51017 Pescia, Tel. 338 788 18 12, www.cantinanobile.it

Oben: Blick in den Garten der Barockvilla Garzoni.

Hingehen!

★ **Villa Garzoni.** Ideale Lage mit Blick auf den Garten, ansprechendes Ambiente, saisonale, gehobene Küche. Piazza della Vittoria 1, 51014 Collodi, Tel. 0572 42 85 45, Ruhetag: Mo und Di, www.ristorante-villagarzoni.it

★ **Pizzeria Il gatto de la volpe.** Nach Pinocchio eine Pizza für die Kinder. Via Guglielmo Marconi 21, 51017 Pescia, Tel. 0572 45 20 25.

ÜBERNACHTEN

★ **Vecchio Olivo.** Renoviertes toskanisches Bauernhaus, Panoramablick, adrette Wohnungen, Olivenölverkauf, Ristorante. Via San Piero 1, 55015 Montecarlo, www.agriturismovecchiolivo.it

★ **Hotel Villaggio San Lorenzo.** Hübsches Hotel in einer ehemaligen Papiermühle aus dem 17. Jh., mitten im Grünen, oberhalb des Flusses Pescia. Via San Lorenzo 15/24, 51017 Pescia Tel. 0572 40 83 40, www.rphotels.com

★ **Agriturismo Monte a Pescia.** Traumhafte Lage oberhalb von Pescia, inmitten Olivenhainen, komfortable Apartments, Pool. Loc. Monte Pescia, 51017 Pescia, Tel. 0572 47 60 47, www.monteapescia.it

★ **Fattoria di Pietrabuona.** Sieben liebevoll restaurierte Steinhäuser im Grünen, Verkauf von landwirtschaftlichen Produkten. Via Medicina 2, Loc. Pietrabuona, 51017 Pescia, www.pietrabuona.com

Oben: So schön können Hausnummern-Schilder sein, wie hier in Collodi, dem Geburtsort von Collodi, dem Erfinder des Pinocchio.
Rechts: Kätzchen im Garten der Villa Garzoni
Rechte Seite: Pinocchio, die weltberühmte Puppe wurde von Collodi erfunden und ihm zu Ehren gibt es in dem Ort einen Pinocchio-Park.

Pescia & Collodi

tung *Die Abenteuer des Pinocchio* in kurzen Episoden. Die Geschichte fand so großen Anklang, dass er sie 1883 als Buch veröffentlichte, das zu einem Welterfolg wurde. Noch heute lieben Kinder die fantastischen Geschichten, die der Tischlermeister Geppeto mit der von ihm geschnitzten sprechenden Holzpuppe erlebt. Da der Schriftsteller den größten Teil seiner Kindheit in Collodi verbrachte, entschied er sich, unter dem Pseudonym **Carlo Collodi** zu schreiben. Um den berühmten Mann der Gemeinde zu ehren, kam 1951 der Bürgermeister von Pescia auf die Idee, dem Schriftsteller ein Denkmal zu setzen. Er schrieb einen Wettbewerb aus, den Emilio Greco und Venturino Venturi gewannen. In der Folge gestalteten sie im Lauf von Jahren den fantastischen **Parco di Pinocchio.** Auf einem Rundweg werden Kinder dort in eine wunderbare Märchenwelt entführt und erfahren dabei viel über die weltberühmte hölzerne Puppe. Gleich nebenan befinden sich der **Garten Garzoni** und die gleichnamige Villa. Da die Großeltern von Collodi in der Villa angestellt waren, spielte der kleine Carlo oft in diesem Garten. Die herrschaftliche Grünanlage ist eine gelungene Symbiose aus barocker und französischer Gartenkultur und ein Highlight der Gartenarchitektur des 17. Jahrhunderts.

Auf keinen Fall dürfen Sie versäumen, das **Butterflyhouse** zu besuchen. Es ist wie ein Schritt ins Paradies: exotische Pflanzen, duftende Blumen und tausend Schmetterlinge in allen Mustern und Farben, die von Blüte zu Blüte flattern. Genuss für Augen und Nase.

Weinberge und Olivenhaine

Nicht verpassen!

★ **Geburtshaus von Leonardo da Vinci.** In dem Haus im Ortsteil Anchiano wurde Lenardo 1452 geboren wurde, es gleicht einer Pilgerstätte. Eintritt frei.

★ **Chiesa di Santa Croce.** Aus dem 13. Jh., aber mehrmals umgebaut, in der Taufkirche steht das Taufbecken, in dem Leonardo getauft worden sein soll.

★ **Palazzina Uzielli und Castello di Conti Guidi.** Museum zu Ehren Leonardo da Vincis, das 2004 auf zwei Komplexe ausgeweitet wurde. Präsentiert Skizzen, Bilder sowie detaillierte Nachbauten von Maschinen und Konstruktionen, Zugang über die Piazza dei Guidi.

★ **Museo Ideale Leonardo da Vinci.** Ein kleineres Museum in privater Hand, mit eindrucksvollen Nachbauten sowie Skizzen und Drucken.

★ **Larciano Castello.** Burg aus dem Mittelalter auf 160 m Höhe, vom viereckigen Turm hat man eine herrliche Aussicht, Museum mit Ausstellungsstücken von der Frühgeschichte bis in die Renaissance.

Oben: Leonardo da Vinci. Diese Statue kann man in der Piazzale degli Uffizi in Florenz bestaunen.
Rechts: Lieblich ist die Landschaft rund um Vinci und geprägt von Wein- und Olivenhainen.

Die Hügel des Montalbano erreichen gerade mal 600 Meter Höhe und bieten dennoch eine sensationelle, weite Aussicht auf Weinberge, eingekeilt zwischen Mischwäldern und Olivenbäumen. Locker in der Landschaft verstreut, stehen schön renovierte Landhäuser, in die sich Florentiner und Ausländer einquartiert haben.

Am besten lernt man den langgezogenen Hügelzug Montalbano kennen, wenn man von Pistoia aus die Landstraße nach Vinci nimmt. Stellen Sie sich auf eine kurvenreiche Fahrt auf schmaler Straße ein, und machen Sie einfach immer wieder mal Halt, um sich an der zauberhaften, noch sehr ursprünglichen Landschaft zu erfreuen. Die höchste Stelle, die man passiert, ist das 350 Meter hoch gelegene **San Baronto**. Von dort geht es wieder kurvig bergab bis nach Vinci, das lediglich auf 97 Metern Höhe liegt. Die ganze Fahrt über hat man den Eindruck, dass man sich in wesentlich höheren Regionen bewege, was sicherlich an der herrlichen Aussicht liegt.

Alle wollen nach Vinci

Alles in diesem nordwestlichen Teil der Toskana, der sich südlich der Autobahn von Florenz nach Lucca erstreckt, ist eher beschaulich und ruhig. Die Touristenscharen fahren an dieser reizvollen Gegend vorbei. Lediglich ein Stopp in Florenz wird eingeplant, aber dann geht es nichts wie ab zum Meer. Nur wahre Toskana-Profis haben sich hier, im landwirtschaftlich geprägten Hügel-

land, ein Domizil gesucht. Sie wissen, dass man hier ruhig und dennoch zentral lebt. Ein Städtchen am Fuß des Montalbano ist allerdings dennoch das Objekt der Urlauber-Begierde: **Vinci**, die Heimat von **Leonardo da Vinci**. Sicherlich würden die meisten auch Vinci links liegen lassen, wäre es nicht der Geburtsort des Mannes, der weltweit Geschichte als Maler, Künstler, Architekt, Ingenieur, Naturphilosoph, Mathematiker und vieles mehr schrieb, der, ein einzigartiger Universalgelehrter war. Geboren wurde Leonardo am 15. April 1452 als Leonardo di ser Piero. Damals war es aber durchaus üblich, den Namen seines Herkunftsortes anzunehmen – *ecco:* Leonardo da Vinci. Sein Geburtshaus liegt ein wenig außerhalb des Ortes und kann kostenlos besichtigt werden. Der historische Stadtkern von Vinci ist für den Autoverkehr gesperrt, Parkplätze finden sich vor der Stadtmauer. Das Zentrum erstreckt sich rund um die Burg der Familie Guidi, die sie um 1000 errichtete und 1254 verließ. Hier wimmelt es von Besuchern, die sich für das Leben Leonardos interessieren. In den Museen dreht sich alles um dieses Genie, das die Idee mehr liebte als deren Ausführung. Für Leonardo waren Tun und Erkennen gleichermaßen wichtig.

Man sieht sich – in Vinci, aber nicht am 15. April!

Alljährlich am 15. April findet in Vinci das Geburtstagsfest zu Ehren Leonardos statt. Wer sich in Ruhe mit dem berühmtesten Universalgenie aller Zeiten beschäftigen will, wählt besser einen anderen Tag. Frei nach einem seiner vielen Aphorismen: »Jede unserer Erkenntnis beginnt mit den Sinnen.«

Hingehen!

ESSEN UND TRINKEN

★ **Borgo la Casetta.** Hübsches Ambiente, Panorama-Veranda, Kü che aus heimischen Produkten der Saison, zudem Ferienwohnungen. Via Giugnano 36, San Baronto, 51035 Lamporecchio, Tel. 0573 8 83 28, www.borgolacasetta.it

★ **Dalle Vigne-Wine Loft.** Modernes, nüchternes Ambiente, zeitgenössische kreative Küche, profunde Weinberatung, Garten, Weinverkauf. Via del Torrino 25, 50059 Vinci, Tel.0571 90 26 75, www.dallevignewineloft.it, Ruhetag: So.

★ **Il Colono.** Einfaches aber sympathisches Gasthaus mit toskanischer Küche, speziell Fleisch vom Grill, ideal für Familien. Via Bartolini 400, Loc. Castelmartini, 51036 Larciano, Tel. 0573 8 43 77, www.ilcolono.com

ÜBERNACHTEN

★ **Agriturismo Podere Galilea.** Altes Steinhaus, moderne, helle farbige Zimmer und Apartments, umgeben von Rebstöcken und Sonnenblumen. Via Biccimurri 373, 51036 Larciano, Tel. 338 524 72 27, agriturismopoderegalilea.it

★ **B&B Palma's Country.** Umgeben von Weinbergen und Olivenbäumen, 5 km nach Vinci, Nahe 9-Loch-Golfplatz, Pool, Ristorante. Via di San Pantaleo 122, 50059 San Pantaleo Vinci, Tel. 0571 84 10 46, www.palmasclub.com

Oben: In Vinci, der Geburtsstadt von Leonardo da Vinci dreht sich alles um den großen, weltberühmten Allrounder.

16 *Lamporecchio*
Ein Gespräch mit Andreas März

Nicht verpassen!

★ **Degu-Treff bei Andreas März.** Unter Olivenbäumen wird geplaudert, konferiert, verkostet, getrunken, werden Meinungen und Informationen über Wein und Olivenöl ausgetauscht, Fragen gestellt und gegenseitig Anregungen gegeben. Ein weiniger Treff für Merum-Leser und solche, die es werden wollen. An einem Montagnachmittag. Wann und mehr darüber hier: www.merum.info

★ **Redaktion MERUM.** Via Greppiano 31, 51035 Lamporecchio, www.merum.info

★ **Villa Rospigliosi.** Auf Wunsch von Papst Clemens IX. von dem berühmten Barockbaumeister Gian Lorenzo Bernini erbaut, schöner Park u.a. mit Skulpturen von Rolf Feddern, heute Hotel und Nobelrestaurant bei Lamporecchio. Tel. 0573 80 34 32, www.villarospigliosi.it

Oben: Andreas März ist deutschsprachigen Weinliebhabern durch seine Zeitschrift MERUM bekannt, die sich seit 20 Jahren mit Wein und Olivenöl aus Italien beschäftigt.
Rechts: Der richtige Reifegrad der Oliven ist mitentscheidend für die Qualität eines Olivenöls

Der Schweizer Journalist Andreas März lebt seit 1979 in Lamporecchio. 2014 feiert er mit seiner deutschsprachigen Zeitschrift *Merum*, die sich ausschließlich mit Weinen und Olivenölen aus Italien beschäftigt, sein 20-jähriges Jubiläum. Wie kein anderer kennt er die Toskana und Italiens Weinszene.

MK: Was bewog Sie, sich in der Toskana niederzulassen?

AM: Ich bin Agronom, und als ich 1979 ein kleines Olivengut kaufen konnte, lebte ich mit meiner Familie fortan, mehr schlecht als recht, vom Verkauf unseres Olivenöls. 1985 zerstörte ein schrecklicher Frost unsere Lebensgrundlage. Um meine Familie zu ernähren, machte ich alles Mögliche: Lastwagen ausladen, Bäume schneiden – und ʼWeinjournalist. Rolf Kriesi, damaliger Chef von *Vinum*, gab mir 1989 einen Job als Italien-Redakteur.

MK: Wie entstand die Idee einer eigenen Weinzeitschrift?

AM: Die Idee einer eigenen Weinzeitschrift nur über Italien entstand 1993. Der Name war schnell gefunden: *Merum*, der römische Name für reinen, unverdünnten Wein. Ohne Fremdkapital, aber mit viel Fronarbeit hat *Merum* überlebt. Heute steht die Zeitschrift gut und schuldenfrei da und beschäftigt um die zehn Mitarbeiter.

MK: Können Sie Tipps geben, wie der Laie im Urlaub die Qualität eines Olivenöls erkennen kann?

AM: Keine Chance! Gute Olivenöle entdeckt man nicht im Urlaub. Wenn man wirklich gutes Olivenöl kaufen möchte, muss man sich vorher schlau machen. Am besten informiert man sich in einem guten Olivenöl-Führer. *Merum* stellt seinen Abonnenten jedes Frühjahr eine Degubox mit zwölf der besten italienischen Olivenöle zur Verfügung. Wer sich da mal festgerochen und -geschmeckt hat, hat Mühe, sich mit dem abzufinden, was einem gemeinhin als »Extra Vergine« aufgetischt wird.

MK: *In welcher toskanischen Region findet der Weinliebhaber noch gute bezahlbare Tropfen?*

AM: Am bezahlbarsten sind sicher die Weine des Chianti, das große Gebiet also, das im Norden, Süden und Westen an das Chianti-Classico-Gebiet angrenzt. Man könnte auch sagen, das »nicht-klassische« Chianti-Gebiet. Allerdings gibt es hier auch viele rückständige Produzenten, deren Weine nicht unbedingt empfehlenswert sind. Gute und/oder preisgünstige Weine gibt es in der ganzen Toskana. Allerdings nützt einem bei der Suche das Straßenschild *vendita diretta* wenig. Die zu besuchenden Winzer sucht man sich am besten bereits in Ruhe zuhause aus. Im Verkostungsteil von *Merum – Merum Selezione* – finden die Leser nicht nur die besten Weine der Toskana und der anderen italienischen Regionen, sondern auch die Ab-Hof-Preise. »Gut« sind für *Merum* Weine, die typisch sind für Sorte und Anbaugebiet, sowie trinkig und reintönig.

MK: *Was gefällt Ihnen am meisten am Leben in der Toskana?*

AM: Die Landschaft, die Natur, die Möglichkeit, frisches Gemüse und gute Lebensmittel zu finden, die Esskultur, die heiteren, toleranten Menschen, das milde Klima, der Duft der Jahreszeiten ...

Hingehen!

EINKAUFEN

★ **Pasticceria Bianchini.** Eine Spezialität von Lamporecchio sind die brigidini, zartes, süßes Knuspergebäck. Via Karl Marx 36/44, Tel. 0573 8 14 02, www.brigidini.org

ESSEN UND TRINKEN

★ **PS – Stefano Pinciaroli.** Elegantes Ambiente, Via Pianello val Tidone 41, 50050 Cerreto, Tel. 0571 55 92 42, www.ps-ristorante.it

★ **Ristorante Adriano.** Lust auf eine richtig gute Bistecca lla Fiorentina? Hier sind Sie richtig! Via Vittorio Veneto 102, 50050 Cerreto Guidi, Tel. 0571 5 50 23, www.ristoranteadriano.net

★ **Il Marzocco.** Traumhaft gelegen, Panoramablick, elegantes Ambiente, fachkundige Weinberatung, kreative Küche, Schwerpunkt Fleisch. Via Paolo Pucci, 51036 Larciano Castello, Tel. 0573 8 31 47, http://ristoranteilmarzocco.it

ÜBERNACHTEN

★ **Antico Masetto.** Familiär geführtes Drei-Sterne-Hotel, einfache, ordentliche Zimmer, gemütliches Ambiente, Garten. Piazza Francesco Berni 11/12, www.anticomasetto.it

★ **Borgo Casorelle.** Schön gelegener Agriturismo, Panoramablick, unterschiedlich große Häuser, ansprechend ausgestattet, Pool. Via di Casorelle, www.casorelle.com

Oben: Andreas März tut viel für hochwertiges Olivenöl. Wichtige Kriterien sind die rasche und moderne Pressung.

CHIANTI – WAHRE ROTWEINKULTUR

Sonnenaufgang über den Weinbergen im Chianti

Links: Kritisch prüft der Kellermeister von Badia di Coltibuono den Chianti.
Rechts: Sonnenblumenfelder sind die Farbtupfer zwischen den Weinbergen.

Links: Malerischer Hausein-
gang im Festungsdörfchen
Castello di Volpaia

Oben: Die Brennerei Masini ist eine der wenigen alten traditionellen Tonbrennereien in Impruneta.
Mitte: Ein Schlaraffenland für Genießer ist die Macelleria Falorni.
Unten: Marco Masini arbeitet heute noch nach alten Formvorgaben

Chianti – Wahre Rotweinkultur

Eine Reise von Weingut zu Weingut

Wenn Weinliebhaber an die Toskana denken, kommt ihnen zuallererst Chianti in den Sinn: traumhafte Landschaft mit schmucken Dörfern, herrlichen Castelli und dunklen Wäldern, Weinbergen und zahlreichen Weingütern und Trattorien mit bodenständiger Küche.

»Ja, ja der Chiantiwein, der lädt uns alle ein … « beginnt ein Schlager, der in den 1950er-Jahren eine Welle der Begeisterung und Neugierde auf *bella Italia* und das Chianti auslöste. Die mit Stroh umhüllte bauchige Flasche, der *fiasco*, war der Inbegriff eines neuen und unbeschwerten Lebensstils nach den schrecklichen Kriegsjahren. In den 1960er-Jahren gab es kaum eine Party ohne Tropfkerzen, in bauchigen Chianti-Flaschen steckte, um für romantische Atmosphäre zu sorgen. Im folgenden Jahrzehnt ging es mit dem Chianti-Wein jedoch bergab. Nicht nur, dass die Flaschen anstatt mit Bast mit Plastik umwickelt wurden – viel schlimmer war der Inhalt: häufig eine langweilige Plörre!

Wenn der Hahn kräht …

Der **schwarze Hahn, der Gallo Nero**, ist das Symbol des Schutzkonsortiums des Chianti Classico, das bereits 1927 gegründet wurde. Die strengen Kriterien, die den Anbau und die Verwendung der Rebsorten, die Lese und die Vinifizierung schützen sollten, wurden erst viel später, nachdem die Chianti-Massenweine sozusagen am Boden lagen, richtig wirksam.

Seit 1967 ist der Chianti Classico ein DOC-Wein (geschützte Herkunftsbezeichnung), seit 1984 gehört er in die Liga der DOCG-Weine. Das bedeutet erheblich strengere Auflagen beim Anbau und der Herstellung sowie das Verbot, die Weine offen zu verkaufen. Das Qualitätssiegel mit dem schwarzen Hahn darf ausschließlich die Flaschen des Chianti Classico DOCG zieren. Diese geschützte Anbauzone erstreckt sich von Florenz bis Siena, wird im Westen von den Flüssen Pesa und Elsa und im Osten von der Chianti-Bergen begrenzt.

Die Landstraße **Chiantigiana** schlängelt sich rund 70 Kilometer von Florenz nach Siena durch eine fantastische Landschaft. So mancher Neueinsteiger in Sachen Wein wird sich beim ersten Besuch möglicherweise darüber wundern, dass man verhältnismäßig wenige Weinberge sieht. Dazu muss man wissen, dass lediglich 30 Prozent dieser waldreichen Gegend mit Rebstöcken bepflanzt sind.

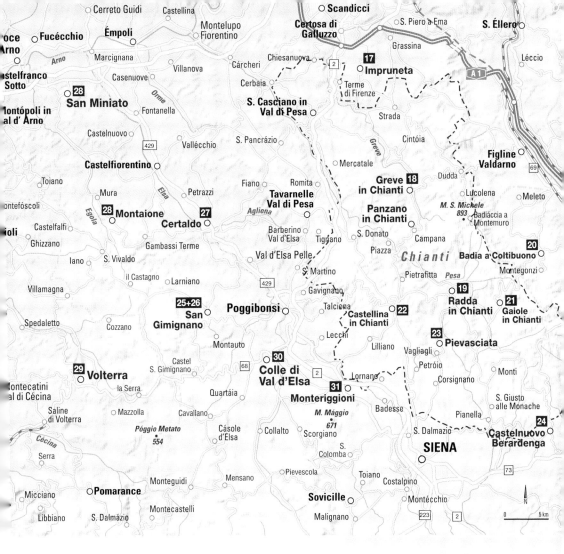

Die Vielfalt der Chianti-Regionen

Das **Chianti Classico** ist das Herzstück von acht Chianti-Weinregionen. Nur Weine aus dieser genau definierten DOCG-Region dürfen sich mit dem **Gallo Nero** schmücken. Die weiteren Untergebiete tragen ebenfalls den Familiennamen »Chianti«, meist gefolgt vom Namen des Gebiets. Es sind ebenfalls, wie das Chianti Classico, DOCG-Regionen. Die unterschiedlichen Chianti-Gebiete können selbst eingefleischte Weinkenner ganz schön verwirren.

Zum besseren Verständnis hier eine örtliche Zuordnung: Östlich von Florenz befindet sich das **Chianti Rufina**, nördlich davon **Chianti Fiorentini**. **Chianti Colline Pisane** liegt in der Nähe von Pisa, **Chianti Montalbano** rund um Carmignano und **Chianti Colli Senesi** nahe Siena. Hinzu kommen noch **Chianti Colline Luccesi**, **Chianti Montespertoli** und in Richtung Arezzo breitet sich das **Chianti Aretini** aus. Obwohl sich Böden und somit die Weine teilweise erheblich unterscheiden, eines haben alle gemeinsam: Protagonist der Weine ist die Rebsorte **Sangiovese**!

Tipp der Autorin

EIN WORT ZUM CHIANTI-WEIN

Laut Gesetz dürfen seit 1995 Chianti-Weine auch reinsortig aus Sangiovese gekeltert werden. Es ist jedoch eine Beimischung bis zu 20 Prozent von exakt vorgeschriebenen roten Rebsorten (Canaiolo, Colorino, Cabernet Sauvignon und Merlot) erlaubt. Weiße Trauben, die früher den etwas sperrigen Sangiovese-Wein süffiger machten, sind verboten für Weine mit DOC- oder DOCG-Siegel. Offiziell genehmigt ist nun der Ausbau in Barriquefässern. Ob dies jedoch dem klassischen Chianti so gut tut, sei dahingestellt. Neu ist auch, dass die Weinlagen auf dem Etikett angegeben werden dürfen. Mehr dazu unter: Consorzio Vino Chianti, Viale Belfiore 9, 50144 Florenz, www.consorziovinochianti.it

Kunstwerke aus Terrakotta

In kaum einen Toskana-Führer findet man das Städtchen Impruneta, obwohl es an der Weinstraße von Florenz nach Siena liegt. Vielleicht liegt es daran, dass macher Mann doch ein wenig Angst davor hat, dass seine Frau den Kofferraum mit schöner Keramik vollpackt und dann der Platz für die Chianti-Weine fehlt ...

Obwohl Impruneta für hochwertigste Terrakotta-Gefäße weltweit berühmt ist, wird es das »Tor zum Chianti« genannt. Zugegeben, weintechnisch betrachtet liegt es im Schatten der berühmten Chianti-Dörfer. Wenn es aber darum geht, die geernteten Trauben zu feiern, haben die Bewohner von Impruneta die Nase vorn. Jedes Jahr am letzten Sonntag im September kommen Besucher von überall, um hier die rauschende *Festa dell'uva* zu feiern. Mit Trauben geschmückte Festwagen ziehen vorbei an Marktständen und einer heiteren Menschenschar. Da die Sonne nicht mehr so erbarmungslos vom Himmel brennt, weil meist ein leichter Dunstschleier ihre Strahlkraft trübt, ist das Verkosten der feinen Sangiovese-Weine auch besser verträglich. 2013 wählte die Kommission des »Traubenfestes« Eleonora Ripi, eine junge bildhübsche Frau zur Präsidentin, denn: *the show must go on* – ab 2014 mit frischem Elan und jungem Schwung!

»Das« Terrakotta-Städtchen

Hauptanreiz ist und bleibt für die meisten Touristen jedoch die Terrakotta-Produktion. Das florierende Geschäft mit den Tongefäßen begann im 12. und 13. Jahrhundert. **Marco Masini** ist eine der fünf Brennereien, die heute noch wie vor Hunderten Jahren auf traditionelle Weise und nach alten Formvorgaben arbeitet. Immer mehr Betriebe verarbeiten den Ton heute auf industrielle

Nicht verpassen!

★ **Villa Corsini a Mezzomonte.** Ehemaliger Bauernhof aus dem 11. Jh., heute ein wunderbarer Rahmen für festliche Hochzeiten oder geschäftliche Konferenzen. www.villacorsini.com

★ **Kirche Santa Maria.** Barockkirche, 14. Jh., 1944 völlig zerstört und im Renaissance-Stil restauriert. Beeindruckend sind der mit Zinnen gekrönte Glockenturm und der Kreuzgang von 1634.

★ **La Festa del Uva.** Mit Festwagen, Verkaufsständen und Weinverkostungen, immer am letzten Sonntag im September.

★ **Schatzmuseum.** Neben der Kirche Santa Maria präsentiert das Museum Gold- und Silberarbeiten, sakrale Kunst und vieles mehr.

★ **Kirche San Lorenzo alle Rose.** Die Geschichte des Gotteshauses reicht zurück bis ins 11. Jh.

Oben: Fornace Masini gleicht einem faszinierenden Freilichtmuseum.
Rechts: Masini ist eine von fünf Brennereien, in denen alles noch wie anno dazumal von Hand gemacht wird.

Weise. Wer schöne handgefertigte Tongefäße mit nach Hause nehmen möchte, findet hier garantiert das Richtige.

Doch weshalb erreichte gerade in Impruneta die Terrakotta-Produktion eine solch große Bedeutung? Das Städtchen war und ist noch heute ungebrochen die Nummer Eins, wenn es um hochwertige Tonwaren geht. Dies liegt an der Zusammensetzung der Tonvorkommnisse rund um das toskanische Dorf. Das Material enthält hohe Anteile an Mineralien, Kupfer- und Eisenoxiden. Sie machen die daraus gefertigten Gefäße nicht nur widerstandfähig gegen Frost bis minus 25° Celsius, sondern auch gegen Hitze. Hinzu kommt die lange Tradition und das von Generation zu Generation vererbte Wissen im Umgang mit dem kostbaren Lehm. Die schöne Brennerei der Familie Masini gleicht einem fantastischen Freilichtmuseum, und kaum jemand kann den dort angebotenen Kostbarkeiten widerstehen. Es wird sich doch noch ein Plätzchen im Kofferraum finden?

Pepposo – regionales Traditionsgericht

Wozu Brennöfen in vergangenen Zeiten gut sein konnten? Nicht mehr ganz so frisches Fleisch wurde mit sehr viel Pfeffer gewürzt, in eine Tonform gegeben, mit Sangiovese begossen und am Rand des bereits fast abgekühlten Ofens langsam gegart. Das Traditionsgericht wird heute noch in einigen Trattorie serviert – aus frischem Fleisch, selbstverständlich.

Hingehen!

EINKAUFEN

★ **F.lli Masini.** Terrakotta-Betrieb. Via delle Fratelli Fornaci 57–59, www.fornacemasini.it

★ **Il Sole Terrecotte.** Alles traditionell handgefertigt. Via Porvinciale Chiantigiana 1169, Loc. Ferrone, www.isoleterredotte.com

ESSEN UND TRINKEN

★ **Ristorante i Tre Pini.** Gute toskanische Küche, schöne Aussicht. Via Impruneta per Pozzolatico 134,, Tel. 055 20 80 65, www.ristoranteiltrepini.it.

★ **Ristorante Il Battibecco.** Ristorante mit Flair und typischer Küche. Via Vittorio Veneto 38, Tel. 0552 313 38 20.

ÜBERNACHTEN

★ **Podere Le Cave.** Freundliches Drei-Sterne-Hotel mit Pool und bella vista. Via Riboia 6, www.poderelecave.com

★ **Agriturismo Podere Scaluccia.** Charaktervolles Bauernhaus aus dem 19. Jh. Via San Gersolè 2, www.poderescaluccia.it

Oben: Im Hof der Brennerei Masini kann man herrliche Figuren und Gefäße aus Ton bestaunen.

18 *Greve & Panzano*
Schlemmerparadies und Vino al Vino

Nicht verpassen!

★ **Antica Macelleria Cecchini.** Die Metzgerei ist Kult. Via XX Luglio 11, 50022 Panzano in Chianti, Tel. 055 85 21 76, www.dariocecchini.com, Öffnungzeiten: täglich.

★ **Macelleria Falorni.** Paradies für Fleischesser! Piazza Matteotti 69, 50022 Greve in Chianti, www.falorni.it, Öffnungzeiten: Mo–Sa 8–19.30 Uhr, So und Feiertage 10–19.30 Uhr.

★ **Montefioralle.** Eines der ältesten und schönsten Dörfer im Chianti, 20 Gehminuten von Greve entfernt. www.montefioralle.it

★ **Kirche Santa Cresci.** Sehenswert ist Bicci di Lorenzos (um 1350–1427) Triptychon »Madonna mit Heiligen« aus dem 15. Jh.

★ **Kirche San Leolino.** Romanische Kirche mit einem Altarbild »Madonna und Kind« aus dem 13. Jh. von Meliore di Jacopo (um 1255–1285).

★ **Burgmauern und Ecktürme.** Ein Turm ist der Glockenturm der Pfarrkirche, der zweite in Privatbesitz.

Oben: Typisch für das Chianti: Weinberge wechseln sich mit Wäldern ab.
Rechts: Die Macelleria Falorni ist weit über die Grenzen der Toskana bekannt für schmackhafte Würste und gute Fleischqualität.
Rechte Seite oben: Das Weindorf Panzano liegt malerisch auf einem Hügel, geschützt von einer Burg und einer Befestigungsmauer.
Rechte Seite unten: Das Castello von Panzano mit dem herrlichen Park

Das charmante Dorf Greve ist vor allem berühmt für seine Laubengänge, unter denen sich die Spezialitätenläden, Bars und Trattorien reihen. Panzano hingegen ist das Mekka der Weinliebhaber. An kaum einen anderen Ort in der Toskana drängen sich so viele Spitzenwinzer.

Greve liegt idyllisch zwischen sanft gewellten Weinhügeln. Der einst verschlafene Ort ist heute begehrtes Ziel für genussorientierte Chianti-Touristen.

Genießen unter schattigen Arkaden

Magischer Anziehungspunkt und kulinarischer Schauplatz ist die dreieckige **Piazza Matteotti**, die wunderschöne Häuser mit schattenspendenden Arkaden säumen. Unter den Laubengängen verlocken Spezialitätenläden, Bars und Trattorien zu genussvollen Pausen. Die Arkaden sind so breit und ausladend, dass man bequem vor den Lokalen draußen sitzen kann. Geschützt vor der Hitze und einem gelegentlichen Regen, kann man so gemütlich das bunte Markttreiben beobachten. Hier treffen sich nicht nur Touristen, sondern auch die Einheimischen, die seit jeher an den Marktständen und in den Läden unter den Lauben alles einkaufen, was Sie zum täglichen Leben benötigen. Zugegeben, die im Laufe der Zeit stetig steigenden Preise für Lebensmittel missfallen ihnen, aber sie trösten sich damit, dass die vielen Touristen auch Geld in die Region bringen. Zudem sind die Bewohner von Greve stolz, dass ihr kleiner Ort mittlerweile international so bekannt ist. Neben den Krämerläden, Bäckereien und Cafés ist ein Besuch in der **Macelleria Falorni** ein Muss! Sie können die berühmte

Greve & Panzano

Hingehen!

ESSEN

★ **Ristoro di Lamole.** Zwischen Greve und Panzano, Traumblick und gute ländliche Küche. Fraz. di Lamole, 50020 Greve in Chianti, Tel. 055 854 70 50.

★ **Enoteca Baldi.** Feine Weinauswahl, auch glasweise. Piazza Bucciarelli 25, 50022 Panzano in Chianti, Tel. 055 85 28 43.

★ **Villa Bordoni.** Elegantes Restaurant, gehobene Küche. Via San Cresci 31/32, Loc. Mezzuola 1, 50022 Greve in Chianti, Tel. 055 854 62 30, www.ristorantevillabordoni.com

★ **Gallo Nero.** Schicke Enoteca und Ristorante. Via Cesare Battisti 9, 50020 Greve in Chianti, Ruhetag: Do, Tel. 055 85 37 34, www.enoristorantegallonero.it

★ **Taverna del Guerrino.** Familiäre Taverne mitten im Dorf Montefioralle, heimische Gerichte, *bella vista*. Tel. 055 85 31 06.

★ **Mangiando Mangiando.** Urige Osteria mit witzigem Gastwirt und toskanischer Küche. Piazza Matteotti 80, 50022 Greve, Tel. 055 854 63 72, www.mangiandomangiando.it

★ **Il Vescovino.** *Cucina toscana* mit herrlicher Terrasse. Via Ciampolo da Panzano 9, 50020 Greve in Chianti, Tel. 055 856 01 52.

★ **Oltre il Giardino.** Unter blühenden Glyzinien sitzen und typische toskanische Gerichte genießen. Piazza Bucciarelli 42, 50022 Panzano in Chianti, Tel. 055 85 28 28.

★ **Cantinetta Sassolini.** Typische Küche, netter Innenhof. Piazza Ricasoli 2, 50022 Greve in Chianti, Tel. 055 856 01 42, www.cantinettasassolini.com

Oben: Bei Falorni findet man nicht nur köstliche Würste …
Rechts: Man war nicht in Greve, wenn man dem Metzger Falorni nicht einen Besuch abgestattet hat.

Metzgerei nicht verfehlen, denn einfach jeder kennt den Laden. Bekannt geworden ist die Macelleria Falorni wegen ihres herausragenden Angebots. Hier verkauft man qualitativ hochwertiges und schmackhaftes Fleisch von Chianina-Rindern, Cinta-Senese-Schweinen und Wildschweinen, die in den Wäldern der Toskana leben. Gefragt sind insbesondere die sensationellen herzhaften Würste, die ebenfalls aus bestem heimischem Fleisch hergestellt werden, und das bereits in der achten Generation. Trotz ihres Erfolgs, hat sich nichts an der Qualität der Produkte der Metzgerei geändert. Glücklich diejenigen, die in einer Ferienwohnung wohnen – sie können bei Falorni Fleisch vom Allerfeinsten für ein köstliches Grillfest einkaufen. Als kleiner Trost für all jene, die im Hotel leben: In der Metzgerei gibt es viele Köstlichkeiten vor Ort zu schnabulieren. Nehmen Sie sich Zeit für einen leckeren Imbiss, Sie werden es nicht bereuen!

Bei ihrem Bummel auf der Schlemmermeile sollten Sie unbedingt, einen Blick auf die Statue von **Giovanni da Verrazzano** werfen. Der Seemann wurde 1485 im nahegelegenen Castello di Verrazzano geboren und schrieb spannende Reiseberichte über seine Entdeckungsreise in die Neue Welt.

Vino al Vino

Auf der kurvenreichen **Chiantigiana** geht es stetig hinauf in das fast 500 Meter hoch gelegene, malerische Weindorf Panzano. Au-

ßer einer Burg mit einer Befestigungsmauer, der **Kirche Santa Maria** und der romanischen **Kirche San Leolino**, in der die Terrakotta-Büste des San Eufrosino aufbewahrt wird, bietet das Dörfchen für Kunstbeflissene nicht viel. Ganz anders ist die Lage jedoch in Bezug auf feine Weinkultur.

Panzano genießt einen beachtlichen Ruf, wenn es um erstklassige Weinlagen und Spitzenwinzer geht. In kaum einem anderen Ort findet man derartig viele namhafte Winzer. Einzigartig ist zudem, dass die meisten Weinbaubetriebe sehr freundschaftlich miteinander verbunden sind und gemeinsam ein Ziel verfolgen: Nachhaltigkeit und biologischen Anbau. Vor gut 15 Jahren gründeten 20 Winzer die **Unione Viticoltori di Panzan**. Die freie Vereinigung verfolgt das Ziel, Panzano zum ersten zusammenhängenden italienischen Bioweinanbaugebiet aufzubauen. Bereits heute werden 70 Prozent der Weinberge, also rund 300 Hektar, nach strengen biologischen Richtlinien bewirtschaftet. Die Winzer treffen sich regelmäßig, um über anstehende Probleme zu diskutieren und ihre persönlichen Erfahrungen untereinander auszutauschen. Giovanni Manetti vom berühmten **Weingut Fontodi** meint dazu: »Wie kann der Charakter des Gebietes für den Wein gestärkt werden, wenn das Gebiet nicht respektiert wird? Wie kann ein Wein die Eigenschaften seines Gebiets ausdrücken, wenn der Weinberg systematisch mit chemischen Mitteln bombardiert wird? Den Respekt für unser Gebiet erhält man nur durch einen nachhaltigen Weinbau, der unserer Umwelt nicht schadet, sondern sie schützt und für zukünftige Generationen erhält.«

Jedes Jahr treffen sich die Winzer von Panzano am dritten Wochenende im September auf dem Dorfplatz und laden zu einer Verkostung ihrer Weine bei regionalen Spezialitäten ein, die zu den besten im Chianti Classico zählen. Untermalt wird diese spannende Verkostungstour mit Live-Jazz. Das Vino-al-Vino Festival ist ein echtes Erlebnis – und wer noch kein Weinfreak ist, könnte es hier werden.

Die Winzer von Vino al Vino

Unter www.vinoalvino.com finden Sie die Winzer mit genauen Adressen, die sich an diesem biologischen und nachhaltigen Projekt beteiligen. Planen Sie ein wenig Zeit ein, es gibt viel zu entdecken und zu verkosten. *Salute!* Einige Winzer bieten zudem die Möglichkeit, die Ferien auf ihrem Weingut zu verbringen.

Hingehen!

ÜBERNACHTEN

★ **Castello Vicchiomaggio.** Hotel in einem Castello aus dem 14. Jh. Via Vicchiomaggio 4, 50022 Greve in Chianti, www.vicchiomaggio.it

★ **Castello di Querceto.** Wohnen auf dem Weingut, entweder direkt im mittelalterlichen Schloss oder im nahegelegenen typischen Steinhaus. Weingut mit klassischen Chianti-Weinen und fairem Preis-Leistungs-Verhältnis. Via A. Francois 2, Loc. Dudda, 50020 Greve in Chianti. www.castellodiquerceto.it

★ **Tenute di Pecille.** Schöner Agriturismo im Weingut Fontodi. Loc. San Leonino, 50022 Panzano, www.fontodi.com

Oben: Macelleria Folarni – ein Markenzeichen, das international bekannt ist.

19 *Radda*

Weindorf mit Weitblick

Nicht verpassen!

★ **Castello Volpaia.** Loc. Volpaia-Coltassala, Tel. 0577 73 80 66, www.volpaia.com

★ **Castello d'Albola.** Pian d'Albola 31, www.albola.it

★ **Castello di Monterinaldi.** Loc. Lucarelli 75, www.monterinaldi.it

★ **Palazzo del Podestà.** Sehenswerter Palazzo aus dem 15. Jh. und Mittelpunkt von Radda mit sehr schönen Fresken aus dem 16. Jahrhundert.

★ **San Niccolò.** Die Kirche gegenüber dem Palazzo Comunale beherbergt ein hölzernes Kruzifix aus dem 16. Jahrhundert.

★ **Santa Maria Novella.** Romanische Kirche, die im letzten Jahrhundert vollständig renoviert wurde. Sehenswerte Fresken, neoklassizistisches Gewölbe und ein mit Majolikaplatten verkleidetes Taufbecken.

Oben: Die romantischen Gassen von Volpaia am Abend
Rechts: Sehenswert ist der Weinkeller des Weinguts Soc. Agricola Montevertine.
Rechte Seite: Charmantes Städtchen Radda mit seinen verwinkelten Gassen

Vom höchstgelegensten Dorf im Chianti hat man einen göttlichen Überblick über die Weinberge und dichten Wälder, die diese zauberhafte Landschaft prägen. Ein perfekter Ort, um sich einen optimalen Überblick darüber zu verschaffen, wo die Weingüter liegen, die man besuchen möchte.

Obwohl das malerische Dörfchen Radda sehr wohl auf eine lange Geschichte zurückblicken kann, sind es doch vorwiegend Weinliebhaber, die sich hier die Ehre geben.

Radda – Weindorf mit Weitblick

Es hat Flair, das kleine Weindorf mit dem sensationellen Weitblick auf die berühmte Weinregion Chianti. Der höchste Punkt der Gemeinde liegt auf 845 Metern Höhe, das Dorf selbst auf 530 Metern. Radda und die umliegenden Burgen und Klöster sind vorwiegend Ziele von Freunden des beliebten Rotweins, der hier gedeiht. Schade eigentlich, denn das hübsche Weindorf wartet mit einer interessanten Geschichte auf. Vermutlich siedelten hier schon Etrusker, die erste urkundliche Erwähnung findet Radda im Jahr 1002. Das hoch auf einem Hügel thronende Dorf besaß zu Zeiten der florentinischen Republik strategische Bedeutung und stieg deshalb 1415 zur Hauptstadt der *Lega del Chianti* auf. Der heute noch prachtvoll erhaltene **Palazzo del Podesta** stammt

ebenso aus dem 15. Jahrhundert wie die romanische Kirche **San Niccolo**. Es ist ein Vergnügen, durch die engen mittelalterlichen Gassen zu bummeln und sich bereits in den Schaufenstern der Feinkostläden unter den Arkaden Appetit zu holen. Wer es gerne romantisch mag, übernachtet am besten mitten im Dorf in einem der ehemaligen Palazzi, die heute überwiegend einladende Hotels sind. Faszinierend ist aber auch der grandiose Ausblick von Radda auf die umliegenden berühmten Weingüter, wie **Montevertine**, **Terrabianca** und **Castello di Volpaia**. Am Rand des malerischen Ortes ist der **Relais Vignale** ein elegantes Vier-Sterne-Hotel in einem Herrenhaus aus dem 18. Jahrhundert. Das Haus hat aber auch weingeschichtlich große Bedeutung. Die Besitzerfamilie Pianigiani engagierte sich schon immer sehr für den Weinbau und war deshalb auch maßgeblich daran beteiligt, als 1924 der Gallo Nero, das Schutzzeichen des Chianti Classico, in ihren Räumen kreiert wurde. Noch heute ist das Gutshaus Sitz des Consorzio Vino Chianti Classico.

Die Genuss-Festung Castello di Volpaia

Unweit von Radda wurde das frühmittelalterliche **Castello di Volpaia** mit viel Geschmack und Gefühl renoviert. Hinter den Burgmauern werden wie früher, jedoch mit moderner Technik,

Hingehen!

ÜBERNACHTEN

★ **Palazzo Leopoldo.** Historisches Vier-Sterne-Hotel aus dem 15. Jahrhundert mit Restaurant und schöner Terrasse. Via Roma 33, www.palazzoleopoldo.it

★ **Relais Vignale.** Vier-Sterne-Hotel in einem Herrenhaus aus dem 18. Jh. in traumhafter Lage, elegantes Ambiente und charmanter Service. Via Pianigiani 9, www.vignale.it und in Kombination mit einer Cinquecento-Toskanatour unter www.siglinde-fischer.de

★ **Hotel Villa Sant'Uberto.** Drei-Sterne-Hotel in traumhafter Landschaft mit herrlicher Aussichtsterrasse und Pool. Loc. Sant'Umberto 33, 88, www.villasantuberto.it

★ **Agriturismo Borgo Castelvecchi.** Herrenhaus oder typische Landhäuser aus Stein, Panoramablick und Pool. Loc. Castelvecchi, www.castelvecchi.com

Ganz oben: Das prächtige Rathaus von Radda
Oben: Das *centro storico* von Radda ist am Abend, wenn es wieder ruhiger ist, besonders schön.
Rechts: Überall im Chianti ragen plötzlich Burgen auf, wie hier das Castello d'Albola bei Radda.

Wein und Olivenöl produziert. In dem winzigen mittelalterlichen Dörfchen gibt es alles, was in der Umgebung wächst und gedeiht, zu kaufen, allen voran natürlich Olivenöl und die geschätzten Weine von **Castello di Volpaia**. In der gemütlichen Enoteca werden Weine, Olivenöl, Essige und Honig verkauft, es darf auch verkostet werden. Wer nun Appetit bekommen hat, geht ein paar Schritte weiter in die Osteria Al Chiasso dei Portici, genießt *piatti tipici* und dazu die Chianti-Weine des Hauses. Sollten Sie daraufhin beschließen, in Volpaia gleich den Urlaub zu verbringen, können Sie sich direkt in der Nähe in der dazugehörigen La Locanda einmieten. Ein Streifzug durch das lebendige, mittelalterliche Dörfchen ist ein abwechslungsreicher, genussvoller Ausflug in die Vergangenheit.

Castello di Volpaia ist jedoch nicht der einzige Borgo bei Radda. In der Umgebung des Dorfes gibt es zahlreiche Burgen, Schlösser und alte Gehöfte, deren Besitzer sich heute fast alle mit Weinbau beschäftigen. Viele Jahrzehnte waren die meisten dieser Anwesen verwaist, weil sich die Landwirtschaft nicht mehr rentierte. Dies änderte sich erst in den 1970er-Jahren, als der Weinbau einen Aufschwung erlebte und die brachliegenden *castelli* sich zu begehrten Objekten für Industrielle, Banker, Künstler und andere zahlungskräftige Käufer entwickelten. Viele davon sind im Lauf der Zeit namhafte Weingüter geworden – so beispielsweise das **Castello d'Albola**, das damals von der bedeutenden italienischen Winzerfamilie Zonin gekauft wurde. Das Gutshaus und die dazugehörigen Villen, die als Ferienwohnungen vermietet werden, finden sich in einmaliger Lage zwischen den charakteristischen Weinbergen in den malerischen Hügeln. Ein echter Eyecatcher und typisch für die Region ist auch die wunderschöne Zypressenallee, die zum Weingut führt. Wer dorthin zur Verkostung kommt, sollte sich nicht entgehen lassen, auch die Weinberge und den historischen Keller zu besichtigen.

Ebenfalls im Gemeindegebiet von Radda steht in der Nähe des etruskischen Weges das **Castello di Monterinaldi**. Seit 1961 befindet es sich im Besitz der Familie Ciampi und ist heute ein 400 Hektar großes Gut mit Weinbergen, Olivenhainen, Wäldern und Weideland. Wer sich intensiver mit der Produktion des fantastischen Olivenöls und Weines der Toskana beschäftigen möchte, sollte an einer Führung oder einem Kochkurs in der **Fattoria Pesanella** des *castello* teilnehmen – oder zumindest dort einkehren. Hier können Sie typische toskanische Küche mit den passenden Weinen genießen.

Hingehen!

★ **Agriturismo Livernano.** Weiler mit tausendjähriger Geschichte. Die ehemaligen Bauernhäuser sind heute eine luxuriöse Bleibe. Loc. Livernano, 67 A, www.siglinde-fischer.de

ESSEN UND TRINKEN

★ **Agriturismo La Petraia.** Schön gelegener Agriturismo mit Restaurant, moderner Kochstil mit heimischen Produkten, Kochkurse. Loc. La Petraia, www.lapetraia.com

★ **Osteria Le Panzanelle.** Freundliche Osteria mit toskanischer Küche, herzlich geführt. Loc. Lucarelli 29, Tel. 0577 73 35 11.

★ **La botte di Bacco.** Gemütliches Restaurant mit regionaler Küche. Viale XX Settembre 23, Tel. 0577 73 90 08, www.ristorantelabottedibacco.it

EINKAUFEN

★ **Macelleria & Salumeria Porciatti.** Köstliche *salumi*, *lardo* und vieles mehr. Piazza IV Novembre 1,2,3, Tel. 0577 73 80 55, www.casaporciatti.it, Öffnungszeiten: 8–13 Uhr und 16–20 Uhr, So-Nachmittag geschlossen.

★ **La Ceramica di Angela Pianigianni.** Kleines Studio mit Keramik für den Hausgebrauch oder Deko. Loc. Malpensata 134, Tel. 0577 73 84 66.

★ **Fattoria Terrabianca.** Der Schweizer Roberto Guldener begann Ende der 1980er-Jahre mit Weinbau im Chianti. Außer Chianti gibt es auch Olivenöl und eingelegtes Gemüse. www.terrabianca.com

★ **Soc. Agricola Montevertine.** Das 1967 gegründete Weingut ist berühmt für seinen reinsortigen Sangiovese »Le Pergole Torte«. www.montevertine.it

Radda in Chianti
Poggibonsi
Castellina in Chianti
Colle di Val d'Elsa
Monteriggioni
20 Badia a Coltibuono
Gaiole in Chianti
Pievasciata
Castelnuovo Berardenga
Siena
Soviclle

20 Badia a Coltibuono

Kochen und Wein genießen

Nicht verpassen!

★ **Lago di Rubbiaio.** Winzig kleiner See mitten im Wald, nur wenige km vom Kloster entfernt.

★ **Weinkeller Badia a Coltibuono.** Sensationell integriert in die Hügellandschaft ist der neue, sehenswerte Weinkeller, der 1997 eröffnet wurde.

★ **Klostergarten von Coltibuono.** Ein Spaziergang durch den wunderschön angelegten Garten und unter Rosenbögen ist pure Entspannung.

★ **Konzerte im früheren Kreuzgang.** Finden im Herbst satt. Vorherige Anfrage ist erforderlich.

Oben: Alles dreht sich um den Chianti Classico – auch in Badia a Coltibuono.
Rechts: Der antike Weinkeller von Badia a Coltibuono

Das weltberühmte Weingut Coltibuono wurde 1050 als Kloster erbaut. Nach einer langen und bewegten Vergangenheit ist es heute nicht nur ein hochkarätiges Weingut, sondern auch ein gefragtes Ziel für genussfreudige Toskana-Urlauber. Die Kochkurse im Hause sind legendär.

Die »Abtei der guten Ernte«, so die Übersetzung von Coltibuono, ist eines der ältesten Klöster der Toskana. An dem ursprünglich als eine Stätte der Besinnung und Meditation geplanten Ort begannen Benediktinermönche aus Vallombrosa aber auch Rebstöcke und Olivenbäume zu pflanzen. Der Weinbau erwies sich bald als erfolgreich, seine Blütezeit erlebte das Kloster jedoch erst später unter dem Schutz von Lorenzo de'Medici. Nach dem Einzug der Franzosen und der 1810 von Napoleon angeordneten Säkularisierung mussten die Mönche das florierenden Kloster verlassen. In den folgenden zwei Jahrzehnten wechselte es mehrfach die Besitzer, wurde verkauft und einmal sogar versteigert. Die Rettung der Abtei kam in Gestalt des florentinischen Bankiers Michele Giuntini, der das Kloster erwarb. Er ist der Urgroßvater der heutigen Besitzer.

Modern mit Tradition

Den Grundstein für den bis heute andauernden Erfolg von Badia a Coltibuono legte **Piero Stucchi-Prinetti** in den 1960er-Jahren.

Er schuf ein landwirtschaftliches Unternehmen nach modernsten Gesichtspunkten, das sich international behaupten kann und dennoch nichts von seiner Ursprünglichkeit verlor. Nach dem Tod von Piero Stucchi-Prinetti im Jahr 2002 führen seine Kinder Emanuela, Paolo und Roberto das Unternehmen ganz in seinem Sinne weiter.

Im Vordergrund stehen selbstverständlich die Weine, die seit vielen Jahren biologisch angebaut und verarbeitet werden. Nur auf diese Weise, da ist sich die Familie einig, können sie ihre wahre Identität erhalten. Ähnliche Aufmerksamkeit wird auch den Oliven gewidmet.

Doch was lockt die vielen Menschen an, die Jahr für Jahr hinauf zu diesem ehemaligen Kloster pilgern? Weingüter gibt es im Chianti schließlich *en masse*. Das Besondere an Coltibuono ist jedoch wahrscheinlich die Leidenschaft und das Traditionsbewusstsein der toskanischen Familie. Sie begeistert ihre zahlreichen Besucher bei den Führungen durch das ehemalige Kloster, beim Besuch des Restaurants oder bei den begehrten Kochkursen.

Bereits vor über 20 Jahren begann die berühmte Kochbuchautorin **Lorenza de Medici**, die Frau an der Seite von Piero Stucchi-Prinetti, Kochkurse auf dem Weingut zu geben. Ihr Anliegen war es stets, nicht nur die typischen Gerichte, sondern auch die Lebensart der Menschen im Chianti den Teilnehmern nahe zu bringen. Damit begeisterte sie auch ihre Tochter Emanuela, die lange Zeit gemeinsam mit ihrer Mutter die Kurse führte. Heute gibt *lo chef* Andrea Gagnesi die Kurse ganz im Geiste der großen Lehrmeisterin.

Emanuela wurde 2000 als erste Frau zur Präsidentin des Marchio Storico del Chianti Classico gewählt und führt gemeinsam mit ihren Brüdern das erfolgreiche landwirtschaftliche Unternehmen.

Hingehen!

EINKAUFEN

★ **La Bottega di Coltibuono.** Alles, was auf Coltibuono hergestellt wird, kann man in dem Laden in einem alten Steinhaus bekommen.

ESSEN UND TRINKEN

★ **Ristorante Badia a Coltibuono.** Restaurant in den ehemaligen Stallungen. Tel. 0577 74 90 31, Öffnungszeiten: täglich, geschlossen von 10. Nov. bis 15. März.

★ **Besichtigungen und Verkostungen.** Von April bis Okt. kann man jeden Tag stündlich das Weingut besichtigen. Zudem unterschiedlichste Weinverkostungen, Kochkurse und vieles mehr. Termine auf Anfrage, Tel. 0577 74 48 23.

ÜBERNACHTEN

★ **Agriturismo Badia a Coltibuono.** Acht Doppelzimmer in den ehemaligen Klosterzellen, die mit Liebe zum Detail eingerichtet wurden. www.coltibuono.com

★ **Borgo Lecchi B&B.** Einfaches, sympathisches B&B in einem Steinhaus aus dem 15. Jh. Via San Martino, 53013 Gaiole in Chianti, www.borgo lecchi.it

★ **Castello di Spaltenna.** Exklusives Hotel, herrlich gelegen in einer mittelalterlichen Burg, anspruchsvoll im toskanischen Stil renoviert. Via Spaltenna 13, 53013 Gaiole in Chianti, www.spaltenna.it

Oben: Badia a Coltibuono: geschätztes Weingut, Restaurant und Kochschule

21 Gaiole

Im Land der Weinburgen

Nicht verpassen!

★ **Chiesa di San Bartolomeo.** Kirche aus dem 11. Jh. im Ortsteil Vertine. Zwei wertvolle Bilder befinden sich heute in der Pinacoteca Nazionale di Siena.

★ **Chiesa di San Pietro.** Die Kirche im Ortsteil Avenano wurde bereits im 10. Jh. urkundlich erwähnt. Das wertvolle Bild von Luca di Tommè (um 1330 bis nach 1389) ist nun in der Pinacoteca Nazionale di Siena zu sehen.

★ **Marktplatz von Gaiole.** Jeden zweiten Montag im Monat verwandelt sich die nette Piazza in einen bunten Marktplatz mit zahlreichen verlockenden Ständen.

★ **Strada dei Castelli del Chianti.** Die landschaftlich traumhafte Straße schlängelt sich kurvenreich von einem Schloss zum anderen. Einige sind in Privatbesitz, einige kann man besichtigen.

Oben: Der Weintresor von Mr. Sherwood im Weingut Capannelle in Gaiole im Chianti
Rechts: Architektonisch reizvoll ist auch das Castello di Ama in Gaiole, in dessen Park das alte Gemäuer mit Spiegeln in Szene gesetzt wird.

Das Dörfchen Gaiole besteht aus vielen kleinen Fraktionen, die auf einer Fläche von knapp 130 Quadratkilometern über mehrere Hügel verstreut und durch zahllose Brücken verbunden sind. Alles in allem leben hier nicht einmal 3000 Menschen, darunter viele Winzer.

Gaiole in Chianti ist ein hübsches Dorf, das allerdings außer ein paar Kirchen kulturell nicht allzu viel zu bieten hat. Es kommt aber auch kaum einer auf die Idee, die vielen Minidörfer der Gemeinde der Kunst wegen zu besuchen. Die Top-Attraktionen der Kommune sind nämlich feinste Chianti-Weine und mächtige Burgen. Und das Beste daran ist: Viele Burgen sind Weingüter!

Die Chianti-Dynastie Ricasoli

Die bedeutendste Burg ist das **Castello di Brólio** der Adelsfamilie Ricasoli. Die äußerst sehenswerte Burg thront auf einem Hügel und ist Sitz eines der ältesten Weinbaubetriebe Italiens. Die mächtige Anlage aus dem frühen Mittelalter ist seit 1141 im Besitz der Adelsfamilie Ricasoli. Im Laufe der Jahrhunderte wurde das Landschloss immer wieder prachtvoll umgebaut und erweitert. Der »eiserne Baron«, wie Bettino Ricasoli (1809–1880) genannt wurde, erfand die optimale Mischung für einen Chianti, die im weitesten Sinne heute noch Gültigkeit hat. Der Hauptanteil, mindestens 80 Prozent, besteht aus Sangiovese. Erlaubt waren

zusätzlich die heimischen roten Trauben Canaiolo oder Colorino. Und um den ein wenig sperrigen Wein etwas süffiger zu machen, war ein kleiner Prozentsatz weißer Reben (Trebbiano und Malvasia) Pflicht. Baron Bettino Ricasoli gilt heute noch als Erfinder der Marke »Chianti«, auch wenn nun die weißen Trauben gesetzlich aus dem Chianti verbannt sind und meist durch Merlot und Cabernet Sauvignon ersetzt werden.

Wer Chianti mag und sich für den Wein interessiert, kommt am Castello di Brólio der Familie Ricasoli nicht vorbei. Einen Teil der Burganlage kann man nach Anmeldung besichtigen. Weinfreaks zieht es jedoch rasch in die moderne Enoteca, ein echter Hingucker in den altehrwürdigen Gemäuern. Empfehlenswert ist auch die gemütliche Osteria, wo Sie mit gekonnt verfeinerten traditionellen Gerichten aus heimischen Produkten verwöhnt werden.

Meleto bedeutet »Apfelhain« – das wunderschöne **Castello di Meleto** erreicht man, umrahmt von Weinbergen, über eine herrliche Zypressenallee. Wer gerne einmal in einem Schloss nächtigen möchte, kann sich hier einmieten. Die Zimmer sind mit herrlichen Fresken verziert und den heutigen Ansprüchen entsprechend ausgebaut worden. Gefrühstückt wird in der antiken Küche des Hofes. Entlang der alten Burg- und Wehrmauern, den ehemaligen Nutzgebäuden, wurden hübsche Ferienwohnungen gebaut. Und, wie sollte es im Herzen des Chianti-Gebiets anders sein, Castello Meleto ist auch eine bekannte Kellerei. Die Weine kann man im dazugehörigen Restaurant beim Essen genießen und, sofern sie munden, auch erwerben.

Hingehen!

ESSEN UND TRINKEN

★ **Al Ponte.** Moderne Osteria, gutes Essen. Via Casabianca 25, Tel. 0577 744 07 oder 328 402 19 57. Ruhetag: Mo.

★ **Il Carlino d'Oro.** Agriturismo, schmackhafte Gerichte, herzlich serviert. Loc. San Regolo 33, Tel. 0577 74 71 36, Ruhetag: Mo.

★ **Osteria del Castello.** Traditionelle Küche, gekonnt verfeinert. Loc. Madonna a Brolio, Tel. 0577 73 02 90, www.ricasoli.it

EINKAUFEN

★ **Rocca di Castagnoli.** Von Slow Wine ausgezeichnete Chianti, optimales Preis-Leistungs-Verhältnis. www.roccadicastagnoli.com

★ **Riecine.** Beeindruckende biologische Weine! www.riecine.it

ÜBERNACHTEN

★ **Castello di Meleto.** Wohnen im Schloss oder auf der Schlossanlage. www.castellomeleto.it

★ **Podere Lucignano Secondo.** Charmanter Agriturismo mitten im Grünen. www.lucignanosecondo.it

Oben: Das Castello di Brolio in Gaiole ist das älteste Weingut der Toskana.

Kleinod mit bella vista

Von der Aussichtsplattform der Rocca, im Herzen des Dorfes, öffnet sich ein sensationeller Blick auf das weitläufige Chianti-Gebiet, dessen sanfte Weinberge wie Oasen in dem waldreichen Gebiet verstreut sind. Bei klarem Wetter sieht man die Silhouette von Siena.

Die Häuser im Ortszentrum schmiegen sich um die **Rocca**; in der Festung aus dem 15. Jahrhundert ist heute das Rathaus untergebracht. Welch ein Glück der Bürgermeister doch hat, kann er seine Sitzungen in einem prachtvollen Rathaussaal stattfinden lassen und für die Zigarettenpause geht man in den bezaubernden Innenhof. Wenn das nicht inspiriert!

Die Festung ist nicht nur für den Gemeinderat zugänglich. Den Turm der Rocca sollten Sie unbedingt erklimmen, auch wenn es mühsam ist, es lohnt sich, außer es regnet oder der Himmel ist wolkenverhangen. Kulturinteressierte ergötzen sich nicht nur an der gigantischen Aussicht. Sie lockt auch das **Museo Archeologico del Chianti Senese**, das ebenfalls im Turm untergebracht ist. Hier kann man etruskische Fundstücke aus Ausgrabungen bestaunen.

Von Winzer zu Winzer
Der Marktplatz ist eigentlich kein richtiger Platz, vielmehr eine schmale gewundene Straße, die von farbenfrohen Geranien und

Nicht verpassen!

★ **Rocca Cummunale di Castellina.** In der Festung aus dem 15. Jh. residiert heute das Rathaus.

★ **Via delle Volte.** Mittelalterliche Arkadenpassage, ursprünglich militärisch genutzt, heute Touristenattraktion.

★ **Palazzo Biancardi.** Oberhalb des Eingangs sieht man das Medici-Wappen von Papst Leo X., der hier 1533 übernachtete.

★ **Monte Calvario.** Etruskische Gräber aus dem 6. Jh. v. Chr., außerhalb von Castellina gelegen. Entdeckt im 16. Jh., ausgegraben 1915.

★ **Etruskische Nekropole von Poggino.** Liegt an der B 222 in Richtung Siena. Fünf etruskische Gräber aus dem 6. Jh. v. Chr.

★ **Pfarrkirche Sant'Agnese.** Zwischen Castellina und Poggibonsi. Vollständig renoviert mit drei Kirchenschiffen und drei Rundchöre. Sehenswert ist auch der Glockenturm.

Oben: Der Kirchturm San Salvatore in Castellina ragt in den blauen Himmel.
Rechts: Blick auf die von Zypressen gesäumten Weinberge

Petunien geschmückten Häusern gesäumt wird. Die Sonne hat nur um die Mittagszeit eine klitzekleine Chance, diese schattige Oase zu bescheinen. Bald darauf ist sie wieder verschwunden und macht das Leben in den heißen Sommertagen und Nächten gut erträglich. Wer hitzeempfindlich ist, wird sich freuen, in diesem schattigen Ort sein Glas Wein oder den Teller Pasta ohne Schweiß auf der Stirn zu genießen. Noch schattiger, teilweise sogar richtig kühl, ist es in der **Via delle Volte**. Diese Gewölbegänge verlaufen entlang der östlichen Dorfmauer und wurden in früheren Zeiten für öffentliche Anlässe genutzt. Damals waren dies Gänge nach oben offen, überdacht wurden sie erst im Lauf der Zeit, als Wohnhäuser an die Mauer gebaut wurden. Reizvoll ist auch ein Besuch dieser Gewölbe bei Nacht, denn dann sind die herrlich beleuchtet.

Das 578 Meter hoch gelegene Dorf ist nicht nur aufgrund seiner reizvollen landschaftlichen Lage einen Abstecher wert, es bietet auch Weinliebhabern die Möglichkeit, sich von oben einen guten Überblick über die zahlreichen guten Weingüter zu verschaffen, die rundum angesiedelt sind. Hier, im Herzen des Chianti Classico, spiegeln die heimischen Rotweine den klassischen Sangiovese-Charakter, der von Sauerkirschen, Veilchenduft und Würze geprägt ist, hervorragend wider. Um Castellina findet man viele namhafte Winzereien, so die Fattoria Nittardi, Rocca delle Macie, Castellare di Castellina und das weltweit agierende Weingut Cecchi. Es besteht seit 1893 und ist von Beginn an mit der Gründung des Chianti Classico untrennbar verbunden. Seine Weine werden in vielen Millionen Litern produziert, aber dennoch von einer identischen Stilistik geprägt. Sehr sympathisch ist, dass dieses große Weingut nach wie vor leidenschaftlich und sehr persönlich von den beiden Cecchi-Brüdern Andrea und Cesari geführt wird. Und selbstredend wird das hochkarätige Weinangebot durch eine Vielzahl regionaler Spezialitäten abgerundet.

Hingehen!

ESSEN UND TRINKEN

★ **Albergaccio di Castellina.** Sterne-Restaurant mit ausgezeichneter *cucina toscana.* Via Fiorentina 63, Tel. 0577 74 10 42, www.albergacciocast.com, Ruhetag: So.

★ **Leggenda dei Frati und Weingut Cecchi.** Die Weine des Weinguts kann man gegenüber im Ristorante La Leggenda dei Frati zu köstlichen Gerichten probieren und auch kaufen. Loc. Casina dei Ponti 58, Tel. 0577 30 12 22, www.cecchi.net und www.laleggendadeifrati.it, Ruhetag: Mo.

EINKAUFEN

★ **Castellare di Castellina.** Berühmtes Weingut, stets hochbewertete Weine, Besichtigung nach Voranmeldung möglich. Loc. Castellare, Tel. 0577 74 29 03, www.castellare.it

ÜBERNACHTEN

★ **Castello la Leccia.** Traumhaft gelegenes Castello mit geschmackvoll eingerichtet mit Traumblick. Herrlicher Garten mit Pool. www.siglinde-fischer.de

★ **Tenuta di Bibbiano.** Komfortabel wohnen in stilvoll restaurierten Bauernhäusern, nahe dem biologischen Weingut. www.tenutadibibbiano.it

Oben: Der Barriquekeller des international geschätzten Weinguts Cecchi (Castellina in Chianti)

Kunst und Natur im Einklang

Nicht verpassen!

★ **Parco Sculture del Chianti.** La Fornace 48/49, www.chiantisculpturepark.it, Öffnungszeiten: täglich ab 10 Uhr bis Sonnenuntergang.

★ **Kunstgalerie La Fornace.** Sammlung internationaler Kunstwerke, die in keiner anderen Galerie zu sehen sind. La Fornace 48/49, 53010 Pievasciata, www.chiantisculpturepark.it

★ **Borgo d'Arte Contemporanea.** Eine Initiative der Amici del Parco und der Gemeinde Castelnuovo Berardenga, der Provinz Siena und der Region Toskana. Bislang acht, geplant sind 12, Skulpturen in und um Pievasciata.

★ **Corsi di Cucina.** Erlernt wird die Kochkunst toskanischer Gerichte. Fattoria di Corsignano, Loc. 53010 Vagliagli, Tel. 0577 32 25 45, www.tuscancookingandwine.com

Rechts und Oben: Der kleine Weiler Pievasciata lockt mit dem Skulpturenpark Kunstinteressierte aus aller Welt an.

Bis vor wenigen Jahren war Pievasciata ein weißer Fleck auf der Landkarte, ein Weiler inmitten unberührter Natur – bis das Ehepaar Giadrossi nach fünfjähriger Arbeit 2004 den Parco Sculture del Chianti eröffnete. In wenigen Jahren haben es die beiden geschafft, dass man an Pievasciata nicht mehr vorbeifährt.

Die Toskana ist bekannt für ihre kurvenreichen, engen Straßen. Wenn man diese Region liebt, stört das keineswegs. Man fährt einfach langsam und hat so die Möglichkeit, die abwechslungsreiche Landschaft zu genießen. Es kann schon mal passieren, dass ein Wildschwein den Weg kreuzt, aber – was soll um Himmelswillen ein riesiger Besen am Straßenrand? Kaum fährt man ein wenig weiter, erblickt man eine farbenprächtige Glasskulptur. Die beiden sind Vorboten eines bewundernswerten Unternehmens.

Prachtvolle Weingüter zum Verlieben

Die italienische Künstlerin Antonella Farsetti hat auf ihrer Skulptur aus gehärtetem Glas die Farben des Chianti dargestellt: Erde, Reben, Wein, Olivenöl, den Himmel und die Farben des schwarzen Hahns. Wie der fünf Meter hohe Besen aus Eisen des italienischen Bildhauers Massimo Turato gehört es zu den insgesamt acht Kunstwerken, die im Gemeindegebiet von Pievasciata auf öffentlichen oder privaten Grundstücken zu sehen sind. Diese schöne Idee entstand dank der Initiative von Dr. Piero und Rosalba Giadrossi. Das Ehepaar liebt zeitgenössische Kunst und eröffnete 2004 seinen Skulpturenpark. Wo noch in den frühen 1990er-Jahren Wildschweine durch den Eichenwald stapften, kann man

heute Kunstwerke von Künstlern aus aller Welt bestaunen. Das Einzigartige daran ist, dass jeder Künstler vorab den Wald durchstreift, um einen passenden Standort zu finden, um dann für »seinen« ein Kunstwerk zu gestalten. Der Grieche Costas Varotsos beispielsweise errichtete auf seinem Plätzchen eine faszinierende Skulptur aus tausenden Glasplatten. Wie ein Wirbelwind ragt sie in den Himmel auf und präsentiert sich je nach Sonneneinstrahlung immer wieder anders. Der einen Kilometer lange Rundweg führt auch zu einem Freilufttheater, in dem in den Sommermonaten Konzerte unterschiedlichster Musikrichtungen stattfinden. Nach der Besichtigung zieht es kunstinteressierte Besucher in die Galerie **La Fornace**, um die großartigen modernen Kunstwerke der beeindruckenden Privatsammlung der Familie Giadrossi zu bewundern.

Nach so viel Kunst gilt es, sich auch der Weinkultur zu widmen. In unmittelbarer Nähe des **Parco Sculture del Chianti** liegen bekannte Weingüter, die teilweise mit guten Restaurants aufwarten. Das Prachtschloss **Borgo Scopetto** beispielsweise ist ein Spitzenhotel mit guter Küche. Ganz in der Nähe steht das **Weingut Dievole** seit einem Jahr unter neuer Leitung und kann auf Nachfrage besichtigt werden. An der schönen Bar oder auf der Terrasse schmecken toskanische Gerichte, die mit dem hauseigenen Olivenöl zubereitet werden. Hübsche Wohnungen stehen für Feriengäste bereit, die in diesem riesigen Areal zwischen Weinbergen und Olivenhainen einen geruhsamen und erholsamen Urlaub verleben können.

Hingehen!

ESSEN UND TRINKEN

★ **Enoteca della Fornace.** Modernes Ambiente in alten Gemäuern, frische saisonale Küche. Loc. Corsignano 6/7, 53019 Vagliagli, Tel. 0577 32 25 76, www.enotecadellafornace.it

★ **Osteria La Botte.** Liebevoll zubereitete Gerichte, Via del Sergente, 6, 53019 Vagliagli, Tel. 0577 32 27 79, www.osterialabotte.com

ÜBERNACHTEN

★ **Castello La Leccia.** Schicke Zimmer mit atemberaubendem Ausblick, Pool, Produktion von Wein und Olivenöl. Loc. La Leccia, 53011 Castellina in Chianti, www.siglinde-fischer.de

★ **Villa Dievole Wine Resort.** Ansprechende Suiten, 400 ha großes Grundstück mit Weinbergen und Olivenbäumen, Loc. Dievole, 53019 Vagliagli, www.villa-dievole.com

★ **Borgo Scopeto.** Mächtiges Schloss, Blick bis Siena, 58 elegante Zimmer. Strada Comunale 14, 53019 Vagliagli, www.borgoscopetorelais.it

Oben: Im Weingut Dievole (unter neuer Führung) werden nicht nur Weine gekeltert, man kann inmitten der Natur auch wunderschön wohnen.

Begehrtes Ziel für Weinliebhaber

Nicht verpassen!

★ **Pieve dei Santi Cosma e Damiano.** Die Ursprünge der Kirche in San Gusmè reichen bis in das 9. Jh. zurück.

★ **Propositura dei Santi Giusto e Clemente.** In der Kirche in Castelnuovo Berardenga sind die Kunstwerke »Heilige Familie mit der hl. Catarina von Siena« von Arcangelo Salimbeni (um 1536–1579) und die »Kreuzigung« von Ventura Salimbeni (1568–1613) zu sehen.

★ **Palazzo Chigi Saracini.** Der Prachtbau mit dem dazugehörenden Park ist schön anzusehen. Im Inneren ist die Musikschule Accademia Musicale Chigiana untergebracht. Besichtigung ist nicht immer möglich. Info unter: www.chigiana.it

★ **Museo del Paesaggio.** Erkundungsweg mit Fundstücken aus dem Mittelalter, der Etrusker- und der Römerzeit. Via del Chianti 61.

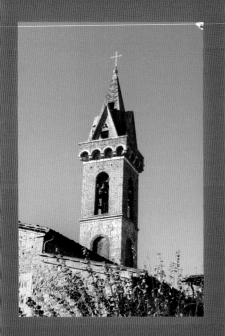

Oben: Blick auf die Kirche von Montalto bei strahlend blauen Himmel
Rechts: Köstlich schmeckte die Tagliata mit Trüffeln und Parmesan im Ristorante Quei 2 in Castelnuono Beradenga.

Im Vergleich mit vielen anderen reizvollen kleinen Dörfern im Chianti-Gebiet könnte man Castelnuovo Beradenga eher links liegen lassen – außer, man ist Liebhaber großer Chianti-Weine. Die Landschaft rund um das kleine Städtchen ist liebenswert und ein Abstecher nach San Gusmè ein Muss.

Kommt man vom Norden nach Castelnuovo Beradenga, fährt man am Ortsteil **San Gusmè** vorbei. Besser legt man hier jedoch einen Stopp ein, denn das Festungsdörfchen ist unbedingt sehenswert. Mit seinen engen, mit Steinplatten gepflasterten Gassen und den alten, ansprechend renovierten Häusern ist San Gusmè ein Kleinod, das zu entdecken sich lohnt. Halten Sie bei einem Bummel ab und an inne, um einen Blick in die schmucken Innenhöfe zu werfen. Genießen Sie ein Glas köstlichen Weines in der Enoteca oder kehren Sie in einer freundlichen Trattoria ein. Da das behagliche Minidorf bei den Einheimischen der Umgebung sehr beliebt ist, ist es vor allem für abends ratsam, rechtzeitig zu reservieren. Der Ort liegt 465 Meter hoch und bietet eine fantastische Aussicht. Richtung Süden blickt man auf Weinberge

und den **Monte Amiata**, zahlreiche Obst- und Olivenbäume verleihen der Landschaft zusätzlich Charme. An den ersten zwei Wochenenden im September feiern die 250 Einwohner gemeinsam mit Freunden aus der näheren und weiteren Umgebung »La Festa del Luca« mit einem Konzert auf der Piazza und einem Feuerwerk am letzten Tag der Festlichkeiten. Luca Cava, zu dessen Ehren das Fest gefeiert wird, und dessen Statue man im Dorf bewundern kann, ist der Inbegriff eines Lebenskünstlers. Während der Festtage bieten zahlreiche Stände kulinarische Köstlichkeiten, Kunsthandwerk und vieles mehr an. Und natürlich kann man, wie sollte es mitten im Chianti-Classico-Gebiet anders sein, bei den Winzern des Gebiets deren Sangiovese-Weine verkosten.

Edle Weine und mehr

Passionierte Weinliebhaber pilgern in erster Linie nach Castelnuovo Berardenga, um das international hochgeschätzte Weingut Felsina zu besuchen. Die Weine der **Fattoria Felsina** zählen zu den besten des südlichen Chianti. Sie sind kraftvoll und dennoch von einer enormen Eleganz. Richtung San Gusmè liegt das Weingut der Familie Poggiali am Ortsausgang inmitten von Weinbergen und ist flankiert von Zypressen. Es ist jedoch längst nicht das einzige, das Weintouristen anzieht. In der Località San Felice lockt ein Besuch des Weinguts **San Felice**, dessen Weine seit über 40 Jahren eine konstante Qualität aufweisen. Darüber hinaus ist auch **Borgo San Felice** selbst mit seinen winzigen Gassen, kleinen Plätzen und der romanischen Kirche einen Besuch wert. Man vermutet, dass die Ursprünge der kleinen Siedlung bereits bis ins 8. Jahrhundert zurückreichen. **Borgo San Felice** ist heute ein Relais&Chateaux-Hotel, das alle nur erdenklichen Annehmlichkeiten bietet und seine Gäste zudem mit dem Zwei-Sterne Restaurant **Poggi Rosso** verwöhnt.

Hingehen!

EINKAUFEN

★ **Fattoria Felsina.** Exzellente Chianti-Weine, Besichtigung nach rechtzeitiger Anmeldung möglich, Einkauf 10–18 Uhr. Via Montanini, 54, www.felsina.it

★ **Caseificio Corbeddu.** Aromatische Schafskäse aus Rohmilch in verschiedenen Reifegraden. Loc. Strada Monteapertaccio 6, Tel. 0577 36 91 69.

ESSEN

★ **Ristorante Quei 2.** Schmackhafte Landküche, offener Hauswein von Felsina. Via del Chianti 28/30, Tel. 0577 35 54 33, www.ristorantequei2.com, Ruhetag: Mi.

★ **La Bottega del 30.** Gemütliches Restaurant, seit 1997 mit einem Michelinstern gekrönt. Via S. Caterina 2, Tel. 0577 35 92 26, Ruhetag: Di Mittag.

ÜBERNACHTEN

★ **Borgo San Felice.** Zauberhaftes Fünf-Sterne-Relais&Chateaux-Hotel mit nahegelegenem Weingut. Loc. S. Felice, www.borgosanfelice.it, www.agricolasanfelice.it

★ **Villa Curina Resort.** Hübsch gelegene Anlage in einem Dorf aus dem 16. Jh., Loc. Curina, www.villacurinaresort.com

Oben: Il Grottino kann man im Borgo San Felice besuchen.

25 *San Gimignano*
Und ewig steppt das Mittelalter

Nicht verpassen!

★ **Porta San Giovanni.** Wer vom öffentlichen Parkplatz kommt, betritt durch dieses Tor aus dem 13. Jh. die Stadt.

★ **Collegiata Santa Maria Assunta.** Romanische Kirche mit einem Freskenzyklus von Benozzo Gozzoli (1420–1497) aus dem Jahr 1456.

★ **Ruine der Rocca.** Hinter der Kirche Collegiata in einem herrlichen Park gelegen. Man kann die Ruine besteigen, die Mühe wird durch eine wunderbare Aussicht belohnt.

★ **Museo Civico.** Stadtmuseum mit Werken von Künstlern aus Florenz und Siena vom 13. bis 15. Jh.

★ **Torre Grossa.** Auch Torre del Podestà genannt, der höchste und zugleich einzige Turm, den man besteigen kann. Traumblick über die Stadt und das schöne Umland.

★ **Torre della Rognosa.** Den ältesten Turm der Stadt kann man lediglich von unten bestaunen.

Oben: Am Abend wird es ruhiger auf der Via San Giovanni in San Gimignano.
Rechte Seite oben: Besonders attraktiv sind die Geschlechtertürme von San Gimignano bei Nacht.
Rechte Seite unten: Ein traumhafter Anblick, wenn sich morgens die Nebel über dem Chianti lichten.

San Gimignanos hohe Türme sieht man schon von Weitem, schließlich ist die mittelalterliche Stadt das »Manhattan der Toskana«. Hat man endlich geparkt und spaziert durch die Porta San Giovanni in die Altstadt, fühlt man sich fast wie im richtigen Manhattan.

Die Ruhe vor dem Sturm

Um das wahre Flair dieser prachtvollen Stadt zu erleben, sollte man entweder sehr früh am Morgen oder spätnachts ankommen. Frühmorgens beleuchten die ersten Sonnenstrahlen die Turmspitzen und verleihen ihnen eine fast magische Ausstrahlung. Bummeln Sie durch die engen Gassen und freuen sich, dass die Läden mit bunten Keramikwaren, Souvenirs und Kitsch noch geschlossen sind. Lediglich der Duft von frischem Espresso strömt aus einigen Bars und verlockt zu einer kleinen Einkehr. Gesellen Sie sich zu den Einheimischen, die an der Theke stehen und sich mit einem Cappuccino und einem *cornetto* für den täglichen Touristenansturm stärken. Verweilen Sie nicht zu lange, falls Sie diese mittelalterliche Stadt in Ruhe bestaunen wollen, denn es dauert nicht lange, bis die ersten Scharen von Touristen aus aller Welt, bewaffnet mit Fotoapparaten, die Stadt bevölkern. Beim Blick nach oben zu den in warmes Licht getauchten Türmen fragt man sich unweigerlich, wie die Stadt wohl vor Jahrhunderten ausgesehen hat. Beeindrucken heute noch immerhin 14, manche sprechen gar von 16, *casetorri*, so ragten im Mittelalter sagenhafte 72 Geschlechtertürme in den Himmel über San Gimignano.

Die einzigartigen Geschlechtertürme

Diese *casetorri* spiegelten im Mittelalter den Reichtum und die Macht der jeweiligen Besitzerfamilie wider. Ihren Wohlstand verdankte die Stadt der bedeutenden Handels- und Pilgerstraße **Via Francigena.** Die Verbindungsstrecke von Nord- und Mitteleuropa nach Rom führte an dem 324 Meter hohen heutigen Stadthügel von San Gimignano vorbei, auf dem sich bereits im 11. Jahrhundert immer mehr Menschen ansiedelten. Nur wenig später wurde die erste Stadtmauer errichtet. Aus jener Zeit haben sich drei Stadttore gut erhalten: im Süden der **Arco dei Becci**, im Norden der **Arco della Cancelleria** und im Osten die **Porta Santo Stefano.** Um ihre Besitzansprüche zu festigen, bekriegte sich die freie Kommune bis ins 14. Jahrhundert abwechselnd mit Volterra Castelfiorentino, Colle und Poggibonsi und war an vielen bedeu-

Hingehen!

EINKAUFEN

★ **La Lastra.** Kleiner Winzerbetrieb, Schwerpunkt Vernaccia. Via R. de Grada, Tel. 0577 94 17 81, www.lalastra.it

★ **La Buca di Montauto.** Regionale Spezialitäten. Via San Giovanni 16, Tel. 0577 94 04 07, www.labucadimontauto.com

★ **Madame Pottery.** Keramikladen mit schönen handgefertigten Objekten. Via San Giovanni 108, www.madamepottery.it

★ **I Ninnoli.** Lampen im Florentiner Stil und mehr. Via San Matteo 3.

ESSEN UND TRINKEN

★ **Gelateria in Piazza di Sergio Dondoli.** Sein Eis ist eine Sünde wert! Piazza della Cisterna 4, Tel. 0577 94 22 44, www.gelateriadondoli.com

★ **Ristorante Perucà.** Familiär geführtes Slow-Food-Restaurant, Spezialitäten aus Wildschwein. Via Capassi 16, Tel. 0577 94 31 36. Ruhetag: außerhalb der Saison Mo.

★ **Dorandò.** Vorzügliche feine lokale Küche. Vicolo dell'Oro 2, Tel. 0577 94 18 62, www.ristorant dorando.it, Ruhetag: außerhalb der Saison Mo.

★ **Ristorante Da Pode.** Toskanische Gerichte vom Feinsten in rustikalem Ambiente. Loc. Sovestro 63, Tel. 0577 94 31 26, www.dapode.com

Oben: Man fühlt sich tief ins Mittelalter versetzt auf der Piazza del Duomo in San Gimignano.
Rechts: Faszinierend ist die Silhouette des mittelalterlichen Städtchens San Gimignano.

San Gimignano

tenden Machtkämpfen des 13. Jahrhunderts beteiligt. Aber nicht nur außerhalb der Stadtmauern wurde gekämpft: Innerhalb der prachtvollen Stadt kam es immer wieder zu blutigen Fehden zwischen den Familien der guelfischen Ardinghelli und der ghibellinischen Salvucci.

Seinen immensen Reichtum verdankte San Gimignano zu einem Teil den Reisenden auf der Via Francigena, die gerne in der mondänen Stadt Halt machten. So gesehen hat sich nicht viel geändert, denn auch heute leben die Einwohner von den Millionen Besuchern, die Jahr für Jahr die Stadt erkunden. Eine weitere wichtige Einnahmequelle waren der Anbau von und Handel mit Safran, der zu jener Zeit vorwiegend zum Färben von Seidenstoffen verwendet wurde. Derzeit erlebt der Anbau dieses kostbarsten Gewürzes der Welt rund um San Gimignano eine kleine Renaissance, auch wenn Safran heute nicht mehr eine so wichtige Einnahmequelle darstellt.

Im Mittelalter erbauten die einflussreichen Familien der Stadt Geschlechtertürme, um auf diese Weise ihre Macht und ihren Reichtum zu demonstrieren. Da sie sich gegenseitig übertrumpfen wollten, ließen Sie die Bauwerke immer höher in den Himmel wachsen. Den Rekord halten die 54 Meter hohe **Torre del Po-**

destà, – sie wird auch **Torre Grosso** genannt – und die **Torre della Rognosa**. Dieser älteste Turm der Stadt erreicht 51 Meter. Im Mittelalter schrieb eine Verordnung vor, dass kein Turm die damals höchste Torre della Rognosa überragen durfte. Um ihre Macht zu demonstrieren, bauten damals die zwei einflussreichsten Familien ihre *casetorri* nur einen Hauch niedriger.

San Gimignanos Blütezeit dauerte 160 Jahre und endete 1348, als die Pest in der Stadt wütete. Zur gleichen Zeit verlor die Via Francigena als Handelsroute aufgrund der politischen Veränderungen jener Zeit an Bedeutung. Infolgedessen ging es im Lauf der Jahre mit dem Reichtum und dem politischen Einfluss der Stadt stetig bergab.

Das änderte sich auch nicht in den nächsten Jahrhunderten, Renaissance und Barock gingen spurlos an der Stadt vorüber, denn es fehlte an finanziellen Mitteln. Während zu diesen Zeiten in anderen toskanischen Städten die als veraltet geltenden Geschlechtertürme abgerissen und durch moderne Bauten ersetzt wurden, fehlte in der »Stadt der Türme« das Geld. Zum Glück für seine heutigen Bürger blieb die Zeit in San Gimignano stehen, denn heute ist die Stadt gerade deshalb ein Touristenmagnet und die Geschäfte florieren. Seit 1990 die Altstadt von San Gimignano zum Weltkulturerbe der UNESCO gehört. Wer sich umfassend über die Geschichte und die Kunst der Stadt im Mittelalter informieren möchte, sollte in der Altstadt das Museum San Gimignano 1300 besuchen. Hier befindet sich ein beeindruckendes Modell der Stadt um 1300.

Hingehen!

ÜBERNACHTEN

★ **La Cisterna.** Mittelalterfeeling pur, Tische im Freien. Piazza delle Cisterna 24, www.hotelcisterna.it

★ **Agriturismo Borgo Tollena.** Traumblick auf die Türme von San Gimignano. Loc. Tollena, www.borgotollena.com

★ **Hotel Sovestro.** Inmitten der Campagna senese, Wohlfühlcharakter und gute Küche. Loc. Sovestro 63, www.hotelsovestro.com

★ **Agriturismo Il Casale del Cotone.** Mit herrlicher Aussicht und Pool. Loc. Il Cotone, Via Cellole 59, www.casaledelcotone.com

Oben: Weithin sichtbar – San Gimignano, ein UNESCO Weltkulturerbe

26 San Gimignano
Treffpunkt Piazza della Cisterna

Nicht verpassen!

★ **Piazza della Cisterna.** Dreieckiger Platz aus dem 13. Jh. mit einem Renaissance-Brunnen in der Mitte.

★ **Piazza del Duomo.** Ein von Türmen umgebener Platz. Der romanische Dom ist von außen ziemlich schlicht, im Innern zieren Fresken die Wände.

★ **Palazzo Comunale.** Erbaut im 13. Jh., war Wohnsitz des Stadtvogts und Rathaus. Nur über das Museo Civico erreichbar, gleichzeitig verbunden mit der Torre Grosso.

★ **Musei Civici – Arte e Cultura.** Drei Museen unter einem Dach im Conservatorio di Santa Chiara: Archäologisches Museum, Spezeria Santa Fina (Keramik und Glas) und Museum für moderne Kunst. Via Folgore 11, www.comune.sangimignano.si.it, Tel. 0577 94 00 08

★ **Wochenmarkt.** Jeden Donnerstag füllt sich die Piazza del Duomo mit zahlreichen Ständen, an denen frisches Gemüse und lokale Spezialitäten angeboten werden.

Oben: Souvenirs aus einem Keramikladen in San Gimignano
Rechts: Der kostbare Safran wird im Landgut Cesani in kleinen Gläsern portionsweise abgepackt.

Romantiker verabreden sich gegen Mitternacht, möglichst bei Vollmond, auf der Piazza della Cisterna. Zu dieser Zeit sitzen nur noch wenige Nachtbummler vor den Bars rund um den Platz. Gesellen Sie sich dazu und genießen bei einem Glas Vernaccia di San Gimignano die wohltuende Ruhe im Mondschein.

Die schönste Piazza von San Gimignano erreicht man am besten über die Via San Giovanni. Sie weitet sich schon nach wenigen Schritten zu einem beeindruckenden dreieckigen Platz, der im 13. Jahrhundert angelegt wurde. Seit dem 14. Jahrhundert plätschert hier unverdrossen derselbe Brunnen. Genau dies macht für viele Menschen die Faszination von San Gimignano aus: Hier erlebt man unverfälschtes Mittelalter!

Verlockend duftet der Safran

Beim Spaziergang durch die Gassen der mittelalterlichen Stadt wird man vor allem zu den Essenszeiten immer wieder von zarten Safranwolken betört. Das noble Gewürz verhalf der Stadt in früheren Zeiten zu immensem Reichtum. Damals war Safran aus San Gimignano eine so begehrte Handelsware, dass ein Kilogramm des kostbaren Gewürzes eine bessere Sicherheit für einen Kredit darstellte als Landbesitz. Einem Stadtvogt von San Gimignano wurden 1228 sogar die Spesen für eine Geschäftsreise in Safran bezahlt. Wirtschaftskrisen und die Einfuhr von preiswerterem Sa-

fran aus Frankreich bewirkten jedoch, dass sich der Anbau immer weniger lohnte.

Nachdem er lange Zeit in Vergessenheit geraten war, besinnen sich nun einige Bauern rund um San Gimignano wieder, neben Wein und Olivenöl auch *Crocus sativus* anzubauen. Die Gewinnung der roten Safranfäden ist mühevoll und ausgesprochen zeitintensiv. Nach der Ernte der violetten Blüten müssen die roten Stempelfäden mit der Hand gezupft werden. Anschließend werden sie bei gemäßigter Temperatur über offenem Feuer einige Tage getrocknet. Das Wenige, das übrigbleibt, hat einen stolzen Preis: Ein Kilogramm feinster Safranfäden kostet 40 000 €. Wie gut, dass für einen goldgelben Safranrisotto für vier Personen ein Gramm der kostbaren Stempelfäden reicht!

Wer sich für das kostbare Gewürz interessiert, mietet sich am besten im Agriturismo Casanova di Pescille ein. Hier wohnt man hübsch mit Blick auf die Türme von San Gimignano, kann im Ristorante feine Gerichte mit und ohne Safran genießen, bei einem Kochkurs gar selbst Hand anlegen oder im Oktober die Ernte der lila Krokusblüten miterleben. Rund sechs Kilometer außerhalb von San Gimignano produziert das Landgut Cesani in Pancole sehr ansprechende Weißweine aus der autochthonen Rebsorte Vernaccia di San Gimignano sowie Olivenöl und Safran aus biologischem Anbau. Die junge, sympathische Marialuisa berät nicht nur beim Einkauf, sondern lässt auch verkosten, präsentiert gerne ihren Betrieb und organisiert zudem Genusstouren in die nähere Umgebung.

Hingehen!

EINKAUFEN

★ **Pizziccheria Mauro & Mariana.** Einladender Feinkostladen. Via San Matteo 31, Tel. 0577 94 19 41.

★ **Weingut Montenidoli.** Elisabetta Fagiuoli produziert beachtliche Weine. Loc. Cortennano, www.montenidoli.com

ESSEN UND TRINKEN

★ **Osteria del Carcere.** *Tonno di Chianti* – kein Tunfisch, sondern mariniertes Schweinefleisch, in Weißwein gekocht. Via del Castello 13, Tel. 0577 94 19 05.

★ **Casanova di Pescille.** Saverio Fanciullini verwöhnt mit köstlichen Gerichten. Safranherstellung, schöne Appartements, Pool. Loc. Pescille, Tel. 0577 94 19 7, www.casanovadipescille.com

ÜBERNACHTEN

★ **Agriturismo Cesani.** Schöne Aussicht, Laden mit Wein, Olivenöl und Safran, organisierte Wein- und Genusstouren, www.agriturismocesani.it und www.cesani.it

Oben: Marialuisa Cesani berät gerne über die Verwendung und Herstellung von Safran.

Boccaccio an allen Ecken

Über die Via del Castello gelangt man von der unteren, weniger attraktiven Neustadt hinauf zum mittelalterlichen Certaldo Alto. Dass der berühmte Dichter Boccaccio hier lebte und starb, bekommt man rasch mit – spätestens, wenn man in der Bar Boccaccio in der Via Boccaccio auf einen Espresso einkehrt.

Die Bewohner von Certaldo sind stolz auf **Giovanni Boccaccio** (1313–1375) und natürlich auch froh, dass der berühmte Dichter Jahrhunderte nach seinem Tod immer noch viele Besucher anlockt. Das Auto muss vor der Stadtmauer geparkt werden, anschließend geht es zu Fuß weiter über die Via Boccaccio vorbei an Palazzi zum imposanten **Palazzo Pretorio**. Ja, und das war's dann auch! Im Gegensatz zu anderen mittelalterlichen Städten hat Certaldo keine große Piazza, auf der sich das religiöse, wirtschaftliche und politische Leben abspielte. Die Stadt, die bereits 1415 ein wichtiges politisches und gerichtliches Zentrum für die Täler Elsa und Pesa war, liegt auf einem langgestreckten Hügel, weshalb es schlicht keinen Platz für eine Piazza gab. Deshalb gibt es in Certaldo nur eine einzige Straße, die nunmehrige Via Boccaccio, auf der sich heute wie im Mittelalter das bunte Leben abspielt. Vorbei an Palazzi aus Backstein führt der Weg zur **Casa**

Nicht verpassen!

★ **Casa del Boccaccio.** Wohnhaus von Boccaccio, heute Museum. Mitte der Via Boccaccio, vom Parkplatz kommend auf der linken Seite.

★ **Museo Arte Sacra.** Museum für sakrale Kunst aus dem Mittelalter in einem ehemaligen Augustinerkloster aus dem 15. Jh, nahe dem Haus von Boccaccio.

★ **Palazzo Pretorio.** Repräsentativer Backstein-Palazzo aus dem 12. Jh., heute Museum. Das Sammelticket für die drei Museen verkauft das Touristenbüro in der Via Boccaccio.

★ **Palazzo Giannozzi – Museo del Chiodo.** Adelspalast mit Werkstätten, in denen man Handwerkern beim Arbeiten zusehen kann. Außergewöhnliche Nägel-Sammlung. In Richtung Porta del Sole.

★ **Chiesa Santi Jacobo e Filippo.** Die Kirche aus dem 12./13. Jh. bewahrt den Sarkophag des großen Dichters Boccaccio.

★ **San Donnino in Semifonte.** Die Kuppel der Kirche San Michele Arcangelo aus dem 16. Jh. ist eine Kopie der Kuppel des Doms von Florenz. Richtung Val d'Elsa.

Oben: Der repräsentative Palazzo Pretoria in Certaldo in der Via Boccaccio
Rechts: Pecorino-Käse vom Feinsten gibt es in Certaldo und Umgebung.

Boccaccio und auf der linken Straßenseite und weiter zum sehenswerten **Museo Arte Sacra**. Neben sakralen Objekten und Gemälden kann man dort eine wertvolle Skulptur des Mittelalters bestaunen: ein hölzernes Kruzifix aus dem 13. Jahrhundert. Kultur- und Geschichtsinteressierte sollten sich im Tourismusbüro – ebenfalls in der Via Boccaccio – ein Sammelticket kaufen. Es berechtigt auch zum Besuch des repräsentativen **Palazzo Pretoria**, der am Ende der Straße am höchsten Punkt des Städtchens steht. Wer lieber die Landschaft genießt, biegt vor dem Palazzo Pretoria ab und spaziert in Richtung **Porta del Rivellino**. Von hier aus spähte man einst hinüber in die feindliche Provinz Siena, um auf Angriffe von dort rechtzeitig reagieren zu können. Heute kann man sich ausschließlich des herrlichen Ausblicks über das Elsa-Tal bis hinüber nach Siena erfreuen.

Die Zwiebel im Wappen

La cipolla di Certaldo, die Zwiebel von Certaldo, war bereits im 12. Jahrhundert so hochgeschätzt, dass man eine rote Zwiebel in das Stadtwappen aufnahm. Damit wollte man nicht zuletzt auch demonstrieren, dass sich die Stadt mit dem bäuerlichen Leben der Umgebung identifizierte.

Die Zwiebel wird ganz vielfältig verarbeitet, zum Beispiele für Marmeladen, Chutneys und zu Fleisch. Man mengt sie aber auch in Wurstwaren und verfeinert Pasta mit ihr. Probieren Sie auf jeden Fall eines der köstlichen Gerichte aus *cipolle di Certaldo*, die je nach Jahreszeit ein wenig anders schmecken, weshalb zwischen der Sommersorte »Statina« und der Herbstzwiebel »Vernina« unterschieden wird. Und der Geschmack der hell-violetten *cipolla di Certaldo*? Süßlich, keineswegs scharf, mit saftigem Fruchtfleisch. Und weil diese Zwiebel etwas ganz Besonderes ist, hat Slow Food sie zu einem Presidio-Produkt erkoren.

Hingehen!

ESSEN UND TRINKEN

★ **Osteria Boccaccio.** Gemütliche Osteria, traditionelle Küche, Weine auch glasweise. Via Boccaccio 37, 50052 Certaldo Alto, Tel. 0571 66 82 77, www.enotecaboccaccio.com

★ **Taverna Antica Fonte.** Aussichtsterrasse, schmackhafte toskanische Gerichte. Via Valdracca 25, 50052 Certaldo Alto, Tel. 0571 65 22 25.

★ **Osteria La Saletta.** Klein, hübsch, Terrasse, gute Regionalküche, feines Weinangebot. Via Roma 4, 50052 Certaldo Alto, Tel. 0571 66 81 88.

ÜBERNACHTEN

★ **Il Castello.** Nettes Hotel in der Altstadt, gute Küche, hübscher Garten, Blick auf die Hügellandschaft. Via della Rena 6, 50052 Certaldo Alto, www.albergoilcastello.it

★ **Agriturismo Fattoria Pogni.** Sechs ansprechende Apartments im Grünen, mit Pool. Via Pogni 159, Loc. Marcialla, 50052 Certaldo, www.fattoriapogni.it

Oben: Sehr zu empfehlen: ein Bummel durch die reizenden Gassen von Certaldo

28 *Montaione & San Miniato*
Entdeckungstour mit Vito Lacerenza

Nicht verpassen!

★ **Torre di Federico II.** Der »Turm Friedrichs II.« ist der einzige Überrest der Kaiserburg von 1218. Zu Ehren Friedrichs II. erhielt die Stadt den Beinamen »Al Tedesco«.

★ **Kloster San Francesco.** 1211 gegründet, war das Kloster am Hang des Haupthügels jahrhundertelang ein blühendes Franziskanerzentrum. Beeindruckend ist der schlichte Innenraum der Kirche.

★ **Domplatz und Dom.** Der Dom war die ehemalige Pfarrkirche Santa Maria aus dem 13. Jh. und steht auf dem Areal der damaligen Kaiserburg. Der im 12. Jh. erbaute Glockenturm diente als Wachturm. Am Domplatz stehen noch weitere Palazzi aus dem 14. Jh.

★ **Palazzo Formichini.** Ein großartiges Beispiel der Renaissance-Architektur, ebenso wie der Palazzo Grifoni, erbaut 1555.

★ **Museo Diocesano.** Direkt neben dem Dom, zu sehen sind Bilder aus dem 13.–19. Jh. Eintritt 2,50 €. Öffnungszeiten: im Sommer Do–So 10–18 Uhr.

★ **Kirche San Jacopo e Lucia.** Hallenkirche an der Piazza del Popolo mit drei Apsiden und Fresken vom Leben der Hl. Muttergottes.

Oben: Der prachtvolle Dom in San Miniato stammt aus dem 13. Jh.
Rechts: Ein beliebtes Restaurant ist die Casa Masi. Im Sommer genießt man die gute Küche unter einer Limonaia.

Wenn es um Genuss und um gute Weine geht, kennt sich kaum jemand so gut aus wie Dottore Vito Lacerenza. Der Weinjournalist und Slow-Wine-Experte für die Toskana lädt Sie ein zu einen Spaziergang durch seine Wahlheimat Montaione und San Miniato. Geheimtipps sind garantiert!

Was erwarten die meisten vom Urlaub in der Toskana? Wohnen umgeben von Zypressen, schattenspendenden Olivenbäumen und Akazien in einem stilvollen, gemütlichen Ferienapartment, mit einem gepflegten Swimmingpool. In der Nähe sollte ein kleines mittelalterliches Dörfchen mit freundlichen Trattorien, die heimische Küche servieren, und einer typischen Bar aufwarten. Besonders fein wäre es, wenn dieses Traumziel nicht allzu weit entfernt von den klassischen Destinationen Florenz, Siena & Co. läge. Wer dies sucht, ist auf dem Feriengut Ghizzolo im 342 Meter hoch gelegenen Montaione richtig gelandet – und nicht nur dort. In und um den reizenden 3700-Seelen-Ort warten einige schöne, gepflegte Wohnanlagen auf begeisterte Gäste.

Gastfreundschaft, Weine und Olivenöl

In Montaione besitzt Dottore Vito Lacerenza seine Zahnarztpraxis, zugleich ist er aber auch ein geschätzter Weintester für den

Slow-Wine-Führer. »Das Schöne an Montaione ist, dass es so un-spektakulär ist«, erzählt Vito und fährt fort »hier hat man nicht den Stress, dieses und jenes noch unbedingt noch zu besichtigen, hier genießt man einfach das ruhige Leben im Dorf, die liebliche Landschaft, das gute Essen, den feinen Wein und die Herzlichkeit der Menschen.« Montaione liegt zwischen Feldern, Weinbergen und Olivenhainen, in nächster Nähe gedeiht auch Safran. »Sa-frananbau ist so kostenintensiv, weil die Gewinnung des teuren Gewürzes so aufwendig ist und die Ernte der Safrankrokusblüten genau mit der Weinlese und der Olivenernte zusammenfällt! Des-halb scheuen viele die Mühe«, erklärt Vito.

Das Feinschmeckerherz von Vito Lacerenza schlägt aber in San Miniato, der nächstgelegenen größeren Stadt mit gut 27 500 Ein-wohnern. Er meint natürlich San Miniato al Tedesco, denn San Miniato Basso ist ganz und gar nicht attraktiv. Da **San Miniato al Tedesco** auf einem dreigeteilten Bergrücken liegt, geht es immer irgendwie bergauf und bergab, was der Stadt einen besonderen Reiz verleiht. Den Beinahmen »al Tedesco« erhielt San Miniato, weil Kaiser Friedrich II. hier 1218 eine Kaiserburg erbauen ließ. Der Weg über die 129 Stufen hinauf zur Rocca ist zwar mühsam, lohnt sich aber. Oben angekommen, kann man eine atemberau-bende Aussicht auf das Arno-Tal und das pittoreske San Miniato genießen. Wer noch keinen Appetit hat, der bekommt ihn ganz rasch in der Metzgerei **Lo Scalco**. Der Slow-Food-Experte Vito kennt alle Würste und Schinken, und alle haben eine lange Tradi-tion. Da ist zum Beispiel der *rigatino*, die Salami der Armen, oder der *mallegato*, ein Slow-Food-Presidio-Produkt. Die Salami wird aus Schweineblut, in Wein eingeweichte Rosinen, Pinienkernen und *lardo*-(Speck-)Stückchen zubereitet. Wer Lust auf etwas Sü-ßes hat, besucht die **Pasticceria von Paolo Gazzarrini**. Allein wie Paolo jeden einzelnen seiner Kuchen und Gebäckstücke be-

Hingehen!

EINKAUFEN

★ **Macelleria, Norcineria, Gastronomia Lo Scalco.** Traditionsmetzgerei mit zwei Filialen, verlo-ckende Schlemmermeile für alle, die gutes Fleisch und exzellente Wurst und Schinken lie-ben. Via Tosco Romagnola, Est 633 und Via Ro-magnola Est 553, 56027 San Miniato, Tel. 0571 41 87 27, www.loscalco.it

★ **Az. Agr. La Pieve.** Bio-Weingut, guter Sauvignon Blanc und Traminer und andere Weine, sehr gu-tes Olivenöl. Via Santo Stefano, 50050 Montaione, Tel. 3333 84 20 94, www.lapieve.net

★ **Arsenale di Pasticceria Artigiano.** Traditionelle Backwaren der Region, *dolci* mit Geschichte, köstlich die doppelt gebackenen *Cantucci di Federigo*. Via Paolo Maioli 67, 56027 San Miniato, Tel. 0571 41 83 44.

ESSEN UND TRINKEN

★ **Casa Masi.** Auch bei Einheimischen sehr belieb-tes Ristorante, persönlicher Service, charmantes Ambiente, Essen unter einer *limonaia*, gute Tos-kana-Küche. Via Collerucci 53, 50050 Mon-taione, Tel. 0571 67 71 70, Ruhetage: Mo und Di Mittag, www.casamasimontaione.it.

★ **Carpe Diem.** Regionale, bodenständige Küche. Loc. Alberi, Via V. Da Filicaia 65, 50050 Mon-taione, Tel. 0571 69 78 88.

Oben: Typische Dolce in allen Variationen gibt es in der Arsenale di Pasticceria Artigiano in San Miniato.

Hingehen!

* **Papaveri e Papere.** Gutes Restaurant mit kreativer Küche. Via Dalmazia 159/d, 56028 San Miniato, Tel. 0571 40 94 22, nur abends geöffnet außer Sonntag, Ruhetag: Mi.

* **Piazza del Popolo.** Direkt an der Piazza, wenige Tische, junges Team mit guter Weinkenntnis, schmackhafte Küche. Piazza del Popolo 10, 56027 San Miniato, Tel. 0571 425 48, www.piazzadelpopolo.eu, Ruhetag: Mi.

* **Antico Ristoro Le Colombaie.** Fast ausschließlich Slow-Food-Presidio-Produkte. Via Montanelli 22, 56027 San Miniato, Tel. 0571 48 42 20, www.lecolombaie.eu, Ruhetag: So.

ÜBERNACHTEN

* **Ghizzolo.** 1,5 km von Montaione entfernt liegt diese wunderschöne Ferienanlage. Perfekte Betreuung durch Giorgio Tomba. Toskana, wie man sie sich wünscht. www.siglinde-fischer.de

* **Villa Sestilia.** Das Hotel verfugt über vier Zimmer in einem toskanischen Herrenhaus, Park mit Schwimmbad, herzliche Betreuung von La Signora Luciana Masi.Via Collerucci 53, 50050 Montaione, www.siglinde-fischer.de

* **Rigone.** Ferienwohnungen, stilsicher restauriert, mit traumhafter Aussicht, schönem Pool mit Kinderbecken, 1 km außerhalb von Montaione. www.siglinde-fischer.de

* **Borgo San Benedetto.** »Ferien bei Freunden«, 5 km von Montaione entfernt, in der Anlage befindet sich auch das Restaurant Casa Masi. www.siglinde-fischer.de

Oben: Köstliches wird im Ristorante Piazza del Popolo in San Miniato aufgetischt.
Rechts: Frisch eingetroffen im Casa Masi: fantastische weiße Trüffeln
Rechte Seite: Der Slow-Wine-Experte Dott. Vito Lacerenza verrät die besten Adressen rund um Montaione und San Miniato.

Montaione & San Miniato

schreibt, ist ein Erlebnis, auch wenn man nicht alles versteht, was er sagt, seine *passione* spürt man bei jedem Wort. Die süßen Teilchen schmecken himmlisch. Zum Schluss unserer Genusstour durch San Miniato empfiehlt Vito Lacerenzo, in der hübschen Osteria Piazza del Popolo einzukehren. Wie der Name schon sagt, ist das kleine Lokal direkt an der Piazza gelegen. Lassen Sie sich von dem freundlichen jungen Team ein gutes Glas Wein empfehlen und genießen Sie die feinen, raffinierten Gerichte.

Verlockende weiße Trüffeln

In San Miniato ist die beste Zeit für Feinschmecker der November, wenn an den letzten drei Wochenenden der berühmte Trüffelmarkt stattfindet – 2014 übrigens schon zum 44. Mal. Zu dieser Zeit liegt die ganze Stadt unter einer Trüffelwolke, und in allen Restaurants wird der kostbare Pilz über die Gerichte gehobelt. Von Jahr zu Jahr lockt das Trüffelfest mehr Menschen an, die hier weißen Trüffeln (*tuber magnatum*) genießen möchten. Rund um San Miniato findet die pilzige Kostbarkeit optimale Bedingungen, ähnlich – manche sagen besser – wie im berühmten Alba im Piemont. Wenn man sich darüber auch streiten kann, eines steht auf jeden Fall fest: Die schwerste weiße Trüffel, die jemals gefunden wurde, wog 2520 Gramm und kam aus San Miniato. Der gewichtige Fund wurde 1954 getätigt, und die wertvolle Knolle wurde dem damaligen US-Präsidenten Dwight D. Eisenhower geschenkt. Vito Lacerenza ist übrigens davon überzeugt, dass die Trüffeln für die Fröhlichkeit und gute Laune der Menschen in San Miniato verantwortlich sind. Schließlich wusste schon der französische Schriftsteller Brillat Savarin: »Die Trüffel ist kein ausgemachtes Aphrodisiacum, aber sie kann unter gewissen Umständen die Frauen zärtlicher und die Männer liebenswürdiger machen.«

29 **Volterra** Colle di Val d'Elsa
Riparbella Mazzolla
Cecina Pomarance
Bibbona Radicondoli
Bolgheri Serrazzano
Castelnuovo di Val di Cecina

29 Volterra

Magie des Mittelalters

Nicht verpassen!

★ **Piazza dei Priori.** Schönster Platz des Mittelalters, der dortige Palazzo dei Priori war das erste Rathaus in der Toskana.

★ **Duomo Santa Maria Assunta.** Romanische Kirche von 1120, mit Stilrichtungen aus unterschiedlichen Epochen.

★ **Battistero.** Taufkirche aus dem 13. Jh. im Inneren des Doms mit Taufbecken von Andrea Sansovino (um 1467–1529) und einem Relief der Taufe Jesus.

★ **Museo Etruco Gurnacci.** Das interessanteste etruskische Museum in der Toskana.

★ **Fortezza Medicea.** Diesen monumentalen Festungsbau erblickt man schon von Ferne, heute ist er ein Hochsicherheitsgefängnis.

★ **Porta all'Arco.** Etruskisches Tor aus dem 4. Jh. v. Chr., mit geheimnisvollen Köpfen an den äußeren Bögen aus anderen Epochen.

★ **Ecomuseo dell'Alabastro.** Hier erfährt man alles rund um den Alabaster, von der Gewinnung bis zur Verarbeitung.

Oben: Die Ruine des Theaters der sehenswerten Stadt Volterra

Egal, aus welcher Richtung man auf Volterra zusteuert, der Blick auf die mittelalterliche Stadt ist immer atemberaubend. Geradezu magisch gibt sie sich im Abend- oder Morgenrot, wenn die Burgmauer und die dahinterliegenden Palazzi in einem wunderbaren Rotbraun leuchten.

Die schöne Stadt liegt 530 Meter hoch auf einen steil in den Himmel ragenden Tuffsteinberg und ist ein schon von Weitem sichtbares, verlockendes Ziel. Hat man endlich die zahlreichen Kurven bis nach oben geschafft, stellt man das Auto am besten in der gut ausgeschilderten Tiefgarage ab. Das gesamte *centro storico* ist nämlich Fußgängerzone!

Piazza dei Priori – Das Wohnzimmer der Stadt

Die von Türmen und mächtigen Palazzi umrahmte **Piazza dei Priori** ist das Wohnzimmer der Stadt und der wahrscheinlich eindrucksvollste mittelalterliche Platz in ganz Italien. Besonders gut erhalten ist der **Palazzo dei Priori** aus dem 13. Jahrhundert. Mit Ausnahme einiger gotischer Fenster präsentiert er sich heute noch fast genauso wie zu seiner Entstehungszeit. Da er im Erdgeschoss fast keine Fenster besitzt, gleicht er eher einer Festung. Je weiter man im Inneren die Treppen nach oben steigt, desto heller wird es. Im Obergeschoss präsentiert der prachtvolle Saal des Hohen Rates (*Sala del Maggior Consiglio*) ein Kreuzgewölbe aus dem 16. und Fresken aus dem 19. Jahrhundert. Ein Blick in den Dom **Santa Maria Assunta** aus dem 12. Jahrhundert lohnt sich vor allem wegen der Renaissance-Skulpturen des Künstlers Mino da Fiesole und dem Taufbecken des Bildhauers Andrea Sansovino von 1502. Volterra gehört zu den am besten erhaltenen mittelalterlichen Zentren in der Toskana, die Geschichte der Stadt reicht jedoch zurück bis ins 4. Jahrhundert v. Chr. Als *Velathri* gehörte sie zum Zwölfstädtebund der Etrusker, aus jener Zeit haben sich die sieben Kilometer lange Stadtmauer und das über 2400 Jahre alte Stadttor **Porta all'Arco** großartig erhalten. Das Museum im **Palazzo Desideri Tangassi** heißt nach dem Sammler Mario Guaracci (1701–1785), der den Grundstock für die fantastische Sammlung lieferte. Zu bewundern ist hier unter anderem eine Vielzahl von Urnen aus Tuffstein, Alabaster und Terrakotta, darunter die berühmte »Urna degli Sposi« (Urne des Brautpaars). Der Höhepunkt der Sammlung ist die Bronzefigur »**Ombra della Serra**« (Abendschatten). Ein einzigartiges Glanzstück etruskischer

Bronzearbeit und eine begehrte Vorlage für Souvenirs aus Volterra.

Alabaster von Kunst bis Kitsch

Bei einem Spaziergang durch schmale Gassen und über kleine Plätze kommt man an zahlreichen Alabasterläden und -werkstätten vorbei. Das milchglasähnliche Material sieht aus wie Marmor, lässt sich aber wie Holz bearbeiten und wird in der Umgebung von Volterra abgebaut. Alabaster wird jedoch nicht in Steinbrüchen gewonnen, sondern in der Erde ausgegraben. Dort findet es sich in 20 bis 100 Kilogramm schweren Blöcken, die je nach Form *ovuli* (Eiern) oder *arnioni* (Nieren) genannt werden. Am wertvollsten, weil er besonders transparent ist und in den unterschiedlichsten Farbvarianten vorkommt, ist der Alabaster von Volterra. Die Einwohner sind auch stolz darauf, dass ihre Stadt als »Alabaster-Hauptstadt« bezeichnet wird. Das Material bearbeiteten bereits im 6. Jahrhundert v. Chr. die Etrusker, die daraus Urnengefäße anfertigten. Das Handwerk hat sich in Volterra bis heute erhalten; als Besucher kann man sich in den vielen zugänglichen Werkstätten vom Können der Kunsthandwerker überzeugen. Leider findet man in den Souvenirläden der Stadt auch Alabasterimitate aus Kunststoff oder Alabasterpulver, das mit Kunstharz vermischt ist. Wer aufpasst, lässt sich davon jedoch nicht täuschen, denn nur der echte Alabaster aus Volterra hat diesen sensationellen seidigen, unvergleichlichen Kristallglanz. Im **Ecomuseo dell'Alabastro**. Dort kann man Exponate aus Alabaster bewundern, sieht, wie Alabaster abgebaut wird und kann Kunsthandwerkern bei der Arbeit zusehen.

Hingehen!

EINKAUFEN

★ **Rossi Alabastri.** Handwerkskunst aus Alabaster, Werkstatt und Galerie. Piazza della Peschiera, Tel. 0588 861 33, www.rossialabastri.com

★ **Cooperativa Artieri Alabatstro.** Geschmackvolles aus Alabaster. Piazza dei Priori, Tel. 0588 875 90, www.artieriaalabastro.it

★ **Az.Ag. Castrogiovanni Maria.** Sizilianisches Ehepaar produziert exzellente Pecorino-Käse aus Rohmilch. Podere Era 49, Loc. Villamagna, Tel. 0588 330 32 und 328 643 28 53.

★ **Caseficio Pinzani.** Zwischen Volterra und Colle, Herstellung von Pecorino-Käse in allen Reifegraden, mit Verkaufsraum. Loc. Montemiccioli, www.caseificiopinzani.com

ESSEN UND TRINKEN

★ **La Carabaccia.** Traditionelle Trattoria in der Altstadt. Piazza XX Settembre, 4–5, Tel. 0588 86239, www.lacarabaccia.net

★ **Osteria La Pace.** Toskanische Küche in schlichtem Ambiente. Via Don Minzoni 55, Tel. 0588 865 11, www.osterialapace.com

★ **La Vecchia Lira.** Für ein schnelles Mittagessen. Via Giacomo Matteotti 19, Tel. 0588 861 80.

★ **Restaurant Etruria.** Traditionelles Ristorante, Wildschweinspezialitäten. Piazza dei Priori 6/8, Tel. 0588 860 64.

ÜBERNACHTEN

★ **Parkhotel Le Fonti.** Vier-Sterne-Stadthotel, Terrasse mit schöner Aussicht, Pool. 56048 Volterra, www.parkhotellefonti.com

Oben: Von allen Seiten schon von Weitem sichtbar ist die mittelalterliche Stadt Volterra.
Links: Blick in die Werkstatt Rossi Alabastri, in der man auch handgearbeitete Stücke kaufen kann.

Die Kristall-Stadt

Nicht verpassen!

★ **Palazzo del Podestà.** Ehemaliges Rathaus aus dem 14. Jh., heute Sitz des Museo Archeologico und des Antiquarium Etrusco.

★ **Porta Nuova.** Westliches Tor aus dem 15. Jh., mit wuchtigen Wachtürmen, die den Borgo abschließen.

★ **Via delle Volte.** Enger und niedriger Gewölbegang in der Oberstadt.

★ **Piazza del Duomo.** Einziger größerer Platz, hier steht die Kathedrale (1603–1630). Im Inneren wenig spektakulär.

★ **Museo del Cristallo.** In der Neustadt gelegen, Rundgang durch die Geschichte, Exponate berühmter Designer, Ausstellungsstücke der heimischen Betriebe, Glasherstellung und Shop.

★ **Piazza d'Arnolfo.** Quadratischer Platz in der Neustadt, hier befindet sich auch das Tourismus-Büro.

Colle di Val d'Elsa ist kontrastreich, es teilt sich auf in den modernen Stadtteil Colle bassa und in das mittelalterliche Kleinod Colle alta. Doch ob oben oder unten, hier dreht sich alles um Kristallgläser. Höhenpunkte sind in Colle alta das Kristallfest im September und in Colle bassa das Glasmuseum.

Wie der Name Colle di Val d'Elsa bereits verkündet, liegt das malerische Städtchen auf einem Hügel (*colle*) im reizenden Elsa-Tal. Magischer Anziehungspunkt des Ortes ist die historische Altstadt, die von den Überresten einer Burgmauer aus dem 13. Jahrhundert umschlossen ist. Schöne Palazzi säumen die schmalen Gassen, an deren Ende man immer wieder einen Blick auf die geschäftige Unterstadt und das Elsa-Tal erhaschen kann. Vom ältesten Viertel in der Oberstadt, Castello, läuft parallel zur Via di Castello die schmale, niedrige Gewölbegasse **Via delle Volte**. Zum unteren Stadtteil gelangt man über eine bequeme Backsteinstraße, die nahe der **Torre di Arnolfo di Cambio** beginnt, oder noch schneller und bequemer mit einem kostenlosen Aufzug. Wer gerne shoppen geht, wird in der Neustadt fündig. Dort reihen sich viele hübsche Mode-Boutiquen, Schuhläden, Schmuck- und natürlich Glasgeschäfte. Da die Stadt nicht ganz so touristisch ist wie das nahe gelegene San Gimignano oder Volterra, sind die Preise wesentlich moderater und Parkplätze findet man auch leichter.

Oben: Ein romantischer Bummel durch die Gassen von Colle di Val d'Elsa
Rechts: Das klassische Toskanabild – Zypressen und Mohnfelder

Glaskunst und das »Arnolfo«

Die Glasindustrie spielt in Colle seit dem 14. Jahrhundert eine wesentliche Rolle. Bis heute ist die Herstellung von Kristallgläsern der wichtigste Wirtschaftsfaktor der Stadt. Über 90 Prozent aller Gläser in Italien – rund 15 Prozent der Weltproduktion – werden hier hergestellt. Wie stolz die etwa 20 000 Einwohner der Stadt auf ihre Glasindustrie sind, spürt man deutlich im **Museo del Cristallo**. In dem Museum in der Via dei Fossi in der Unterstadt baumeln Gläser von der Decke und glitzern Kristallgläser in allen Variationen in einem hellen, glasklaren Ambiente. Zu den Höhepunkten gehören Unikate berühmter Glasdesigner und ein grandioser »Kristallwald«. Das wunderschöne, beeindruckende und informative Museum bietet einen Vorgeschmack auf den September, wenn sich in der historischen Altstadt alles um das heimische Kristallglas dreht.

Ein Name taucht in beiden Stadtteilen immer wieder auf: **Arnolfo di Cambio**. Der Architekt des Doms von Florenz wurde hier geboren. Zu seinen Ehren benannte man Straßen und Plätze, und auch Getano und Giovanni Trovato nannten ihr hochgeschätztes Zwei-Sterne-Restaurant **Arnolfo**. Feinschmecker sollten es sich nicht entgehen lassen, in dem eleganten Restaurant in Colle alta zu speisen. Gaetano versteht es, aus regionalen Produkten einen unvergesslichen Genuss auf den Teller zu zaubern, und Giovanni sucht dazu den passenden Wein aus. Wenn man dann auch noch einen der Plätze auf der schönen Terrasse ergattert, dann steht dem Urlaubsglück nichts mehr im Weg!

Hingehen!

EINKAUFEN

★ **La Grotta del Cristallo.** Gläser und mehr, eigene Produktion. Via del Murolungo 20, www.lagrottadelcristallo.it

★ **Mezzetti Cristallerie.** Glas in allen Variationen. Via Guglielmo Oberdan 13, www.cristalleriemezzetti.com

ESSEN UND TRINKEN

★ **Arnolfo.** Hier zaubert Zwei-Stern-Koch Gaetano Trovato. Elegantes Ambiente, wunderschöne Terrasse, dazu gehört ein komfortables Hotel. Via XX Settembre 50/52, Tel. 0577 92 05 49, www.arnolfo.com, Ruhetage: Di und Mi.

★ **Sbarbacipolla Biosteria.** Neu, seit 2010, Gerichte aus Bioprodukten. Piazza Bartolomeo Scala 11, Tel. 0577 92 67 01.

ÜBERNACHTEN

★ **Palazzo San Lorenzo.** Ein Ex-Krankenhaus aus dem 16. Jh., schön renoviert. Via Gracco del Secco 113, www.palazzosanlorenzo.it

Oben: Die Altstadt von Colle di Val d'Elsa liegt auf einem Hügel, die Neustadt im Tal. Aber oben und unten dreht sich alles um Kristallgläser.

Radda in Chianti
San Gimignano
Badia a Coltibuono
Gaiole in Chianti
Castellina in Chianti
Colle di Val d'Elsa
Pievasciata
Monteriggioni **31**
Castelnuovo Berardenga
Siena
Sovicille

Nicht nur schöne Aussicht

Nicht verpassen!

★ **Camminamento della Cinta Muraria.** Wehrgang über einen Teil der gut erhaltenen Steinmauer mit 14 Türmen, Traumaussicht auf das Hügelland.

★ **Castello della Chiocciola.** Der Name leitet sich ab von der Wendeltreppe (*Scala a chiocciola*), die sich im Inneren befindet. Stammt aus dem 16. Jh.

★ **Chiesa di San Lorenzo a Colle Ciupi.** Kirche aus dem 12. Jh. am Fuß des Montemaggio. Enthält Werke aus der Schule von Duccio di Buoninsegna aus dem 14. Jh.

★ **Villa di Santa Colomba.** Villa aus dem 14. Jh., wurde von Accarigi eingerichtet, war später in Besitz von Pandolfo Petrucci.

★ **Santa Maria Assunta.** Einzige Kirche innerhalb der Festung, erbaut 1219.

★ **Via Francigena.** Pilgerstation. Hinweistafel und Möglichkeit einer Pilgerunterkunft erhält man unter www.via-francigena.com

Oben: Ein Teil der 570 m langen Burgmauer von Monteriggione
Rechts: Auf einem etwa 200 m hohen Hügel thront das mittelalterliche Dörfchen Monteriggione.

Monteriggione ist von einer zwei Meter breiten und 570 Meter langen, gut erhaltenen Stadtmauer mit mächtigen Türmen umgeben und aus allen Richtungen schon von Weitem zu sehen. Neugierig geworden? Fahren Sie hinauf auf den Monte Ala – es ist wirklich ein beschaulicher, liebenswerter Ort.

Monteriggione thront imposant auf dem etwa 200 Meter hohen Hügel Monte Ala. Das mittelalterliche Dorf ist von einer beeindruckenden Stadtmauer aus dem 13. Jahrhundert umgeben, die noch nahezu vollständig erhalten ist. Vom Tal aus sieht die Siedlung so faszinierend aus, dass es fast jeden reizt, die wenigen Serpentinenkurven hinaufzufahren. Gleich unterhalb der Stadtmauer finden sich Parkplätze, von dort führt der Fußweg durch ein Tor in den pittoresken Ort. Obwohl das Dorf viel besucht wird, hat man den Eindruck, dass sämtliche Hektik von den dicken Mauern abprallt.

Pilgerweg Via Francigena

Vielleicht liegt die Faszination aber auch an der **Via Francigena**, die durch Monteriggione verläuft. Die uralte Route wurde erstmals 876 n. Chr. urkundlich erwähnt und führt über 1600 Kilometer von Canterbury nach Rom. Jahrhundertelang zogen Gläubige, Kaiser, Kaufleute, Bettler und Straßenräuber auf diesem Weg in die Ewige Stadt. Infolgedessen stieg die Via Francigena, der »Frankenweg«, zum bedeutendsten Verkehrsweg auf. Im Gegen-

satz zum Jakobsweg, der schon sehr überlaufen ist, kann man auf diesem Pilgerpfad noch unberührte Wege alleine genießen und wird als Pilger auch freundlich aufgenommen und unterstützt. Hinweisschilder auf die Via Francigena findet man in vielen Orten in der Toskana. In Monteriggione findet sich gleich auf dem ersten weitläufigen Platz eine Landkarte, auf der die Pilgerroute nach Rom eingezeichnet ist. Doch ob Sie nun Pilger oder genussfreudiger Toskana-Urlauber sind: Setzen Sie sich erst mal auf einen Stuhl vor einem Café auf dem durch Mauern abgeschirmten Platz und genießen Sie das lockere Treiben um Sie herum. Nach einem Espresso oder *aperitivo* machen Sie sich auf den Weg zum **Camminamento della Cinta Muraria**, der Wehrgang ist zum Teil gut begehbar. Von dort oben hat man eine himmlische Aussicht auf die liebliche Landschaft mit Weinbergen und Olivenhainen, auf **Siena** und das **Elsa-Tal**. Größere Touristenansammlungen sind in dem beschaulichen Dorf eher selten, außer zur Hochsaison oder an den Wochenenden, wenn die Städter das hübsche Dorf bevölkern. Vielleicht kommt Ihnen deshalb sogar der Gedanke, hier in einem der zwei kleinen, aber feinen Hotels zu übernachten. In diesem Fall können Sie sich auf einen romantischen Abend auf den liebenswerten Plätzen freuen. In den wenigen, aber sehr netten Läden kann man ein wenig stöbern und in einer der zwei Enoteche sich ein Gläschen oder auch mehr Chianti gönnen – man muss ja nicht mehr Autofahren! Im Ristorante Il Pozzo, das für seine köstliche Toskana-Küche bekannt ist, lassen Sie den Tag ausklingen.

Hingehen!

EINKAUFEN

★ **Fattoria Castello di Monteriggione.** Das Weingut betreibt zwei reizende Enoteche mit Weinverkauf innerhalb der Stadtmauer, Besichtigungen des Weinguts sind möglich. Piazza Roma 11, und Via 1 Maggio, Tel. 0577 30 61 12, www.fattoriacastellodimonteriggioni.com

ESSEN UND TRINKEN

★ **Il Pozzo.** Direkt an der Piazza, rustikales Ambiente, regionale Küche, gute Weine. Piazza Roma 20, Tel. 0577 30 41 27, www.ilpozzo.net, Ruhetag: So Abend und Mo.

★ **Soloperpassione.** Im geschichtsträchtigen Weiler S. Colombo, *cucina tipica*. Strada di S. Colomba 13, Loc. S. Colomba, Tel. 0577 31 70 01, www.osteria.soloperpassione.it

ÜBERNACHTEN

★ **Hotel Monteriggione.** In einem mittelalterlichen Schloss, klein aber fein. www.hotelmonteriggioni.net

Oben: Die 1219 erbaute Kirche Santa Maria Assunta ist die einzige Kirche innerhalb der mächtigen Festungsmauern rund um Monteriggione.

VON SIENA BIS MONTALCINO

Blick über das charmante Weindorf Montalcino, dass nicht nur des Weines wegen einen Besuch wert ist.

Rechts: Dass sich Siena auf drei Hügeln verteilt merkt man, wenn man die zauberhaft Stadt zu Fuß erobert.

Links: Das passiert des Öfteren in Val d'Orcia: Schafherde auf der Straße in der Nähe von Asciano.
Rechts: Der im Juli und August stattfindende Palio ist riesiges Spektakel.

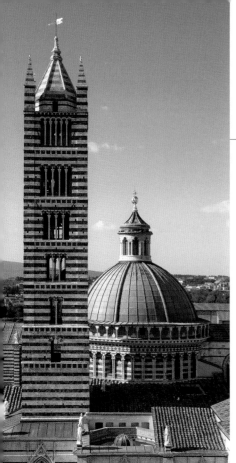

Von Siena bis Montalcino
Stolze Kunst, sanfte Hügel und große Rotweine

Vom zentralen Campo breitet sich Siena auf drei Hügel aus. Die Stadt ist von einer Mauer umgeben – vielleicht liegt es ja daran, dass die Sienesen eher als verschlossen gelten? Weiter südlich folgt eine karge, weite Landschaft, die sich bis zum Monte Amiata erstreckt.

Siena – dass klingt wie Musik in den Ohren, zerfließt auf der Zunge und macht Lust darauf, erlebnisreiche Stunden in dieser Stadt zu verbringen! Wann ist Siena am schönsten? Im Winter, wenn nur wenige Touristen sich am und rund um den Campo tummeln, oder doch im Sommer, womöglich noch während des Palio, wenn die Stadt kopfsteht? Glücklich sind diejenigen, die einen Einheimischen zum Freund haben, der mit seinen Augen seine geliebte Stadt erklärt und mit dessen Kenntnissen man all die richtigen Kneipen und Trattorien der Stadt aufspüren kann. Denken Sie aber daran, stets zu loben, denn die Sienesen sind hundertprozentig davon überzeugt, dass ihre Stadt die schönste ist – und zwar nicht nur in der Toskana.

Endlos, karg und einzigartig
Im Gegensatz zum dicht bewaldeten Chianti-Gebiet, erlauben die Crete Senesi eine uneingeschränkte Weitsicht. In dieser sanften Hügellandschaft wiegen sich im Hochsommer Getreidefelder goldgelb im Wind und erfreut im Winter die braune Scholle, manchmal unterbrochen von gerade frisch sprießenden, maigrünen Wintergerstenfeldern, das Auge. Die Crete Senesi haben einen ganz besonderen Reiz, obwohl sie weiß Gott nicht idyllisch sind. Das Gebiet ist nicht dicht besiedelt – nein, stimmt nicht, riesige Schafherden verleihen dieser unwirklichen Bilderbuchlandsaft Leben. Sie fühlen sich hier wohl, knabbern das Wenige, was der Boden hergibt, und sorgen mit ihrer Milch dafür, dass es hier den schmackhaften, aromatischen Pecorino-Käse gibt. Die Hügel der Crete Senesi gleichen Wellen eines ruhigen Meeres, in denen nur dann und wann Zypressen, rustikale Bauernhäuser und gelegentlich Dörfer wie Asciano auftauchen, das sich als Hauptort der Crete Senesi und der Schafzucht einen Namen gemacht hat.

Brunello – Sangiovese vom Feinsten
Weiter südlich verändert sich die Landschaft zunehmend. Laubbäume, Weinberge und Olivenbäume tauchen auf; dazwischen liegen wunderschöne Städtchen, die fast immer auf einem Hüge

Oben: Panoramablick vom Dach des Museo dell'Opera auf den Dom von Siena
Unten: Eine typische Impression der traumhaften Landschaft der Crete Senesi

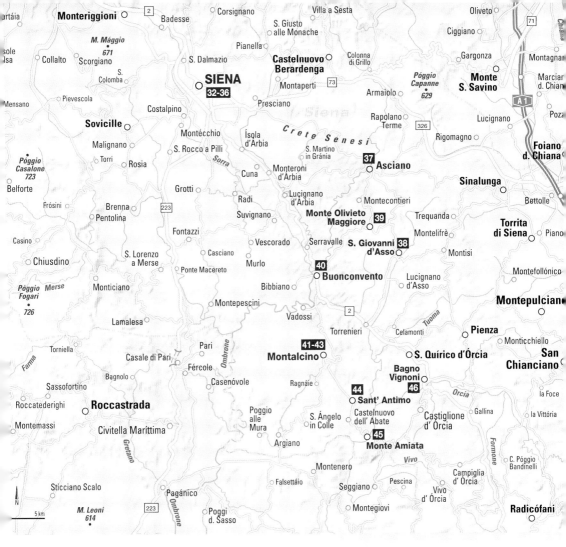

thronen. Im Spätherbst und Winter bietet sich in diesem Gebiet oft ein unglaubliches optisches Spektakel: Wie aus weißem Milchschaum ragen Städte wie Pienza oder Montalcino aus dem Nebelmeer auf, von der Sonne beschienen und unter tiefblauem Himmel. Nur der gegenüberliegende Monte Amiata macht es ihnen nach.

Weinliebhaber, kommst du nach Montalcino, bist du im Mekka großer Rotweine. Unterhält man sich mit Einheimischen, lassen sie keinen Zweifel aufkommen, dass die Sangiovese-Traube nur rund um Montalcino, ihre wahre Stärke und Finesse zeigt und es nur »einen« großen Wein aus Sangiovese gibt: Brunello di Montalcino. Für Zwischendurch mag dessen kleiner Bruder, der Rosso di Montalcino, eine Alternative sein. Aber zu einer echten *fiorentina* passt nur der Brunello. Der weltweite Erfolg dieses Powertropfens spiegelt sich auch im pittoresken Montalcino. Hier reihen sich edle Läden, schicke Enoteche und gepflegte Ristoranti, die alle auf eine genussorientierte Kundschaft ausgerichtet sind.

Tipp des Autors

KRAFTQUELL CRETE SENESI

Siena ist eine bestaunenswerte Stadt und immer einen Besuch wert, dass ist nichts Neues. Aber Naturliebhaber und Menschen, die Ruhe lieben, sollten nicht versäumen sich ausreichend Zeit zu nehmen für einen Abstecher in die faszinierende Le Crete, denn diese karge Landschaft ist ein echter Kontrast zum quirligen Siena und tut der Seele gut!

Juwel gotischer Kunst

Mag sein, dass Sienas Bürger Fremden gegenüber eher zurückhaltend sind. Aber sie haben schon früh dafür gesorgt, dass sich die Gäste in ihrer schönen Stadt wohlfühlen. Mit großer Weitsicht erklärten sie bereits 1956 die gesamte Altstadt zur Fußgängerzone. Auf zum unbeschwerten Bummeln!

Die innerhalb der hohen Stadtmauer gelegene Altstadt von Siena ist gotisch. Andere Stilrichtungen sucht man hier, mit wenigen Ausnahmen, vergebens. Wo man hinschaut, stehen hohe Bauwerke aus Backstein, die es kaum zulassen, dass sich ein Sonnenstrahl in die Straßen verirrt. In der Stadt finden sich so viele prachtvolle Palazzi, weil früher jeder, der Bürger von Siena werden wollte, einen Palazzo bauen lassen musste. Und weil die Menschen sind, wie sie sind, versuchte einer den anderen mit immer noch schöneren und glanzvolleren Bauwerken zu übertrumpfen – sehr zur Freude aller, die heute dem Kleinod gotischer Kunst einen Besuch abstatten und sich an der Schönheit der Stadt erfreuen. Heute lebt Siena weitgehend vom Tourismus und zählt neben Florenz und Pisa zu den bedeutendsten Kunststädten der Toskana.

Nicht verpassen!

★ **Duomo Santa Maria Assunta.** Der Dom von Siena ist ein gotischer Prachtbau, sehenswert zudem das Battistero (Taufkirche).

★ **Dombaumuseum.** Das Museo dell'Opera Metropolitana zeigt Sienesische Malerei, sehenswert der Duccio-Saal mit der Maestà aus dem Dom und berühmte Holzschnitzereien von Jacopo della Quercia (um 1374–1438).

★ **Museo Archeologico.** Das Museum ist in einem ehemaligen Ospedale di Santa Maria della Scala (13./14. Jh.) untergebracht, Sala del Pellegrino mit einem Freskenzyklus u.a. von Domenico di Bartolo (um 1400/1404–1445/1447). Im Untergeschoss ein Labyrinth mit etruskischen Urnen und mehr sowie ein zeitgenössisches Museum.

★ **Pinoteca nazionale.** Im ehemaligen Palazzo Buonsignori, in der Via San Pietro. Sammlung berühmter Sienesischer Künstler.

★ **Palazzo Piccolomini delle Papesse.** Erbaut für Catarina Piccolomini, der Schwester von Papst Pius II., im Stil der Frührenaissance. Ausstellung zeitgenössischer Kunst. Die Familie Piccolomini bereicherte die gotisch geprägte Stadt während der Epoche der Renaissance.

Oben: Ein Mosaik aus dem Dom von Siena, der zum UNESCO Weltkulturerbe gehört
Rechts: Tief beeindruckend: Die Domkuppel mit den zahllosen Sternen

Gotische Pracht – der Dom Santa Maria

Bevor Sie den berühmten Dom betreten, sollten Sie die großartige schwarz-weiße Fassade und die gegenüberliegenden Palazzi bewundern. Man kann sich kaum vorstellen, dass der 1313 vollendete Prachtbau mit dem 77 Meter hohen Campanile einst durch eine viermal so große Kathedrale ersetzt werden sollte. Diesen hochfliegenden Plänen setzten jedoch die Pest, die 1348 in der Stadt wütete, politische Intrigen und vor allem das fehlende Geld für die Finanzierung ein Ende. Heute ist man dankbar, dass dieses atemberaubende Meisterwerk der Gotik erhalten geblieben ist. Im Inneren des Doms kann man sich kaum entscheiden, was man zuerst bestaunen soll: die schwarz-weißen Streifen des Campanile, die sich an den zahlreichen Säulen und Arkaden noch beeindruckender fortsetzen, die Kuppel und das Gewölbe, dessen leuchtend blauen Himmel zahllose goldene Sterne zieren, oder den kunstvollen Fußboden mit den aufwändig gravierten Marmorplatten und grandiosen Intarsien-Arbeiten. Wer Glück hat, kann das riesige Rosettenfenster über dem Chor bewundern, wenn ein Sonnenstrahl die Farben zum Leuchten bringt. Dann wirkt die Glasmalerei, eine der ältesten in Italien, noch beeindruckender. Versäumen Sie nicht, die Marmortreppen zum **Battistero San Giovanni** gleich um die Ecke hinaufzusteigen. Die Taufkirche schmücken zahlreiche herrliche Fresken berühmter Künstler. Ein weiteres Highlight ist das Taufbecken mit den Bronzereliefs, an dem gleichzeitig mehrere namhafte Bildhauer des 15. Jahrhunderts gearbeitet haben.

Hingehen!

EINKAUFEN

★ **Muzzi Sergio.** Designer-Haushaltswaren bekannter Italienischer Firmen. Via dei Termi 97, Tel. 0577 4 04 39.

★ **Fioretta Bacci.** An zwei Webstühlen webt La Signora feinste Schals, Pullover und mehr. Via San Pietro 7, Tel. 0577 28 22 00, www.fiorettabacci.it

ESSEN UND TRINKEN

★ **Osteria Gratacielo.** Die Osteria »Wolkenkratzer«, ist eine einfache Trattoria mit lokaler Küche zu fairen Preisen. Via Pontani 8, Tel. 334 631 14 58, Ruhetag: So.

★ **Pizzeria di Nonna Mede.** Gute Pizza und mehr, mit herrlichem Blick auf den Dom. Via Camporegio 21, Tel. 0577 24 79 66, Ruhetag: Mo.

★ **Hosteria Il Carroccio.** Ehrliche heimische Küche, Tische entlang der Straße. Via del Casato di Sotto 32, Tel. 0577 4 11 65, Ruhetag: Mi.

Oben: Der Dom Santa Maria Assunta ist ein gotischer Prachtbau und unbedingt einen Besuch wert.

Radda in Chianti
San Gimignano
Badia a Coltibuono
Gaiole in Chianti
Castellina in Chianti
Colle di Val d'Elsa
Pievasciata
Monteriggioni
Castelnuovo Berardenga
Siena 33
Sovicille

33 Siena

Faszinierend und einzigartig – Il Campo

Nicht verpassen!

★ **Palazzo Pubblico.** Der Dom von Siena ist ein gotischer Prachtbau, sehenswert ist zudem das Battistero (Taufkirche) mit dem einzigartigen Taufbecken.

★ **Torre del Mangia.** Wer gerne Treppen steigt und schwindelfrei ist, kann den Turm besteigen, Traumaussicht ist garantiert, längere Wartezeiten auch.

★ **Museo Civico.** Sehenswert sind die Sala del Mappamondo mit herrlichen Fresken und die Sala della Pace mit Ambrogio Lorenzettis (um 1290–1348) Fresken »Die gute und die schlechte Regierung«. Von der Loggia hat man eine faszinierende Aussicht.

★ **Logge del Papa.** Papst Pius II. ließ sie für seine Verwandten, die Familie Piccolomini, errichten.

★ **Santuario di Santa Catarina.** Geburtshaus und Kirche zu Ehren der Hl. Katharina von Siena (im Terzo di Camollia), die ehemalige Küche von 1482 und ihr Ruheraum können besichtigt werden.

★ **Banca Monte dei Paschi di Siena.** Die 1472 gegründete Bank an der Piazza Salimbeni gilt als die älteste Bank der Welt.

Oben: Eine Skulptur vor dem Duomo Santa Maria Assunta, der zum UNESCO Weltkulturerbe gehört.
Rechts: Vom Dach des Museo dell'Opera hat man einen einen einzigartigen Blick über die Stadt auf den drei Hügeln.

Es ist der schönste Platz Sienas und sicherlich der eindrucksvollste mittelalterliche Platz Italiens. *La conchiglia* nennen ihn die Senesi liebevoll, weil seine Form einer Muschel ähnelt. Nicht nur für die unzähligen Touristen, auch für die Einheimischen ist Il Campo das Wohnzimmer der Stadt.

Auffälligerweise steht an diesem Platz keine Kirche, wie es an den meisten berühmten Plätzen Italiens der Fall ist, denken Sie nur an den Markusplatz in Venedig. Das liegt daran, dass die Piazza von Anfang an als politisches Zentrum geplant war. Damit kein Konkurrenzdenken zwischen den Bewohnern der drei Hügel aufkam, baute man das Rathaus an die am tiefsten gelegene Stelle. Dass die Stadt auf drei Hügel gebaut wurde, merkt der Besucher spätestens, wenn er bergauf, bergab die *terzi*, die »Drittel« der Altstadt, erkundet. Um dennoch die Bedeutung des **Palazzo Comunale** zu unterstreichen, baute man ihn dreistöckig und ergänzte ihn im Laufe des 14. Jahrhunderts mit dem 102 Meter hohen Turm **Torre del Mangia**. Damit war und ist der Regierungssitz von Weitem sichtbar.

Die Skyline des Campo

Sie sind im Urlaub und noch dazu in Italien, also: Suchen Sie sich einen freien Tisch in einer der zahlreichen Bars entlang des

Campo und bestellen sich ein leckeres Getränk, vielleicht einen Cappuccino. Anschließend lassen Sie völlig entspannt den Blick über den vor Ihnen liegenden weiten Platz streifen. Fällt Ihnen etwas auf? Die Häuserfront der Palazzi rund um den Campo präsentiert sich in einer harmonischen Einheitlichkeit. Das ist kein Zufall, sondern wurde von den Oberhäuptern der Stadt gezielt angestrebt. Schon Anfang des 14. Jahrhunderts gab es strenge Vorschriften für die Gestaltung der Fassaden und Fenster. Eine Behörde kümmerte sich um die Verschönerung des Platzes und, falls nötig, erhielten die Anwohner dafür finanzielle Unterstützung. Heute sind im Erdgeschoss der gepflegten Prachthäuser vorwiegend Cafés, Bars und Ristoranti zu horrenden Mieten untergebracht. Wundern Sie sich deshalb nicht über den Preis ihres Cappuccinos, aber der Blick auf den fächerförmigen Platz ist es wert. Seine Fläche ist mit Backsteinen im Fischgrätmuster gepflastert und durch weiße Travertinstreifen in neun Segmente unterteilt. Diese erinnern an die »Regierung der Neun«, die Sienas Geschicke von 1292 bis 1355 bestimmte.

Ein Brunnen für Verliebte

Der »Brunnen der Freude«, die **Fonte Gaia**, wurde zwischen 1409 und 1419 in der Mitte des Platzes installiert. Er war eine wichtige Errungenschaft, mangelte es der Stadt doch an Wasser. Die ausdrucksvollen Bildhauerarbeiten der Brunnenanlage sind Kopien, der Originalbrunnen von Jacopo della Quercia steht im Museum von Santa Maria della Scala. Die Fonte Gaia ist der beliebteste Treffpunkt für Einheimische und Besucher, da er nicht zu übersehen ist! Nachts, wenn die *senesi* wieder weitgehend unter sich sind und der Vollmond den Platz bescheint, wird der Brunnen dann übrigens zu einem gefragten romantisches Plätzchen für Jung- und Altverliebte.

Hingehen!

EINKAUFEN

★ **La Stamperia.** Hochwertiges Papier, Druck von edlen Visitenkarten zu vernünftigen Preise. Via Camollia 126, Tel. 0577 28 04 43.

★ **Antiche Dimore.** Leinen, Handtücher usw. von bester Qualität. Via di Cittá 115, Tel. 0577 453 37.

★ **La Terra di Siena.** Traditionelle Lebensmittel, wie Käse, Honig, *dolci* aus der Toskana und ganz Italien, Via G.Dupré 32, Tel. 0577 22 35 28.

ESSEN UND TRINKEN

★ **Grotta di Santa Catarina da Bagoga.** Seit 40 Jahren eine gute Adresse für ehrliche Traditionsküche. Via della Galluzza 26, Tel. 0577 28 22 08, Ruhetag: So Abend und Mo.

★ **La Taverna di San Giuseppe.** Rustikale Taverna mit lokaler Küche, antiker Weinkeller, Tel. 0577 4 22 86, Ruhetag: So.

ÜBERNACHTEN

★ **Palazzo Ravizza.** Schönes Ambiente, Palazzo aus dem 17. Jh. mit Garten. Piano dei Mantellini 34, www.villascacciapensieri.it

★ **Antica Residenza Cicogna.** Im ersten Stock eines mittelalterlichen Palazzo, freundliches Ambiente. Via delle Terme 76, www.anticaresidenzacicogna.it

Oben: Il Campo – das Herz von Siena, dass man am besten besucht, wenn nicht gerade der Palio stattfindet.

34 *Siena*
Il Palio – Wettkampf mit Tradition

Nicht verpassen!

★ **Dommuseum.** Es präsentiert an der Stelle, an der eigentlich einmal der Dom stehen sollte, Werke von Künstlern des 13. und 14. Jh., Skulpturen von Giovanni Pisano (um 1250– um 1315) und Jacopo Quercia sowie bei einem Durchgang einen herrlichen Blick auf Siena.

★ **Museo della Società Esecutori di Pie Disposizioni.** Interessantes Museum mit Kunstwerken der sienesischen Schule aus dem 14. und 18. Jh.

★ **Botanischer Garten.** 1784 gegründet, bietet er einen Streifzug durch wunderbare Natur mit zahlreichen Pflanzenarten inmitten der Stadt. Via Pier Andrea Mattioli 4.

★ **Orto de'Pecci.** Ein reizender kleiner Park mit duftendem Lavendel, Rosmarin und vielen anderen Pflanzen. Zudem schöner Blick auf den Torre La Mangia und den Piazza del Mercato.

★ **Fonte d'Oville.** Ein sehenswerter Brunnen aus dem Jahre 1260. Beachtliches Bauwerk.

Oben: Blick über die gotische Stadt Siena
Rechts: Kampf der Contraden, eine Szene aus dem Palio, dem gesellschaftliche Ereignis in Siena.

Sienas größtes Spektakel, der Palio, findet zweimal im Jahr statt. Doch schon Wochen vor dem 2. Juli und 16. August ist in der Stadt die Aufregung zu verspüren. Obwohl der eigentliche Wettkampf in wenigen Minuten vorbei ist, bietet er für ein ganzes Jahr Gesprächsstoff – bis zum nächsten Mal.

Eines gleich vorweg: Der Palio ist keine Touristenattraktion. Bei diesem Wettkampf geht es den Sienesern schon seit dem 12. Jahrhundert um Ruhm und Ehre ihrer Contrada, ihres heimischen Stadtteils. Bereits so lange reicht die Tradition des Turniers zurück. Das härteste Pferderennen Europas ist ein Wettstreit zwischen 17 Contrade. Da der Platz zu klein für ein größeres Teilnehmerfeld ist, dürfen nur Vertreter für zehn Stadtteile teilnehmen. Diese werden vorher nach einem genau festgelegten Verfahren ausgelost. Die einzelnen Contrade tragen Namen von Tieren und sind immer Stadtvierteln zugeordnet, deren Bewohner ihre Contrada *naturalmente* lautstark anfeuern. Die meisten Siege, die symbolisch mit dem *pallium*, einem kunstvoll bemalten Tuch, belohnt werden, hat bisher übrigens das »Gänse-Viertel« Contrada Oca errungen.

Eine Stadt steht Kopf
Als Tourist muss man sich genau überlegen, ob man sich die Menschenmassen antun will, die nicht nur während der Turniere, son-

dern auch in den Tagen zuvor und danach in die Stadt strömen. Richtig Spaß macht der Palio vor allem, wenn man Bekannte in der Stadt hat, die sich auskennen, vielleicht sogar rechtzeitig eine Übernachtungsmöglichkeit organisieren und am besten schon ein Jahr vorher Karten besorgen. Spannend sind auch Insiderinfos über die Spielregeln und die kleinen Schummeleien der Beteiligten. Die *fatini* genannten Jockeys, die die Contrade für den Wettkampf auswählen, stammen nämlich meist nicht aus Siena. Wichtig ist nur, dass sie exzellente Reiter und nicht bestechlich sind. Jahr für Jahr gehen deshalb dem Wettkampf viele »wichtige« Sitzungen mit Abendessen voraus, es muss ja alles bis ins Detail abgesprochen werden.

Am Tag des großen Geschehens werden die Pferde gesegnet, und nach einem festlichen Umzug mit historischen Kostümen steigt die Spannung ins schier Unerträgliche. Gegen 20 Uhr ist es endlich soweit: Lautstark aufgepeitscht von begeisterten Anhängern und Zuschauern, stürzen sich Pferde und Reiter mit rasanter Geschwindigkeit in das Rennen auf dem Campo. Drei Mal müssen sie ihn umrunden, und dabei die gefährlichste Stelle an der extra gepolsterten Kurve von San Martino überstehen. Sand wirbelt auf, Peitschen knallen, lautes Wiehern ertönt – und kaum hat der Wettkampf begonnen, ist er auch schon wieder vorbei. Lediglich Staubwolken sind zu sehen, euphorische Kommentare über Lautsprecher zu hören, es ertönen üble Beschimpfungen und laute Jubelschreie der Fans – das war's!

Es folgt die Ehrung des Siegers, das kann übrigens auch ein *scosso*, ein reiterloses Pferd sein, entscheidend ist nur, von welcher Contrada. Als Gast in dieser Stadt ist es immer wieder faszinierend, eine derart verwurzelte Tradition, die bei den Einheimischen so viel Ehrgeiz und solch heftige Emotionen auslöst, mitzuerleben.

Hingehen!

EINKAUFEN

★ **Antica Drogheria Manganelli.** Spezialitätenladen für Sienas typisches Früchtebrot *panforte*, Essig, Olivenöl und mehr. Via di Città 71–73, Tel. 0577 20 50 00.

★ **Pasticceria Bini.** Gewürzplätzchen *cavalucci*, *panforte* usw. Via dei Fusari 9–12, www.pasticceriabini.it

★ **Ceramici Artistiche Santa Catarina.** Keramik im sienesischen Stil, handgefertigt, Workshops. Via P.A. Mattioli 12.

ESSEN UND TRINKEN

★ **Trattoria Papei.** Familiär geführt, *la Mamma* kocht klassische gute *cucina casalinga*. Piazza del Mercato 6, Tel. 0577 28 08 94.

★ **Il Canto.** Elegantes Hotel-Restaurant, traditionelle Küche mit feinem, modernem Touch. Strada di Certosa 82/86, Tel. 0577 28 81 80, www.certosadimaggiano.com

ÜBERNACHTEN

★ **Villa Liberty.** Nahe der Kirche S. Domenico, ordentliche nette Zimmer. Viale Vittoria Veneto 11, Tel. 0577 4 49 66, www.villaliberty.it

★ **Hotel Duomo.** Direkt im Zentrum, Haus aus dem 12. Jh., Terrasse mit *bella vista*. Via Stalloreggi 38, Tel. 0577 28 90 88, www.hotelduomo.it

Oben: Der Start des Palio – ein Wettkampf mit langer Tradition und ein bedeutendes Event für die Bürger von Siena.

Genussvolle Entdeckungstour

Nicht verpassen!

★ **Museo di Storia Naturale dell'Acccademia dei Fisiocritici.** Hier finden Sie interessante Informationen über Geologie und Zoologie. Piazzetta Silvio Gigili 2.

★ **Piazza del Mercato.** Auf dem überdachten Marktplatz findet freitags ein Obst- und Gemüsemarkt statt. An einer Seite öffnet sich ein schöner Blick über die Landschaft.

★ **Archivio di Stato.** Unscheinbar aber spannend, zu sehen sind mittelalterliche Dokumente, kein Eintritt. Banchi di Sotto 52, Tel.: 0577 4 12 71.

★ **Basilico San Francesco.** Innerhalb der Stadtmauer, im 13. Jh. im romanischen Stil erbaut und im 14. Jh. gotisiert. Piazza San Francesco.

★ **Palazzo Chigi Saracini.** Sitz der Musikadademie Accademia Chigiana, herrlicher Renaissance-Brunnen im Innenhof. Via di Città 89.

Oben: Frau mit Granatapfel. Ein Kunstwerk im Contrada del Bruco – einem noblen Viertel von Siena

Siena ist eine faszinierende Kunst- und Kulturstadt und bietet zudem – das darf man nicht vergessen – eine feine Gastro- und Weinkultur sowie verlockende Läden. Nach all den beeindruckenden Bauwerken, Skulpturen und Fresken ist ein Schaufensterbummel mit Einkehrschwung eine willkommene Abwechslung.

Die schönsten und bekanntesten Shoppingmeilen verlaufen hinter dem Campo: die **Via di Città** und die davon abzweigende **Via Banchi di Sopra**, die wiederum in die **Via dei Montanini** übergeht. Wer nichts Spezielles sucht, lässt sich am besten einfach treiben, denn hier reihen sich schicke Modegeschäfte, Boutiquen, Schmuckläden, Accessoires-Shops, Feinkostgeschäfte, Schuhläden, und – ganz wichtig – verführerische *pasticcerie*.

Süße Kunstwerke: Ricciarelli & Panforte

Es gilt als ziemlich sicher, dass die auf der Zunge zergehenden *ricciarelli* in Siena erfunden wurden oder zumindest ganz in der Nähe. Auf jeden Fall kann man nachverfolgen, dass bereits im 14. Jahrhundert dieses zarte Mandelgebäck hergestellt wurde. Eine Legende erzählt, dass man die Köstlichkeit zum ersten Mal zu Ehren von Ricciardetto della Gheradesco zubereitete, als dieser unversehrt von einem langen Kreuzzug nach Volterra zurückkam. Lange Zeit gab es das zarte Mandelgebäck nur zur Weihnachtszeit und wurde es fast ausschließlich in Klöstern hergestellt. Heute ist es während des ganzen Jahres erhältlich. Mindestens genauso begehrt ist in Siena und Umgebung das *panforte* aus kandierten Früchten, Nüssen, Schokolade und Gewürzen, das geschmacklich ein wenig an Früchtebrot erinnert. Beliebt sind auch *cavallucci*, ebenfalls ein lockeres Gebäck mit Nüssen und Gewürzen. All das und vieles mehr finden Sie in der Traditions-Pasticceria Nannini in der Via Banchi di Sopra. Die Familie Nannini ist seit über 100 Jahren in und um Siena berühmt für ihre feinen Backwaren. Die Geschicke der Konditorei führt heute der ehemalige Autorennfahrer Alessandro. Bei uns ist der Name Nannini vor allem durch die fantastischen Songs von Alessandros Schwester bekannt: Gianna Nannini. Schauen Sie doch in der Konditorei vorbei. Wer Herzhaftes bevorzugt, darf nicht versäumen, die köstlichen *Crostini Neri all Senese* zu probieren. Eine wahre Genussoase ist der Wochenmarkt, der jeden Mittwoch in der Nähe der öffentlichen Gärten La Lizza stattfindet.

❶ Fortezza Medicea: Festung, leider nicht zu besichtigen.

❷ Casa di Santa Caterina: Elternhaus der Schutzheiligen der Stadt.

❸ Battisterio di San Giovanni: sehenswerte Fassade, innen großartige Fresken.

❹ Duomo Santa Maria Assunta: eines der schönsten Kirchenbauwerke Italiens.

❺ Museo dell Opera Metropolitana: Kunstwerke aus dem Dom, u.a. »Maestà« von Duccio.

❻ Pinacoteca Nazionale: Werke sienesischer Maler versch. Epochen.

❼ Palazzo Comunale: Rathaus und Torre del Mangia mit Blick auf Siena.

❽ Die weltberühmte **Piazza del Campo.**

❾ Palazzo Piccolomini: Stadtpalast, heute Staatsarchiv.

Radda
in Chianti
San Gimignano
Castellina
in Chianti
Colle di
Val d'Elsa
Monteriggioni
Badia a Coltibuono
Gaiole in Chianti
Pievasciata
Castelnuovo
Berardenga
Siena
36
Sovicille

36 *Rund um Siena*

Abseits der Touristenpfade

Man fragt sich manchmal, warum einige Städte oder Landstriche so boomen und andere wiederum, obwohl es auch dort wunderschön ist, kleine verschlafene Enklaven bleiben. Solche Oasen der Stille entdecken Sie, sobald Sie nur wenige Autominuten die stark frequentierte Touristenstadt Siena verlassen.

Fahren Sie einfach auf der N73 Richtung Südwesten. Kurz nach der Autobahnunterführung beginnt eine Oase der Ruhe, nun gut, abgesehen vom Flughafen Siena, der sich entlang dieser Strecke im Gemeindegebiet von Sovicille befindet. Die Landschaft ist fast mit dem Chianti vergleichbar, aber kaum jemand kennt diese Ecke. Sie ist ein wunderschönes Wandergebiet und auch für Mountainbiker nicht uninteressant, darüber hinaus bieten einige freundliche Landhotels Reitmöglichkeiten. Zugegeben, die Weingüter in diesem Gebiet liegen noch im Schatten des großen Bruders Chianti Classico – aber die Sangiovese-Weine der wenigen Kellereien, die zum Chianti Colli Senesi gehören, werden von Jahr zu Jahr besser.

Der himmlische Blick in die Weite
Verlässt man Siena in Richtung Montalcino, beginnen kurz hinter den Stadttoren die **Crete Senesi**. Der faszinierende, gewellte Landstrich erstreckt sich bis Montepulciano im Süden und Sina-

Nicht verpassen!

★ **Sovicille.** Reizender Ort mitten im Wald, ehemalige Burg der Sieneser Bischöfe, 1004 zum ersten Mal urkundlich erwähnt.

★ **Rosia.** Hübsches Dorf, sehenswert der Ponte della Pia und die Pfarrkirche San Giovanni Battista mit viereckigem Glockenturm.

★ **Malameranda.** Geschichtsträchtiger Ort vor den Toren Sienas in den Crete Senesi. Tipp: Chiostro del Convento di San Francesco.

★ **TrenoNatura.** Ab Siena fährt von April bis Dezember ein Dampflokzug in die Crete Senesi und zurück. Die Strecke führt nach Asciano, S. Giovanni d'Asso, Monte Antico, Bounconvento und zurück nach Siena. Es gibt jeden Monat ein Programm für die jeweiligen Orte, mal findet ein Markt, mal eine Ausstellung, mal ein Fest statt. Näheres unter: Visione del Mondo Agenzia Viaggi, Via Camollia 130, 53100 Siena, Tel. 0577 4 80 03, www.trenonatura.terresiena.it

Oben: Werbung für Montepulciano – entdeckt an einer Mauer in Siena
Rechts: Die mittelalterlichen Häuser von Lucignano d'Asso, ein Dorf in der Crete Senesi

lunga im Westen. Seinen Namen verdankt das Gebiet seinen lehmhaltigen Böden, denn *creta* heißt Tonerde. In dieser sanften Hügellandschaft wechseln sich Getreide-, Sonnenblumen- und Mohnfelder ab mit kahlen Bergen, auf denen Schafherden weiden. Immer wieder tauchen in dieser Mondlandschaft wie durch Geisterhand Zypressenalleen auf oder ragen einzelne Zypressen wie mahnende Finger auf den kahlen Hügeln auf. Das grandiose Farbenspiel der Landschaft wechselt je nach Jahreszeit; es ist schwer zu sagen, wann sie sich von ihrer schönsten Seite zeigt. Goldgelb bis ockerfarben sind die Crete Senesi im Sommer, wenn sich die Getreideähren im Wind wiegen und als einziger Farbklecks Mohn- und Kornblumen herausspitzen. Sobald die flirrende Hitze des Tages verfliegt, wird alles in ein weiches, fast samtenes Licht getaucht. Glücklich der, der in dieser absoluten Ruhe und Abgeschiedenheit Urlaub machen darf. Hier kann man tatsächlich die Seele baumeln lassen und sich ausschließlich an der Schönheit der einzigartigen Natur erfreuen. Es ist leicht zu verstehen, weshalb so viele Hobbymaler hier zum Pinsel greifen, um diese magischen Eindrücke auf der Leinwand festzuhalten. Ein völlig anderes Farberlebnis hat man hingegen im Frühjahr, wenn nach den winterlichen Regenfällen die Landschaft in ein saftiges Hellgrün getaucht ist. Nicht minder attraktiv sind die sehr unterschiedlichen Brauntöne der abgeernteten Felder im Winter. Die Crete Senesi sind zwar eine endlos oft fotografierte Landschaft, haben sich aber genauso ihre Identität bewahrt wie die Menschen, die in dieser spärlich besiedelten Region leben.

Hingehen!

ESSEN UND TRINKEN

★ **Osteria Il Ristoro.** Saisonale Küche. Via Corsano 574, Locl. Ville di Corsano, 53014 Monteroni, www.osteriailristoro.it, Ruhetag: Mo.

★ **Osteria da Toto.** Bäuerliche Küche. Piazza del Tribunale 6, 52046 Lucignano, Tel. 0575 83 67 63, www.trattoriatoto.it

★ **Ristorante la Maggiolata.** Typische Gerichte der Region, herzlicher Service. Via Matteotti 60, 52046 Lucignano, Tel. 0575 81 90 08, www.ristorantelamaggiolata.it, Ruhetag: Mi.

ÜBERNACHTEN

★ **Relais Borgo di Stigliano.** Mittelalterlicher Borgo, Pool. Loc. Stigliano Poggiarello, 53010 Sovicille, www.hotelmodernosiena.it

★ **Agritursimo Poggio Salvi.** Hübsche Apartments, gepflegter Garten, Pool. Loc. Poggio Salvi 259, 53018 Sovicille, www.poggiosalvi.net

★ **Agriturismo San Giorgio.** Blick in die Crete Senesi, Zimmer im toskanischen Stil, Garten, Pool. Loc. Colle Malamerenda, Strada Radi 5366, 53014 Monteroni d'Arbia, www.san-giorgio.net

Oben: Die typische Landschaft der Crete Senesi bei Taverne d'Arbia nahe Siena im Val d'Orcia (UNESCO Weltkulturerbe)

Metropole der Schafzucht

Rund um den Hauptort der Crete Senesi, Asciano, weiden Schafherden auf kahlen Hügeln. Es liegt auf der Hand, dass sich viele Bewohner mit Schafzucht und der Herstellung des würzigen Pecorino-Käses beschäftigen. Asciano wartet zudem mit einem reizvollen mittelalterlichen Zentrum auf.

Die Landschaft rund um Asciano ist aber nicht nur von Schafen bevölkert. Ihre sandigen *strade bianche* sind auch eine begehrte Strecke für Radfahrer und Läufer. Joschka Fischer, ein begeisterter Toskana-Fan, nahm die Herausforderung an und lief die zwölf Kilometer lange Strecke von **Asciano** bis **Torre a Castello**. Wie er in seinem Buch *Mein langer Lauf zu mir selbst* schreibt, war dies kein Honiglecken. Asciano liegt 200 Meter hoch, Torre a Castello jedoch um einiges höher, und so bietet die Strecke teilweise Anstiege von 20 Prozent. Doch unabhängig davon, ob per pedes, mit dem Rad oder dem Auto: Ein Abstecher nach Asciano ist für Liebhaber des herzhaften Pecorino-Käses eine gute Empfehlung.

Adrett und urban

Die sympathische »Metropole« der Crete Senesi ist wahrlich kein perfekt organisiertes Touristenzentrum, dafür fehlen die präg-

Oben: Bei Radfahrern beliebt: Die zauberhafte Landschaft der Crete. Hier bei Asciano
Rechts: Das Benediktinerkloster Monte Oliveto Maggiore im Val d'Orcia ist ein UNESCO Weltkulturerbe und unbedingt besuchenswert.

nanten Kunstschätze und die prachtvollen Palazzi. Dennoch, ein Spaziergang durch das mittelalterliche Asciano ist ein Vergnügen, weil man in aller Ruhe und ungestört von Touristengruppen einfach nur die Stimmung dieses bodenständigen Ortes auf sich wirken lassen kann. Sehenswert ist beispielsweise der prachtvolle Renaissance-Brunnen auf der **Piazza del Grano** und einen Besuch wert, wenn man doch Lust auf einen Museumsbesuch hat, das **Museo Civico im Palazzo Corboli** am Corso Matteotti. Allein der mittelalterliche Palazzo, der in den Jahren 1212 bis 1214 errichtet wurde und im Besitz der reichen Sieneser Famile Bandinelli war, ist eine Augenweide. Wunderschöne Fresken sowie Sieneser Malereien aus Asciano kann man im ersten Stock bewundern, im zweiten und dritten Obergeschoss etruskische Urnen, Bronzebehälter und Schmuck. Diese Exponate aus dem 5. bis 1. Jahrhundert v. Chr. stammen aus den Grabungsstätten **Poggi Pinci** und **Tumulo del Molinello**.

Sie interessieren sich für Kirchen? Dann sind Sie hier erst mal beschäftigt, denn Asciano besitzt eine stattliche Zahl. Sie sind zwar nicht sehr berühmt, aber allemal sehenswert. Dies gilt insbesondere für die **Kirche San Francesco**, die außerhalb der Stadtmauer auf einer Anhöhe steht, und ebenso aus dem 13. Jahrhundert stammt wie die **Kirche Sant'Agostino** in der Ortsmitte. Gemälde aus beiden Kirchen sind heute im Museo Civico untergebracht.

Ein weiterer Höhepunkt ist der schöne Wasserfall des Flusses Bestina; die **Cascata della Lama** rauscht nahe dem Ortszentrum in Richtung der Anhöhe Poggio del Leccio. Einen unvergesslichen Eindruck von den Crete Senesi erhalten Sie auf einer Fahrt von Asciano in südliche Richtung, wo sich der **Deserto di Accona**, die Accona-Wüste, erstreckt. Am Besten, Sie halten irgendwo am Weg an und lassen diese atemberaubende Natur auf sich wirken.

Hingehen!

EINKAUFEN

★ **Caseficio La Fonte.** Käse, Ricotta und vieles mehr aus Schafsmilch. Torre A Castello 24, Tel. 0577 70 00 31, www.pecorinosenese.com

ESSEN UND TRINKEN

★ **Il Balcone di Leonina.** Gehobene Küche, elegantes Ambiente. Castello di Leonina, Strada di Leonina 5, Loc. Leonina, ww.castelloleonina.com

★ **La Tinaia.** Elegantes Rustico. Loc. Casa Bianca, Tel. 0577 70 43 62, www.casabianca.it, Ruhetag: Mi.

★ **Locanda Amor Divino.** Fute toskanische Küche. Matteotti 126/128, Tel. 0577 165 66 07, Ruhetag: Di.

ÜBERNACHTEN

★ **Castello di Leonino Relais.** Gepflegtes Hotel im Castello aus dem 13. Jh., herrlicher Crete Senesi-Ausblick. Strada di Leonina 5, Loc. Leonina, www.castelloleonina.com

★ **Casa Bianca.** Romantisch gelegen im Grünen, ansprechende Zimmer, Pool. Loc. Casa Bianca, Tel. 0577 70 43 62, www.casabianca.it

★ **Tenuta La Capana.** Eine herrliches Herrenhaus in traumhafter Panoramalage, Pool, Tennisplatz, www.siglinde-fischer.de

Oben: Endlose Weite, kaum Häuser und Menschen, aber unzählige Schafe: Das ist typisch für die **Crete Senesi**.

38 San Giovanni d'Asso

Verlockend duften die Trüffel

Nicht verpassen!

★ **Museo del Tartufo.** Alles Wissenswerte über die Trüffel, anschaulich und modern präsentiert. Tel. 0577 80 32 68, www.museotartufo.museisenesi.org

★ **Bosco della Ragnaia.** Sehenswerter, entspannender Waldrundgang, angelegt vom Künstler Sheppard Craig, der in der Nähe wohnt. www.laragnaia.com

★ **Chiesa di San Pietro in Villore.** Eine Kirche aus dem Jahr 714 mit einer Fassade aus Ton und roten Ziegelsteinen, im 20. Jh. renoviert.

★ **Castello di San Giovanni d'Asso.** Das imposante Bauwerk wurde in mehreren Bauphasen vom 12. bis zum 19. Jh. erbaut.

★ **Lucignano d'Asso.** Mittelalterliches Minidorf auf 380 m Höhe, dort spielten die noblen toskanischen Familien Tolomei und Poccolomo.

★ **Mostra Mercato del Tartufo bianco.** Findet jährlich Mitte November statt, mit vielen Verkaufsständen, nicht nur für Trüffeln, sondern auch für andere heimische Produkte.

Oben: Blick von Lucignano d'Asso in die eigenwillige Naturlandschaft der Crete Senesi
Rechts: San Giovanni d'Asso ist berühmt für aromatische Trüffel und im Spätherbst lockt der Trüffelmarkt Feinschmecker an.

In diesem beschaulichen Dorf lockt das erste Trüffelmuseum Italiens. Dort kann man Trüffeln mit der Nase und ganz bewusst mit den Augen wahrnehmen. Darüber hinaus lernt man auf anschauliche Weise Hintergrundwissen rund um die kostbare Knolle. Schon allein deswegen lohnt der Weg nach San Giovanni d'Asso.

Eingebettet wie eine Oase in der Wüste liegt das knapp 900 Seelen-Dörfchen San Giovanni d'Asso. Rundum erstrecken sich die kargen **Crete Senesi**, ragen die *biancani* genannten weißen Hügel auf und verlaufen die schmalen Erosionsrinnen, die sogenannten *calanchi*. Zwischen Laubbäumen, Zypressen und Pinien taucht plötzlich das Castello mit den wenigen umliegenden Häusern auf. Das Flüsschen Asso, das durch den Ort fließt und im Sommer eher einem Rinnsal gleicht, sorgt für den Zusatz im Ortsnamen. Am besten parkt man das Auto vor der Burgmauer und geht zu Fuß hinauf zu der sehr schönen Burganlage. Auch hier hält sich der Ansturm der Touristen in Grenzen. Meist kann man ganz gemütlich auf den 300 Meter hohen Hügel hinaufspazieren, den pittoresken Burghof ansehen und von oben die Aussicht auf die faszinierende weite und schier unwirkliche Landschaft genießen.

Modernes Museum in alten Gemäuern

Das **Museo del Tartufo** ist zwar in den alten Gemäuern des **Castello San Giovanni d'Asso** untergebracht, seine Gestaltung ist jedoch technisch und didaktisch sehr modern. Der Rundgang beginnt mit den Legenden rund um die Trüffel, die Bandbreite reicht von der Hexerei bis zur Erotik. Auf 250 Quadratmeter er-

fahren Sie spannende Geheimnisse rund um die kostspielige Luxusknolle, lernen interessante wissenschaftliche Erkenntnisse kennen und erfahren Unterhaltsames über die Trüffelsuche. Zu guter Letzt erhalten Sie ganz praktische Hinweise, wie man den Pilz behandelt und aufbewahrt sowie fachmännische Tipps für die richtige Verwendung der kostbaren Knolle in der Küche. In der Saison für die Trüffelsuche werden auch Exkursionen in die Crete Senesi angeboten, ein unvergessliches Erlebnis für Genießer. Fragen Sie rechtzeitig im Museum nach. Ein weiterer reizvoller Anlass, den kleinen Ort zu besuchen, sind alljährlich Mitte November die Trüffelmärkte. Die Qualität der Trüffeln, ob weiß oder schwarz, hängt von der jeweiligen Saison ab. Danach richten sich auch die Preise. In San Giovanni d'Asso sind sie auf jeden Fall moderater als im weltberühmten Trüffelmekka im piemontesischen Alba, darüber hinaus ist der hiesige Markt wesentlich überschaubarer und gemütlicher.

Als weitere Attraktion bietet das Minidorf den **Bosco della Ragnaia,** einen Kunstpark am Ortausgang Richtung Chiusure. Der amerikanische Künstler Sheppard Craig kaufte 1995 das große Anwesen mit dem dazugehörigen Steineichenwald und gestaltete es in eine beeindruckende Parkanlage um, die er mit Kunstwerken bestückte. Wasserspiele und Holzsitzgruppen stehen für eine schattige Pause bereit. Die Kunstobjekte sind harmonisch in den Wald eingefügt, so dass dieser nichts von seiner Ursprünglichkeit verloren hat. Der Park ist von Sonnenaufgang bis Sonnenuntergang geöffnet und kostet keinen Eintritt.

Hingehen!

EINKAUFEN

★ **Trüffelsuchen mit Asso Tartufi.** Mit erfahrenem Trüffelsucher und Hund, mehr auf Deutsch unter http://www.osteriadellecrete.it/ge

ESSEN UND TRINKEN

★ **Osteria delle Crete Senesi.** Zur Trüffelzeit bestimmt die Knolle die Karte. Via XX Settembre 22, Tel. 0577 80 30 76, www.osteriadelleCreteSenesi.it/ge

ÜBERNACHTEN

★ **Agriturismo Bagnacci.** Bauernhaus aus dem 16 Jh., Sportmöglichkeiten, inmitten unberührter Natur. Loc. Bagnacci, Tel. 0577 80 31 51, www.agriturismobagnacci.it

★ **La Locanda del Castello.** Im alten Castello. Piazza Vittorio Emanuele II 4, www.lalocandadelcastello.com

★ **Antica Posta L'Abbeveratoio.** Die alte Poststelle ist ein freundliches, schön gelegenes Hotel. Strada di Pieve a Salti 1, Loc. L'Abbeveratoio, www.abbeveratoio.it

Oben: Im beschaulichen San Giovanni d'Asso gibt es das erste und einzige Trüffelmuseum.

39 Monte Oliveto Maggiore
Hier lässt sich gut beten und einen Gang zurück schalten

Nicht verpassen!

★ **Fresken von Luca Signorelli.** Signorellis Zyklus von 1497/98 zeigt anschaulich Szenen aus dem Leben des hl. Benedikt.

★ **Fresken von Il Sodoma.** Wandhohe Fresken mit Szenen aus dem Leben des hl. Benedikt (1505–1508).

★ **Klosterkirche.** Sie ist in Weiß gehalten, hat zwei rote Glasfenster und zwei kleine Kapellen.

★ **Weinkeller der Az. Ag. des Klosters.** Sehenswerter antiker Weinkeller, Besichtigung und Verkostung möglich. www.agricolamonteoliveto.com

★ **Abbazia Monte Oliveto Maggiore.** Öffnungszeiten, Führungen und mehr. www.monteolivetomaggiore.it

Wie eine mächtige Trutzburg liegt die Abbazia Monte Oliveto Maggiore zwischen Zypressen und Laubbäumen auf einem Hügel. Das Grün der Bäume des meistbesuchten Klosters der Toskana fällt besonders ins Auge, da sich rund um die Klosteranlage die Crete Senesi von ihrer äußerst spartanischen Seite zeigen.

Nachdem man das Auto auf dem Parkplatz vor der Klostermauer geparkt hat, spaziert man durch das imposante Tor und gelangt über eine gepflegte Parkanlage zur Abtei. Sie wurde im Jahre 1313 von **Giovanni Tolomei**, Spross einer Adelsfamilie aus Siena und zweien seiner Freunde gegründet. Die drei führten auf dem 273 Meter hohen Hügel ein asketisches Leben und gründeten den benediktinischen Orden der Olivetaner, der 1344 vom Papst anerkannt wurde. Während der Pest, die 1348 in der Region wütete, starben der Gründer und 80 ihrer Mitbrüder. Noch heute wird das Kloster von Mönchen des Olivetaner-Ordens geführt, der zur Benediktinischen Konföderation gehört.

Lassen Sie sich Zeit
In der Anlage gibt es so viel zu bestaunen, dass man gar nicht weiß, wo man beginnen soll. Ausgedehnte Besichtigungstouren sind, außer während der Gottesdienste, ausdrücklich erlaubt und noch dazu kostenlos. Selbstverständlich freuen sich die Mönche aber über Spenden. Vergessen Sie zudem nicht, sich angemessen

Oben: Die Crete Senesi begeistert durch ihre einzigartige Stimmung.
Rechts: Abendstimmung über dem Benediktinerkloster Mone Oliveto Maggiore

zu kleiden, das gebietet der Respekt vor dem Kloster. Beginnen Sie doch mit dem wirklich beeindruckenden Kreuzgang mit der dreistöckigen Loggia. Dessen Wände sind geschmückt mit 36 Fresken von **Luca Signorelli** (um 1445–1523) und **Giovanni Antonio Bazzi**, genannt »Il Sodoma« (1477–1549), sowie mit anschaulichen Szenen aus dem Leben des heiligen Benedikt. Nach Meinung von Kunstexperten zählen die Malereien zu den schönsten Freskenzyklen der Renaissance. Wunderschön ist auch der Innenhof, unbedingt sehenswert sind zudem das Refektorium und die Bibliothek im Obergeschoss. Nachdem dort wertvolle Bücher geraubt wurden, sind die noch vorhandenen kostbaren Exemplare hinter Panzerglas gesichert. Neben mit beweglichen Lettern gedruckten Inknabeln (Wiegendrucke), kann man auch eine Ausgabe von Dantes *Göttlicher Komödie* sehen. Keinesfalls versäumen sollten Sie die Klosterapotheke, die mit ihrem umfassenden Angebot von Pflanzenheilmitteln ein wahres Schatzkästlein der *erboristeria* darstellt. Man berät Sie gerne, wenn gerade Zeit dafür ist, denn auch die Klosterapotheke ist stark frequentiert. Selbstverständlich produziert das Kloster auch seinen eigenen Klostergeist. Der *Flora di Monteoliveto* wird nach einem alten Rezept aus der Klosterapotheke aus 23 verschiedenen Kräutern gebrannt. Nach einer sechsmonatigen Reifezeit hilft dieser perfekte Digestif bestens, die etwas deftige toskanische Küche zu verdauen. Hunger bekommen? Im Torturm finden sich eine Bar und eine gemütliche Trattoria, dort können Sie auch gleich nach dem Essen die Wirkung des Flora die Monteoliveto testen.

Hingehen!

EINKAUFEN

★ **Klosterladen.** Kosmetik und Kräuterlikör, Weine und Olivenöl. Die Kellerei kann auch besichtigt werden. www.agricolamonteoliveto.com

ESSEN UND TRINKEN

★ **La Torre di Monte Oliveto.** Bar und Trattoria mit bodenständiger Hausmannskost, Weine und dem Kräuterlikör des Klosters. Monte Oliveto Maggiore, 53041 Asciano, Tel. 0577 70 76 11, www.monteolivetomaggiore.it

★ **Osteria il Pozzo di Chiusure.** Ristorante, Enoteca mit gemütlichem Ambiente. Piazza del Pozzo 5, 53041 Asciano, Tel. 0577 70 71 48, www.ilpozzodichiusure.it. Ruhetag: Mo.

ÜBERNACHTEN

★ **La Foresteria.** 40 Zimmer für Menschen, die Ruhe suchen und im Geist der Benediktiner einige Tage im Kloster verbringen möchten. www.monteolivetomaggiore.it

★ **Relais Tenuta Palazzaccio.** Herrlicher Palazzo aus dem 17. Jh., 4 km vom Kloster entfernt, eine Oase der Ruhe. www.palazzaccio.it

Oben: Eingebettet in die herrliche Natur der Val d'Orcia liegt das Kloster Monte Oliveto Maggiore

Malerisch und (noch) abseits der Touristenströme

Nicht verpassen!

★ **Museo di arte sacra della Val d'Arbia.** Das Museum zeigt sakrale Kunst im Palazzo Ricci Soccini, direkt an der Hauptstraße des Städtchens.

★ **Museo della Mezzadria Senese.** In diesem Museum dreht sich alles um die Halbpächter, um deren hartes Leben und ihre hohen Abgaben an die reichen Gutsbesitzer. Ausgestellt sind auch alte Landmaschinen und Mobiliar der Bauern.

★ **Chiesa dei Santi Pietro e Paolo.** Die Kirche aus dem 14. Jh. wurde 1705 restauriert. Sehenswert sind die Werke von Matteo di Giovanni (1450) und Pietro di Francesco Orioli.

★ **Castello di Bibbiano.** Die Burg von 850 steht im gleichnamigen Ortsteil.

★ **Antiquarium di Poggio Civitate.** Archäologisches Museum im Palazzo del Vescovo in Murlo.

Oben: Zypressenalleen prägen das Landschaftsbild in der Toskana. Diese ist in der Nähe bei Buonconvento.
Rechts: Alte Ziegelsteine geben diesem alten Gemäuer in Murlo eine wunderbare Patina.

Buonconventos Altstadt aus dem 14. Jahrhundert ist von einer Mauer umgeben, gut erhalten und absolut sehenswert. Da sie aber ein wenig abseits der üblichen Toskanatouren liegt, ist sie immer noch eine Oase für Individualurlauber, die es lieben, einfach nur mit Einheimischen an der Bar zu stehen.

Buonconvento liegt an der Pilgerstraße **Via Francigena**, die auf diesem Streckenabschnitt gemeinsam mit der **Via Cassia** verläuft. Deshalb trifft man in dem Städtchen immer wieder auf Pilger, die den Weg nach Rom auf sich genommen haben.

Das kurze Vergnügen des Kaisers

Kurz vor der Überquerung des Flüsschens Arbia bei **Ponte d'Arbia** starb der römisch-deutsche Kaiser **Heinrich VII.** an einer fiebrigen Erkrankung, nachdem er kurz vorher noch Buonconvento erfolgreich vereinnahmt hatte. Somit hat er leider dieses reizende Städtchen nicht näher kennen gelernt. Sie haben aber nun das Vergnügen, und das voll und ganz ohne Autostress, denn die gesamte Altstadt ist Fußgängerzone. Die etwa 3300 Einwohner leben vorwiegend von der Landwirtschaft und zunehmend auch vom Tourismus. Der hübsche Ort zählt zu den schönsten Dörfern Italiens. Gottlob wissen das noch nicht so viele, denn so kann man einen Bummel durch das historische *centro storico* noch ganz gelöst genießen. Umgeben von einer schützenden Stadtmauer, flaniert man durch die Gassen, legt hier und da einmal ei-

nen kleinen Stopp in einer Bar in einem der Palazzi ein, wirft einen Blick in ein Schaufenster und lebt einfach nur so in den Tag hinein. Dieses Buonconvento bietet Entspannung pur und Urlaub, wie man ihn sich gerne vorstellt.

Wer nicht nur das Flair dieses Dorfes genießen möchte, sondern auch gerne mal ein Museum besucht, wird in Buonconvento nicht enttäuscht. So beschäftigt sich das **Museo d'Arte Sacra** im Palazzo Ricci Soccini mit sakraler Kunst und das interessante **Museo della Mezzadria Senese** mit der Halbpacht, die vor allem in der **Crete Senesi** früher eine wichtige Rolle spielte. Das Museum befindet sich in einem ehemaligen Getreidespeicher in einem hohen Backstein-Kreuzgewölbe, das als Weinlager genutzt wurde. Es zeigt nicht nur die Halbpächter und ihre landwirtschaftliche Arbeitsweise, sondern auch Geräte und wandhohe Bilder. Letztere zeigen das Leben der Menschen, die die Hälfte ihres erwirtschafteten Ertrags – die Halbpacht – an die Besitzer der Landgüter abgeben mussten.

Begegnug mit den Nachfahren der Etrusker

Auf 317 m gelegen, bietet das winzige Dorf Murlo einen grandiosen Ausblick auf das grüne Merse-Tal. Den Vorteil des Weitblicks nutzten schon die Etrusker, deren Siedlung sich zu einem Zentrum für etruskische Bronze- und Goldschmiedekunst entwickelte. Die wenigen Einwohner Murlos sind wohl genetisch echte Nachfahren der Etrusker.

Hingehen!

EINKAUFEN

★ **Le Dolcezze.** Feinste Kuchen und Gebäck, hochwertige Schokolade, alles kann vor Ort auch mit Espresso oder Cappuccino verzehrt werden. Via Roma.

ESSEN UND TRINKEN

★ **Da Mario.** Familiär geführte Trattoria, toskanische Küche. Via Soccini 60, Tel. 0577 80 61 57, Ruhetag: Sa.

★ **La Porta di sotto.** Osteria, Vineria, hübsches Ambiente, heimische Produkte mit modernem Touch. Via Soccini 76, Tel. 0577 80 83 86, www.laportadisotto.it, Ruhetag: Mi.

ÜBERNACHTEN

★ **Villa Armena.** Wohnen in einer Renaissance-Villa, gutes Restaurant, Pool, Golf. Loc. Armena, www.villaarmena.com

★ **Podere Salicotto.** Countryhouse, wunderschöne Lage in den Crete Senesi, Pool. Strada Prov. Le Pieve a Salti, Loc. Salicotti, www.poderesalicotto.com

Oben: Die Kirche des Agriturismo De La Ripolina in Buonconvento

Map labels: Buonconvento · Montepulciano · Castiglione del Lago · S. Biagio · Montalcino **41** · Pienza · Bagno Vignoni · San Chianciano · Chiusi · Sant'Antimo · Monte Amiata · Sarteano · Seggiano · Vivo d'Orcia

41 *Montalcino*

Mekka der Weinfreaks

Der Name »Brunello di Montalcino« zergeht einem sogleich förmlich auf der Zunge – der Rotwein selbst braucht jedoch lange Zeit zum Reifen, bis er den Gaumen samtig ausfüllt und Weinliebhaber zum Schwärmen bringt. Der kraftvolle Brunello hat dem charmanten Ort zu Ruhm und Ansehen verholfen.

Das war aber längst nicht immer so, obwohl man durchaus bereits im 16. und 17. Jahrhundert wusste, dass in der Gegend in geringen Mengen ein kräftiger Wein gedeiht. Erstmals taucht die Bezeichnung »Brunello« Mitte des 19. Jahrhunderts auf. Damals kelterte der Winzer **Clemente Santi** aus der Sangiovese-Grosso-Traube einen lupenreinen Sangiovese, den er angesichts der kräftigen dunklen Farbe der Trauben »Brunello« nannte. Der Erfolg dieses lange gereiften Sangiovese in *purezza* gab ihm Recht. Clemente Santi begeisterte auch seinen Neffen Ferruccio Bondi-Santi. Dieser entwickelte die Strategie weiter, selektierte die besten Sangiovese-Rebstöcke und brachte bis in die 1960er-Jahre als Einziger mit seinem Weingut Il Greppo einen Brunello auf den Markt.

Von nun an ging's bergauf

Der Erfolg der Familie Biondi-Santi mit ihrem reinsortigen Sangiovese namens Brunello ließ die übrigen Winzer in der Region

Nicht verpassen!

★ **Tenuta Greppo di Franco Biondi Santi.** Hier schlug die Geburtsstunde des Brunello, Besuch und Verkostung auf Anmeldung via Mail möglich. Loc. Villa Greppo 183, Tel. 0577 84 80 87, www.biondisanti.it

★ **Conti Costanti.** 1571 gegründet, ist es eines der ältesten Weingüter in Montalcino. Weinproben und die Besichtigung der ehrwürdigen Räume sind möglich. Colle al Matrichese, www.costanti.it

★ **Poggio alle Mura.** Befestigungsanlage aus dem 14. Jh., heute als Castello Banfi bekannt, beherbergt ein beeindruckendes Glas- und Flaschenmuseum. In der Enoteca kann man die Weine von Castello Banfi kaufen und in der Taverna gut speisen.

★ **Duomo di Montalcino.** Entstand im Jahr 1000 aus einer Pfarrei, Anfang des 19. Jh. wurde sie im klassizistischen Stil umgebaut. Der Glockenturm ist aus dem 18. Jh. Den Innenraum zieren einige wertvolle Kunstwerke.

Oben: Der Eingang zum Weingut Conti Costanti in Montalcino
Rechts: Kleine Weinverkostung im altehrwürdigen Weinkeller von Conti Costanti

120   VON SIENA BIS MONTALCINO

aufhorchen, und nach und nach taten es ihr immer mehr gleich. Die Anbaufläche auf den sanften Hügeln rund um das reizende, 567 Meter hoch gelegene Dorf vergrößerte sich in den vergangenen 50 Jahren von etwa 65 auf heute über 2000 Hektar. Und statt der damals elf Winzer, die ihren Wein in Flaschen abfüllten, sind es heute 250. 1966 erhielt das Gebiet als eines der ersten die Ursprungsbezeichnung DOC. Schon im darauffolgenden Jahr wurde der Consorzio del Vino Brunello di Montalcino gegründet, der die genauen Regeln für die Produktion dieses einzigartigen Weines aufstellte.

Nachdem das kleine, aber feine Weinbaugebiet als Erstes die kontrollierte und garantierte Ursprungsbezeichnung für qualitativ höchstwertige Weine, DOCG, erhalten hatte, boomte die Region und das hübsche Montalcino entwickelte sich zu einer Pilgerstätte für Weinfreaks. Die erlebten in dem kleinen Ort 2008 jedoch hitzige Debatten nach einer Veröffentlichung des italienischen Landwirtschaftsministeriums: 100 000 Flaschen Brunello wurden beschlagnahmt, weil sie nicht reinsortig aus Sangiovese-Trauben gekeltert worden waren und somit nicht den Regeln entsprachen. Der normalerweise etwas sperrige Rotwein wird nämlich erst durch eine längere, mindestens zwei Jahre dauernde Lagerzeit zugänglicher. Um ihn rascher geschmeidig zu machen, hatten 13 Betriebe Merlot- und Cabernet-Sauvignon-Trauben hinzugefügt. Nach monatelangen Diskussionen fügte sich zu guter Letzt alles zu einem positiven Ende. Die Regeln für den Brunello di Montalcino wurden nicht aufgeweicht, sodass er bis heute ausschließlich aus der Sangiovese-Grosso-Traube gekeltert werden muss.

Wer ihn oder seinen kleinen Bruder, den Rosso di Montalcino, in Montalcino genießen möchte, muss einfach nur in eine Bar einkehren und ein Gläschen bestellen.

Hingehen!

EINKAUFEN

★ **Villa i Cipressi.** Hübscher Laden im Herzen von Montalcino. Weine, Olivenöl und Honig, aus eigener Produktion. Via Ricasoli, www.villacipressi.it

ESSEN UND TRINKEN

★ **Osteria di Porta Al Cassero.** Familienbetrieb, regionale Klassiker. Via della Libertà 9, Tel. 0577 84 71 96.

★ **Alle Logge di Piazza.** *Perfetto* für einen *aperitivo*, Kleine *stuzzichini* und schöne Weinauswahl, freundliches Ambiente und herzlicher Service. Piazza del Popolo 1, Tel. 0577 84 61 86.

ÜBERNACHTEN

★ **Az. Ag. Le Ragnaie.** Geschmackvolles Ambiente, nettes Restaurant, Pool, traumhafte Aussicht, eigenes Weingut. Loc. Le Ragnaie, www.leragnale.con

★ **Maria Floria Biondi Santi.** Sehr schöne Ferienhäuser. Villi i Pieri, www.mariafloriabiondisanti.com

★ **Colle al Matrichese.** In einem ehemaligen Kloster produziert die Familie Costanti Weine und vermietet wunderschöne Ferienwohnungen. Diese liegen direkt über dem Keller, in dem der Brunello reift. Loc. Colle al Matrechese, www.colleamatrichese.com

Oben: Wenn sich allmählich die Nebel lichten zwischen Montalcino und Pienza …

Auf Winzer-Entdeckungstour

Montalcino ist unbestritten ein malerisches Dorf und das liebliche Umland bietet viele Ausflugsmöglichkeiten. Die Hauptattraktion des Ortes ist aber dennoch der hochgepriesene Brunello di Montalcino. Verlockend ist aber auch dessen »kleiner Bruder« und Wein für den täglichen Genuss, der Rosso di Montalcino.

Es gibt verschiedene Möglichkeiten, eine Weintour zu gestalten. Es empfiehlt sich jedoch auf jeden Fall, während eines Urlaubs gleich mehrere zu unternehmen. So kann man sich die namhaften Weingüter herauspicken und die berühmten Kellereien persönlich in Augenschein nehmen. Einen Besuch wert ist sicherlich das berühmte **Castello Banfi**, schon allein wegen der mächtigen Burganlage. Ein lohnendes Ziel ist aber auch das 1989 gegründete **Weingut Poggio di Sotto**. Seit 2011 ist es im Besitz der Familie Tipa, die mehrere Weingüter in der Toskana besitzt. An der hervorragenden Qualität ihres Brunello und ihres Rosso di Montalcino hat sich aber dadurch nichts geändert. Die **Tenuta Luce** der Adelsfamilie Frescobaldi liegt einsam inmitten von 350 bis 420 Meter hohen Weinbergen. Der beeindruckende moderne Keller ist harmonisch in die Landschaft integriert. Der »Luce« des Guts mit dem einprägsamen Sternenetikett ist ein Cuvée aus Sangiovese mit Merlot. Daneben keltert man, wie sollte es im

Nicht verpassen!

- ★ **Caprili.** Hier gibt es Wein, Olivenöl und einen Agriturismo. Poc. Podere Caprili 53, Tel. 0577 84 85 66, www.caprili.it
- ★ **Fattoi.** Wein und zudem hochwertiges Olivenöl und Grappa. Loc. Santa Restituta, Podere Capanna 101, Tel. 0577 84 86 13, www.fattoi.it
- ★ **Castello Banfi.** Berühmtes Weingut mit Enoteca und Ristorante. Loc. Castello di Poggio alle Mura, www.castellobanfi.com
- ★ **Tenute di Castelgiocondo e di Luce della Vite.** Sehenswertes Weingut. Loc. Castelgiocondo, www.lucedellavite.com
- ★ **Poggio di Sotto.** Besuche nach vorheriger Anmeldung. Fraz. Castelnuovo dell'Abate, Loc. Poggio di Sotto, www.collemassari.it

Oben: In Montalcino entstehen die weltweit bekannten Weine Luce und Lucente, sowie der Luce Brunello.
Rechts: Die Fortezza thront über Montalcino und beherbergt eine sympathische Enoteca.

Herzen von Montalcino auch anders sein, mit dem Luce Brunello einen gereiften reinsortigen Sangiovese.

Toscana-Slow-Wine-Experte Vito Lacrenza

Vito Lacrenza kennt die Weine der Toskana wie seine Westentasche; die Weine aus Montalcino mag er besonders. Vor allem freut es ihn, dass die Zahl kleiner Winzerbetriebe mit beachtenswerten Weinen zunimmt. Da wäre zum Beispiel das 15 Hektar große Weingut Caprili, das 1983 mit dem Brunello Jahrgang 1978 auf den Markt kam. Ein klassisches familiäres Weingut ist **Fattoi**, das sich in einem herrlichen Tal südlich von Montalcino befindet. Neben dem Brunello erfreut der Rosso di Montalcino mit einem floralen Duft und saftigen Kirschnoten. Gut ist auch das Preis-Leistungs-Verhältnis. 1986 beschloss Simonetta Valiani, die Weinberge, die früher zum Besitz der Familie Santi gehörten, selbst zu bewirtschaften. Ihre biologischen Weine begeistern durch Frische und Finesse. Und wer nicht nur wirklich bemerkenswerten Wein verkosten, sondern dazu im dazugehörigen Restaurant Vineria oder in der wohnlichen Enoteca ein paar genussvolle Stunden verbringen möchte, dem rät der Weinfachmann zur Tenuta Le Potazzine.

Im Brunello-Wine-Bus

Entspannter genießt man eine Weinprobe, wenn man nicht mit dem eigenen Auto fahren muss. Außerdem macht es Spaß, sich mit anderen Weinliebhabern auszutauschen. Deshalb organisiert Artemisia, direkt bei der Fortezza gelegen, Touren zu Weingütern in Montalcino.
Artemisia Viaggi, Viale della Libertà 12, 53024 Montalcino, Tel. 0577 84 60 21, www.artemisiaviaggi.it

Hingehen!

EINKAUFEN

★ **Enoteca La Fortezza.** Herrliches Ambiente, der Genießer bekommt hier Olivenöl, Essige, Trüffel, dolci, über 1000 verschiedene Weine und mehr sowie fachmännische Beratung. Piazzale Fortezza, Tel. 0577 84 92 11, www.enotecalafortezza.com, Öffnungszeiten: täglich 9–20 Uhr.

★ **bd. Eldorado** für Feinschmecker. Via Traversa dei Monti 214, Tel. 0577 8 40 19, www.dalmazio.com

★ **Enoteca Grotta del Brunello.** Produkte aus der Umgebung von Montalcino. Costa Garibaldi, 53024 Montalcino, Tel. 0577 84 71 77, www.grottadelbrunello.it, Öffnungszeiten: täglich 9.30–19.30 Uhr.

ESSEN UND TRINKEN

★ **Osteria d'altri Tempi.** Schmackhafte Küche, gute Weinberatung, Terrasse. Vicolo Landi 1, Tel. 0577 84 70 83.

ÜBERNACHTEN

★ **Agritursimo Verbena.** Wohnen auf dem Weingut, in schön renovierten Steinhäusern. Loc. Verbi, www.aziendaverbena.it

★ **Hotel Ristorante Al Brunello di Montalcino.** 1 km vor der Altstadt, Panoramablick, Pool, gepflegt. Lo. Bellaria, www.hotelalbrunello.it

Oben: Der Weinkeller des weltweit bekannten Weinguts Luce von Lamberto Frescobaldi

43 Montalcino
Shopping-Paradies par excellence

Nicht verpassen!

★ **Fortezza.** Die mächtige Befestigungsanlage wurde 1361 errichtet. Eine Enoteca bietet dort über 1000 Weine und Spirituosen, eine gute Beratung und typische Gerichte der Region. Von der Enoteca aus kann man die angrenzenden Wehrgänge und den Turm der Festung begehen.

★ **Palazzo Comunale.** Auch Palazzo dei Priori genannt, steht direkt an der Piazza del Popolo, der Regierungspalast mit dem hohem Turm stammt aus dem 13./14. Jh., die Loggia aus dem 14. Jh.

★ **Chiesa di San Francesco.** Erbaut im 13. Jh. am Standort der viel älteren Kirche Sant'Angelo in Castelvecchio. 1285 wurde die Kirche dem Franziskanerorden übergeben, heute ist sie in Gemeindebesitz. Fresken von Vincenz di Benedetto di Chele Tamagni aus dem frühen 16. Jh.

★ **Museo Civico e Diocesano d'Arte Sacra.** Kunstmuseum im ehemaligen Augustinerstift, zu besichtigen sind in 12 Räumen über 200 Kunstwerke vorwiegend aus dem 14. Jh.

★ **Santuario della Madonna del Soccorso.** Erbaut 1600 vor dem Stadttor Porta Corniolo, der Campanile wurde 1782 errichtet, die Travertinfassade stammt aus dem Jahr 1820. Kunstwerke im Inneren von Francesco Vanni.

Oben: In der Sartoria Principe – einem Stoff- und Schmuckgeschäft
Rechts: Im aparten Laden 564 in Montalcino gibt es feine Tisch- und Bettwäsche sowie edle Weine.

Dem weltweiten Erfolg des charaktervollen Brunello ist es zu verdanken, dass sich Montalcino so sehr zu seinem Vorteil entwickelte. Touristenläden mit Billigkram sieht man in dem mittelalterlichen Ort seltener, dafür stilvolle Geschäfte, schicke Bars und ansprechende Vinotheken.

Da es der Brunello di Montalcino geschafft hat, sich im oberen Preissegment der Weinszene anzusiedeln, sind auch die Weintouristen meist gut situiert. Wer gewillt ist, 30 bis 100 € und mehr für eine Flasche Wein beim Winzer auszugeben, geht auch gerne in schicke Geschäfte. Von diesen hat das überschaubare Dorf einige zu bieten – niveauvoll, wie sein berühmter Wein.

Up to date in alten Palazzi

An der **Fortezza** aus dem 14. Jahrhundert geht es los, aber nicht ohne vorher im Inneren der Festung in der **Enoteca La Fortezza** ein Gläschen aus der riesigen Auswahl an Weinen zu genießen. Wenn die Sicht gut ist, lockt der Turm mit seiner atemberauben-

den Aussicht. Anschließend spazieren Sie zur **Piazza del Popolo** – und dort von einem Laden zum anderen. Auch wenn Sie nichts aus der Apotheke benötigen, sollten Sie einen Blick in die wunderschöne **Farmacia Salvioni** und die dazugehörige Profumeria werfen. Seit 1905 führt die Apothekerfamilie Salvioni den Laden, der auf eine lange, wechselvolle Geschichte zurückblicken kann. Sohn Fabio hat sich auf die Herstellung kosmetischer Produkte spezialisiert, die es in der Farmacia direkt zu kaufen gibt. Schräg gegenüber liegt das kleine Paradies von Renata Principe. **Sartoria Principe** nennt sie ihr schickes Geschäft, wo man nur von Hand Gestricktes, Genähtes oder Gewebtes aus feinsten Materialien bekommt. Lust auf ein *dolce*? In der **Pasticceria Mariuccia**, warten Millionen sündige Kalorien darauf, genascht zu werden. Seit 1935 hat sich Familie Fineschi darauf spezialisiert, eigene für Montalcino typische Backwaren zu entwickeln, die sich von der sienesischen Backtradition abheben. Himmlisch! Danach stöbern Sie noch im Laden **Montalcino 564** von Massimo Gorelli. Er kam auf die glorreiche Idee, neben exquisiten Vorhangstoffen und Tischwäsche auch edle Weine und Spirituosen zu verkaufen. So kann *la signora* in Ruhe die schönen *tessuti* auswählen, während sich ihr Göttergatte in der Weinabteilung die Zeit vertreibt. Der geschäftstüchtige Signor Gorelli betreibt zudem nur ein paar Ecken weiter eine weitere todschicke Boutique mit Mode und Accessoires. Eine Besonderheit ist zudem **La Luna Nuova**. In dem reizenden Laden steht ein Webstuhl, der nicht zur Zierde dient. Darauf webt Chiara Francheschetti aus hochwertigen Materialen edle Stoffe, die unter anderem zu Jacken und Schals verarbeitet werden. Nach dem Einkaufsbummel haben Sie sich ein gutes Essen und ein feines Glas Wein verdient sowie die Qual der Wahl: Sowohl die **Fiaschetteria Italiana** als auch die **Enoteca Osteria Osticcio** sind absolut empfehlenswerte und angenehme Lokale.

Hingehen!

EINKAUFEN

★ **Farmacia Salvioni.** Alte, beeindruckende Apotheke mit faszinierendem Deckenbild und hausgemachter Kosmetik. Piazza del Popolo 42, www.salvioni1905.it

★ **Sartoria Principe.** Ausschließlich handgefertigte Kleidung und Schmuck. Piazza del Popolo 2, Tel. 0577 84 95 50.

★ **Pasticceria Mariucccia.** Selbst kreierte *dolci*, vorwiegend nach traditionellen, alten Familienrezepten gefertigt. Piazza del Popolo 29, www.pasticceriamariuccia.it

★ **Montalcino 564.** Tessuti e vini an der Piazza del Popolo. Piazza del Popolo 36 und Via Mazzini 39, www.montalcino564.it

★ **La Lana Nuova.** Aus hochwertigen Materialien werden hier vor Ort Stoffe gewebt, schicke Designerteile. Viale Mazzini 31, Tel. 0577 84 85 39.

ESSEN UND TRINKEN

★ **Fiaschetteria Italiana.** Enoteca mit großer Weinauswahl dazu ein reizendes Café und ein Laden mit Tisch- und Küchenware. Piazza del Popolo 3, Tel. 0577 84 71 13, www.1888fiaschetteriaitaliana.com

★ **Enoteca Osteria Osticcio.** Wohlfühlambiente, exzellente Auswahl von über 100 Weinen, köstliche Käse und Salami. Via Matteotti 23, Tel. 0577 84 82 71, www.osticcio.it

Oben: Blick von der Fortezza auf das im Abendlicht liegende Montalcino

44 Sant'Antimo

Magischer Anziehungspunkt

Nicht verpassen!

★ **Palazzo Franceschi.** Aus dem 17. Jh., wurde aber in späteren Epochen einige Male umgebaut. In der Ortsmitte von Sant'Angelo in Colle.

★ **Palazzo Tolomei.** Erbaut im 14. Jh., beide Eingangstore sind mit dem Familienwappen verziert. In der Ortsmitte von Sant'Angelo in Colle.

★ **Abbazia Sant'Antimo.** Fresken an der rechten Seite im Innern der Kirche stammen aus dem 15. Jh., sehenswert ist auch die farbig eingefasste, schlichte, hölzerne Madonna di Sant'-Antimo aus dem 13. Jh.

★ **Abbazzia Sant'Antimo – Altarkreuz.** Das Altarkreuz war vermutlich früher am Eingang des Presbyteriums platziert und stammt wahrscheinlich aus dem 13. Jh. Beachtenswert sind die zwei Kapitelle; das zweite von rechts stellt Daniel in der Löwengrube dar und ist ein Meisterwerk der Romanik.

Besonders beeindruckend wirkt die mächtige Abbazia Sant'Antimo, wenn man von Montalcino nach Sant'-Antimo wandert. Der Weg führt durch eine abwechslungsreiche Landschaft mit Olivenbäumen, Steineichen und Weinbergen, aus der wie aus dem Nichts das trutzige Bauwerk auftaucht.

Die Abbazia di Sant'Antimo ist das am besten erhaltene romanische sakrale Bauwerk der Toskana und magischer Anziehungspunkt für Touristen aus aller Welt. Wer nicht nur die Architektur dieser Kirche, sondern auch die wohltuende Stille an diesem ganz besonderen Platz erleben möchte, muss entweder früh aufstehen oder abends kommen, wenn die Busse der Besuchergruppen wieder abgefahren sind. Erfreulicherweise kann man die Kirche kostenlos ab 6 Uhr morgens bis 21 Uhr abends besichtigen.

Eine Trutzburg des Glaubens

Inmitten einer wunderbaren Landschaft steht die monumentale Abtei zwischen bewaldeten sanften Hügeln in einem Tal. Dank ihrer monumentalen Größe gleicht sie eher einer Festung als einem Kloster. Weder ihr Gründungsdatum noch ihr Gründer sind bekannt, um Zeit und Person ranken sich jedoch einige Legenden. Eine beliebte, aber urkundlich nicht bestätigte Version erzählt, dass die Abbazia auf Karl den Großen zurückgeht. Seine Blütezeit erlebte das Kloster im 11. und 12. Jahrhundert, als die damaligen Äbte mit großer Macht ausgestattet das Gebiet um Montalcino

Oben: Noch ist alles ruhig: Die mächtige Kirche Sant Antimo bei Sonnenaufgang
Rechts: Das Innere des romanischen Bauwerks strahlt unglaubliche Ruhe aus.

beherrschten. Als Siena im Jahr 1200 Montalcino eroberte, schrumpften die Macht und finanziellen Mittel der Abtei. Der Bau der Kirche konnte nicht beendet werden, und der Niedergang war vorprogrammiert. 1462 wurde die von Benediktinern bewohnte Abtei vollständig aufgelöst. Erst Ende des 20. Jahrhunderts zogen französische Augustiner-Chorherren in das Kloster ein und renovierten nach und nach das romanische Juwel. Vor allem bei Sonnenaufgang verleiht seine Fassade aus hellem Travertin dem gewaltigen Kirchenbau eine unwahrscheinliche Ausstrahlung. Ein leichtes Gänsehautfeeling überkommt einen auch, wenn man von außen hört, wie die Mönche im Inneren gregorianische Choräle singen. Dies geschieht sieben Mal am Tag.

Wer sich für Meditation und innere Einkehr interessiert, hat die Möglichkeit, nach rechtzeitiger Anmeldung im Gästehaus des Klosters einige Zeit der Ruhe und Besinnung zu verbringen. Zweimal am Tag ist dabei der Besuch der Liturgie in Gemeinschaft mit den Mönchen Pflicht.

In der Nähe von Sant'Antimo ist **Castelnuovo dell'Abate** auf einer Anhöhe gelegen und lädt mit seinen malerischen Gässchen und schönen Renaissance-Palästen zu einem kurzen Spaziergang ein. Über eine schmale Sandstraße fährt oder wandert man nur wenige Kilometer bis nach **Sant'Angelo in Colle**. Das reizende mittelalterliche Dörfchen ist fast kreisrund und thront auf einem bewaldeten Hügel. Nach einem kleinen Bummel über die von schönen Palazzi gesäumte Piazza lassen Sie sich im Restaurant Il Pozzo kulinarisch verwöhnen.

Hingehen!

ESSEN UND TRINKEN

★ **Il Pozzo.** An der mittelalterlichen Piazza genießen Sie hier köstliche toskanische Spezialitäten. Piazza del Pozzo 2, Sant'Angelo in Colle, 53024 Montalcino, Tel. 0577 84 40 15, www.trattoriailpozzo.com, Ruhetag: Di.

★ **Enoteca Il Leccio.** Gemütliches Ambiente, große Weinauswahl. Costa Castellare 1/3, Sant'Angelo in Colle, 53024 Montalcino, Tel. 0577 84 30 16, www. illeccio.net, Ruhetag: Mi.

★ **Locanda Sant'Antimo.** Klassische Trattoria mit guter Küche. Via Bassomondo 8, Castelnuovo dell Abate, 53024 Montalcino, Tel. 0577 83 56 15, www.locandasantantimo.it, Ruhetag: Di.

ÜBERNACHTEN

★ **Residenza Palazzo Saloni.** In einem Palazzo aus dem 18. Jh. in der Altstadt, Traumaussicht. Via Soccorso Saloni 31, 53024 Montalcino, www.palazzosaloni.it

★ **Il Poggione.** Umgeben von Weinbergen, in alten renovierten typischen Steinhäusern wohnen, Pool, herrlicher Blick. Sant'Angelo in Colle, 53024 Montalcino, www.tenutailpoggione.it

Oben: Wie ein riesiger Fels inmitten einer unberührten Natur: Die Abbazia di Sant Antimo

Sehenswertes am Fuß des Berges

Nicht verpassen!

★ **Santuario della Madonna della Carità.** Prachtvolles Bauwerk nahe Seggiano, schlichter, aber sehr eleganter Barockstil, umgeben von Olivenbäumen.

★ **Giardino di Daniel Spoerl.** Gartenanlage mit vielfältigen Pflanzenarten und vielen Skulpturen. Der Park kann im Sommer besucht werden. Bei Seggiano, Eintritt 10 €, www.danielspoerri.org, Öffnungszeit: täglich 11–20 Uhr.

★ **Kloster San Salvatore di Monte Amiata.** Gegründet 742, der interessanteste Teil ist die Krypta mit dem grandiosen Säulenwald. Von den ursprünglich 36 Säulen sind noch 24 vorhanden.

★ **Castello del Potentino.** 1 km westlich von Seggiano, am Fluss Vivo, erstmals 1042 erwähnt, im 15. Jh. Wachtposten für Santa Maria della Scala.

★ **Chiesa di Santa Maria in Valla.** In Seggiano, Bauzeit unbekannt, 1486 restauriert. Sehenswerte Madonna von Andrea Vanni (um 1332–1414).

★ **Kastanien-Feste.** In Vivo d'Orcia und in Campiglia d'Orcia im Oktober. Sehr schön sind während des ganzen Jahres die weitläufigen Kastanienhaine auf 600–1000 m Höhe.

Oben: Beleuchtete Säulen der lombardischen Krypta von San Salvatore in der Abbadia Salvatore di Monte Amiata
Rechts: Das zauberhafte Val d'Orcia mit dem Monte Amiata im Hintergrund

Egal, von welcher Seite man sich ihm im Val'Orcia nähert: Der Monte Amiata ist immer sichtbar. Der höchste Berg der Toskana ist ein beliebtes Fotomotiv und besonders beeindruckend, wenn er aus dem dichten Nebel im Tal herausragt. Rund um den erloschenen Vulkan liegt ein interessantes Wandergebiet.

Fährt man von Sant'Antimo in Richtung Monte Amiata, gelangt man auch nach *Seggiano.* In dem schmucken Dorf oberhalb des Flüsschens Vivo sind die Häuser aus dem Kalkstein der Umgebung erbaut. Hier, auf fast 500 Metern Höhe, herrscht ein optimales Mikroklima: Im Winter kennt man hier keine eisige Kälte, im Sommer dank einer stetigen leichten Brise keine unerträgliche Hitze – alles in allem ideale Voraussetzungen für Olivenbäume, die hier in großer Zahl gedeihen. Die Qualität der kleinen Oliven aus Seggiano ist exzellent und das daraus gewonnene Öl ist bei Genießern gefragt. Seggianos Mikroklima ist aber auch perfekt für eine andere Spezialität: Seit langem schon produzieren hier einige Käsereien aromatischen Pecorino-Käse, der hier besonders gut reift. Verlässt man das nette Dorf in Richtung **Pescina,** entdeckt man außerhalb der Stadtmauern einen Wegweiser zur Wallfahrtskirche *Santuario della Madonna della Carità.* Der elegante, schöne Barockbau wurde zwischen 1588 und 1603 errichtet. Ganz in der Nähe liegt der *Giardino di Daniel Spoerri.* Der rumänischstämmige Schweizer Künstler Daniel Spoerri wirkte unter anderem in Köln und München als Professor für bildende Kunst. 1990 ließ er sich in der Nähe des **Monte Amiata** nieder und

kaufte ein weitläufiges Areal, auf dem er einen Skulpturengarten anlegte. Dort sind viele seiner Werke sowie Arbeiten von anderen Künstlern zu sehen.

Auf in die Wanderschuhe

Das kleine Dorf **Pescina** ist ein idealer Ausgangspunkt für wunderschöne Wanderungen. Hier ist die Natur noch völlig unberührt, und man findet noch wildwachsende Himbeeren, Walderdbeeren und natürlich zahllose Pilze. Diese dürfen allerdings nur mit Genehmigung gesammelt werden, da die Einheimischen ihre Pilzleidenschaft übertrieben haben. Mit etwas Glück entdeckt man sogar wilden Spargel. Ein wenig oberhalb von Pescina liegt die Talstation mehrerer Skilifte. Sie bringen die Gäste hinauf zu den Abfahrtspisten und Langlaufloipen auf dem 1738 Meter hohen Monte Amiata. Nicht weit entfernt von Pescina finden sich in *Abbadia San Salvatore* ehemalige Quecksilberminen, die in ein spannendes Museum umfunktioniert wurden. Nicht versäumen sollte man einen Besuch des 800 Meter hoch gelegenen Klosters San Salvatore aus dem 8. Jahrhundert. Es wartet mit einem faszinierenden Kreuzgewölbe auf, das auf zahlreichen schlanken Säulen ruht. Von San Salvatore aus sind es nur wenige Kilometer nach *Piancastagnaio*, eines der schönsten Bergdörfer am Monte Amiata. In dem reizenden Ort stellen zahlreiche kleine Handwerksbetriebe hochwertige Lederwaren her. Lassen Sie sich die Gelegenheit nicht entgehen, bislang ist Piancastagnaio noch ein Geheimtipp und wird nur von wenigen Touristen besucht.

Hingehen!

EINKAUFEN

★ **Caseficio Seggiano.** Das Käsegeschäft bietet eine Superauswahl unterschiedlich gereifter Pecorino-Käse. Via Privata, 58038 Seggiano, Tel. 0564 95 00 34, www.caseificioseggiano.it

ESSEN UND TRINKEN

★ **Silene.** Hübsches Ambiente, cucina terra e mare, viele Weine, die glasweise bestellt werden können. Loc. Pescina, 58038 Seggiano, Tel. 0564 95 08 05, www.ilsilene.it

★ **Ristorante Generale Cantore.** Alpengasthaus-Feeling im Ski-und Wanderparadies, Traditionsküche. Loc. Secondo Rifugio 70, 53021 Abbadia San Salvatore, Tel. 0577 78 97 04, www.ilcantore.it

ÜBERNACHTEN

★ **Piccolo Hotel Aurora.** Schickes Hotel mit Wellness-Zentrum. Via Piscinello 51, 53021 Abbadia San Salvatore, www.piccolohotelaurora.com

★ **Tenuta Villa Gaia.** Herrlicher Weitblick, hübsche Apartments, Pool, Ristorante. Loc. Sugarella, 58038 Seggiano, www.tenutavillagaia.com

Oben: Weitläufige Kastanienwälder mit uralten Bäumen nahe dem Kloster

46 *Bagno Vignoni*
Malerisch – mit dampfenden Thermen

Nicht verpassen!

★ **Chiesa di San Giovanni Battista.** In der Kirche aus dem 14. Jh. in Bagno Vignoni soll sich Katharina von Siena oft aufgehalten haben. Fresko von Ventura Salimbeni (1568–1613).

★ **Parco dei Mulini.** Vier zum Teil in den Kalkstein gehauene Wassermühlen mit Auffangbecken. Die Mühlen wurden seit Mitte des 20. Jh. nicht mehr benutzt, später wieder ausgegraben und zugänglich gemacht.

★ **Ponte sull'Orcia.** Beeindruckende Brücke in 265 m Höhe über den Orcia. 1429 erbaut, Anfang des 16. Jh. erweitert. 1 km von der Via Cassia entfernt.

★ **Collegiata-Kirche.** Wurde im 12. Jh. in San Quirico d'Orcia erbaut, mit romanisch-gotischen Portalen aus dem 13. Jh., beachtenswert das Westportal aus dem 12. Jh. mit geflügelten kämpfenden Fabelwesen.

★ **Horti Leonini.** Herrlicher Park, aufgeteilt in einen englischen und einen italienischen Teil, entstand 1581, seit 1975 in Besitz der Gemeinde und für alle zugänglich. Neben einer gepflegten Parkanlage gibt es zahlreiche Skulpturen zu bestaunen.

Oben: Badefreuden im Val d'Orcia
Rechts: Laden in San Quirico d'Orcia

Bagno Vignoni ist eine winzige Fraktion der Gemeinde San Quirico d'Orcia. Die kleine Ansiedlung rund um ein dampfendes Thermalbecken übt jedoch seit der Zeit der Etrusker eine große Faszination aus. Besonders romantisch ist das verträumte Zentrum mit der Piazza delle Sorgenti.

Zugegeben, San Quirico d'Orcia liegt ein wenig im Schatten von Bagno Vignoni, dennoch sollte man das reizvolle Dorf keinesfalls einfach links liegen lassen. Wenn Sie in der Gegend sind, wäre es schade, wenn Sie die **Leonischen Gärten** mit dem umwerfend schönen Rosengarten nicht gesehen hätten. Sehenswert ist auch der auffällige barocke **Palazzo Chigi**, der nach langen Jahren endlich restauriert ist. Der 1679 für Kardinal Chigi erbaute Palast ist Sitz des Rathauses und dient der Gemeinde als Kulturzentrum und Informationsbüro. Bis heute ist ein Großteil der Liegenschaften in und um San Quirico d'Orcia in Besitz der Familie Chigi.

Ein Kleinod im Val d'Orica

Bagno Vignoni liegt nahe dem Pilgerweg **Via Francigena** und der **Via Cassia** am Orcia, dessen landschaftlich bezauberndes Flusstal

zum Welterbe der UNESCO gehört. Der Weiler ist äußerst romantisch, sein Umland mit dem **Parco dei Mulini**, den Grotten und nicht zuletzt der alten Brücke über den Orcia einfach hinreißend schön. Am besten stellen Sie Ihr Auto auf dem großen Parkplatz ab und spazieren von dort wenige Meter zum ungepflasterten Hauptplatz des Dorfes. Tatsächlich ist die Bezeichnung »Platz« ein wenig irreführend, besteht er doch aus einem rechteckigen Wasserbecken aus dem 15. Jahrhundert, an dessen einer Seite die offene Wandelhalle **Loggiato di Santa Catarina** verläuft. In dem Bassin plätschert 52° Celsius heißes Thermalwasser, das von dem längst verloschenen Vulkan Monte Amiata gespeist wird.

Zu Zeiten der Republik von Siena durfte man darin baden und alle möglichen Krankheiten auskurieren. In dem ehemals begehrten Prominentenkurbad aus dem 15. Jahrhundert ist seit Anfang des 20. Jahrhundert das Baden im Becken am »Quellenplatz« **Piazza delle Sorgenti** aus Hygienegründen verboten. Heute wandeln die Touristen nur mehr rund um das sanft vor sich hin dampfende Becken. Darüber hinaus bestaunen sie die Sommerresidenz der Familie Piccolomini, das der bekannte Architekt **Bernardo Rossellino**, eigentlich **Bernardo di Matteo Gamberelli** (1409–1464) für das berühmteste Mitglied der Familie, Papst Pius II., erbaute. Später wurde Rossellino von Papst Pius II. auch mit der Planung von Pienza beauftragt.

Bagno Vignonis heißes Thermalwasser hat seine heilende Wirkung bis heute nicht verloren. Vor allem von italienischen Gästen wird es nach wie vor hochgeschätzt. Seine heilende Wirkung genießt man nun im Hotel Le Terme, das im Renaissance-Palast der Piccolominis direkt an der Piazza residiert. Oder man kauft sich Tagestickets für die Thermalbäder des Hotels Posta Marcucci. Dort hat man als angenehme Beigabe einen himmlischen Ausblick auf das Hügelland der Val d'Orcia.

Hingehen!

ESSEN UND TRINKEN

★ **Osteria del Leone.** Nahe der Piazza, schöner Garten, kreativ verfeinerte Küche des Val Orcia. Via dei Mulini 3, Bagno Vignoni, 53027 San Quircio d'Orcia, Tel. 0577 88 73 00, Ruhetag: Mo www.osteriadelleone.it.

★ **Tavernada Ciacco.** Freundliche Trattoria, fantasievoll präsentierte traditionelle Küche. Via Dante Alighieri 30/a, 53027 San Quircio d'Orcia, Tel. 0577 89 73 12, www.ristorantedaciacco.it, Ruhetag: Di.

★ **Trattoria del Vecchio Forno.** Hübscher Garten, freundlicher Service, heimische Küche. Via Poliziano 18, 53027 San Quircio d'Orcia, Tel. 0577 89 73 80, www.palazzodelcapitano.com

ÜBERNACHTEN

★ **Adler Thermae.** Tiroler Gastlichkeit in italienischem Ambiente. Strada di Bagno Vignoni 1, 53027 San Quircio d'Orcia, www.adler-thermae.com

★ **Posta Marcucci.** Herzlichkeit, schöne Zimmer und Thermalbad. Via Ara Urcea 43, Bagno Vignoni, 53027 San Quircio d'Orcia, www.hotelpostamarcucci.it

★ **La Locanda del Loggiato.** Blick auf das Thermalbecken, charmant geführtes Hotel. Piazza del Moretto 30, 53027 San Quircio d'Orcia, www.loggiato.it

Oben: Mitten in der Ortschaft Bagno Vignoni befinden sich die Thermalbecken.

VON AREZZO BIS MONTEPULCIANO

Stadtansicht von Arezzo mit festlich geschmückten Häusern

Links: Typische Kleidung bei der Giostra del Saracino, einem mittelalterlichen Fest in Arezzo
Rechts: Ein Blick in den Pecorino-Reifekeller der Käserei Cugusi in Pienza

Links: Terrakotta-Künstler bei der Arbeit im Studio Piero Sbarluzzi in Pienza
Rechts: Gut, wenn man weiß wo es langgeht …

TOURING CLUB ITALIANO
UCIGNANO

SIENA →

AREZZO →

MONTE S. SAVINO →

Von Arezzo bis Montepulciano
Ein ganz besonderer Mix aus Kunst und Landwirtschaft

Im Nordosten der Toskana ist Arezzo ein Juwel mittelalterlicher Kultur und zugleich ein lebendiger, jung gebliebener Ort. Folgt man von der Hauptstadt der gleichnamigen Provinz dem Chiana-Tal bis Chiusi, sieht man zu beiden Seiten Chianina-Rinder auf den Weiden stehen.

Arezzo steht nicht gerade an erster Stelle der Hitliste der Toskana-Urlauber. Schade, denn die Stadt hat unglaublich viel zu bieten. Sie blickt auf eine lange, wechselvolle Geschichte zurück und ist heute ein blühendes Zentrum mit knapp 100 000 Einwohnern. Seinen Erfolg verdankt Arezzo unter anderem seiner guten Bahnanbindung und der nahen Autobahn. Ein Muss für Kunstliebhaber sind die Fresken von **Piero della Francesca** (um 1415–1492). Die Werke des Meisters der Perspektive kann man hier in verschiedenen Kirchen bewundern. Lassen Sie sich überraschen, die Stadt hält viel Faszinierendes für Sie bereit.

Entlang der Grenze zu Umbrien
Verlässt man Arezzo gen Osten in Richtung Umbrien, lädt das mehr als 400 Meter hoch gelegene mittelalterliche Städtchen **Anghiari** zu einem Aufenthalt ein. Bei einem Spaziergang durch das Labyrinth aus Gassen und Steintreppen fühlt man sich wie in eine andere Zeit versetzt. Kunstfans zieht es weiter nach **Borgo Sansepolcro**, wo im 15. Jahrhundert Piero della Francesca geboren wurde. Dort kann man nicht nur das Geburtshaus des berühmten Malers besichtigen, sondern auch hübsche Läden und Essen in guten Ristoranti entdecken. Fährt man das östliche Chiana-Tal weiter, passiert man die quirlige, mittelalterliche Kleinstadt **Castiglion Fiorentino**. Ganz in der Nähe wurde 1952 der italienische Regisseur und Filmschauspieler Roberto Benigni geboren.

Viele Reisende zieht es an dieser Stelle weiter zum Lago di Trasimeno in Umbrien, doch lohnt sich unbedingt ein Abstecher nach **Cortona**. Die Stadt thront in 600 Metern Höhe über dem südlichen **Valdichiana** und bietet einen sensationellen Ausblick. Dass man hier gerne und gut lebt, zeigen die zahlreichen Feste und Festivals sowie die Antiquitäten- und Kupfermessen.

In nächster Nähe zur umbrischen Grenze liegt etwas abseits das Städtchen **Chiusi**. Radfahrer können es auf einer reizvollen Tour erreichen, die abseits der Hauptverkehrswege an den kleinen Seen **Lago Montepulciano** und **Lago di Chiusi** vorbeiführt.

Oben: Traumblick von Pienza auf den Monte Amiata
Unten: Im reizenden Laden von Aracne in Pienza werden Stoffe vom Sohn der Besitzerin gewebt und anschließend zu schönen Jacken, Schals usw. verarbeitet.

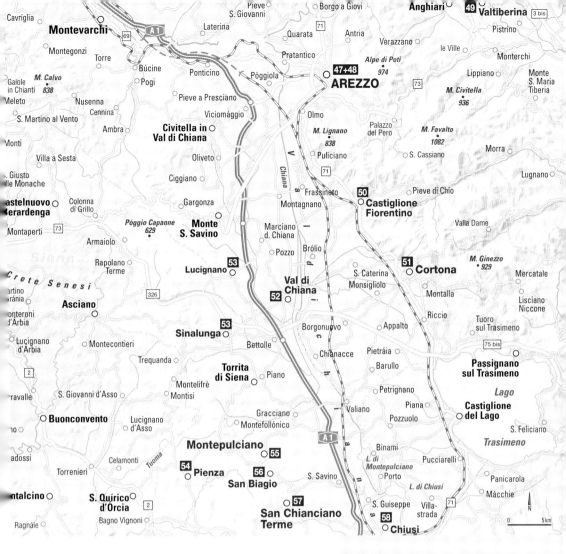

Der »Nobile« aus Montepulciano

Jenseits der Autobahn führt der Weg über **Chianciano Terme** nach **Montepulciano**. Die schmucke Renaissance-Stadt liegt in über 600 Metern Höhe zwischen dem Orcia- und dem Chianatal und ist von einer wuchtigen Stadtmauer mit Wehranlagen umgeben. In der schönen Stadt locken jedoch nicht nur prachtvolle Palazzi und Kirchen, viele Besucher kommen auch wegen des hochgepriesenen Rotweins Vino Nobile di Montepulciano. Zusammen mit dem Brunello di Montalcino und dem Chianti zählt er zu den drei Top-Gewächsen der Toskana.

Der Fluss Chiana entspringt im Apennin in der Provinz Arezzo, fließt durch ein weitläufiges Tal, das seinen Namen trägt, nach Chiusi und mündet in Umbrien in den Tiber. Im Valdichiana weiden die berühmten Chianina-Rinder. Das Fleisch dieser ältesten Rinderrasse Italiens gilt als kulinarisches Highlight – vor allem in Form einer saftig gegrillten *bistecca fiorentina*. In **Sinalunga** und **Lucignano** dreht sich daher beinahe alles um Viehzucht.

Tipp der Autorin

DIE STADT MIT DEM GEWISSEN ETWAS

Arezzo liegt ein wenig abseits der üblichen Toskana-Touristen-Tour und gerade deshalb ist dieses Städtchen so bezaubernd. Neben großartigen Sehenswürdigkeiten, romantischen Gassen, schicken Geschäften und einladenden *enotece* und *ristorante* hat es vor allem eines: jugendliches Flair.

47 Arezzo
Geschichtsträchtige, pulsierende Stadt

Nicht verpassen!

★ **Piazza Grande.** Die riesige, trapezförmige Piazza Grande mit der auffallenden monumentalen Treppe an der Nordwestseite stammt aus dem 13. und 14. Jh. Den faszinierenden Platz säumen gut erhaltene Patrizierhäuser und Palazzi.

★ **Palazzo del Tribunale.** Der Justizpalast aus dem 17. Jh. steht neben der Pfarrkirche.

★ **Palazzo della Fraternità dei Laici.** Der Palazzo rechts neben dem Justizpalast gehört einer religiösen Bruderschaft. Die Fassade ist eine harmonische Vereinigung von Gotik und Renaissance, der Turm wurde 1552 von Giorgio Vasari (1511–1574) erbaut.

★ **Palazzo delle Logge.** Der Palazzo (1573–1595) wurde von Giorgio Vasari entworfen; unter den Arkaden haben sich Cafés, Eisdielen und Läden angesiedelt.

★ **Palazzo Lappoli.** An der Südostseite prägt der schmale Palazzo mit seinem hohen Turm die Piazza.

★ **Palazzo Cofani.** Ebenfalls an der Südostseite fällt dieser mit Zinnen bekrönte, aber um einiges niedrigere Turm auf.

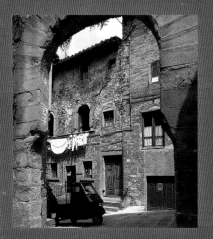

Oben: Eine Gasse im reizenden Ort Anghiari nahe Arezzo
Rechts: Kurze Kaffeepause unter der Loggia del Vasari in Arezzo

Obwohl sich Arezzos Altstadt seit ihrer Entstehung architektonisch kaum verändert hat, sind die Aretini jung, dynamisch, geschäftstüchtig und modern. Diese Kombination aus Aufgeschlossenheit gegenüber Neuem und Respekt vor dem Altbewährten macht die Stadt so ausgesprochen liebenswert.

Die Hauptstadt der Provinz Arezzo zählt knapp 100 000 Einwohner und ist ein wichtiges wirtschaftliches Zentrum der Toskana. Viele Handwerksbetriebe aus unterschiedlichen Branchen haben sich hier angesiedelt und der Stadt zu Wohlstand verholfen, allen voran die Goldschmiede. Sie locken Händler aus der ganzen Welt nach Arezzo, das zudem ein bedeutender Standort der Textil- und Schuhindustrie ist. Zum wirtschaftlichen Erfolg des bedeutenden Handelszentrums trägt seine gute Verkehrsanbindung wesentlich bei. Die **Strada del Sole** führt nur wenige Kilometer an der Stadt vorbei, zudem ist Arezzo Station an der Bahnlinie von Florenz nach Rom. Ihren wirtschaftlichen Erfolg und Wohlstand spürt man in dieser lebendigen Stadt auf Schritt und Tritt. Schicke Mode- und Schuhläden, edle Schmuckgeschäfte, Showrooms mit Antiquitäten, witzige Bars, elegante Enoteche und feine Ristoranti locken nicht nur die Einheimischen.

Reiche Vergangenheit und Zukunft

Dass Arezzo heute zu den reichsten Städten Italiens zählt, liegt nicht allein am Fleiß seiner heutigen Bewohner. Seine prachtvollen Palazzi, prunkvollen Kirchen und das grandiose architektonische Ensemble der Piazza Grande zeigen deutlich, dass hier auch in der Vergangenheit Wohlstand vorhanden war. Wie so häufig in der Toskana, gründeten auch hier die Etrusker einen Stadtstaat, und zwar bereits im 9. Jahrhundert v. Chr. Anschließend siedelten Römer in *Aritim* und errichteten im nunmehrigen *Arretium* bedeutende Bauwerke wie das Theater und die Thermen, die teilweise noch zu sehen sind. In jener Zeit erblühten zudem die Metallverarbeitung und das Töpferhandwerk. Keramikvasen aus Arezzo waren im gesamten Mittelmeerraum überaus gefragt und wurden wegen ihrer schönen Farbe *corallini* genannt. Nach dem Niedergang des römischen Reiches wurde die Stadt erst von den Langobarden und später unter Karl dem Großen von den Franken erobert. Der fränkische Herrscher ernannte Arezzo zur Bischofsstadt und ließ den alten Dom auf dem **Colle del Pionta** sowie die Kirche **Pieve di Santa Maria Assunta** erbauen. Es folgten bewegte Jahrhunderte mit vielen Kämpfen und wechselnden Machthabern, bis Arezzo ab 1384 für mehrere Jahrhunderte unter die Herrschaft von Florenz kam. Herzog Cosimo I. von Florenz gestaltete das Stadtbild nach seinen Vorstellungen: Eine neue, kleinere Stadtmauer wurde gebaut, der Palazzo del Popolo, Palazzo del Comune und viele weitere Paläste und Patrizierhäuser entstanden. Ein für die Wirtschaft der Stadt entscheidender

Hingehen!

ESSEN UND TRINKEN

★ **Macelleria Antonio.** Knapp 8 km außerhalb des Zentrums, bestes Chianina-Fleisch, köstliche Salami, ohne chemische Zusätze. Via Margaritone, Loc. Battifolle 3, Tel. 0575 2 27 67, www.macelleriaantonio.it

ESSEN UND TRINKEN

★ **La Torre di Gnicche.** Osteria und Enoteca nahe der Piazza Grande, klein aber fein, gute Weinempfehlungen. Piaggia San Martino 8, Tel. 0575 35 20 35, Ruhetag: Mi.

★ **Vineria Al 10.** Lockere Atmosphäre, gute Weine, Küche aus hochwertigen Zutaten, perfekt für eine Pause Stadtbummel oder abends zum Entspannen auf der Piazza. Piazza San Giusto 10/C, Tel. 0575 82 45 66, www.vineriaal10.it

★ **Le Chiave d'Oro.** Warmes, modernes Ambiente, toskanische Küche, in der Altstadt. Piazza San Francesco 7, Tel. 0575 40 33 13, www.ristorantelechiavidoro.it, Ruhetag: Mo.

Oben: Oldtimer-Fahrt mit einem Bentley 4,5 Liter Supercharged Blower in Sansepolco bei Arezzo

Hingehen!

★ **La Tagliatella.** Freundliches Ristorante am Stadt-
rand, große Weinauswahl, Spezialität: Chianina-
Rindfleischgerichte. Viale Giotto 45/47,
Tel. 0572 19 31, www.ristorantelatagliatella.it,
Ruhetag: Do Abend und Mi.

★ **Antica Osteria L'Agania.** Urige Trattoria mit Holz-
vertäfelung, ehrliche Hausmannskost, gemütlich.
Via Mazzini 10, www.agania.it, Ruhetag: Mo.

ÜBERNACHTEN

★ **Graziella Patio Hotel.** Nahe der Altstadt, das Ambiente ist inspiriert von dem Reiseschriftsteller
Bruce Chatwin. Via Cavour 23, www.hotelpatio.it

★ **Hotel L'Aretino.** Angenehmes Drei-Sterne-Hotel
nahe dem Bahnhof und der Altstadt, nette Zimmer, Parkplatz. Via Madonna del Prato 83,
www.hotelaretino.it

★ **Casa Volpi.** Villa aus dem 18. Jh. vor den Toren
der Stadt im Grünen, hübsche Zimmer, schöner
Blick auf die Altstadt. Via Simone 29,
www.casavolpi.it

★ **Badia di Pomaio.** Umgeben von einem traumhaften Park, altes Steinhaus, Ristorante, Pool, 6 km
nach Arezzo. Loc. Badia di Pomaio 4,
www.hotelbadiadipomaioarezzo.it

★ **Casa di Sasso.** Altes Bauernhaus, renoviert
2008, Stadtnähe, mitten im Grünen, Pool. Loc.
San Marco Villalba 40/gq, www.casadisasso.it

★ **Castello Val di Colle.** Leben in einem Castello,
Partnerschaft mit Ferragamo, Golfplatz, Restaurant. Loc. Bagnoro 22,
www.castellovaldicolle.com

Oben: Statue von Fernando auf der Piazza della
Libertà in Arezzo mit Dom
Rechts: Szenen aus dem mittelalterlichen Fest
Giostra del Saracino in Arezzo
Rechte Seite: Die ganze Stadt putzt sich heraus
für das Giostra del Saracino-Fest

Arezzo

Schritt war der Bau der Eisenbahnstrecke von Florenz nach Rom
in den Jahren 1826 bis 1866. Der Fleiß und die Weltoffenheit der
Menschen halfen mit, dass Arezzo heute so ist, wie es ist: eine
sympathische Mischung aus Kunst, Kultur, Handwerk, Handel,
Tourismus und ansteckender Lebensfreude.

Treffpunkt: Piazza Grande

Ein bisschen erinnert der große Platz an den Campo in Siena. Er
ist zwar selbstverständlich nicht ganz so groß und pompös, aber
dennoch wunderschön. Eingerahmt ist die unregelmäßig schräg
geneigte Piazza von Patrizierhäusern, dem **Palazzo delle Logge**
und der romanischen Kirche **Pieve di Santa Maria Assunta**. Die
unterschiedlichen Baustile der Gebäude wirken keineswegs stö-
rend, sondern machen vielmehr den Charme der Piazza aus. Auf
dem Platz findet alljährlich am 3. Juni und am ersten Sonntag im
September die **Giostra del Saracino** statt. Das traditionelle Rit-
terspiel erinnert an die Bedrohung des Christentums durch die
Muslime im 13. Jh. Ausgewählte Vertreter von vier Stadtteilen
kämpfen in historischen Gewändern auf Rössern und mit Lanzen
gegeneinander. Es muss nicht extra erwähnt werden, dass an diesen Tagen nicht nur die Piazza Grande Kopf steht, sondern ganz
Arezzo. Denn, feiern können die Aretiner – das muss man ihnen
lassen. Nicht umsonst hört man hier häufig folgendes Sprichwort: *Chi mangia solo crepa solo, chi mangia in compagnia, vive
in allegria* – »Wer allein isst, stirbt allein, wer in Gesellschaft isst,
lebt in Heiterkeit.«

Ein kultureller Spaziergang

Nicht verpassen!

★ **Casa di Francesco Petrarca.** Via dell'Orto 28, Tel. 0575 2 47 00, Öffnungszeiten: Mo–Sa 9.30–12.30 Uhr, an Feiertagen 10.30–16.30 Uhr, www.accademiapetrarca.it

★ **Museo di Casa Vasari.** Via XX Settembre, Tel. 0575 4 09 01, Eintritt 2 €, Öffnungszeiten: täglich 9–19 Uhr, feiertags 9–13 Uhr.

★ **Basilika San Francesco.** Piazza San Francesco 11, Eintritt 8 €, Öffnungszeiten: Mo–Fr 9–18.30 Uhr, Sa 9–17.30 Uhr, So 13–17.30 Uhr. Mehr über den berühmten Maler unter www.pierodellafrancesca.it

★ **Römisches Theater.** Das Theater aus dem 1./2. Jh. n. Chr. bot Platz für 8000–12 000 Menschen. Via Crispi.

★ **Archäologisches Museum.** Zu sehen sind hier antike Münzsammlungen, Vasen aus allen Epochen, vor allem die berühmten Aretinischen Vasen, und vieles mehr. Via Margaritone 10, Eintritt 4 €, Öffnungszeiten: täglich 8.30–19.30 Uhr, im Winter oft geschlossen.

★ **Fiera Antiquaria.** Jedes erste Wochenende eines Monats auf der und rund um die Piazza Grande. Alle Geschäfte sind an diesen zwei Tagen geöffnet. Infos unter www.arezzofieraantiquaria.org

Oben: Guido von Arezzo, der »Erfinder der Notenschrift«
Rechts: Die Altstadt von Arezzo mit dem Dom

In Arezzo wurden berühmte Persönlichkeiten geboren: unter anderem der Dichter Petrarca, der mit Dante Alighieri und Boccaccio die italienische Literatur geprägt hat, sowie der Architekt Giorgio Vasari, der zugleich Hofmaler der Medici und ein berühmter Schriftsteller der Renaissance war.

Der berühmte Mitbegründer des Humanismus und einer der wohl wichtigsten Vertreter der frühen Phase italienischen Literatur, **Francesco Pertrarca**, wurde am 20. Juli 1304 in Arezzo als Sohn eines Notars geboren. Er lebte lediglich sieben Jahre dort, dann folgte er seinem Vater nach Avignon und verbrachte den Großteil seines Lebens in Frankreich. Petrarca starb 1349 in Arquà bei Padua, wo er die letzten Lebensjahre ansässig war. In Arezzo kann man sein vermutliches Geburtshaus besichtigen. Dort ist auch die Petrarca-Akademie für Literatur, Kunst und Wissenschaft untergebracht.

Giorgio Vasari – Autor und Architekt

Wie soll man ihn nun bezeichnen, den berühmten Sohn dieser Stadt: als Architekt, Kunstmaler, Schriftsteller oder Historiker? Giorgio Vasari war auf jeden Fall neugierig, kreativ und vielseitig. Geboren wurde er am 30. Juli 1511 in Arezzo als Sohn einer alteingesessenen Töpferfamilie. Sein Vater vermittelte ihm eine gemeinsame Ausbildung mit den Medici-Söhnen Ippolito und Ales-

sandro. Nach Jahren in Florenz übernahm Vasari in seiner Heimatstadt einige Bauaufträge, erwarb 1540 die Casa Vasari und gestaltete die Räume, die heute als Museum zu besichtigen sind. Zurück in Florenz war er nach dem Hochwasser 1577 am Neuaufbau vieler Bauwerke als Baumeister beschäftigt. Unter anderem entwarf er mit dem Ponte di S. Trinita eine der schönsten Brücken Europas. Danach zog es ihn wieder nach Arezzo zurück. Vasari war zu seiner Zeit ein berühmter Architekt. Sicherlich wäre es ihm nicht im Traum eingefallen, einmal als Schriftsteller und Historiker in die Geschichte einzugehen und gleichsam die Kunstgeschichte mitzubegründen.

Ein begehrtes Ziel der kunsthistorisch interessierten Besucher sind die Malereien von **Piero della Francesca**. Der geniale Künstler der Frührenaissance wurde 1415 nur wenige Kilometer außerhalb von Arezzo in Borgo Sansepolcro geboren. Er hinterließ der Stadt einige grandiose Malereien, so zum Beispiel die einzigartigen Chorfresken in der auch Cappella Baci genannten **Kirche San**

Köstliches Schokoladenaschen?

Um der Qualität des Kakaos vertrauen zu können, muss man selbst Plantagen besitzen – sagt zumindest Signor Vestri, und der muss es wissen. Seine Familie ist seit 30 Jahren auf hochwertigste Schokolade spezialisiert. Wer je die heiße Schokolade oder das Schokoladeneis probiert hat, kann es bestätigen. Und erst die zarten Pralinen ...

Hingehen!

EINKAUFEN

★ **Vestri Cioccolato.** Schokolade vom Allerfeinsten und in allen Variationen, eigene Kakao-Plantagen, Laden mit Produktion. Via Romana 161 b/c, Tel. 0575 90 73 15, www.vestri.it

★ **Pasticceria LAB.** Ein Studio für *dolci*. Nach Lehrjahren bei Sterneköchen hat sich Bio, die in Istanbul geboren wurde, ihren Traum von einer eigenen Pasticceria erfüllt. Süße Kunst, die schmeckt! Unbedingt hingehen. Corso Italia 40, Tel. 0575 224 31, www.pasticcerialab.com

ESSEN UND TRINKEN

★ **La Lancia d'Oro.** Unter der Loggia del Vasari, Blick auf die Piazza, toskanische Spezialitäten. Piazza Grande 18/19, Tel. 0572 10 33, www.ristorantelanciadoro.it, Ruhetag: So Abend und Mo, kein Ruhetag im Juli und Aug.

Oben: **Die Piazza Grande ist eingesäumt von historischen Gebäuden aus der Gotik und der Renaissance**

Arezzo

Francesco. Der Freskenzyklus zeigt die Legende vom wahren Kreuz und ist ein fantastisches Zeugnis für die einmalige Fähigkeit des Malers, Perspektiven darzustellen.

La vita è bella

Doch bemerkenswert sind nicht nur Künstler längst vergangener Zeiten. Arezzo kann auch in der Jetztzeit stolz sein auf den namhaften Regisseur und Schauspieler **Roberto Benigni**, der 1952 in der Nähe der Stadt geboren wurde. Benigni führte Regie in zahlreichen Filmen mit international bekannten Schauspielern, darunter 2002 in der Neuverfilmung von *Pinocchio*, in der er zugleich die Hauptrolle spielte. In Italien ist er auch bekannt für seine zeitkritischen Äußerungen, für die er in den 1980er-Jahren sogar zu einem Jahr Gefängnis verurteilt wurde. Der politisch engagierte Künstler ist unter anderem ein bekennender Kritiker Silvio Berlusconis. Darüber hinaus begeistern seine Schauspiele mit dem Titel *Tutto Dante* in Italien ein Millionenpublikum, und 2005 erhielt er den Verdienstorden der Italienischen Republik. Weltberühmt wurde Benigni durch seine mit Preisen überhäufte Tragikomödie *Das Leben ist schön*, für die er unter anderem 1997 mit drei Oscars und 1999 mit dem begehrten Chlotrudis Award für die beste Regie ausgezeichnet wurde. Der wunderbare, anrührende Film über die Judenverfolgung durch die Nationalsozialisten während des Zweiten Weltkriegs in Italien wurde in Arezzo gedreht. Dort kann man die wichtigsten Drehorte aufspüren und auf Informationstafeln über die jeweils dort gedrehten Szenen lesen.

Fiera Antiquaria auf der Piazza Grande

In Arezzo ist immer etwas los, ganz besonders lebhaft ist die Stadt jedoch an jedem ersten Wochenende eines Monats, wenn sich die Piazza Grande in einen riesigen Antiquitätenmarkt verwandelt. Rund 500 Händler und Privatverkäufer bieten Keramiken, alte Möbel aus allen Epochen, Bilder, Zeichnungen, Musikinstrumente, historische Schmuckstücke, Haushaltsgeräte aus vergangenen Zeiten und allerlei Nippes an. Aber nicht nur die Piazza, auch die umliegenden Gassen stehen voll im Zeichen wertvoller Preziosen und nicht ganz so wertvollen Trödels. Die Geschäfte der Stadt sind ebenfalls geöffnet, falls Ihnen der Sinn doch nach neuester Mode und nicht nach alten Möbeln steht. Von den einladenden Cafés unter der Loggia Vasari hat man einen schönen Überblick über das geschäftige Treiben.

Hingehen!

- ★ **Saffron.** Zeitgenössisches Ambiente, moderne Küche mit japanischen Einflüssen, nur abends geöffnet. Piazza Sant'Agostino 16, Tel. 0575 1 82 45 60, www.safronarezzo.it, Ruhetag: Mo.
- ★ **Il Grottino.** Freundliche Osteria, traditionelle Küche, netter Service, Terrasse. Via Madona del Prato 1, 0575 30 25 37.

ÜBERNACHTEN

- ★ **Ca'Lucano.** Renovierte Steinhäuser, Apartments, unberührte Natur, Aussicht, Pool, 12 km nach Arezzo. Loc. Ca'Lucano, Palazzo del Pero, www.calucano.com
- ★ **Minerva.** Vor den Toren der Stadt, helle Räume, Blick auf die Stadt. Via Fiorentina 4, Tel. 0575 37 03 90, www.hotel-minerva.it

Ganz oben: Fresken im Palazzo Pretorio (auch: Palazzo Albergotti) aus dem Jahr 1332
Oben: Der Consuma-Pass führt durch das Casentino-Tal nach Arezzo
Rechte Seite: Jedes Jahr im September findet die sehenswerte Parade La Giostra del Saracino in Arezzo statt.

49 *Valtiberina*
Im Tiber-Tal nach Borgo Sansepolcro

Nicht verpassen!

★ **Museo Civico.** Das Städtische Museum zeigt Werke von Piero della Francesca, das berühmteste Bild, »Die Auferstehung« kann man kostenlos durch eine mit Panzerglas gesicherte Holztür sehen.

★ **Museo della Resistenza.** Das Museum über die italienische Widerstandsbewegung gegen die Nationalsozialisten im Zweiten Weltkrieg wurde 1975 gegründet.

★ **Aboca Museum.** Museum der Kräuter und Gesundheit, zu sehen sind u.a. Laboratorien, in denen aus Kräutern medizinische Elixiere hergestellt werden.

★ **Cinema Teatro Dante.** In Privatbesitz seit 1836, hier dreht sich alles um Filmgeschichte. Via XX Settembre 156, Tel. 0575 73 34 33, www.cinemateatrodante.net

★ **Cattedrale di Sansepolcro.** Romanische Kathedrale mit gotischen Elementen aus dem 11. Jh., sehenswerte Kunstwerke im Inneren, darunter ein Holzkreuz aus dem 10. Jh.

Oben: Fresko von San Giuliano von Piero della Francesca (Städtische Museum Sansepolcro)
Rechts: Szene aus dem Aboca-Museum in Sansepolcro

Von Arezzo aus ist es nur ein Katzensprung in das idyllische Valtiberina. Unterwegs im Tiber-Tal taucht schon nach kurzer Strecke wie eine mittelalterliche Festung die Ortschaft Anghiari auf und bald darauf Borgo Sansepolcro. Wer dort einkehrt, kann sich kulinarisch aufs Feinste verwöhnen lassen.

Anghiari ist eine mittelalterliche Ortschaft mit knapp 6000 Einwohnern und Mitglied der Organisation Cittàslow – ein Garant dafür, dass man hier, fernab von der Hektik des Alltags, optimale Erholung findet. Sie können es ja mal testen. Streifen Sie durch die malerischen Gassen hinauf zu den Piazzi mit den bezaubernden Loggien. Wenn Sie dann in einer der Bars ein Gläschen Wein genießen, können Sie sich kaum vorstellen, dass in diesem beschaulichen Ort jedes Jahr am 29. Juni die Hölle los ist. Beim **Palio della Vittoria** ist das ganze Dorf auf den Beinen – natürlich in historischen Gewändern, schließlich geht es um das Gedenken an die berühmte Schlacht von Anghiari, in der sich 1440 Florenz und Mailand bekriegten. Ansonsten ist die Ortschaft wirklich friedlich, sodass man in aller Ruhe in den hübschen Antiquitätenläden oder sonntags auf dem Antiquitätenmarkt stöbern kann. Obwohl es auch in Anghiari gute Trattorien gibt, sollten Sie, wenn

sich der Hunger noch in Grenzen hält, mit dem Mittagessen bis **Borgo Sansepolcro** warten. Das Städtchen ist bekannt für seine vielen guten Ristoranti.

Spitze – im wahrsten Sinne des Wortes

Auch Sansepolcro feiert ein historisches Fest: **Der Palio della Balestra** findet alljährlich am zweiten Sonntag im September statt. Hier sind allerdings die harten Jungs in ihren Renaissance-Kostümen gut trainierte Armbrustschützen. Der Kampf richtet sich gegen die Rivalen aus der malerischen Stadt Gubbio in Umbrien. Die übrige Zeit des Jahres ist Sansepolcro ein lebendiges, aber nicht von Touristen überlaufenes Handwerkszentrum mit 16 000 Einwohnern. Angesichts des Palio liegt es nahe, dass hier Armbrüste hergestellt werden. Wem danach jedoch weniger der Sinn steht, kann dennoch auf Shoppingtour gehen. San Sepolcros *borghesi*, seine Bürger, genießen einen exzellenten Ruf als Goldschmiede und in so manchem Laden findet man wirklich außergewöhnliche Arbeiten. Garantiert fündig wird auch, wem noch ein Spitzendeckchen für den Tisch zu Hause fehlt, denn Sansepolcro ist ein Zentrum der Spitzenklöppelei. In mehreren handwerklichen Betrieben stellt man noch immer feinste Spitze von Hand her, darüber hinaus unterrichtet hier sogar eine Fachschule die Produktion der zarten Kostbarkeiten. Wer durch die Läden der Stadt bummelt, entdeckt bestimmt einige schöne Dinge aus handgefertigter Spitze. Das nette Städtchen bietet zudem beachtliche kulturelle Sehenswürdigkeiten, allen voran rund um den Künstler Piero della Francesca. Der bedeutendste Sohn der Stadt wurde um 1415 in Sansepolcro geboren und starb 1492 in seinem Geburtsort. Das Geburtshaus des mittelalterlichen Künstlerstars wurde 1992 anlässlich seines 500. Todestages restauriert und ist heute ein Kulturzentrum.

Hingehen!

EINKAUFEN

★ **Il Telaio.** Anna Maria Andreini, Fachgeschäft für Spitzen (merletti) im Bereich Wohnen, Kleidung und Wäsche. Via Matteotti 18, 52037 Sansepolcro, Tel. 0575 74 93 16.

ESSEN UND TRINKEN

★ **Fiorentino.** Seit 50 Jahren ein hoch geschätztes Traditionsristorante. Via Pacioli 60, 52037 Sansepolcro, Tel. 0575 74 20 33, Ruhetag: Mi.

★ **Il Borghetto.** Elegantes Hotelrestaurant, typische Gerichte der Region und gute Weinkarte. Via Senese Aretina 80, 52037 Sansepolcro, Tel. 0575 73 60 50, www.borgopalace.it

★ **Oroskopo di Paola e Marco.** Elegantes Ambiente mit kreativer feiner Küche, gehört zu einem kleinen aparten Relais-Hotel. Via Togliatti 68, Loc. Pieve Vecchia, Tel. 0575 73 48 75, www.relaisoroscopo.com, Ruhetag So.

ÜBERNACHTEN

★ **Borgo Palace Hotel.** Vier-Sterne-Hotel, nobles, gepflegtes Ambiente, komfortable Zimmer, gutes Preis-Leistungs-Verhältnis. Via Senese Aretina 80, www.borgopalace.it

★ **Relais Palazzo di Luglio.** In den grünen Hügeln, 2 km außerhalb von Sansepolcro, klassisch schöne Zimmer, schöne Aussicht, Pool. Via Marechiese 35, Fraz. Cigliano, www.relaispalazzodiluglio.com

Oben: Die Via Metteotti mit dem Rathaus, und der Kathedrale in Sansepolcro

In fruchtbarem Bauernland

Nicht verpassen!

★ **Casseretto.** Turm aus dem 14. Jh. mit Glocken-stuhl, über eine Holztreppe zu besteigen, mit herrlicher Aussicht, umgeben von einer Grünflä-che.

★ **Chiesa di Sant'Angelo und Palazzo Pretoria.** Heute gemeinsam mit dem Cassero ein Kultur-zentrum mit Bibliothek, archäologische Ausgra-bungsfunde.

★ **Pinacoteca Comunale.** Unter der ehemaligen Kirche, mit Gemälden aus Gotik und Renais-sance, hölzernes Kreuz unbekannter Herkunft und Sakralkunst sowie Möbel aus vergangenen Epochen.

★ **Piazza del Municipio.** Liegt im oberen Teil der Stadt und ist begrenzt mit überdachten Loggien, mit herrlicher Aussicht auf das Valdichiana.

★ **Museo della Pieve di San Giuliano.** In der Pieve Vecchia von 1452, beeindruckende Madonnen-Darstellungen und mehr. Piazza della Collegiata, Tel. 0575 65 80 80, www.museopievesangiuliano.it.

★ **Castello di Montecchio Vesponi.** Besichtigung nur nach Anmeldung unter Tel. 0575 65 12 72 oder via E-Mail über die Website www.castellodimontecchiovesponi.it

Mittelalter in »purezza«, malerisch platziert auf einem Hügel, umgeben von fruchtbarem Weideland – das ist Castiglione Fiorentino. Rundherum sieht man Getreide-felder, Olivenhaine, Weinberge und weidende Chianina-Rinder, kurzum: ein kulinarisches Paradies.

Nicht mehr weit von Umbrien entfernt, prägt Weide- und Acker-land das östliche Chianatal. In dieser fruchtbaren Ebene liegen verstreut einige Städtchen, die sich an sanfte Hügel schmiegen und zu einem Bummel durch historische Straßen einladen. Ein ganz besonderes mittelalterliches Juwel ist Castiglione Fioren-tino. Seine Altstadt wird von einer imposanten Stadtmauer aus dem 13. Jahrhundert umschlossen, deren zwei wuchtige Stadt-tore noch heute funktionsfähig sind. Die Mauer bildet eine klare Trennlinie zu den neuen Siedlungen, die in den vergangenen Jahrzehnten jenseits des historischen Zentrums angelegt wurden. Ein Spaziergang führt vorbei an hübschen Renaissance-Palazzi, denen zum Teil eine Renovierung gut stehen würde, hinauf zur **Piazza Comune.** Dort kann man die **Torre del Cassero** über eine Holztreppe bis zum Glockenstuhl besteigen und oben die *bella vista* auf das weite Valdichiana und die weißen Rinder genießen. Wer sich die Anstrengung der Turmbesteigung sparen möchte, kann mit der schönen Aussicht von der Loggia an der **Piazza del Municipio** vorliebnehmen. Eine unterhaltsame Einführung in die

Oben: Kirche in der mittelalterlichen Stadt Casti-glion Fiorentino im Val die Chiana
Rechts: Blick auf den Cassero-Turm in Castiglion Fiorentino

Geschichte des Städtchens bietet die empfehlenswerte **Pinacoteca Comunale**. Sie präsentiert sakrale Kunst und Möbel aus vergangenen Jahrhunderten sowie Gemälde aus der Gotik und Frührenaissance. Die Bilder zeigen vorwiegend die bezaubernde Landschaft des Chiana-Tales, die sich erstaunlicherweise bis heute kaum verändert hat.

Das Castello di Montecchio Vesponi

Wenige Kilometer südlich von Castiglione Fiorentino thront seit 1014 auf einem rund 360 Meter hohen Hügel das Castello di Metecchio Vesponi majestätisch über dem Valdichiana. Zahllose Olivenbäume ziehen sich in einer Spirale den Burgberg hinauf und bieten einen aparten Kontrast zu dem von zahlreichen Zinnen bekrönten Mauergürtel. Unterhalb des mittelalterlichen Castello erstreckt sich das 1200-Seelen-Dorf **Monteccio Vesponi**. Die Burg war einst Wohnsitz des *Condottiere* Sir John Hawkwood (um 1320–1394). Der Söldnerführer englischer Abstammung war zu seiner Zeit in Italien unter dem Namen Giovanni Acuto ein berühmter Kriegsherr. Angeblich starb er 1394 auf der beeindruckenden Burg, die sich heute in Privatbesitz seiner letzten Nachfahrin befindet und die ein wichtiges historisches Bauwerk der Region ist. Das Castello ist deshalb nur nach vorheriger Absprache mit La Signora Orietta Floridi Viterbini zu besichtigen.

Wer dazu keine Gelegenheit bekommt, aber dennoch gern Burgfeeling erleben möchte, bucht am besten ein Zimmer in der nahegelegenen historischen **Villa Schiatti** oder reserviert dort zumindest einen Tisch auf der schönen Terrasse. Das Anwesen aus dem 19. Jahrhundert ist in einer herrlichen Landschaft gelegen und bietet seinen Gästen neben einer traumhaften Aussicht auf das malerische Valdichiana einen ausgedehnten Park und absolut ruhig gelegene Zmmer zum Erholen und Entspannen.

Hingehen!

ESSEN UND TRINKEN

★ **Villa Schiatti.** Regionale Küche, herrliche Terrasse mit Aussicht. Loc. Montecchio Vesponi 132, Tel. 0575 65 14 40, www.villaschiatti.com

★ **Centopercento Gelato – Gelateria Artigianale.** Alle Eissorten aus besten Produkten der jeweiligen Saison. Piazza Risorgimento 11, Tel. 328 955 38 72, www.centopercentogelato.it

★ **Il Passaggio.** Das auch bei Einheimischen beliebte Lokal serviert Fisch, Fleisch oder auch eine Pizza, herzlicher Service. Via Adua 68, Tel. 0575 65 96 39.

ÜBERNACHTEN

★ **Villa Schiatti.** Villa aus dem 19. Jh., liebevoll renoviert, Panoramablick, Pool. Loc. Montecchio Vesponi 132, www.villaschiatti.com

★ **Casa Portagioia.** Inmitten schöner Landschaft, geschmackvolle Zimmer, gepflegter Garten, Pool. Pieve di Chio 56, www.casaportagioia.com

★ **Relais San Pietro in Polvano.** Herrliche Lage, schönes Ambiente, wunderschöner Park, Pool, Restaurant mit guter Küche und Panoramaterrasse. Loc. Polvano 3, www.polvano.com

Oben: Auf einer Anhöhe, bereits von Weitem sichtbar, liegt das Castello di Montecchio Vesponi.

Die schöne Unbekannte

Val di
Chiana 51 Cortona
Lucignano
Asciano
Monte Olivieto
Maggiore
Sinalunga
S. Giovanni
d'Asso
Montepulciano
Buonconvento
Castiglione
del Lago
S. Biagio
Montalcino
Pienza

Nicht verpassen!

★ **Museo dell'Accademia Etrusca.** Bedeutende Sammlung etruskischer Funde.

★ **Madonna del Calcinaio.** Die Kirche wurde vermutlich wegen eines wundertätigen Marienbildes erbaut, auffallend sind die extrem hohen Gewölbe.

★ **Palazzo Passerini.** Direkt an der schönen Piazza della Repubblica gelegen.

★ **Fortezza del Girifalco.** 1258 am höchsten Punkt der Stadt erbaut, großartige Aussicht.

★ **Convento delle Celle.** Kloster am Berg Sant'Egidio, die Franziskuszelle kann besichtigt werden, www.lecelle.it

★ **Tuscan Sun Festival.** Infos, ob und wann es wieder die Stadt mit schöner Musik belebt, unter: www.tuscansunfestival.com

Die von Etruskern gegründete Stadt hat sich gut gehalten, besser gesagt: Sie ist mit den Jahren noch schöner geworden. Das herrlich auf dem 650 Meter hohen Monte Sant'Egidio gelegene Cortona und seine gut gelaunten Einwohner hinterlassen bei Besuchern aus aller Welt einen unvergesslichen Eindruck.

Auffallend viele Amerikanerinnen sieht man in der bezaubernden Stadt durch die Straßen bummeln. Man kann sich fragen, ob das an der romantisch-schnulzigen Liebesgeschichte *Unter der Sonne der Toskana* der amerikanischen Schriftstellerin Frances Mayes liegt. 1996 stand der Roman auf Nummer 1 der Bestsellerliste der New York Times. 2003 wurde die Geschichte der Amerikanerin, die in der Nähe von Cortona ihr Glück findet, verfilmt. Auf diese Weise wurde die traumhaft schöne Stadt nicht nur in den USA, sondern weltweit berühmt, denn der Roman wurde in viele Sprachen übersetzt. Frances Mayes lebt teilweise in Cortona und engagiert sich sehr für das **Tuscan Sun Festival**, das jedes Jahr im Sommer berühmte Musiker und Sänger der klassischen Musik in die mittelalterliche Stadt holt. 2013 wurde das Festival abgesagt, aber man hofft, dass es wieder stattfinden wird.

Oben: »Pietra Fetida«, eine etruskische Skulptur aus der Mitte des 6. Jh. v. Chr.
Rechts: Etwas unterhalb von Cortona befindet sich die Kirche Madonna del Calcinaio

Liebenswert und voller Kunstschätze

Bequeme Schuhe sind empfehlenswert, wenn Sie diese Stadt erkunden möchten, denn es geht bergauf und bergab mit erheblichen Höhenunterschieden, was sehr zum Liebreiz dieses mittelalterlichen Kleinods beiträgt.

Die ursprünglich etruskische Siedlung fiel in die Hände der Römer, anschließend übernahm Florenz die Macht über die strategisch günstig gelegene Stadt. Das damals entstandene spätmittelalterliche Stadtbild hat sich danach nicht mehr stark verändert, und so fühlt man sich bei einem Streifzug durch die Gassen tatsächlich in eine andere Zeit versetzt. Nun gut, die Kleidung der Menschen hat sich geändert und in den hohen Palazzi, die es kaum zulassen, dass ein Sonnenstrahl in die engen Gassen fällt, sind heute schicke Mode- oder Schuhgeschäfte, belebte Bars oder Ristoranti untergebracht. Aber sonst ist alles wie es einmal war, und, erfreulicherweise gut restauriert.

Zu den zahlreichen Sehenswürdigkeiten gehört an erster Stelle das **Museo dell'Accademia Etrusca e della Città di Cortona**, das MAEC, wie es die *cortonesi* kurz und bündig nennen. Das absolute Highlight dieser Schatzkammer etruskischer Funde ist eine sehr gut erhaltene Grableuchte aus Bronze.

Zu einer kleinen Pause mit einem traumhaften Ausblick auf das weite Chiana-Tal verlockt die **Piazza del Duomo**. Einen Blick sollte man schon in den Dom werfen, der auf Überresten eines antiken Tempels erbaut wurde. Zwar ist er äußerlich unscheinbar, im Inneren beherbergt er aber interessante Renaissance-Kunst. Wer sich für Kirchen interessiert, kann hier über zehn Gotteshäuser aus dem 12. bis 17. Jahrhundert besichtigen. Sehenswert ist die außerhalb der 2800 Meter langen, gut erhaltenen Stadtmauer gelegene Kirche **Madonna del Calcinaio**, die zwischen 1484 und 1515 errichtet wurde.

Hingehen!

EINKAUFEN

★ **Antica Drogheria.** Der Name täuscht, denn heute bietet die Drogheria aus dem 19. Jh. eine gute Weinauswahl und Produkte der Region. Via Nazionale 3.

ESSEN UND TRINKEN

★ **Il Falconiere Relais.** Sternerestaurant, wunderschönes Ambiente, herrliche Terrasse, mit schickem Hotel. Loc. San Martino, Tel. 0575 61 26 79, www.ilfalconiere.com

★ **La Bucaccia.** Palazzo aus dem 13. Jh., exquisite Küche, großartiges Preis-Leistungs-Verhältnis, freundlicher Service. Via Ghibellina 17, Tel. 0575 60 60 39, www.labucaccia.it, Ruhetag: Mo.

★ **Osteria del Teatro.** Familiär, saisonale Küche, hübsche Terrasse im Fußgängerbereich. Via Maffei 2, Tel. 0575 63 05 56, www.osteria-del-teatro.it, Ruhetag: So.

ÜBERNACHTEN

★ **Relais Villa Petrischio.** Herrliche Anlage, gepflegte Zimmer und Apartments mit Blick auf den Park, 10 km nach Cortona, Via del Petrischio 25, www.villapetrischio.it

★ **Villa Marsili.** Der Palazzo aus dem 17. Jh. ist seit 2001 ein Hotel, nahe der Fußgängerzone, Ambiente antik mit modern kombiniert. Viale Cesare Battisti 13, www.villamarsili.net

Oben: Cortona liegt einladend auf dem 650 m hohen Monte Sant'Egidio

52 *Valdichiana*

Weites Land und weiße Rinder

Nicht verpassen!

★ **Lago Montepulciano.** Der heutige See ist ein Rest der ehemaligen Sumpflandschaft und heute ein wichtiges Feuchtgebiet für Vögel und Pflanzen.

★ **Lago Chiusi.** Ein kleiner See, nahe der Stadt Chiusi, idealer Stopp für Radfahrer, weil man sich im Ristorante Pesce d'oro direkt am See mit gegrillten Fischen, frisch aus dem Lago, stärken kann. Loc. Sbarchino 36, 53043 Chiusi, Tel 0578 2 14 03.

★ **L.A. Chianina di Manieri.** Die Genossenschafts-Metzgerei verkauft ausschließlich Fleisch von Chianina-Rindern; die Herkunft jedes Tieres wird garantiert. Via Trieste 23, 53011 Chiusi, Tel. 0578 2 11 83, www.carnechianina.net

★ **Valdichiana Outlet Village Arezzo.** Mode, Schuhe und mehr von namhaften Firmen gibt es hier bis zu 70 % günstiger. Via Enzo Ferrari 5, 52045 Foiano della Chiana, www.lagerverkaufs-mode.de, Öffnungszeiten: täglich 10–20 Uhr.

Bildhübsche Dörfer sind ein Markenzeichen des Valdichiana, das sich entlang des Flusses Chiana von Arezzo bis Chiusi erstreckt. Das Chiana-Tal blickt auf eine wechselhafte Geschichte zurück, ist heute jedoch wieder »die« Kornkammer Italiens, die es bereits in etruskischer Zeit gewesen ist.

Das Valdichiana, wie das Chiana-Tal auch genannt wird, hat eine spannende Vergangenheit. Zu Zeiten der Etrusker breiteten sich entlang des Flusses Chiana weitläufige Felder mit *farro* (Dinkel) aus und sorgten für den Reichtum der damaligen Bevölkerung. Ende des 1. Jahrtausends n. Chr. aber begann das Tal zu veröden, da viel Geröll mit den Bergflüssen ins Tal gespült wurde. Das ehemals fruchtbare Land wurde zu einer 12 000 Hektar großen Sumpflandschaft. Im Mittelalter entwickelten vor allem **Leonardo da Vinci** und **Galileo Galilei** Pläne zur Trockenlegung des Gebiets. Viel wurde versucht, aber so richtig geklappt hat es nicht. Die systematische Trockenlegung gelang erst im 19. Jahrhundert durch die Umleitung der Zuflüsse und den Bau des 51 Kilometer langen **Canale Maestro**.

Goethe im Valdichiana

Auf seiner großen Italienreise begeisterten **Goethe** nicht nur die die Zitronen, sondern auch die Felder im Valdichiana. »Es ist unmöglich, schönere Plätze, Schluchten und Felder zu sehen, wie hier im Valdichiana«, schrieb er. »Das Korn wächst üppig und

Oben: Der Lago di Chiusi ist ein eher unscheinbares Gewässer für Erholungssuchende
Rechts: Blick vom Palazzo Comunale (Rathaus) in Montepulciano ins Val di Chiana

scheint in diesem Land die Voraussetzungen zu finden um zu gedeihen.« Das 100 Kilometer lange Flusstal ist auch heute einer der fruchtbarsten Landstriche Italiens und zudem Heimat der ältesten Rinderrasse Europas, der *Razza Chianina*. Das Valdichiana ist darüber hinaus ein begehrtes Ziel für beschaulichen Urlaub. Besonders für Radfahrer ist die Strecke entlang des **Canale Maestro della Chiana** eine fantastische Tour. Auf den Spuren der Etrusker führt sie durch eine faszinierende Landschaft mit freundlichen Trattorien, in denen man die lokalen Produkte auf genussvolle Weise kennenlernen kann. An erster Stelle steht natürlich das Fleisch der Chianina-Rinder, aus dem man die legendäre *bistecca fiorentina* zubereitet – aber nicht nur: Gerade in der Valdichiana weiß man auch die Innereien und die weniger begehrten Fleischstücke so köstlich zuzubereiten, dass keiner auf die Idee kommt, ihm würde ein »Arme-Leute-Essen« vorgesetzt. Auf den Bauernhöfen entlang der Route leben zudem glückliche Schweine, Hühner, Enten und Gänse, die in den Gasthöfen rundherum zu schmackhaften Gerichten verarbeitet werden. Man wäre nicht in Italien, wenn nicht auf jeder noch so kleinen Speisekarte auch hausgemachte Nudeln stehen würden, allen voran *pici*. Die dicken, hausgemachten Spaghetti werden mit einem *sugo* vermischt und mit heimischem Schafskäse, der hier *cacio* genannt wird, bestreut. Hunger bekommen? Keine Sorge, Einkehrmöglichkeiten gibt es genügend auf dem **Sentiero della Bonific**a, der von Arezzo rund 62 Kilometer nach Chiusi führt, erfreulicherweise mit relativ geringen Höhenunterschieden.

Hingehen!

ESSEN UND TRINKEN

★ **Osteria Vecchia Rota.** Traditionelle Gerichte, immer der Jahreszeit entsprechend. Via XX Settembre 4, Marciano della Chiana, Tel. 0575 84 53 62, www.osterialavecchiarota.it, Ruhetag: Mo und Di.

★ **Ristorante Belvedere.** Slow-Food Restaurant, köstliche Braten und Nudelgerichte, im Grünen gelegen, Terrasse. Loc. Bano 223, 52048 Monte San Savino, Tel. 0575 84 42 62, www.ristorante-belvedere.net, Ruhetag: Mo und Di.

★ **Osteria delle Grotte.** Uriges Ambiente. Via G. Matteotti 33, Sinalunga, Tel. 0577 63 02 69, www.osteriadellegrotte.com, Ruhetag: Mi.

ÜBERNACHTEN

★ **Relais La Leopoldina – B&B.** Inmitten unberührter Natur, individuelle Zimmer, gepflegter Garten, Pool, Ristorante mit guter Küche. Via XXI Aprile 10, Loc. Bettolle, 53048 Sinalunga, Tel. 0577 62 34 47, www.relaislaleopoldina.it

★ **Casa Vacanze i Chiari.** Am Lago di Montepulciano, große, hübsche Zimmer, Weitblick, Pool. 53045 Acquaviva di Montepulciano, Via del Lago 28, www.casavacanzeichiari.it

Oben: Kirche im Valdichiana – nahe Cortona

Kulinarische Einkaufsziele

Nicht verpassen!

★ **Chiesa di Santa Croce.** Mit sehenswerten Werken aus der Bottega von Luca Signorelli, in Sinalunga.

★ **Convento di San Bernardino.** Kloster aus dem 15. Jh. auf 500 m Höhe, renoviert im 18. Jh. in Sinalunga, außerhalb des Zentrums von Poggio Baldino.

★ **Museo Comunale.** Stadtmuseum von Lucignano, mit Werken von Pietro di Giovanni d'Ambrogio (1410–1449), Sebastiano Folli (1568–1621) und dem berühmten Sohn des Valdichiana, Luca Signorelli.

★ **Collegiata di San Michele Arcangelo.** Die 1592 in Lucignano erbaute Stiftskirche bewahrt Werke von Andrea Pozzi.

★ **Historische Stadtmauer.** Lucignanos 1371 erbaute Stadtmauer ist bis heute fast vollständig erhalten.

Oben: Eine Köstlichkeit ist Pecorino mit Feigenkonfitüre
Rechts: »Tagliatelle al ragù bianco di coniglio«, serviert in der Trattoria Dulcisinfundo in San Gimignano

Einem Nest gleich liegt das mittelalterliche Dorf Lucignano auf einem Hügel zwischen fruchtbarem Weideland. Wie in Sinalunga leben seine Einwohner in erster Linie von der Landwirtschaft – und das seit langer Zeit und immer sehr gut. Als Verdienstquelle spielt der Tourismus zunehmend eine wichtige Rolle.

Sinalunga ist eine geschäftige, reizende Kleinstadt und die Bewohner sind weit über die Gemeindegrenzen hinaus bekannt für ihren Fleiß. Die Kleinstadt ist im Vergleich zu anderen Gemeinden Italiens vermögend. Dies liegt an den zahlreichen Gutshöfen des Umlandes, die neben den immer heißer begehrten Chianina-Rindern auch Federvieh züchten und Bio-Landbau betreiben. Genießer finden hier, was ihr Herz begehrt: allerbeste Fleischqualität, frisches, möglichst biologisch angebautes Gemüse und Obst, hochwertiges Olivenöl und *naturalmente* gute Weine.

Kulinarik und Kultur

In seiner Geschichte weist Sinalunga einen kleinen Makel auf, über den hier keiner gerne spricht, obwohl es sich um ein Ereignis in *tempi passati,* in längst vergangenen Zeiten, handelt. Aber Italiener sind geschichtsbewusste Menschen, und deshalb werden die Einwohner des Städtchens ungern auf **Giuseppe Garibaldi**

angesprochen, obwohl dem Symbol der Einigung Italiens und Nationalhelden in jeder italienischen Stadt ein Denkmal oder zumindest eine Piazza gewidmet ist. In Sinalunga nämlich wurde er auf seinem Marsch auf Rom verhaftet ...

Aber Besucher stört das weniger, denn das Städtchen ist nett anzusehen. Wobei, ehrlich gesagt, malerischer, weil auch kleiner und überschaubarer, ist **Lucignano**. Im Mittelalter waren Hügel begehrte Standorte für Burgen. Strategisch günstig gelegen, konnte man von diesen Wehranlagen aus das ganze Umland kontrollieren. Lucignano bot einen solch günstigen Standort – heute ist es deshalb für Besucher besonders reizvoll. Die engen Gassen innerhalb der noch sehr gut erhaltenen Burgmauer laufen elliptisch hinauf über steinerne Treppen zu den beiden Kirchen **San Francesco** aus dem 13. Jahrhundert und zur **Collegiata di San Michele Arcangelo** aus dem 16. Jahrhundert. Letztere beherbergt Werke des italienischen Malers Andrea Pozzi (1642–1709). Den Platz vervollständigt das Rathaus im **Palazzo Pretorio** aus dem 12. Jahrhundert. Im Erdgeschoss des Palazzo kann man einige Werke des berühmten Malers Luca Signorelli aus dem 15. Jahrhundert bewundern, der aus dieser Region stammte.

Von Lucignano aus lohnt ein kleiner Ausflug in das nur wenige Kilometer entfernte **Monte San Savino**. Das von einem Wald umrahmte Castello ist der Geburtsort des berühmten Renaissance-Baumeisters **Andrea Contucci** (um 1467–1529), besser bekannt als »Sansovino«, und von **Papst Julius III.** (1487–1555). Das ebenfalls von einer intakten mittelalterlichen Mauer umgebene reizende Dorf ist im ganzen Umkreis bekannt für seine besonders köstliche Schinken- und Wurstspezialitäten. Auf dem hübschen Marktplatz findet man diverse Metzgereien, die zum Einkaufen verlocken. Am besten kommt man zum Wochenmarkt am Mittwoch – für Schlemmer ein kleines, aber feines Paradies.

Hingehen!

ESSEN UND TRINKEN

★ **Le Coccole dell'Amoroso.** Gehobene feine Küche, Terrasse mit Traumaussicht, in der dazugehörigen Osteria kann man zu einem Glas guten Weines Kleinigkeiten genießen, eigene Weinkellerei. Loc. L'Amorosa, 53048 Sinalunga, www.amorosa.it

★ **L'Oste Matto.** Nettes Restaurant mit charmantem Garten, kreative Küche, familiär. Via Circonvallazione 7/B, 52046 Lucignano, Tel. 0575 83 62 76.

★ **Restaurant La Maggiolata.** Gemütliches, schlichtes Ambiente, toskanische Küche, Fleisch vom Grill, innerhalb der Burg. Via G. Matteotti 60, 52046 Lucignano, Tel. 0575 81 90 08, www.ristorantelamaggiolata.it, Ruhetag: Mi.

ÜBERNACHTEN

★ **Locanda dell'Amoroso.** Vier-Sterne-Hotel in einem Borgo aus dem 13. Jh., wunderschön restauriert, Pool, traumhafter Park. Loc. L'Amorosa, 53048 Sinalunga, www.amorosa.it

★ **B&B Le Caselle.** Altes Bauernhaus, charmant renoviert, großer Garten, Pool, geräumige Zimmer, familiär. Via Procacci 30, 52046 Lucignano, www.lecaselle.net

★ **Hotel Apogeo.** Ansprechende Zimmer und Apartments, Wellness, Pool, schöner Park. Anfahrt über die A 1, Uscita Valdichiana, 53040 Bettole, www.hotelapogeo.it

Oben: Das mittelalterliche Städtchen Lucignano liegt eingebettet in das fruchtbare Weideland.

54 *Pienza*

Schmuckstück der Renaissance

Nicht verpassen!

★ **Duomo Santa Maria Assunta.** Klare Renaissance-Fassade, lichtdurchflutete dreischiffige Kirche, erbaut 1460–1464.

★ **Museo Diocesano.** Museum für sakrale Kunst, die Ausstellung ist auf elf sehr schön gestaltete Räume verteilt, jeder Raum hat ein Thema. Corso Il Rossellino 30, Eintritt 4,10 €, Öffnungszeiten: Mi–Mo 10–19 Uhr, www.museionline.info.

★ **Pieve di Corsignano.** In der schlichten romanischen Kirche wurde der spätere Papst Pius II, getauft, während der Messe singen die Mönche gregorianische Choräle, reizender Spaziergang von Pienza zu der idyllisch gelegenen Kirche.

★ **Entlang der Stadtmauer.** Schöner Spazierweg außerhalb der Stadtmauer, mit atemberaubendem Blick auf das Orcia-Tal und den Monte Amiata, höchstromantisch bei Sonnenuntergang.

Oben: Beeindruckend die klare Renaissance-Fassade der Kathedrale von Pienza, im Herzen der Kleinstadt
Rechts: Für Pecorino – den Hartkäse aus Schafsmilch – ist Pienza bekannt.

Papst Pius II. hatte seine Heimat nicht vergessen. Deshalb ließ er im 15. Jahrhundert nahe seinem Geburtshaus von dem berühmten Architekten Bernardo Rossellino die »Stadt des Pius« erbauen: Pienza. Weder Papst noch Baumeister haben die Vollendung ihres Werkes erlebt, die Nachwelt aber ist glücklich.

Im Herbst liegt das Orcia-Tal häufig im Nebel, lediglich das rund 490 Meter hoch gelegene Pienza ragt aus dem weißen Schleier heraus, und die Sonne beleuchtet die prachtvollen Palazzi. Die gut 2000 Einwohner können sich glücklich schätzen, dass **Papst Pius II**. (1405–1464), der als Silvius Piccolomini in Corsignano geboren wurde, ein wenig unter Größenwahn litt und den ziemlich verfallenen Familienbesitz zu seiner Idealstadt umbauen wollte. Um diesen Traum zu verwirklichen, engagierte er den besten Florentiner Baumeister: **Bernardo Rossellino** (1409–1464). Die Vollendung des Planes erlebte jedoch keiner von beiden, und so blieb es bei einer Renaissance-Stadt im Miniformat, die nach dem Namen des Papstes in »Pienza« umgetauft wurde. Da der leicht abschüssige Hügel nur wenig Fläche bot, wurden die einzelnen Palazzi trapezförmig um einen Platz postiert, der auf diese Weise optisch größer wirkte. Der Blick durch die absichtlich freigelassenen Lücken zwischen der Bebauung ließ die Weite des **Orcia-Tales** erahnen. Pienza ist ein wahres Renaissance-Kleinod, das 1996 zum UNESCO-Weltkulturerbe erklärt wurde.

Pienza – bezauberndes Weltkulturerbe

Alles ist klein und sehr übersichtlich, das macht den Charme des Städtchens aus. Das Auto parkt man vor der Altstadt, die man von hier in wenigen Minuten erreicht. Gehen Sie zuerst zum höchsten Punkt des Ortes, der **Piazza Comunale Pio II**. In der Mitte des zentralen Platzes befindet sich ein hübscher *pozzo* (Ziehbrunnen), und rundum stehen noble Palazzi. An der Stirnseite der Piazza beeindruckt der **Duomo Santa Maria Assunta**. Das helle und lichtdurchflutete Gotteshaus ist eine Mischung aus nordalpiner Spätgotik und italienischer Renaissance. Das sehenswerte Taufbecken ist ein Meisterwerk von Rosselini. Zur rechten Seite des Domes steht das prachtvollste Bauwerk Pienzas, der **Palazzo Piccolomini.** Die herrlichen Räume des Palastes sind für Besichtigungen geöffnet. Geradezu umwerfend schön sind die drei übereinanderliegenden Loggien, die der zauberhaften Landschaft zugewandt sind und einen atemberaubenden Blick über das Orcia-Tal und auf den Monte Amiata bieten. Auf der gegenüberliegenden Seite des Domes steht der **Palazzo Pubblico**; das Gebäude mit dem überdimensionalen Turm wird auch heute noch als Rathaus genutzt. Wer gerne sakrale Kunstwerke in noblem Ambiente bewundert, ist in dem 1998 eröffneten **Museo Diocesano d'Arte Sacra** genau an der richtigen Stelle.

Ein Hauch von Käse

Verlockender Käseduft durchzieht den **Corso Rossellino**, die Hauptverbindung zwischen den beiden Stadttoren. Aber wer

Hingehen!

EINKAUFEN

★ **Aracne – Bottega tessile artigiana.** Handgewebte schicke Schals, Ponchos, Tischwäsche und Accessoires. Via Dogali 25, www.aracnepienza.it

★ **Bottega del Naturista.** Feinkostladen mit einer immensen Auswahl an Pecorino. Corso il Rossellino 16, Tel. 0578 74 80 81.

ESSEN UND TRINKEN

★ **Trattoria Latte di Luna.** In einem Palazzo im Centro, mit hübscher Terrasse, Wildschweingerichte und weitere toskanische Spezialitäten. Via San Carlo 2/4, Tel. 0578 74 86 06, www.portalepienza.it, Ruhetag: Di.

★ **La Porta.** Schlichtes, elegantes Ambiente, toskanische Küche, gute Weinkarte, schöne Terrasse, wenige Kilometer vor der Altstadt im Val d'Orcia. Via del Piano 3, Tel. 0578 75 51 63, www.osterialaporta.it, Ruhetag: Do.

Oben: Das pittoreske Städtchen Pienza lädt zum Bummeln ein. Die Via dell'Amore bietet zudem einen fantastischen Blick auf das Val d'Orcia

Pienza

schaut bei einem Bummel auf dieser Schlemmermeile schon auf die Stadttore! Wer hier flaniert, wird unweigerlich hungrig und einkaufslustig. Der unbestrittene Star in den Auslagen der Schaufenster ist der Pecorino di Pienza in allen Größen und Reifegraden. Der *cacio*, wie die würzig-aromatische Schafskäse hier genannt wird, hat eine jahrhundertelange Tradition. Die Käseproduzenten, deren Schafe rund um Pienza auf den Weiden des Orcia-Tales grasen, wissen, dass aromatische Kräuter wie Bergbohnenkraut, wilder Thymian und Wermutkraut dem Käse sein unvergleichliches Aroma verleihen. Neben der Milch und den Reifegraden spielt die Behandlung der Laibe eine wesentliche Rolle. So kann die Käsemasse mit Pinienkernen, schwarzem Pfeffer, Trüffeln und anderen Zutaten vermischt werden, oder die Käselaibe werden mit Heu oder Kastanienblättern umhüllt und reifen in gebrauchten Barrique-Fässern. Gehen Sie ruhig hinein in einen der Läden, zum Beispiel in die **Bottega del Naturista**, wo Sie von den Holzregalen appetitlich die verschiedensten *cacio*-Sorten anlachen. Dazu gibt es diverse Honige und Marmeladen, die optimale Begleitung zum schmackhaften Käse. Noch schlimmer wird die Qual der Wahl am ersten Sonntag im September während der **Fiera del cacio**. Die Pecorino-Messe oder besser gesagt, das Fest zu Ehren des Pecorino, ist ein wunderbares Erlebnis für alle, die gerne Käse verkosten und mit Freuden in einer Käse-Duftwolke flanieren.

Wer schließlich genug Käse probiert und gekauft hat, hat vielleicht noch Lust, bei Paola Peruginis Laden **Aracne** vorbeizuschauen. Dort kann man Paolas Sohn Mattia zuschauen, wie er am Webstuhl aus feinsten Materialen wunderschöne Stoffe webt. Die farbigen Wunderwerke werden dann zu Schals, Jacken, Ponchos und vielen anderen Kleidungsstücken verarbeitet. An dem hübschen kleinen Laden, charmant geführt von Mutter und Sohn, sollten Sie nicht vorbeigehen ...

Hingehen!

★ **La Terrazza del Chiostro.** Speisen im Klostergarten nahe der Altstadt, regionale, raffiniert verfeinerte Küche. Corso Rossellino 26, Tel. 0578 74 94 02, www.anghelhotels.it, Ruhetag: Mo außer in der Hochsaison.

ÜBERNACHTEN

★ **Relais il Chiostro di Pienza.** Im Herzen von Pienza, ehemaliges Kloster, heute schickes Vier-Sterne-Hotel, Zimmer mit Blick zur Altstadt und auf das Orcia-Tal. Corso Rossellini 26, www.relaisilchiostrodipienza.com

★ **Piccolo Hotel La Valle.** Wenige Schritte von der Altstadt entfernt, nette Zimmer, schöne Terrasse. Via Circonvallazione 7, www.piccolohotellavalle.it

Ganz oben: Signor Valerio Truffelli bei der Arbeit in seiner Bottega Artigiana del Cuoio in der Altstadt von Pienza
Oben: Handgewebte Stoffe aus dem sympathischen Laden Aracne
Rechts: Crespelle con Zucchine e Formaggio in der Trattoria da Fiorelli – ein Gaumenschmaus.
Rechte Seite: Sonnenaufgang mit dem typischen Frühnebel im Frühjahr über dem Val d'Orcia mit dem Monte Amiata im Hintergrund.

Nobile – nicht nur der Wein

Nicht verpassen!

★ **Duomo di Santa Maria Assunta.** Mit unvollendeter Fassade aus dem 14. Jh., im Inneren Triptychon mit Mariä Himmelfahrt von Taddeo di Bartolo aus dem 15. Jh.

★ **Museo comunale.** Gemäldesammlung mit Werken aus dem 13.–17. Jh., archäologische Funden aus der Umgebung, Eintritt: 3 €. Via Ricci 10, Palazzo Neri Orselli, Öffnungszeiten: 10–13 Uhr und 15–18 Uhr, Juni und Juli bis 19 Uhr.

★ **Chiesa Sant'Agostino.** Bewundernswerte Marmorfassade von Michelozzo aus dem frühen 15. Jh.

★ **Porta al Prato.** Durch das Tor aus dem 13. Jh. gelangt man von der Hauptstraße zur Piazza Savonarola; 1511 wurde hier der florentinische Löwe als Machtsymbol der Republik Florenz aufgestellt.

★ **Punto di vendita di Strada del Vino di Montepulciano.** Hier erhält man Informationen über Weine, Öle und andere Produkte der Region, aber es kann auch eingekauft werden. Piazza Grande 7, www.madeinmontepulciano

Einer alten Weisheit zufolge kommt guter Wein aus schönen Landschaften mit bodenständigen und geselligen Menschen. In Montepulciano trifft dies auf jeden Fall zu: Die Stadt ist ein Traum, die Landschaft lieblich, und dass die Menschen gerne feiern, sieht man an den zahlreichen Festen.

Seit 2004 gehört das **Orcia-Tal** zum Welterbe der UNESCO. Über seiner gewellten Landschaft thront auf einem knapp über 600 Meter hohen Tuffsteinhügel Montepulciano. Das bezaubernde Städtchen sieht schon von Weitem so schön aus, dass man sofort Lust auf eine Besichtigungstour dieser Perle der Renaissance bekommt. Auf dem Gipfel des Hügels liegt in der Altstadt die **Piazza Grande.** Dort hinauf führt der lange steile Corso, ein anstrengender Weg, doch die Mühe lohnt sich. Und unterwegs geben einem die schönen Herrenhäuser zu beiden Seiten des Corso immer wieder Grund, bewundernd stehenzubleiben – und zu verschnaufen.

Im August wird gefeiert

Die Einwohner von Montepulciano sind ein heiteres Völkchen, und bei Festen ist die ganze Stadt auf den Beinen. Der Name der Siedlung stammt übrigens von den Römern, die den Ort *mons politianus* nannten, daher nennen sich seine Bewohner *poliziani.*

Oben: Der »Bravio delle Botti« ist ein traditioneller Wettkampf, der jedes Jahr in Montepulciano aufgeführt wird.
Rechts: In so ein schönes, mit Rosen umranktes Haus tritt man gerne ein.

»Poliziano« ist deshalb auch das Pseudonym des Renaissance-Dichters **Angiolo Ambrogini** (1454–1494).

Man spürt, dass es den Menschen hier wirtschaftlich gut geht: Der Vino Nobile ist gefragt, im Umland floriert die Landwirtschaft und im Städtchen der Tourismus. Also darf ruhig ausgiebig gefeiert werden! Besonders ausgelassen ist die Stimmung im Sommer, wenn Mitte August das **Bruscello-Fest** gefeiert wird. Drei Tage findet auf der Piazza Grande eine Open-Air-Veranstaltung statt, zu der jedes Jahr ein anderes Theaterstück aufgeführt wird, 2014 zum Beispiel *Romeo und Julia*. Ein abwechslungsreiches heiteres Rahmenprogramm rundet die Festivität ab. Mit dem **Bravio delle Botte** sorgt ein ganz spezielles Spektakel am letzten Sonntag im August für fröhliche Stimmung in der mittelalterlichen Stadt. Bei diesem historischen Fest von 1374 müssen acht »verfeindete« Stadtteile jeweils ein 80 Kilogramm schweres Weinfass den steilen Corso 1800 Meter hinauf zur Piazza rollen. Wer das Fass als Erster ins Ziel gebracht hat, wird – und mit ihm sein Stadtteil – mit dem »Bravio« geehrt. *Bravio* ist die Bezeichnung für ein Tuch, das mit dem Stadtpatron San Giovanni bemalt ist. Ein Umzug in historischen Gewändern gehört zum Bravio delle Botte ebenso dazu wie gutes Essen und Trinken. Doch damit ist der Festkalender noch nicht erledigt: Von Mitte Juli bis August verwandelt sich die liebenswerte Stadt in ein riesiges Theater. Die Internationale Musikwerkstatt **Fondazione Cantiere Internazionale D'Arte** ist ein Treffpunkt für junge Komponisten, Interpreten und Theatermacher aus ganz Europa, die hier die Möglichkeit haben, in den

Hingehen!

EINKAUFEN

★ **Poderi Sanguineto.** Kleines Weingut mit charaktervollen, feinen Weinen. Fraz. Acquaviva, Via Sagnuineto 2–4, Tel. 0578 76 77 82, www.sanguineto.it

★ **Contucci.** Traditionsweingut in der Altstadt, Weinverkostung und Besichtigung möglich. Via del Teatro 1, Tel. 0578 75 70 06, www.contucci.it

★ **Fattoria Pulcino.** Verkauf von Weinen, Grappas, Bio-Olivenöl, Pecorino, Salami, Marmelade und diversen Honigen und weiteren biologischen Produkten. Strada Statale 146, Tel. 339 140 31 62, www.fattoriapulcino.it

ESSEN UND TRINKEN

★ **La Grotta.** Gediegenes, elegantes Restaurant in einem Haus aus dem 15. Jh., toskanische Gerichte modern interpretiert. Lag. San Biagio 16, Tel. 0578 75 74 79, www.lagrottamontepulciano.it, Ruhetag: Mi.

Oben: Faszinierend liegt das Weinstädtchen Montepulciano auf einem 600 m hohen Tuffsteinhügel und lädt schon von Weitem zum Besuch ein.

Hingehen!

★ **Osteria dell'Acquacheta.** Eine gemütliche Trattoria mit Holztischen, guten Weinen und typischen Gerichten wie *pici con ragù*, Via del Teatro 22, Tel. 0578 71 70 86, www.acquacheta.eu, Ruhetag: Mo.

★ **Piccola Trattoria Guastini.** Kleine freundliche Trattoria, Terrasse mit Blick auf Montepulciano, viele beliebte einheimische Gerichte. Via Laurentana Nord 20, Tel. 0578 72 40 06, Ruhetag: Mi, www.piccolatrattoriaguastini.it

★ **Le Logge del Vingola.** Kleines sympathisches Ristorante im historischen Zentrum, gute Küche, feine Weine. Via delle Erbe 6, Tel. 0578 71 72 90, Ruhetag: Di, www.leloggedelvignola.com

ÜBERNACHTEN

★ **Villa Mazzi.** Ein Landgut mit Schafzucht, Käse- und Weinproduktion, hübsche Ferienwohnungen, gepflegter Garten, Hofverkauf, 2 km außerhalb von Montepulciano. Strada per Pienza 30, www.villamazzi.it

★ **Villa Cicolina.** Gepflegte Villa mit Restaurant, Garten, Pool, eigene Produktion von Wein und Olivenöl. Via Provenciale 11, www.villacicolina.it

★ **La Bruciata.** Gutshof, familiär geführt, hübsche Wohnungen, Gasthaus mit guter Küche, Pool, 2 km außerhalb von Montepulciano. Via del Termine, Loc. Poggiano, www.agriturismolabruciata.it

Oben: Das Fassrennen, der »Bravio delle Botte« in Montepulciano, ist ein Wettkampf zwischen den Contraden der Stadt und lockt viele Besucher an.
Rechts: Verkostung des Vino Nobile di Montepulciano im Weingut Contucci
Rechte Seite: Romantisch schlängelt sich die Straße, gesäumt von Zypressen, durch die wunderschöne Landschaft bei Montepulciano.

Montepulciano

verschiedenen Theatern der Stadt ihr Können zu zeigen. Ins Leben gerufen hat dies 1976 der deutsche Komponist **Hans Werner Henze**, der 2012 verstorben ist. Danach hat sein Schüler Detlev Glanert die künstlerische Leitung übernommen. Wie weltoffen, gastfreundlich und kunstinteressiert die *poliziani* sind, sieht man auch daran, dass die Einwohner die Künstler beherbergen und bewirten. Montepulciano ist eine der Städte Italiens, die tatsächlich sehr engagiert kulturpolitische Projekte unterstützen und fördern.

Charaktervoll, tiefgründig und nobile

So schön die Renaissance-Stadt mit ihren prachtvollen Palazzi und Piazze ist, vergessen Sie nicht, auch einige Weinkeller zu besuchen. Der Vino Nobile di Montepulciano gehört neben dem Brunello di Montalino und dem Chianti zu den drei Spitzenweinen der Toskana. Bereits im 17. Jahrhundert wurde der Rotwein als König der Weine bezeichnet, den Namenszusatz »nobile« trägt er seit dem 18. Jahrhundert. Als erstes Weinbaugebiet in Italien erhielt der Nobile di Montepulciano die DOCG, die kontrollierte und garantierte Herkunftsbezeichnung. Wie bei allen großen Rotweinen der Toskana ist auch beim Nobile di Montepulciano die Sangiovese-Traube die Protagonistin des Weines. Die Rebe, die hier *prugnolo gentile* heißt, muss einen Anteil von mindestens 70 Prozent einnehmen, darüber hinaus dürfen andere autochthonen Rebsorten des Gebiets hinzufügt werden. Um sein vollmundiges Bukett richtig zu entfalten, muss der Nobile di Montepulciano zwei Jahre im Holzfass reifen, bevor er in den Verkauf kommen darf. Schon nach einem Jahr darf hingegen der Rosso di Montepulciano auf den Markt kommen – der kleine Bruder des Nobile hat aber auch nicht ganz so viel Power.

56 San Biagio

Liebliche Südtoskana

Nicht verpassen!

★ **Kirche Sant Augustine.** Sehenswerte Kirche mit einer Fassade von Michelozzo, ein Meisterwerk der Renaissance, Innenbereich im 18. Jh. renoviert.

★ **Terme di Montepulciano.** Hilft bei Atemwegs- und Hauterkrankungen. Diese Quellen gibt es bereits seit 1571, das heutige Heilbad wurde 1966 erbaut. Via delle Terme 46, Sant'Albino, www.termemontepulciano.it

★ **Strada del Vino di Montepulciano.** Zahlreiche Informationen über die Winzer, Verkostungen und Touren entlang der Weinstraße gibt es im Palazzo del Capitano Popolo an der Piazza Grande in Montepulciano. Informieren Sie sich, denn eine Tour lohnt!

★ **Antiquitätenmarkt.** Jeden zweiten Sonntag findet auf der Piazza Grande ein großer Antiquitätenmarkt statt.

★ **Wochenmarkt.** Jeden Dienstagvormittag bieten auf der Piazzale Nenni zahlreiche Händler ihre Waren an.

Oben: Auf Flohmärkten, wie dem in Montepulciano, kann man noch das eine oder andere Schnäppchen ergattern.
Rechts: Madonna di San Biagio, nahe Montepulciano, ist eines der beachtenswertesten Bauwerke der toskanischen Renaissance.

Perfektion ist das eine, Schönheit das andere. Selten ist beides so elegant vereint wie in der Kirche San Biagio unterhalb von Montepulciano. Doch nicht nur das einzigartige Bauwerk lockt Touristen aus aller Welt hierher: Auch der grandiose Blick auf das südtoskanische Hügelland ist eine Reise wert.

Die Kirche **Madonna di San Biagio**, das wohl beeindruckendste Bauwerk der toskanischen Renaissance, steht auf einer Wiese zu Füßen der reizenden Weinstadt am Ende einer Zypressenallee. Der berühmte Florentiner Architekt Antonio da Sangallo erbaute sie 1519 bis 1549 aus Travertin auf Überresten der mittelalterlichen Kirche Pieve di San Biagio. Der Grundriss des Bauwerks ist streng geometrisch angeordnet; klar gegliedert sind auch die zwei Türme, von denen nur einer fertiggestellt wurde. Im Inneren ist die Kirche bewusst schlicht gehalten, um die Blicke auf das Wesentliche zu richten. Die Einheimischen nennen die Wallfahrtskirche nicht zuletzt deshalb *La Madonna del buon viaggio*, »Muttergottes der guten Reise«, weil viele Reisenden mit ihren Spenden mitgeholfen haben, dieses einmalige Kunstwerk der Renaissance

so prachtvoll zu restaurieren. Verlässt man die Kirche, fällt der Blick auf die malerische Landschaft mit den blühenden Wiesen, die von Schafherden bevölkert werden.

Aromatischer Pecorino – was sonst!

Schafe prägen das reizvolle Landschaftsbild, und die können sich glücklich schätzen, denn auf den Wiesen gedeihen noch viele Wildkräuter. Im Frühjahr ist die Milch besonders aromatisch und somit auch der daraus hergestellte Käse. Fragen Sie nach jungem *marzolino* oder frischer *ricotta pecora* – ein Hochgenuss. Der gereifte *marzolino* ist ab Herbst im Verkauf und begeistert Käsefreunde mit seinem mild-aromatischen Aroma. Fortgeschrittene Käseliebhaber bevorzugen meist den *Pecorino Gran Riserva*, ein würziger, aber keinesfalls scharfer Hartkäse, der mindestens eineinhalb Jahre Reifezeit hinter sich haben muss. Die Reifung und die begleitende Behandlung ist das Geheimnis jedes Käseherstellers und sorgt für diese unglaubliche Vielfalt. Probieren Sie mal hier, mal da, bevor Sie sich für zu Hause einen Pecorino-Laib kaufen. Nebenbei bemerkt, fragen Sie in der Toskana niemals nach Parmesan für ihre Pasta, das wäre ein Sakrileg! *Pecorino stagionato*, frisch gerieben, verfeinert die Pasta – basta!

Wein oder nicht – das ist hier die Frage …

Ein beliebtes italienisches Sprichwort hört man natürlich besonders häufig in Regionen, in denen Wein angebaut wird: *Non è possibile avere la botte piena e la moglie ubriacata* – »Es ist unmöglich, ein volles Fass zu haben und eine betrunkene Ehefrau!« Das bezieht sich ein bisschen auf das Wunschdenken italienischer Männer … Aber auch hier gilt die Devise: Sekt oder Selters.

Hingehen!

EINKAUFEN

★ **Caseficio Silvana Cungusi.** Verkaufsladen direkt am Hof von unterschiedlich gereiftem Pecorino und Ricotta di Pecora, an der Straße von Montepulciano nach Pienza. Via della Boccia 8, www.caseificiocugusi.it

★ **Biobauernhof Colonna.** Sehr gutes Olivenöl und Nobile sowie Rosso di Montepulciano – biologischer Betrieb seit 2000, Verkauf ab Hof. Via di Setinaiola 4, www.belvederecolonna.it

★ **Il Conventino.** Einer der ersten Betriebe, die als Biobetrieb zertifiziert wurden, klassischer Montepulciano, keine internationalen Rebsorten, zum Anwesen gehören drei Apartments und ein Pool. Via della Ciarliana 25/b, www.ilconventino.it

ESSEN UND TRINKEN

★ **Osteria al Borgo.** Direkt an der Piazza Grande, toskanische Küche und hausgemachte Pasta, gutes Weinangebot, traumhafte Terrasse mit Blick auf das Val d'Orcia, mit Gästezimmern. Via Ricci, Tel. 0578 71 67 99, www.osteriadelborgo.it

★ **Ristorante degli Archi.** Herzlich geführt von Elda (Köchin) und Pier (Sommelier). Piazzeta S. Cristofano 2, Tel. 0578 75 77 39, www.ristorantedegliarchi.it

Oben: Mitten auf einer Wiese, zu Füßen des Weindorfs liegt die eindrucksvolle Kirche Madonna di San Biagio.

57 San Chianciano

Wo heiße Quellen sprudeln

Das heiße Heilwasser, das hier aus der Tiefe sprudelt, ist unglaublich reich an Mineralien und wirkt deshalb gegen Leberleiden und viele andere, unterschiedlichste Erkrankungen. Darüber hinaus kurt man hier in einer wunderschönen, unverfälschten Landschaft.

Umgeben von Weinbergen und Olivenhainen, liegt das Kurstädtchen San Chianciano auf 475 Metern Höhe. Es ist als Kurort bei Weitem nicht so berühmt wie Montecatini Terme, doch wahrscheinlich fühlen sich gerade deshalb die Gäste hier so wohl. Die hiesigen Heilquellen wurden schon von den Etruskern hochgeschätzt, dann aber fehlten San Chianciano im 18. und 19. Jahrhundert die Adeligen und Prominenten, die mitgeholfen hätten, das Städtchen in einen mondänen Kurort zu verwandeln. San Chiancianos heutige Kurgäste stört das aber keineswegs. Sie genießen den Charme des mittelalterlichen Städtchens und die Bodenständigkeit seiner knapp 7000 Einwohner, von denen die meisten nach wie vor ihr Geld mit der Landwirtschaft verdienen. Kurgäste, Touristen und die *chiancianesi* leben hier in harmonischer Eintracht.

Für jedes Wehwehchen das richtige Wasser
Fünf unterschiedlich zusammengesetzte Heilwasser sorgen dafür, dass ganz verschiedene Krankheiten behandelt werden können.

Nicht verpassen!

★ **Chiesa dell'Immacolata.** Kirche von 1475, 1555 zerstört und 1580 wieder aufgebaut, sehenswertes Fresko der Madonna della Pace von Luca Signorelli.

★ **Chiesa della Madonna della Rosa.** Erbaut zwischen 1585 und 1599 nach Plänen des Künstlers und Architekten Baldassare Lanci (1510–1571).

★ **Colegiata di San Giovanni.** Kirche aus dem 13. Jh.

★ **Museo Etrusco Archeologico.** Gegründet 1999, auf drei Stockwerken fantastische etruskische Ausgrabungsfunde, Eintritt 5 €. Viale Dante, 53042 Chianciano Terme, www.museoetrusco.it, Öffnungszeiten: Di–So 10–13 Uhr und 16–19 Uhr, im Aug. auch Mo geöffnet.

Oben: Chianciano ist ein Mix aus gediegenem Kurort und mittelalterlicher Altstadt.
Rechts: Das Hotel Alexander Palme im Zentrum von Chiacano Terme bietet angenehmes Ambiente und 4-Sterne-Komfort.

Das *Acquasanta* ist 33° Celsius warm und muss morgens getrunken werden, um den Gallenfluss anzuregen und die Leber zu stärken. Das *Acqua Sillene* misst sogar 38,5° Celsius und wird in Fangotherapien eingesetzt, um den Blutdruck zu senken. Die Dämpfe des *Acqua Santissima* müssen dagegen inhaliert werden. Aber dazu befragen Sie am besten Ihren Arzt oder Apotheker! Nicht zuletzt kann man in den heißen Quellen baden, um den gestressten Körper wieder zu regenerieren. Erprobte Kurgäste wissen, was den Heilungserfolg nachhaltig unterstützt: Flanieren im gepflegten Kurpark, Eisessen auf der Piazza, ein Gläschen Wein in einer der vielen netten Kneipen, die auch rege von Einheimischen besucht werden.

Obligatorisch ist ein Ausflug in den historischen Stadtteil **Chianciano Alto**, den man am besten zu Fuß erkundet. Autos sind hier zwar nicht verboten, dennoch lässt man den Wagen besser auf dem Parkplatz vor dem Tor stehen, denn die Gassen sind sehr eng und verwinkelt. Bisweilen enden sie sogar in steilen Treppen. Beim Spaziergang durch das mittelalterliche Dorf mit den Renaissance-Häusern und kleinen Plätzen laden nette Bars und Trattorien zum Verweilen und einige hübsche Läden zum Bummeln ein. An manchen Ecken öffnet sich ein herrlicher Blick bis zum **Lago di Trasimeno** in Umbrien. Interessanten Zeitvertreib bietet unter anderem das **Museo Etrusco Archeologico**. Hobby-Archäologen haben jahrzehntelang im einst von Etruskern besiedelten Umland gegraben und einige Stätten freigelegt. Mit Hilfe von Profis haben sie dieses Museum gegründet, um ihre Funde auszustellen.

Hingehen!

ESSEN UND TRINKEN

★ **Hosteria il Buco.** Im historischen Zentrum gelegen, kleines Lokal, familiär, hausgemachte Pasta, Pilze und Trüffeln. Via della Pace 39, Tel. 0578 3 02 30, Ruhetag: Mi.

★ **Bar Pasticceria – Centro Storico.** Kleine aber reizende Terrasse mit Panoramablick, feine Kuchen und Eis, Via Casini 22, Tel. 0578 314 44, www.barpasticceriacentrostorico.it

ÜBERNACHTEN

★ **Admiral Palace.** Modernes, komfortables Kurhotel, 2007 eröffnet, Wellness, Pool, Restaurant. Via Umbria 2, www.admiralpalace.it

★ **Grand Hotel Ambasciatori.** Hotel aus den 1960er-Jahren, Kurhotel mit Wellness, Pool, Panoramaterrasse, Restaurant. Viale della Libertá 512, www.barbettihotels.it

★ **Hotel Perugina.** Kleines Drei-Sterne-Hotel, herzlicher Service, moderner Komfort, Restaurant, gutes Preis-Leistungs-Verhältnis. Via Adige 34, Tel. 0578 6 49 52, www.hotelperugina.com

Oben: Chianciano Terme liegt weithin sichtbar malerisch auf einem Hügel.

58 Chiusi
Die fast vergessene Etruskerstadt

Nicht verpassen!

★ **Cattedrale San Secondiano.** Eine der ältesten Kirchen der Toskana, aus dem 12. Jh., dreischiffig mit 18 unterschiedlichen römischen Säulen.

★ **Museo Archeologico Nazionale di Chiusi.** Eintritt 6 €, mit Besuchen der Tombe Pellegrina und Leone. Via Porsenna 93, Tel. 0578 201 77, Öffnungszeiten: täglich 9–20 Uhr.

★ **Labirinto di Porsenna.** Eintritt 5 € incl. Museo della Cattedrale. Piazza Duomo, Öffnungszeiten mit Führung: 10.10, 10.50, 11.30, 12.10, 16.10, 16.50, 17.30, 18.10 Uhr.

★ **Museo Civico La Città Sotterranea.** Eintritt 4 €. Via Il Cimina 2, Tel. 0578 209 15, Öffnungszeiten mit Führung (40 Minuten): 10.15, 11.30, 12.45, 15.15, 16.30, 17.45 Uhr, Sa und So 10.10, 11.10, 12.10, 15.10, 16.10, 17.10 Uhr.

★ **Etruskergräber.** Etwa 3 km außerhalb der Stadt, geöffnet wie das Museum, Eintritt bezahlt man beim Archäologischen Museum.

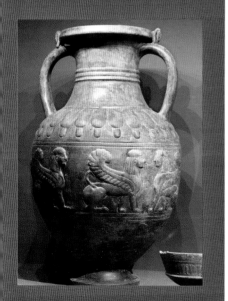

Oben: Dieses Stück stammt aus einer etruskischen Grabstätte in der Nähe von Chiusi.
Rechts: Das Museo della Cattedrale am Domplatz präsentiert antike und mittelalterliche Fundstücke der Region.

Für Geschichtsinteressierte ist Chiusi »das« Urlaubserlebnis schlechthin, war doch die kleine Stadt an der Grenze zu Umbrien zu Zeiten der Etrusker eine der bedeutendsten Metropolen. Für Menschen mit Klaustrophobie ist die spannende Unterwelt des kleinen Städtchens allerdings eher ein schwieriges Terrain.

Nur wenige Kilometer von der Grenze zu Umbrien entfernt, liegt das Städtchen Chiusi ein wenig abseits der ausgetretenen Touristenpfade durch die Toskana. Zu Zeiten der Etrusker war dies jedoch ganz anders. *Chamars*, der Name bedeutet »umgeben von Sümpfen«, war zwischen dem 7. und 5. Jahrhundert v. Chr. ein bedeutender etruskischer Stadtstaat und ein wichtiges Zentrum für Handel und Wirtschaft. Die glorreiche etruskische Vergangenheit der Region kann man kaum irgendwo so hautnah entdecken wie in dieser reizenden, ein wenig vergessenen Stadt.

Ein Labyrinth durch die etruskische Geschichte

Der magische Anziehungspunkt ist das **Nationale Archäologische Museum**. Das 1901 eröffnete Museum wurde 2003 sehr übersichtlich restauriert und bietet dem Besucher einen klar strukturieren, faszinierenden Überblick über die Geschichte der Etrusker. Unermesslich kostbare Schätze aus dieser Epoche sind hier zu be-

staunen: Statuen, Urnen, Grabreliefs, Vasen und vieles mehr führen den damaligen Reichtum der Stadt anschaulich vor Augen. Richtig spannend wird es aber in der Unterwelt von Chiusi, die man über den Eingang beim Dommuseum erreicht. Von einem Labyrinth, das das Mausoleum des Etruskerfürsten Porsenna schützen sollte, berichtete schon **Plinus der Ältere** im 1. Jahrhundert n. Chr. Allerdings wurde die Glaubwürdigkeit der Quelle stark angezweifelt. Nun vermutet man, dass mit dem Labyrinth die schachtartigen Gänge gemeint waren, die man unter dem Dom entdeckte. Wahrscheinlich handelte es sich um ein unterirdisches System mit Kanälen und Zisternen zur Wasserversorgung und -entsorgung. Noch faszinierender ist das unterirdische Museum **Città Sotteranea**. Seine Gänge führen vorbei an etruskischen Urnen, einem rekonstruierten Laden mit etruskischen Funden sowie an beschrifteten Urnendeckeln – ein klarer Beweis, dass die Etrusker des Schreibens und Lesens kundig waren. Außerhalb der Stadt liegen schätzungsweise bis zu 18 Nekropolen, wovon einige, weniger interessante, auch frei zugänglich sind. Der Eintritt für das Archäologische Museum berechtigt auch zum Besuch der **Tomba della Pellegrina**, die bis zum 2. Jahrhundert v. Chr. benutzt wurde. In den Sarkophagen sind die Namen der Verstorbenen eingeritzt und ihre Deckel sind mit liegenden Figuren geschmückt. Hier lässt sich gut nachvollziehen, wie die Gräber wohl einst ausgesehen haben. Die Besuche der Museen – ober- und unterirdisch – nehmen einen ganzen Tag in Anspruch. Für geschichtsinteressierte Menschen ein kulturelles Highlight.

Hingehen!

ESSEN UND TRINKEN

★ **I Salotti.** Köchin Katia Maccari bietet in dem Sternerestaurant zwei Degustationsmenüs und ein elegantes Ambiente. Loc. Querce al Pino, Strada Statale 146, www.ilpatriarca.it, Ruhetag: Mo und Di, nur abends geöffnet.

★ **Osteria La Solita Zuppa.** Im Zentrum, klassische toskanische Küche, hausgemachte Nudeln, große Weinauswahl. Via Porsenna 21, Tel. 05782 10 06, www.lasolitazuppa.it

ÜBERNACHTEN

★ **Il Patriaca.** Villa aus dem 19. Jh., heute ein elegantes Romantik-Hotel mit Park, Pool, Sternerestaurant. Loc. Querce al Pino, Strada Statale 146, www.ilpatriarca.it

★ **Agriturismo Macciagrosso.** Ansprechende Apartments, gepflegte Gartenanlage, Pool, Tennis, Barbecue, 7 km außerhalb von Chiusi. Loc. Macciano, www.macciangrosso.it

★ **Hotel Villa del Sole.** An der Straße von Chiusi nach Chianciano, modernes Hotel mit hellen Zimmern, Restaurant. Via delle Rose 7, Loc. Querce al Pino, www.villahoteldelsole.com

Oben: Das Museo Nazionale Etrusco beherbergt Zeugnisse von Etruskern, Griechen und Römern.

MAREMMA UND DIE SÜDLICHE KÜSTE

Mittagsblumen tauchen die Küste in leuchtendes Magenta

Rechts: Butteri heißen die Cowboys der Maremma, die die weißen Rinder hüten oder mit Touristen Reitausflüge machen.

Links: Sonnenblumen, so weit das Auge reicht, gesäumt von Pinien und Zypressen: typisch für die Maremma
Rechts: Der Palazzo Aldobrandeschi an der Piazza Dante Alighieri in Grosseto

Wilde Landschaft, heiße Quellen und feine Weine

»Bittere Maremma« nannte man früher das sumpfige, vorwiegend von Stechmücken bevölkerte Gebiet zwischen Siena und Rom. Ein Geschenk des Himmels war die Trockenlegung der Sümpfe im 19. Jahrhundert. Sie verwandelten sich in eine fruchtbare Landschaft mit Olivenhainen, Weinbergen, Schaf- und Rinderherden.

Die Maremma ist der am wenigsten besiedelte Landstrich Italiens. Hier trifft man noch vereinzelt Wildpferde, Wildschweine und Wölfe. In den Feuchtgebieten am Meer tummeln sich Fischreiher, Graugänse, Krickenten und Wasserhühner. Die Region ist ein Urlaubsparadies für alle, die Ruhe und Erholung in weitgehend unberührter Natur suchen. Der Weg vom Monte Amiata Richtung Tyrrhenisches Meer führt durch eine wenig besiedelte, landwirtschaftlich genutzte Region, die hübsch, aber nicht spektakulär ist. Plötzlich traut man jedoch seinen Augen kaum: Wie aus dem Nichts taucht **Soranos** steinerne Häuserfront auf, die aus den Felsen zu wachsen scheint. Danach geht es wieder durch gleichförmiges Weideland, bis auf einem Tuffsteinfelsen die in der Abendsonne rotbraun schimmernde Skyline von **Pitigliano** aufragt. Ein ähnliches Aha-Erlebnis bietet noch einmal das wenige Kilometer entfernte **Sovana**.

Es dampft in der Landschaft

So mancher Urlauber überlegt erst einmal, ob er nicht doch ein Glas zu viel des Weines getrunken hat, wenn er plötzlich ein dampfendes Bächlein sieht. Und, waren da nicht auch Menschen in Bademänteln, mitten in der bäuerlichen Landschaft? Nein, keine Fata Morgana, sondern Realität. In und um **Saturnia** sprudeln aus den Felsen türkisfarbene Thermalquellen und ergießen sich in breite natürliche Sinterbecken. Die heilende Wirkung des körperwarmen, schwefelhaltigen Wassers schätzten bereits die Etrusker und später die Römer. In einem wenige hundert Meter langen Wasserlauf mit stufig angelegten Becken gibt es das gesunde Badevergnügen zum Nulltarif. Auf dem Weg zum Meer kann man auf den Spuren der Etrusker wandeln. Großartige ausgrabungen und zahlreiche Nekropolen zeigen die Errungenschaften, die das antike Volk bereits im 6. Jh. v. Chr. erreichte. Allmählich erreicht man die weitläufigen Strände der südlichen Maremma. Ein magischer Ort für Wasserratten ist die Halbinsel **Monte Argentario** mit dem Städtchen **Orbetello**. Die Maremma-

Oben: Das Dorf Sorano bietet wie Pitigliano und Savona einen atemberaubenden Anblick, ganz besonders bei Sonnenuntergang.
Mitte: Baden im Thermalwasser zum Nulltarif? Sie müssen nur darauf achten, wo mitten in den Wiesen Dampf aufsteigt.
Unten: Einzigartig und unvergesslich: die auf einem Tuffstein thronende Stadt Pitigliano

Küste ist eine Mischung aus Sandstränden und Naturschutz-Park. Nicht verpassen sollte man **Grosseto**.

Ein junges Weinbaugebiet macht Furore

Der Sangiovese gedeiht hier erst seit dem 19. Jahrhundert – den Durchbruch schafften die Weine der Appellation Morellino di Scansano in den letzten 20 Jahren. Heute sind die fruchtigen Sangiovese-Weine der Maremma so trendy, dass sich bedeutende Winzer aus anderen Regionen hier Weinberge kaufen. Modernste Kellereien schießen wie Pilze aus dem Boden. Fährt man weiter Richtung Norden, haben die berühmten »Super Tuscans« und bis vor einigen Jahrzehnten noch unbekannte Dörfer wie **Bolgheri** zu weltweiter Bekanntheit verholfen.

Tipp der Autorin

IDYLLISCH UND ABSEITS DES TRUBELS

Wären die drei Tuffstein-Dörfer Sorano, Sovana und Pitigliano nicht so abseits gelegen, es wären wahre Touristen-Pilgerstätten. So aber haben sie immer noch ihren faszinierenden, ursprünglichen Charme und begeistern jeden, der den etwas umständlicheren und längeren Weg in die Maremma wählt.

Bilderbuchidylle aus Tuffstein

Nicht verpassen!

★ **Santi Pietro e Paolo.** Kirche aus dem Mittelalter in Pitigliano, im 16. Jh. umgebaut, heute mit spätbarocker Fassade, hoher Glockenturm.

★ **Aquädukt.** Im 16. Jh. begonnen, im 17. Jh. von den Medici vollendet. Führt über eine tiefe Schlucht vor den Toren Pitiglianos.

★ **Jüdisches Viertel.** Stadtteil von Pitigliano, Synagoge und ein in Felsen gehauenes Kultbad, koschere Metzgerei, Metze-Öfen.

★ **Vie Cave.** Sovana, Hohlwege mit etruskischen Zeichen an den steilen Felswänden, im Inneren liegen Gräber aus verschiedenen Epochen.

★ **Rocca Aldobrandesca.** Ruine am Ortseingang von Sovana, im 11. Jh. erbaut, im 12. u.14. Jh. renoviert, seit dem 17. Jh. verlassen. Die Burg sollte im Mittelalter das Dorf schützen.

★ **Palazzo del Pretorio.** Auf der rechten Seite der gleichnamigen Piazza in Sovana, Palazzo aus dem 12. Jh., die Fassade schmücken Wappen, Sitz des Archäologischen Museums mit etruskischen Fundstücken.

Oben: Geheimnisvolle Treppen führen in den Untergrund der Tuffsteinstadt Pitigliano.
Rechts: Pitigliano ist eine Weißweinenklave im Rotweinland Toskana. In den Weinhandlungen des pittoresken Dorfes werden die Flaschen angeboten.

Wie aus dem Nichts tauchen aus dem Tal die Tuffsteinstädte Sorano, Pitigliano und Sovana auf. Überraschende, atemberaubende Anblicke, die unvergessen bleiben. Im Morgenrot oder im Licht der untergehenden Sonne sind die majestätisch auf Tuffsteinfelsen thronenden Dörfer schlicht einzigartig!

Die drei Dörfer liegen nur wenige Kilometer auseinander, und jedes für sich ist ein malerisches Freiluftmuseum. Die traumhaft schönen kleinen Siedlungen liegen in einem historisch hochinteressanten Gebiet, denn die Geschichte dieser Tuffsteinregion reicht bis in die Jungsteinzeit zurück. Im 9. Jahrhundert v. Chr. prägten die Etrusker auch diesen Landstrich. Viele eindrucksvolle Zeugnisse aus jener Zeit kann man hier bewundern, ohne ein Museum betreten zu müssen.

Die Kleinen im Bund – Sovana und Sorano

Manchmal lässt sich kaum ausmachen, wo der Fels aufhört und das Haus beginnt, beides geht scheinbar ineinander über. Doch genau diese Bauweise verleihen den Tuffsteindörfern ihren einzigartigen Reiz. **Sovana,** das kleinste der Dörfer, erreicht man über einen Serpentinenweg, der sich hinauf zur **Piazza del Pretorio** schlängelt. Dort scheint die Zeit seit dem Mittelalter stehengeblieben zu sein. Außer den Autos der nur rund 150 Einwohner,

ist kein modernes Element auszumachen. Die romanische Kathedrale am höchsten Punkt der Ortschaft ergänzt in ihrer Schlichtheit perfekt den mittelalterlichen Gesamteindruck. Nach dem Bummel durch Sovana lockt ein Besuch des nahegelegenen Archäologischen Parks mit den etruskischen Grabstätten. Besonders imposant ist die Grabanlage **Tomba Ildebranda**, die in Form eines Tempels aus einem riesigen Tuffsteinfels geschlagen wurde. Ein guter Tipp, vor allem an heißen Tagen, ist der Besuch der **Vie Cave**; der Eingang der beiden geheimnisvollen Hohlwege liegt nahe der Ausgrabungsstätte. Wer keine engen Räume mag, für den mögen die faszinierenden schmalen Pfade eine Herausforderung sein, wirken sie doch dank der 20 Meter hohen Felswände zu beiden Seiten noch schmaler, als sie tatsächlich sind. Bei großer Hitze ist es dort unten jedoch angenehm kühl. Der einstige Zweck der Vie Cave ist nicht geklärt, heute sind sie auf jeden Fall eine Touristenattraktion, die Natur und Kultur verbindet.

Man sieht sich – bei Lisa und Laura?

Maremma maiala! ist in Italien eine gern gebrauchte Floskel, wenn etwas schief gelaufen ist. Im Deutschen entspricht es etwa einem inbrünstigen »dumm gelaufen« oder »Schweinerei«! Lisa und Laura aus Pitigliano haben den Spruch gemeinsam mit einem augenzwinkernden Schweinchen auf T-Shirts und Kinderkleider gedruckt und erzielen damit einen großen Erfolg. www.lisart.eu

Hingehen!

EINKAUFEN

★ **Maremmamà by Lisart.** Ein witziger Laden mit netten Geschenkartikeln, Handarbeiten aus eigener Werkstatt und der eigenen Modelinie maremma maiala. Via Roma 99, www.lisart.eu

★ **Pasticceria Celata.** Typische dolci der Maremma und natürlich sfratti, nach jüdischer Tradition hergestellt. Via Unità d'Italia 48, Tel. 0564 61 64 68, www.pancelata.it

★ **Enoteca Ghiottornia.** Feinkostladen mit großem Weinangebot, auch von Pitigliano, Olivenöl, Käse, *dolci* und vieles mehr. Via Roma 11, Tel. 0564 61 69 07, www.ghiottornia.it

ESSEN UND TRINKEN

★ **Hosteria del Ceccottino.** Am Fuß des Glockenturms, regionale Küche aus Bio- und Slow-Food-Produkten, Tische auf der Piazza. Piazza San Gregorio 64, Tel. 0564 61 42 73, www.ceccottino.com, Ruhetag: Do.

Oben: Ein Hinterhof in Pitigliano _ wer mit offenen Augen durch dieses Städtchen geht, kann einige dieser gepflegten Idyllen, in denen die Zeit stehen geblieben scheint, entdecken.

Pitigliano

Ebenfalls auf einem Tuffsteinhügel über dem Fluss Lente gelegen ist das ein wenig größere, aber nicht minder romantische **Sorano**. Nehmen Sie sich Zeit für einen Bummel durch die verwinkelten Gassen und vorbei an den mittelalterlichen Häusern hinauf zum alten Glockenturm. Von dort oben hat man einen herrlichen Blick über das malerische Dorf und die idyllische Landschaft der **Alta Maremma**.

Wunderschönes Pitigliano

Pitigliano gehört völlig zu Recht zu den *borghi più belli d'Italia*, also zu den schönsten Dörfern des Landes. Bereits bei der Anfahrt stockt einem fast der Atem bei seinem majestätischen Anblick. Pitiglianos Häuser drängen sich so eng nebeneinander, dass man meinen möchte, sie seien aus dem Felsen herausgewachsen. Der heutige Standort des Städtchens auf dem gut 300 Meter hohen Tuffsteinfelsen war für die Etrusker perfekt, da sie von dort anrückende Feinde schon früh erblicken konnten. Die Silhouette von Pitigliano ist so bezaubernd, dass man neugierig auf das Stadtzentrum wird. Sobald man auf der grandiosen Brücke mit dem Aquädukt eine tiefe Schlucht überquert hat, ist man schon mitten im Geschehen. Durch sehr enge Gassen gelangt man in das *quartiere ebraico*. Im »jüdischen Viertel« hatten sich im 16. Jahrhundert jüdische Familien angesiedelt, die den Handel und die Kultur der Stadt aktiv mitprägten. Aufgrund seiner jüdischen Vergangenheit wird Pitigliano landläufig auch »Klein-Jerusalem« genannt, doch eine jüdische Gemeinde gibt es hier schon lange nicht mehr. An die 500-jährige jüdische Geschichte des Ortes erinnern heute dennoch eine schön renovierte Synagoge, eine koschere Metzgerei und nicht zuletzt die süße Gebäckspezialität namens *sfratto*. *Sfratto* bedeutet »Zwangsräumung« und bezieht sich auf die Zwangsräumungen, die Pitiglianos Juden unter den Medici im 17. Jahrhundert erleiden mussten. Die Form des Gebäcks erinnert an den Stock, mit dem an die Tür geschlagen wurde, wenn die Räumung anstand.

Vergessen Sie auf ihrem Spaziergang durch die pittoreske Stadt nicht, in einer der urigen Bars ein Glas Weißwein der Region zu trinken. Pitigliano ist nämlich eine Weißweinenklave in der von Rotwein geprägten Toskana. Der feinfruchtige Bianco di Pitigliano ist der erste Wein der Maremma mit kontrollierter Herkunftsbezeichnung (DOC). Er wird aus verschiedenen heimischen Rebsorten gekeltert, wobei die Trebbiano Toscano die Hauptrolle spielt.

Hingehen!

★ **Il Tufo Allegro.** Im Herzen der Stadt, Restaurant mit heimischer Küche, feine Weinauswahl, kleine Terrasse, schönes Ambiente. Vicolo della Costituzione 5, Tel. 0564 61 61 92, www.iltufoallegro.com Ruhetag: Di, Mi Mittag.

★ **Taverna Etrusca.** Ein Schatzkästchen des guten Geschmacks, feine, raffinierte Gerichte, schicke Terrasse, mit Hotelzimmern. Piazza del Pretorio 16, 58010 Sovana, Tel. 0564 61 41 13, www.sovana.eu

★ **Dei Merli.** Helles Ristorante in der Altstadt, typische Gerichte der Maremma, Mitglied bei Slow Food und Km Zero, wunderschöner Garten, einige Zimmer. Via Rodolfo Siviero 1/3, 58010 Sovana. Tel. 0564 61 65 31, Ruhetag: Di, www.ristorantedeimerli.com

ÜBERNACHTEN

★ **Hotel Sovana.** Komplett modernisiertes Vier-Sterne-Hotel gegenüber dem Dom, herrlicher Park, schönes Ambiente. Via del Duomo 66, 58010 Sovana, www.sovanahotel.it

★ **Pesna.** Kleines Hotel im historischen Zentrum in einem alten Palazzo, sechs ansprechend renovierte Zimmer. Via Pretorio 7, Tel. 339 837 52 94.

★ **Agriturismo Poggio Al Tufo.** Inmitten von Weinbergen, geräumige Zimmer, Pool, eigene Weinproduktion. Strada Comunale della Formica 6199, Loc. Poggio Cavalluccio, Tel. 0564 61 54 20.

★ **Villa Vacasio.** Freundliche Villa, 3 km außerhalb von Pitigliano, familiär geführt, angenehme Zimmer, Pool, Bio-Produkte. Loc. Vacasio, www.villavacasio.com

Oben: Das reizende Tuffsteindorf Sorano im Abendlicht – ein einzigartiges Erlebnis
Rechte Seite: Die romantischen engen Gassen von Pitigliano sind einen Besuch wert.

Kuren zum Nulltarif

Seit 3000 Jahren sprudelt in und um Saturnia türkisfarbenes, 37° Celsius warmes, schwefelhaltiges Wasser aus den Felsen. Für die Etrusker war Saturnia deshalb ein magischer Ort, und auch die Römer erkannten und genossen die heilende Kraft des Thermalwassers.

Pro Sekunde schießen mit hohem Druck 500 Liter des leicht stinkenden und dampfenden Heilwassers aus dem Boden und sorgen auf natürliche Weise für steten frischen Nachschub. Doch woher kommen die großen Mengen heißen Wassers? Tatsächlich werden die Quellen von Saturnia vom Regenwasser am **Monte Amiata** gespeist. An dem erloschenen Vulkan versickert es im Boden und sucht sich seinen Weg durch das Gestein, um im 30 Kilometer entfernten Saturnia wieder an die Erdoberfläche zu kommen. Unterwegs wird es unter der Erde mit Mineralien angereichert. Es ist ein ganz besonderes Geschenk der Natur, denn das Wasser bekommt somit heilende Wirkung. Darüber hinaus steht es in Saturnia allen kostenlos zur Verfügung.

Naturbad – die Cascate del Mulino

Ein wenig stutzt man schon, wenn man zum ersten Mal die Straße Richtung Saturnia fährt und plötzlich zarte Dampfwölkchen in der Landschaft aufsteigen sieht. Für den Dampf verantwortlich ist der Thermalwasserfluss Il Gorello, der sich einige hun-

Nicht verpassen!

★ **Porta Romana.** Römisches Stadtportal in der sienesischen Mauer, Teil der römischen Straße Via Clodia.

★ **Bagno secco.** Ruine einer Therme aus der Römerzeit, in der Via Mazzini.

★ **Chiesa di Santa Maria Maddalena.** Romanische Kirche, 1933 renoviert, mit Bildern von Benvenuto di Giovanni (um 1436–1509/1518).

★ **Cascate del Mulino.** Über weiße Sinterterrassen sprudelt schwefelhaltiges Wasser in kleinen Stufen in ein breites Becken, das einer Badewanne inmitten der Natur gleicht. Einzigartiges Naturschauspiel.

★ **Montemerano.** Malerisches Dörfchen auf dem Weg nach Manciano. Herrlicher Blick von der mittelalterlichen Burgruine Castello di Montemassi.

Oben: Nach dem Besuch in der Terme schmecken die köstlichen Speisen im Hotel Terme di Saturnia.
Rechts: Die Naturterme bei Saturnia ist ein sensationelles, unvergessliches Erlebnis.

dert Meter durch die Wiesen schlängelt um schließlich in den spektakulären **Cascate del Mulino** seinen großartigen Abschluss zu finden. Dieses einmalige Naturschauspiel ist eine Kombination aus Wasserfall und breiten Sinterterrassen, in denen man wie in Badewannen kostenlos die gesunde Heilkraft des Wassers auf sich wirken lassen kann. Das ideal temperierte Wasser enthält Schwefelwasserstoffgase und viele Mineralsalze und ist ein Naturheilmittel für verschiedenste chronische Erkrankungen. Es lindert Hautprobleme, weil es wie ein natürliches Peeling reinigt, es wirkt gefäßerweiternd und daher blutdrucksenkend, und auch der Anti-Aging-Effekt ist nicht zu verachten. Man kann die warme Brühe auch trinken, nicht gerade ein Hochgenuss, aber schon ein Glas soll die freien Radikale im Körper blockieren und den Abbau der Körperzellen verlangsamen.

Wer nicht nur im Heilwasser baden möchte, sondern eine exakt auf seine individuellen Bedürfnisse zusammengestellte Kur wünscht, kann sich in dem luxuriösen Spa und Golfresort **Terme di Saturnia** verwöhnen lassen. Für das absolute Wohlbefinden sorgen hier nicht nur das gesunde warme Wasser und diverse Anwendungen. Direkt vor dem Hotel lädt zudem ein 18-Loch-Golfplatz zum Spiel ein, und wer hungrig ist, stärkt sich mit toskanischer Küche aus Bio-Produkten im Ristorante Aqualuce. Und falls die Anwendungen allesamt erfolgreich waren, inklusive Anti-Aging, gönnen Sie sich die großartige Küche von Sternekoch Alessandro Bocci in dem zum Resort gehörigen Ristorante All'Acquacotta.

Hingehen!

ESSEN UND TRINKEN

★ **All'Acquacotta.** Sternerestaurant, leichte mediterrane Küche, kreativ zubereitet, nur abends geöffnet, Via della Follonata, Terme di Saturnia, Tel. 0564 60 01 11, www.termedisaturnia.it, Ruhetag: Di und Mi.

★ **Da Mario.** Fleisch vom Holzkohlengrill und andere Köstlichkeiten der Maremma. Via Mazzini 16/18 a, Tel. 0564 60 13 09, www.ristorantedamario.net, Ruhetag: Do.

ÜBERNACHTEN

★ **Terme di Saturnia.** Spa und Golfresort, Wellness, Thermalbad, verschiedene Anwendungen, Sterneküche. Via della Follonata, www.termedisanturnia.it

★ **Villa Clodia.** Im Zentrum mit herrlichem Panoramablick, hübsche Zimmer, familiär geführt, Wellness, Pool. Via Italia 43, www.hotelvillaclodia.com

★ **Villa Garden.** Kleines freundliches Hotel mit acht Zimmern, nahe der Terme und Saturnia, ruhig, schöne Aussicht. Via Sterpeti 56, Sud, www.villagarden.net

Oben: Mit 37 Grad fließt das Wasser in freier Natur, für jeden – ohne Eintritt – zugänglich.

Heimat der Morellino-Weine

Grosseto
Roccalbegna · Petricci
61
Scansano · Sorano
Alberese · Saturnia · Sovana
Magliano · Pitigliano
in Toscana
Manciano
Talamone

Nicht verpassen!

★ **Sancasiano und Magliano.** Zwei unverfälschte, vom Tourismus weitgehend verschonte Dörfer und gerade deshalb reizvoll. Statt Sehenswürdigkeiten besucht man hier gute Weingüter.

★ **Poggio Nibbiale.** Weingut des bayerischen Zahnarztes Dr. Buchheim, aus einem Hobbyanbau wurde ein ernstzunehmendes Weingut, fünf verschiedene Weine kann man hier verkosten und kaufen, Direktverkauf zu den üblichen Bürozeiten. Loc. Pereta, 58050 Magliano, Tel. 0564 50 59 02, www.nibbiale.com

★ **Fattoria Mantellassi.** Traditionsweingut seit 1958, eines der größten Weingüter der Maremma, Olivenöl. Loc. Banditaccia, 58051 Magliano, Tel. 0564 59 20 37, Verkauf: Mo–Fr 8.30–12.30 und 14.30–17.30 Uhr, Sa 8.30–12.30 Uhr, www.fattoriamantellassi.it

★ **Col de Bacche.** 1997 gegründetes Weingut, neben Morellino und Vermentino, kraftvoller Merlot, Direktverkauf. Loc. Cupi, 58051 Magliano, Tel. 0564 58 95 38, www.coldibacche.com

★ **Castariva.** Gemeinschaftsprojekt von vier Besitzern, betreut vom Önologen Massimo Albanese, Weine und Olivenöl, Direktverkauf. Loc. Sterpeti 18, 58051 Magliano, Tel. 0564 59 21 24, www.castariva.it

★ **Fattoria di Magliano.** Ein Luccheser Schuhfabrikant entschloss sich 1998, ins Weingeschäft einzusteigen. Wie man sieht, hat er auch hierfür ein gutes Händchen. Loc. Sterpeti 10, 58051 Magliano, Tel. 0564 59 30 40, www.fattoriadimagliano.it

★ **Fattoria Sanfelo.** Der junge Federico Vanni leitet das 18 ha große Weingut mit großer Leidenschaft. Loc. Pagliatelli, 58051 Magliano, Tel. 0564 183 67 27, www.fattoriasanfelo.it

Rechts: Nikolaus Buchheim mit seiner Frau Elke im Keller ihres Weinguts Poggio Nibbiale, nahe Scansano

Scansano sucht man vergebens in den unzähligen Führern über die Toskana. Liegt es daran, dass der Ort erst 1272 erstmals urkundlich erwähnt wurde und damit für die Region noch sehr jung ist? Vielleicht aber wird vergessen, dass viele Urlauber auch des Weines wegen in die Toskana fahren.

Wahrscheinlich wären die etwa 4500 Dorfbewohner weiter unter sich geblieben, hätte man nicht dem Wein der Maremma, der hier Morellino heißt, obwohl er ein Sangiovese ist, den Beinamen »Scansano« gegeben. 1992 gründete eine Gruppe von 16 Winzern ein Schutzkonsortium, um ihre Weine besser vermarkten zu können. Nach anfänglichen Schwierigkeiten, den Wein auf dem Markt zu positionieren, kam es Mitte der 1990er-Jahre zu einem regelrechten Maremma-Boom. Die Maremma-Winzer profitierten unter anderem von den stetig steigenden Preisen der Chianti-Weine, die die Kunden verschreckten und nach guten Alternativen suchen ließen. Das war ein Anreiz für viele Winzer aus anderen italienischen Weinregionen, in der Maremma Weinberge günstig zu kaufen. Das ehemals landwirtschaftlich geprägte Gebiet mit Feldern, Gemüsegärten und Rinderweiden wurde Hektar für Hektar mit Rebstöcken bepflanzt, und mitten in die Landschaft baute man einige bombastische Keller. Heute zählt das Consorzio an die 300 Mitglieder, und seit 2007 hat das Gebiet

auch die DOCG-Anerkennung, die kontrollierte und garantierte Herkunftsbezeichnung.

Der Traum vom eigenen Weingut

Auf einer Fahrt durch die bezaubernde Landschaft kommt es vielen Toskana-Urlaubern in den Sinn, wie es wohl wäre, hier zu leben. Und Weinfreaks fügen hinzu: als Winzer. Der Zahnarzt Dr. Nikolaus Buchheim und seine Frau Elke aus Seeshaupt am Starnberger See haben sich diesen Traum erfüllt. Sie kauften sich ein Gut in dem Gebiet zwischen Scansano und Magliano, auf dem sie anfangs *just for fun* nur Weine für sich und ihre Freunde produzieren wollten. Bald jedoch stieg die Nachfrage und mit ihr auch die persönliche Winzerleidenschaft. Das Paar ließ sich von dem Maremma-erfahrenen Önologen Massimo Albanese beraten und einigte sich mit ihm auf biologischen Anbau. Die Weine ihrer **Azienda Poggio Nibbiale** reifen unter der Kirche von Scansano mindestens zwei Jahre lang in einem Gewölbekeller aus dem 13. Jahrhundert ihrer Vollendung entgegen. Und wie finden die beiden ihr Leben in der Toskana, speziell in der Maremma? »Für mich ist Sancanso ein echtes italienisches Dorf, wie man sich das in seiner Fantasie vorstellt. Hier leben die Einheimischen noch voneinander. Tourismus im üblichen Sinne findet hier nicht statt, was dem Dorf eine unglaubliche charmante Ursprünglichkeit verleiht«, erzählt der Hobbywinzer und fährt fort: »Natürlich hatte man sich mit dem Namenszusatz des Morellino mehr Besucher erwartet! Aber, obwohl Scansano ein bezaubernder Ort und auf

Hingehen!

ESSEN UND TRINKEN

- ★ **Ristorante da Sandra.** Altstadt, typische Gerichte der Maremma, köstliche Desserts. Via Garibaldi 20, 58051 Magliano, Tel. 0564 59 21 96, Ruhetag: Mo.

- ★ **La Cantina.** Regionalküche, großer Gewölbekeller, stimmungsvolle Vinothek. Via della Botte 1, Tel. 0564 50 76 05, Ruhetag: Mo.

- ★ **Ristorante da Guido.** Sympathisches Familienrestaurant, toskanische Fleischküche, nettes Ambiente, gutes Preis-Leistungs-Verhältnis. Via Roma 18, 58051 Magliano, Tel. 0564 59 24 47, kein Ruhetag.

- ★ **Antica Trattoria Aurora.** Hübsches Ambiente, schöner Garten, gehobene Regionalküche. Via Lavagnini 12/14, 58051 Magliano, Tel. 0564 59 27 74, Ruhetag: Mi.

- ★ **Pizzeria Il Chinghiale Bianco.** Ab und zu muss es Pizza sein, hier ist sie extra dünn und lecker. Via delle Fonte 16, 58051 Pereta, Tel. 0564 50 51 21.

Oben: Das Städtchen Scansano ist vor allem durch den Rotwein Morellino di Scansano bei Weinliebhabern berühmt geworden.

Hingehen!

★ **Morellina Food & Wine.** Steinwände sorgen für Wohlfühlambiente, gute Weine der Region, witzige moderne Küche, mit kleinem Hotel. Via IV Novembre 19/20, Tel. 0564 50 72 08.

ÜBERNACHTEN

★ **Agriturismo di Magliano.** Ende der 1990er-Jahre gegründetes Weingut, gepflegte Zimmer und Apartments, Restaurant, Produktion biologischer Weine. Loc. Sterpeti 10, 58051 Magliano, Tel. 0564 59 30 40, www.fattoriadimagliano.it

★ **Antica Casale di Scansano – Hotel Resort.** Vier-Sterne-Hotel, Spa, Restaurant, Reitzentrum, Pool. Loc. Castagneta, Tel. 0564 50 72 19, www.anticocasalediscansano.it

★ **Agriturismo Il Marciatoio.** Mitten im Grünen, familiär, Olivenölproduzent. Loc. Bivio Aquilaia 342, 58054 Pomonte-Scansano, Tel. 0564 59 90 75, www.ilmarciatoio.com

★ **Il Boschetto di Montiano.** Schön gelegener Agriturismo, der zu einem guten Slow-Wine-Gut gehört, herrliche Aussicht, Produktion von Olivenöl, Grappa, Dinkel und Salami. Loc. Montiano, 58051 Magliano, Tel. 0564 58 96 21, www.boschettodimontiano.it

★ **Locanda delle Mura.** B&B in Magliano, hübsche Zimmer, Frühstück im Garten, Halbpension möglich. Piazza Marconi 5, 58051 Magliano, www.locandadellemura.it

Oben: Der Tisch ist gedeckt, der Wein steht bereit: Buon appetito!
Rechts: Die Maremma: einst unwegsames Sumpfland, heute ein sehr begehrtes Weinanbaugebiet
Rechte Seite: Trotz des Booms um den gleichnamigen Rotwein hat Scansano nichts von seiner Ursprünglichkeit verloren.

Scansano

etwa 500 Metern Höhe gelegen ist, hat das etwas tiefer gelegene **Magliano** wesentlich mehr vom Tourismus profitiert. Wer jedoch ein wenig abseits des Mainstream in einem Ort Urlaub machen möchte, in dem man sogar im kleinen Supermercato Coop beste Ware bekommt, der Metzger noch eine kleine, aber dafür hochwertige Auswahl an Fleisch zu bieten hat und die *panini* so gut wie nichts kosten, der wird sich hier wohlfühlen.«

Im 18 Kilometer entfernten Magliano, das von einer wuchtigen Befestigungsmauer umgeben ist, haben sich in der Umgebung viele namhafte Weingüter angesiedelt. Es liegt nur wenige Kilometer vom Meer entfernt.

Im Land des Morellino di Scansano

Weine spiegeln die Landschaft wider, sagt man. Die Frage ist: Locken diese Weine die Menschen in die Maremma? Wenn man darauf achtet, dass hier nicht auf eine Massenproduktion von netten Weinchen umgeschwenkt wird, ganz sicher. Das Besondere am Morellino di Scansano ist, dass er in der jeweiligen Lage, sei es in der Ebene Richtung Meer, sei es in den Bergen um Scansano, völlig unterschiedliche Charaktere entwickelt. So sind die Weine der Hügellagen säurebetont und rassig, die Weine in Meeresnähe dagegen eher füllig und fruchtig. So, wie sich die Weine aufgrund ihrer Lage in der Maremma unterscheiden, so unterscheiden sich auch ihre Landschaften und Menschen. Doch gerade dies macht den einzigartigen Reiz der Region aus. Hier findet man Natur, Bodenständigkeit und Perfektion in den modernen Topweingütern. Die Maremma bietet heute noch, was an der Toskana anfangs alle liebten: Unverfälschtheit!

62 Roselle

Ein archäologisches Highlight

Roselle ist ein verschlafenes Nest im Hinterland von Grosseto. Man kann sich kaum vorstellen, dass hier vor 2600 Jahren eine pulsierende Metropole lag. Zeugnisse dieser aufregenden Zeit sind beeindruckende Funde, die in den letzten Jahrzehnten neben dem unscheinbaren Dorf ausgegraben wurden.

Weit über tausend Jahre, bevor Grosseto überhaupt gegründet wurde, war Roselle schon eines der mächtigsten Mitglieder im Zwölfstädtebund der Etrusker. Von seiner einstigen Bedeutung künden heute die Funde in Roselles archäologischem Park, der etwa zwei Kilometer außerhalb des Dörfchens gelegen ist. Sein Besuch lohnt schon allein wegen des herrlichen Blickes auf Olivenbäume, Felder und Wiesen, der sich auf den Hügeln des antiken Roselle öffnet. Man kann sich nur schwer vorstellen, dass sich hier zu Zeiten der Etrusker ein riesiger Salzsee erstreckte, der einen direkten Zugang zum Meer bot. Am anderen Ufer des Sees lag die bedeutende Etruskerstadt **Vetulonia**, mit der Roselle nicht immer freundschaftliche Beziehungen pflegte.

Eine Stadt – zwei Kulturen

Roselle wurde im 7. Jahrhundert v. Chr. von Etruskern gegründet. Die Stadt lebte vorwiegend vom Erzabbau in den nahegelegenen Hügeln. Als jedoch das Gebiet versumpfte, kam es zu wirtschaftlichen Schwierigkeiten. Im 3. Jahrhundert v. Chr. eroberten die Römer den etruskischen Stadtstaat. Sie bauten eine Therme, pflasterten die Straßen mit großen Steinplatten und schmückten

Nicht verpassen!

★ **Archäologischer Park Roselle.** Nach dem Dorf Roselle fährt man Richtung Norden und erreicht nach 2 km die ausgeschilderte Ausgrabungsstätte. Eintritt 4 €, Öffnungszeiten: im Sommer von 9 Uhr bis Sonnenuntergang.

★ **Montepescali.** Reizendes Dorf mit Castello, Türmen und einer Wehrmauer, traumhafte Aussicht, tausendjährige Ruine Romitorio im nahegelegenen Wald.

★ **Montorsaio.** Mittelalterliches Dorf auf rund 380 m Höhe, Wehrmauer und Dorfkirche aus dem 12. Jh., Oase der Ruhe mit Blick ins Ombrone-Tal.

★ **Campagnatico.** Reizendes Dorf, sehenswert sind die Burg aus dem 10. Jh. und die ehemalige Kirche Sant'Antonio Abate aus dem Mittelalter, seit 1883 ein Theater.

★ **Rocca di Frassinello.** Das neue futuristische Weingut wurde 2007 von Stararchitekt Renzo Piano entworfen. Von Weitem sichtbar ist der rote Turm, alles andere liegt unter der Erde. Sensationeller Fasskeller, großartige Weine, Weinverkauf, Besuch möglich nach vorheriger Anfrage per E-Mail. Loc. Giuncarico, 58023 Gavorrano, www.castellare.it

Oben: »Die Tasse«, Kunstwerk von Daniel Spoerri im Giardino di Daniel Spoerri, nahe dem Monte Amiata in der Provinz Grosseto
Rechts: Roselle ist eine interessante und sehenswerte etruskische Ausgrabungsstätte.

die Wohnhäuser mit prächtigen Mosaiken. Einige etruskische Häuser fielen später dem Theater zum Opfer; um Platz für das ovale Bauwerk zu schaffen, mussten sie abgerissen werden. Heute finden in dem Theater im Sommer Konzerte und Theateraufführungen statt. Zu diesen Gelegenheiten wird das ganze Areal mit zahllosen Kerzen erleuchtet, und auch der Mond spendet noch ein wenig Licht dazu. Einen guten Überblick über das Gelände des archäologischen Parks erhält man, wenn man die fast komplett erhaltene, aus großen Steinblöcken geschichtete etruskische Stadtmauer umrundet. Auf diese Weise erhält man eine bessere Vorstellung über die enormen Ausmaße dieser Stadt der zwei Kulturen. An einer der sieben Zufahrten, die Roselle bereits damals besaß, beeindrucken zwei sehr schön erhaltene Tränken. Eine war ziemlich tief angelegt und für die Pferde gedacht, die etwas höher installierte hingegen für die Reiter, die sich so das Absteigen ersparten. Insgesamt ist der 50 Hektar große Park so perfekt gestaltet, dass ein Besuch auch Nicht-Archäologen Spaß macht.

Wer nach den Ausgrabungen gerne ein intaktes mittelalterliches Dorf mit einer Bar und einem Ristorante besuchen möchte, fährt am besten einige Kilometer weiter Richtung Norden nach **Montepescali**. Mit seinen zahlreichen Türmen, seiner Burg und seiner Stadtmauer bietet es schon von Weitem einen bezaubernden Anblick. Abseits der ausgetretenen Touristenpfade lädt der hübsche kleine Ort zu einem Spaziergang und zu einer Stärkung in der Dorftrattoria ein.

Hingehen!

EINKAUFEN

★ **Poggio Trevvalle.** Bio-Weingut, Morellino di Scansano, Direktverkauf. Strada Provinciale Fronzina, 58042 Campagnatico, Tel. 0564 99 81 42, www.poggiotrevvalle.it

ESSEN UND TRINKEN

★ **Osteria Sotto le Logge.** Schmackhafte Maremma-Küche, zentrale Lage, uriges Ambiente. Piazza Gramsci 8, 58030 Montepescali, Tel. 0564 32 91 67, Ruhetag: Mo.

★ **Maremmabona.** Klassische, gute Maremma-Küche. Via Casette di Mota 44, Tel. 0564 40 23 47.

★ **Le Tre Fonti.** Mitten im Grünen, freundliches Ambiente, gehobene Küche. Via dei Ruderi, 58100 Bagno Roselle, Tel. 349 580 12 87.

ÜBERNACHTEN

★ **Agriturismo Bagnolo.** In unberührter Natur, Apartments und Zimmer in schön renovierten Bauernhäusern, Reiterhof. Loc. Canonica Roselle Terme, Tel. 0564 40 22 46, www.agriturismoilbagnolo.com

Oben: Weizenfelder, eine kleine Kirche und Zypressen prägen das Landschaftsbild nahe Roselle.

Orbetello
Porto S. Stefano
Port'Ercole
Giglio Castello
Isola del Giglio Giglio Porto
Monte Argentario
63

Isola di Giannutri

63 *Monte Argentario*
Herrliche Buchten und
Vogelparadies und Promitreff

Nicht verpassen!

★ **Tagliata Etrusca.** Der in Fels gehauene etruskische Kanal in Ansedónia ist ein Beispiel für perfekte antike Handwerkskunst und funktioniert heute noch, obwohl keiner weiß, warum. In dem gegenüber gelegenen mittelalterlichen Wachturm komponierte Giacomo Puccini (1858–1924) einige Werke.

★ **Cosa – Ansedonia.** Ausgrabungen der Stadt Cosa, römische Kolonie, Museum mit Ausgrabungsfunden und Mosaiken, Eintritt 2 €. Öffnungszeiten: täglich 9-19 Uhr, im Winter bis 14 Uhr.

★ **Monte Telegrafo.** Der höchste Berg der Halbinsel erreicht 635 Meter und bietet eine umwerfende Aussicht.

★ **Bootstouren.** Ausflüge mit schönen Schiffen zu verschiedenen Zielen wie Giglio, Montecristo usw. Auskunft unter Tel. 0564 81 80 22, www.veganavi.it

Oben: Der Hafen von Porto S. Stefano ist ein beliebtes Ferienziel für Besucher der Halbinsel Monte Argentario.
Rechts: Von Lo Sbarcatello, einem Villenviertel auf dem Monte Argentario, hat man einen herrlichen Blick über das Meer.

Die traumhafte Halbinsel ist mit drei Landzungen mit dem Festland verbunden. Sie bietet eine unverfälschte Natur und traumhafte Buchten, weshalb sie ein gefragtes Urlaubsziel für wohlhabende Italiener und Prominente ist. Auf der Panoramastraße, die rund um das Kleinod führt, öffnen sich atemberaubende Ausblicke.

An einer malerischen Lagune liegt Orbetello auf der mittleren der drei *tomboli* genannten schmalen Verbindungswege vom Monte Argentario zum Festland. Die quirlige Stadt zählt rund 15 000 Einwohner und lebt größtenteils von den zahlreichen Touristen, die sich die Schönheit der Halbinsel nicht entgehen lassen möchten. Entlang der Lagunenseite reihen sich Eisdielen, Pizzerien und Ristoranti im Wechsel mit Touristenläden, Mode- und Schuhboutiquen. **Orbetello** ist nicht der Ort, der von kulturbeflissenen Menschen besucht wird, denn außer dem Dom mit der gotischen Fassade und der spanischen Befestigungsanlage, die heute Sitz des archäologischen Museums ist, hat es nicht viel zu bieten. Wer hier einige Tage verbringt, will abends auf der Strandpromenade flanieren und tagsüber die Schönheit der Halbinsel erkunden.

Mondäne Villen und Naturparadies
Die beim Jetset gefragtesten Buchten liegen bei den Fischerdörfern **Porto Ercole** und **Porto San Stefano**. Hier spitzen zwischen

einer wilden mediterranen Macchia mit Ginster, Steineichen und weitausladenden Pinien noble Villen hervor. Das kleinere Porto Ercole bietet eine liebenswerte Altstadt mit Treppenaufgängen und schönen Torbögen sowie einen schicken Hafen, in dem Luxusjachten vor Anker liegen. Einige Kilometer weiter Richtung Westen verwöhnt das in einer Bucht gelegene Luxushotel Il Pellicano seine Gäste. In jeder Suite können sie einen überwältigenden Blick auf das Meer und am Abend die raffinierte Mittelmeerküche des Sternekochs **Antonio Guida** genießen. Wem es das Budget erlaubt, findet hier ein kleines Paradies mit Erholungsgarantie. Wem das hierfür nötige Kleingeld nicht ganz reicht, kann sich mit einer herrlichen Fahrt auf der Panoramastraße durch eine traumhafte Landschaft entschädigen. Unterwegs kann man in zahlreichen kleinen Parkbuchten in Ruhe den sensationellen Ausblick auf das Meer in sich aufsaugen und auf kleinen Pfaden hinunter zu winzigen Felsenbuchten spazieren. Porto San Stefano ist zudem bekannt für seine guten Fischlokale. Sie tischen alles auf, was das Meer an Köstlichkeiten bietet, sei es gegrillt, frittiert oder auch raffiniert zubereitet. Ein herrlicher Blick auf das Meer ist inbegriffen.

Von der Landzunge **Giannella** hat man einen herrlichen Blick auf das Naturreservat **Oasi di Orbetello**, einer Salzwasserlagune. Stege führen hier zu Aussichtspunkten zwischen Schilf und Dünen, von denen man insbesondere außerhalb der Hochsaison fantastisch Fisch- und Stelzenreiher, Störche und Flamingos beobachten kann.

Hingehen!

ESSEN UND TRINKEN

★ **La Posta di Torrenova**. Slow-Food-Restaurant. Strada Provinciale della Parrina 46, 58015 Orbetello, Tel. 0564 86 24 79, www.torrenova.eu, Ruhetag: Di, außer im Sommer.

★ **La Bussola da Mario**. Kleines Fischrestaurant, einfach und gut, mit Blick auf den Hafen. Piazzale Facchinetti 11, 58019 Porto San Stefano, Tel. 0564 81 42 25, www.ristorantelabussola.biz

ÜBERNACHTEN

★ **Il Pellicano**. Fantastisches Top-Hotel der Toskana mit Luxus pur, Traumaussicht auf das Meer und Zwei-Sterne-Restaurant. Loc. Sbarcatello, 58018 Porto Ercole, www.siglinde-fischer.de/code=htpe

★ **San Biagio Relais**. Elegantes Hotel im historischen Zentrum. Via Dante 34, 58015 Orbetello, www.sanbiagiorelais.com

★ **Antica Fattoria La Parrina**. Wohnen im historischen Landgut, Produktion und Verkauf von Wein, Käse und vielem mehr. Nahe Orbetello auf dem Festland, Ausfahrt Via Aurelia KM 146, Loc. Parrina, 58010 Albinia, www.parrina.it

Oben: Porto Ercole, einst einsames Fischerdorf, heute Treffpunkt des Jet Set

Orbetello
Porto S. Stefano
Port'Ercole
Giglio Castello
Isola del Giglio
Giglio Porto
Monte Argentario
64

Isola di Giannutri

64 *Monte Argentario*
Die schönsten Strände der südlichen Maremma

Nicht verpassen!

★ **Historisches Zentrum von Capalbio.** Der sehr gut erhaltene mittelalterliche Ortskern ist mit einer begehbaren Mauer umschlossen, mehrere Bars laden zu einem Drink ein, der Ort wurde erstmals im 12. Jahrhundert urkundlich erwähnt.

★ **Rocca Aldobrandesca.** Die auch als Palazzo Colacchioni bekannte Burg wurde im 13. Jh. von den Aldobrandeschi errichtet.

★ **Chiesa di San Nicola.** Die Kirche aus dem 12. Jahrhundert bewahrt das Gemälde »San Nicola di Bari« von Pietro Aldi (1852–1888).

★ **Giardino dei Tarocchi.** Der von einer Tuffsteinmauer umringte Kunstpark wurde von der französisch-amerikanischen Künstlerin Niki de Saint Phalle (1930–2002) entworfen und im Lauf von fast 20 Jahren verwirklicht. Der Eingang stammt von dem Schweizer Architekten Mario Botta. Seit 1998 kann man den Park im Sommer besichtigen, Eintritt 12 €. Loc. Garavicchio-Capalbio, Tel 0564 89 51 22, Öffnungszeiten: 1. April–15. Okt. täglich 14.30–19.30 Uhr.

★ **Lago di Burano.** Seit 1980 ein Naturschutzgebiet, ebenso wie die Seen San Floriano, Acquato, Marruchetone und das Biotop dei Lagaccioli.

Oben: Eine wilde traumhafte Küste – hier die Torre Cala Grande – auch das bietet Monte Argentario.
Rechts: Riva del Marchese – eine herrliche Bucht in der Nähe von Porto Ercole.

Rund um die Halbinsel Monte Argentario liegen herrliche Buchten und Badestrände. Einige sind zwar nur mit dem Boot erreichbar, doch auch die leichter zugänglichen sind selbst in der Hochsaison teilweise relativ wenig bevölkert. Sie haben die Wahl zwischen einsamen Felsbuchten und kinderfreundlichen Sandstränden

Bei aller Liebe zu Kunst und Kultur: Urlaub bedeutet auch Erholung, Entspannung, Baden im Meer und traumhafte Strände. Während Familien mit Kindern weite Sandstrände mit flachem Gewässer bevorzugen, suchen leidenschaftliche Wassersportler eher Möglichkeiten zum Schnorcheln oder Tauchen. Rund um den Monte Argentario und entlang der Küste in Richtung Latium ist alles möglich.

Baden, sonnen und tauchen

Einer der schönsten Strände des Monte Argentario ist die **Cala del Gesso**. Sie erreichen diesen fantastischen Platz, wenn Sie von der Panoramastraße bei KM 5,9 in Richtung Via dei Pionieri abbiegen. Am Ende der Straße parken Sie Ihr Auto und machen sich zu Fuß auf zum Meer. Der 700 Meter lange Weg durch die Macchia lohnt sich, denn am Ende erwartet Sie eine wunderbare Bucht, die auf der rechten Seite von den Resten einer Burg aus dem 16. Jahrhundert begrenzt wird.

Ein weiteres Strandparadies erreichen Sie, wenn Sie von Porto Ercole aus der Panoramastraße folgen und vor der Kreuzung nach

Forte Stella bei KM 1,55 abbiegen. Über einen 200 Meter langen, holprigen Weg gelangen Sie schließlich zum öffentlichen Strand **La Spiaggia Luna**.

Den für Taucher und gute Schwimmer idealen Strand **Cola Grande** kann man bereits von der Straße aus gut sehen. Er liegt in einer von Wassersportlern stark frequentierten Bucht. Die Vegetation reicht hier bis zum Ufer und bietet herrliche Motive für Urlaubsfotos.

Der schönere der zwei Sandstrände, die Orbetello mit dem Festland verbinden, ist sicherlich **La Feniglia**. Hier gibt es einige Strandbäder, doch finden sich vorwiegend öffentliche Abschnitte, die selbst in der Hochsaison nicht überlaufen sind. Hinter dem Strand beginnt das Naturreservat des WWF. Man erreicht den Strand entweder mit dem Fahrrad von Orbetello aus oder mit dem Auto, das man auf verschiedenen öffentlichen Parkplätzen stehen lassen kann.

Fährt man von Feniglia in Richtung des Vorgebirges von Ansedonia und weiter nach **Capalbio**, bietet sich an der **Tagliata Etrusca** ein ganz besonderes, spannendes Stranderlebnis. Der offene Kanal wurde in der Antike in den Fels gehauen, um die Verlandung des Hafens von Cosa zu verhindern. Die dazugehörige Felshöhle wurde einst für religiöse Riten genutzt.

Il Capalbio schließlich ist der größte Strand der südlichen Maremma und mit dem Auto fast direkt erreichbar. Er beginnt im Norden bei **Orbetello** und reicht bis an die Grenze zum Latium. An dem über zwölf Kilometer langen Strandparadies reihen sich zahlreiche Strandbäder, Bars und Ferien-Resorts. Sechs Kilometer dieses Strandparadieses sind jedoch öffentlich und völlig frei zugänglich. Das Wasser ist hier klar und sauber, der Sand dunkel und manchmal sogar fast schwarz. Dahinter breitet sich landeinwärts üppige Macchia aus.

Hingehen!

ESSEN UND TRINKEN

★ **Ristorante Tullio.** Regionale Spezialitäten, hübsches Ambiente. Nebenan kann man in der Enoteca Kleinigkeiten und ein gutes Glas Wein genießen. Via Nuova 27, 58011 Capalbio, Tel. 0564 89 61 96, Ruhetag: Mi, vorher anrufen, da spezielle Öffnungszeiten.

★ **Antica Pinciana.** Freundliches Ristorante im Grünen, mit Agriturismo und Reiterhof. Strada di Villa Pinciana 2, 58011 Capalbio, Tel. 0564 89 62 81, www.anticapinciana.com

★ **Casale Nuovo.** Hotelrestaurant mit schöner, großer Terrasse, toskanische Gerichte. Strada Pedemontana 58, Via Aurelia km 130, Tel. 0564 89 90 17, www.casalenuovo.it

ÜBERNACHTEN

★ **Locanda Rossa.** Kleines, hübsches Hotel in einem Olivenhain, modernes Interieur, Pool, 6 km vom Meer entfernt, nahe Capalbio, www.siglinde-fischer.de

★ **Villa del Buttero.** Nahe dem mittelalterlichen Dorf Capalbio und dem Meer, 6 Zimmer und 36 Apartments, Pool. Via Ignazio Silone 21, 58011 Capalbio, www.valledelbuttero.it

★ **Az. Agrituristica Ghiaccio Bosco.** Gut ausgestattete Zimmer und Apartments in einem Park mit Pool, 60 ha Gemüseanbau, Restaurant. Strada della Sgrilla 4 oder Strada Provinciale 101, 58011 Capalbio, www.ghiacciobosco.com

Oben: Cala Galera und Tombolo di Feniglia bieten endlos weite Sandstrände.

Castiglione della Pescaia — Roselle — Arcille
Roccalbegna
Grosseto
Marina di Grosseto
Scansano
Alberese
Saturnia
65
Parco Naturale della Maremma
Magliano in Toscana

65 *Parco Naturde della Maremma*

Wild und ursprünglich

Die Gegensätze sind extrem: Auf der einen Seite liegt der Römische Schickeria-Badeort Talomone, auf der anderen erstrecken sich die breiten Sandstrände von Principina a Mare und dazwischen 100 Quadratkilometer Urwald, wilder Westen und Steppenlandschaft. Solche Kontraste machen die Faszination der Maremma aus.

Naturliebhaber kommen im **Parco Naturale Monti dell'Uccellina**, wie der Parco Regionale della Maremma wegen des Ucellina-Gebirges auch genannt wird, voll auf ihre Kosten. Hier trifft man Wildschweine, Hirsche, Maremma-Rinder und Wildpferde, aber auch Reiher, Bussarde und andere Greifvögel. 100 Quadratkilometer dehnt sich der Park aus; ihn auf eigene Faust zu erkunden wäre selbst für den größten Naturfreund zu viel! Durch das Gebiet führen sieben gut ausgeschilderte Wanderrouten, die je nach Kondition zwischen drei bis sechs Stunden dauern. Je nach Lust und Laune kann man alleine Ausschau halten oder sich einer Gruppe mit Führung anschließen. Spannend sind auch Kanufahrten durch das Sumpfgebiet – Mückenschutzmittel nicht vergessen! – oder Reitausflüge. Im Hochsommer bietet sich eine Nachtwanderung an, denn zum einen ist es dann kühler, zum anderen werden viele Tiere erst nachts aktiv. Alles Wissenswerte über das Gebiet und Verhaltensregeln für den Aufenthalt in der Wildnis erfahren Sie am Ausgangpunkt der Erkundungstour in Alberese.

Nicht verpassen!

★ **Parco Regionale della Maremma.** Anmeldung und Besucherzentrum Via del Bersagliere 7/9, 58100 Alberese, Tel. 0564 40 70 98, www.parco-maremma.it, Infopunkt in Talamone Via Nizza 12, Öffnungszeiten: 8.30–14 Uhr. Tel. 0564 88 71 73, Eintritt unterschiedlich, je nach Tour zwischen 3 und 8 €.

★ **Torre di Castel Marino.** Ein Turm aus dem 13. Jh. im Park, von dem man einen Super-ausblick hat.

★ **San Rabano.** Die Abbazia dell'Alberese steht auf dem Colle dell'Uccellina und stammt aus dem 11 Jh., gleich daneben steht ein Wachturm.

★ **Höhlen mit prähistorischen Funden.** Sie zeigen, dass hier schon in der Altsteinzeit Menschen lebten. Die ältesten Funde bewahrte die Grotta dello Scoglietto im Norden des Parks, dort liegt auch die Grotta della Fabrica, in der man Werkzeuge aus der Mittel- und Jungsteinzeit fand.

★ **Maremma-Pferde und -Rinder.** An der Straße nach Marina di Alberese kann man Pferde und Rinder auf den Weiden beobachten.

Oben: Im Herzen des Parco Nazionale der Maremma liegt die Ruine der Festung La Torre di Castel Marino.
Rechts: Impressionen aus dem Nationalpark der Maremma bei Grosseto

Butteri – die Cowboys der Maremma

Pferdeliebhaber sehen es sofort: Die Pferde der Maremma sehen sehr robust aus und sind mit 158 Zentimetern Stockmaß auch nicht sehr groß. Was man nicht sieht, aber beim Reiten merkt: Sie sind zuverlässig, freundlich, ruhig und vertrauenswürdig. Für Freunde des Reitsports ist die Maremma geradezu ideal. Hier finden sie viele Möglichkeiten für Reitausflüge und sie können diese sogar im Parco Naturale Ausritte unternehmen. Darüber hinaus ist es eine besondere Freude, die *butteri* auf ihren Pferden zu erleben. Mit ihren breitkrempigen Hüten, den Ledermänteln und dem stets wurfbereiten Lasso in der Hand unterscheiden sich die Cowboys der Maremma kaum von ihren berühmten amerikanischen Kollegen. Gott sei Dank ist ihr Job nicht mehr ganz so anstrengend und gefährlich wie früher, da dank der Trockenlegung der Sümpfe die Malaria und andere Krankheiten ausgerottet wurden. Aber auch heute noch ist das Hüten der Maremma-Rinder eine kräftezehrende Arbeit. Ein kleines Zubrot verdienen sich die Maremma-Cowboys mit Rodeo-Veranstaltungen oder durch die Reitangebote im Parco Naturale. Für Pferdeliebhaber und Reiter gibt es die Möglichkeit, die *butteri* einen Tag lang beim Hüten der weißen Rinder zu begleiten.

Um diese einzigartige Naturlandschaft mit allen Sinnen richtig erleben, ist es empfehlenswert, einige Tage einzuplanen. Die beiden Badeorte links und rechts des Regionalparks bieten freundliche Unterkünfte in allen Preiskategorien, und das Meer lädt zwischendurch zum Baden und Erholen ein.

Hingehen!

ESSEN UND TRINKEN

★ **Da Rita.** Lust auf *panini* oder kleine schmackhafte Snacks? Dann ist der Kiosk eine gute Empfehlung. Via Barbicato 54, 58100 Alberese, Tel. 338 445 58 01.

★ **Il Mangiapane.** Schmackhafte Maremma-Küche, kinderfreundlich, Garten. Via Cerretale 9, 58100 Alberese, Tel. 0564 40 72 63.

★ **Nido del Gabbiano.** Fischrestaurant, gute Antipasti, nettes Lokal, an einem Campingplatz. Via Talamonese 3, Talamone, Tel. 0564 87 17 03.

ÜBERNACHTEN

★ **Fattoria San Lorenzo.** Liegt inmitten des Naturparks, 38 komfortable Apartments, großer Pool nur wenige km nach Grosseto und zum Meer. www.siglinde-fischer.de

★ **Torre Dell'Osa.** Nahe dem Regionalpark, privater Strand, Bootsverleih, Pool, Ristorante, 15 Minuten zum Golfplatz. Strada Statale Aurelia KM 156, 58010 Talamone, www.torredellosa.it

★ **Hotel Baia di Talamone.** Freundliche helle Zimmer, Apartments, Blick auf den Hafen. Via della Marina 23, 58010 Talamone, www.hbt.it

Oben: Abendstimmung am Sandstrand der Marina di Albarese

66 Grosseto

Idyllische Altstadt mit Grüngürtel

★ **Duomo San Lorenzo.** Gotischer Dom, 1294 bis 1302 errichtet, Fassade aus dem 19. Jh. 1855 restauriert. Öffnungszeiten: Mo–So 7.30–12 und 15.30–19 Uhr.

★ **Museo Archeologico e d'Arte della Maremma.** Umfangreiche Sammlung etruskischer und sienesischer Kunstwerke, viele Funde aus der Maremma sowie sakrale Kunst. Eintritt 5 €. Piazza Baccarini 3, Tel. 0564 48 87 54. Öffnungszeiten: Di–So 9–19.30 Uhr.

★ **Denkmal von Leopold II.** Piazza Dante, als Dank für sein Rekultivierungs- und Entwässerungsprogramm für die Maremma.

★ **Chiesa San Francesco.** Schlichte gotische Hallenkirche aus dem 13. Jh. mit offenem Dachstuhl, Kreuzgang und Freskenresten aus dem 14. Jh.

★ **Cappella Sant'Antonio.** Die Kapelle im Kloster San Francesco bewahrt ein kostbares Holzkreuz von Duccio di Buoninsegna (um 1255–1319).

★ **Museo Virtuale Otre Confine.** Das Museum in der Cassero Senese (Bastione Fortezza) beschäftigt sich mit dem einst harten Leben in der Maremma, Eintritt frei. Öffnungszeiten: Di–So 9.30–12.30 und 17–20 Uhr.

Grosseto ist eine junge, moderne Stadt mit vielen Grünflächen und Neubauten, die einen breiten Gürtel um die Altstadt bilden. Vielleicht fahren deshalb viele Besucher einfach an der Stadt vorbei. Ein Bummel durch das charmante historische Zentrum lohnt sich jedoch auf jeden Fall.

Grossetos schmucke Altstadt erstreckt sich im Schutz einer mächtigen, sechseckigen Befestigungsmauer. Sie wurde zwischen 1574 und 1593 von den Medici erbaut und ist noch vollständig erhalten Mit einem solch perfekten Mauerring kann in der Toskana nur noch Lucca aufwarten, weshalb die Einheimischen Grosseto gerne als »Lucca der Maremma« oder »Piccola Lucca« bezeichnen. Die wuchtige Stadtmauer bietet die wunderbare Gelegenheit, die Altstadt im Schatten von Pinien zu Fuß zu umrunden. Unterwegs hat man einen herrlichen Blick auf das historische Zentrum auf der Innenseite und auf die gepflegten Grünanlagen mit den Neubausiedlungen, die außerhalb der Mauern gelegen sind. Besonders markant sind die sechs Bastionen, die wie Pfeile nach außen ragen. Sie dienten zum Schutz der Bevölkerung des einst bedeutenden Wirtschaftszentrums, aber auch der wichtigen Handelswaren Salz und Weizen. Darüber hinaus war Grosseto bis in das 19. Jahrhundert mit einem schiffbaren Wassergraben umgeben.

Oben: Die eindrucksvolle Rosette an der Kathedrale von Grosseto auf der Piazza Dante Alighieri
Rechts: Ein imposanter Anblick sind die Maremma-Rinder auf der Weide.

Mehr als nur ein Urlaubsparadies

Viele Urlauber verbinden mit der Maremma Strand, Meer und, zumindest seit den letzten Jahrzehnten, feine Weine. Dass sich hier einst eine weitläufige unwirtliche Sumpflandschaft erstreckte, erfährt man, wenn man sich ein wenig mit der Geschichte der Region beschäftigt. Am besten besucht man dazu das hochinteressante archäologische Museum in Grosseto. Es besitzt eine umfangreiche Sammlung und beschäftigt sich auf unterhaltsame, anschauliche Weise mit der spannenden Vergangenheit des Gebiets. In drei Stockwerken kann man in 40 Räumen die Geschichte der einstigen Sumpflandschaft von den Etruskern und Römern über das Mittelalter bis in die Neuzeit nachvollziehen. Im Erdgeschoss werden die archäologischen Funde von **Roselle** präsentiert, darunter eine unendlich kostbare Schale aus dem 6. Jahrhundert v. Chr., in der das etruskische Alphabet eingraviert ist. Wer den geschichtlichen Hintergrund der Urlaubsregion ein wenig kennenlernen möchte, sollte einen Besuch des sehenswerten Museums unbedingt einplanen. Die wechselvolle Geschichte von Grosseto kann man anschließend bei einem Spaziergang durch die Gassen nachvollziehen. Alles ist fußläufig gut erreichbar, und für das Auto steht eine große Tiefgarage zwischen der **Bastione Fortezza** und der **Bastione Malano** zur Verfügung. Der Platz über der Garage wurde begrünt und ist den italienischen Soldaten gewidmet, die 2003 im Irak fielen. Über eine moderne Brücke gelangt man in die Altstadt, die – wie jede toskanische Stadt – an zentraler Stelle einen **Dom** und eine **Piazza Dante** auf-

Hingehen!

EINKAUFEN

★ **Bottega del Seggiolaio.** Viele Holzarbeiten und die berühmten Schaukelstühle der butteri. Via Chiasso degli Zuavi 5/a.

ESSEN UND TRINKEN

★ **L'Uva e il Malto.** Charmante Enoteca, herzlich und kompetent geführt, Fischgerichte, feine Weinauswahl. Via Mazzini 165, Tel. 0564 41 12 11, Ruhetag: So Abend.

★ **Canapone.** Traditionelle Küche, gutes Weinangebot, faire Preise. Piazza Dante 3, Tel. 0564 245 46, Ruhetag: Mi Abend und So.

★ **Grantosco.** Bistro-Ristorante im Zentrum, *cucina maremma*, KM-0-Produkte aus der nächsten Umgebung, herzlicher Service. Via Solferino 4, Tel. 0564 260 27, www.grantosco.it, Ruhetag: So.

★ **Oste Scuro.** Moderne Osteria, 10 km außerhalb von Grosseto, schlichtes Ambiente, gute regionale Küche. Via Malenchini 38, Tel. 0564 32 40 68, Ruhetag: Mo und Di.

Oben: Auch im Herbst überaus einladend: Die Weinberge rund um Grosseto.

Hingehen!

★ **Locanda de'Medici.** Romantisches Keller-
gewölbe, exzellentes Weinangebot, regionale
Küche. Piazza del Popolo 5, Tel. 0564 41 07 44,
www.locandademedici.it

★ **Trattoria Toscana.** 2005 eröffnetes Sterne-Res-
taurant unter der Leitung von Alain Ducasse im
Park des Hotels L'Andana, nur abends geöffnet.
Loc. Badiola, 58043 Castiglione della Pescaia,
Tel. 0564 94 43 22, www.andana.it

ÜBERNACHTEN

★ **L'Andana.** Luxus-Grandhotel, Wellness, Golf-
übungsplatz, Pool, herrlicher Park, eigenes Weingut Tenuta La Badiola. Castiglione della Pescaia,
www.siglinde-fischer.de/code=HTLA

★ **Airone.** Nahe der Altstadt, moderne, komfortable
Zimmer, Spa, Pool, Parkplätze. Via Senese 170,
www.hotelairone.eu

★ **Granduca.** Wenige Autominuten vom Zentrum
entfernt, moderne Zimmer, Restaurant mit
regionaler Küche. Via Senese 170,
www.hotelgranduca.com

★ **Bastiani Grand Hotel.** Im Herzen der Altstadt,
elegantes, liebenswertes Hotel. Piazza Gio-
berti 64, www.hotelbastiani.com

Oben: Noch kann man nur Abschläge und Putten
üben, aber in den nächsten Jahren wird zum schi-
cken Hotel L'Andana ein Golfplatz gehören.
Rechts: Ein Prachtbau, der Palazzo Aldobrande-
schi auf der Piazza Dante Alighieri in Grosseto
Rechte Seite: Das Seitenportal der Kathedrale –
San Lorenzo auf der Piazza Dante Alighieri in
Grossetto

Grosseto

weisen kann. In Grosseto steht der Dom sogar an der Piazza
Dante. Dort erinnert zudem ein Denkmal von 1846 an den Loth-
ringer Fürsten **Leopold II.**, der die Sümpfe der Maremma trocken-
legen ließ. Den liebenswerten Platz säumen noch weitere schöne
historische Bauwerke, so der **Palazzo Comunale**, das Rathaus im
florentinischen Stil und der **Palazzo della Provincia** der Provinz-
verwaltung. Nur wenige Meter von der Piazza Dante entfernt
verlaufen die Shoppingmeilen **Via San Martino**, die direkt hinter
dem Palazzo della Provincia abgeht, und **Corso Carducci.**

Stadtbummel mit Einkehrschwung

In Grosseto locken elegante Modegeschäfte, witzige Boutiquen
und natürlich, wie in jeder italienischen Stadt, zahlreiche Schuhgeschäfte. Abwechslung bieten darüber hinaus verlockende
Feinkostläden. Lust auf ein Glas Wein? Dann kehren Sie in der
freundlichen Weinbar **L'Uva e il Malto** ein. Dort erfreut Sie eine
abwechslungsreiche Weinkarte. Und falls Sie Appetit bekommen,
fragen Sie einfach Samantha oder Moreno, was sie empfehlen.
Nebenbei bemerkt: Die Fischgerichte sind köstlich.

Normalerweise ist es ratsam, Restaurants an den stark frequentierten Plätzen einer Stadt zu meiden. Diese Regel gilt für das Ristorante **Canapone** an der Piazza Dante nicht. In modernem Ambiente wird hier traditionelle Maremma-Küche zu moderaten
Preisen aufgetischt, dazu kann man aus einem reichhaltigen Angebot den passenden Wein auswählen. Wer seine Zeit einteilen
kann und das bunte Treiben auf Märkten mag, kommt am besten
an einem Donnerstag zwischen 9 und 13 Uhr nach Grosseto,
wenn der berühmte Markt der Stadt seine Stände öffnet.

MAREMMA UND DIE SÜDLICHE KÜSTE

Castagneto
Carducci
Abbazia
San Galgano
Montieri
Monticiano
Suvereto
Gabellino
Campiglia Marittima
67
Massa
Marittima
Montioni
Ribolla

67 *Massa Marittima*

Mittelalterliche Schönheit

Nicht verpassen!

★ **Duomo San Cerbone.** Dreischiffige Basilika mit Marmorsäulen mit korinthischen Kapitellen, Taufbecken aus einem Travertinblock. Die Kirche entstand im 13. und 14. Jh. und beherbergt eine ganze Reihe von Kunstwerken aus fünf Jahrhunderten.

★ **Museo Archeologico.** Etruskische und römische Ausgrabungsfunde, Malereien aus dem 14. und 15. Jh. Öffnungszeiten: im Sommer 10–12.30 und 15.30–19 Uhr.

★ **Arco Senese.** Der weitausladende Bogen von 1337 verbindet die Festung mit der Altstadt.

★ **Torre del Candeliere.** Der 1355 erbaute Turm diente als Festung, kann über eine Holztreppe bestiegen werden, herrliche Aussicht.

★ **Museo della Miniere.** Am Südrand der Stadt, in einem stillgelegten Bergwerksstollen. Führungen im Sommer: mehrfach täglich zwischen 10 und 17.45 Uhr.

★ **Parrocchia di San Pietro all'Orto.** Archäologisches Zentrum und zeitgenössische Kunst, mit Wechselausstellungen, Eintritt 5 €. Öffnungszeiten: Di–So 10–13 und 15–18 Uhr.

★ **Museo di Arte Sacra.** Kostbare sakrale Kunst aus den Klöstern und Kirchen der Umgebung, Eintritt 5 €. Öffnungszeiten: im Sommer 10–13 und 15–18 Uhr.

Zumindest den Namen »Massa Marittima« hat jeder Italienbegeisterte schon gehört. Wer die schöne Stadt nicht kennt, vermutet sie in der Regel am Meer gelegen. Tatsächlich beeindruckt das mittelalterliche Juwel durch seine grandiose Lage auf einem Hügel im Hinterland der Küste.

Massa Marittimas bewegte Geschichte zeigt, dass man mit Flexibilität und Tatkraft gut überlebt. Die einst reiche Bergbausiedlung verarmte Ende des 18. Jahrhunderts aufgrund der Malaria, die in der Maremma die Bevölkerung dezimierte. In dem Städtchen lebten damals nur noch wenige hundert Menschen. Als im 19. Jahrhundert durch die Trockenlegung der Sümpfe die Malaria ausgerottet wurde und die Industrialisierung an Fahrt gewann, kam es zu einem neuen Aufschwung im Bergbau. Der Wohlstand kehrte nach Massa Marittima zurück, bis es im 20. Jahrhundert einen neuen Rückschlag erfuhr: Der Bergbau war nun nicht mehr rentabel und konkurrenzfähig, und in der Folge wurden die Erz-, Silber- und Kupferminen geschlossen. Die *massetani* warfen aber nicht die Flinte ins Korn, sondern besannen sich auf ihr schönes Städtchen, das aufgrund der Malaria und mangels finanzieller Mittel seit ewigen Zeiten nicht modernisiert worden war. Massa Marittima setzte deshalb auf den Tourismus. In der Folge wurden luxuriöse Hotels gebaut oder in stilvoll umgebauten Palazzi eingerichtet, Restaurants schossen wie Pilze aus dem Boden und an

Oben: Statue eines Priesters hinter dem Dom von Massa Marittima
Rechts: Abendstimmung auf der Piazza Garibaldi mit Blick auf den Dom San Cerbone

guten Weinen mangelte es ohnehin nicht. *Ecco*, alles *paletti* für gut situierte Besucher aus aller Welt.

Eine Stadt in Schräglage

Die Faszination dieses Städtchens am Rand der »Erzhügel« **Colline Metallifere** liegt sicherlich auch an seiner Hanglage. Diese kommt besonders deutlich an der **Piazza Garibaldi** zur Geltung, von der man mit Fug und Recht behaupten kann, zu den schönsten *piazze* der Toskana zu gehören. Unterstützt wird diese phänomenale Ausstrahlung durch die weit ausladende Freitreppe, die zum Dom führt und gleichzeitig den Campanile und den Bischofspalast miteinbezieht. Von den Tischen der Cafés an der Piazza wirkt das Ensemble wie eine perfekte Theaterkulisse. Sie sollten es sich nicht entgehen lassen, bei einem Cappuccino die einmalige Atmosphäre zu genießen – eine Einkehr ist hier übrigens keinesfalls so kostspielig wie an der Piazza della Signoria in Florenz.

Mit der antiken Geschichte der Stadt sowie der Maremma beschäftigt sich das archäologische Museum im **Palazzo del Podestà**. Auf der dem Museum gegenüberliegenden Seite des Platzes erreicht man in der Via Ximenes die mittelalterliche Brunnenanlage **Fonti dell'Abbondanza**. Dort verdient ein hübsches Wandgemälde mit der frivolen Darstellung eines Fruchtbarkeitsbaumes einen längeren Blick. Zurück am Domplatz, der eigentlich Piazza Dante heißt, lädt der **Duomo San Cerbone** zur Besichtigung ein. In seinem dreischiffigen Innenraum fällt sofort das ro-

Hingehen!

EINKAUFEN

- ★ **Enoteca il Bacchino.** Käse in allen Reifestufen, Salami, eine riesige Weinauswahl und eine perfekte Beratung. Via Moncini 8, Tel. 0566 90 35 46. Die Besitzer besitzen zudem ein Ristorante in der Via Ximenes 5.

- ★ **Pasticceria Artigianale Petrai La Dolcezza.** Alles was gut, süß und kaloriensündig ist. Piazza Cavour 17/18, Tel. 0566 90 20 90.

ESSEN UND TRINKEN

- ★ **Bracali.** Zwei-Sterne-Restaurant, kreative Küche mit hohem Niveau, Familienbetrieb, herzlicher Service. Via di Perolla 2, Tel. 0566 90 23 18, www.mondobracali.it, Ruhetag: So und Mo.

- ★ **Da Tronca.** Traditionelle Trattoria in der Altstadt, cucina maremma. Vicolo Porte 5, Tel. 0566 90 19 91, Ruhetag: Mi, außer im Aug.

Oben: Blick von der Kathedrale San Cerbone in Massa Marittima hinunter zum Meer bei Sonnenuntergang

Massa Marittima

Hingehen!

★ **Taverna del Vecchio Borgo.** Typische Taverne, in einem Palazzo aus dem 16. Jh., toskanische Gerichte. Via Parenti 12, Tel. 0566 90 39 50, Ruhetag: Mo.

★ **La Tana del Brillo Parlante.** Winzige Osteria, täglich wechselndes Tagesgericht, unbedingt reservieren. Vicolo del Ciambellano 4, Tel. 0566 90 12 74.

ÜBERNACHTEN

★ **Conti di Bonifacio.** Liebevoll geführtes Wein-Landgut, auf höchstem Standard renoviert, ruhige Lage, bester Service, Pool, Restaurant, Weinprobe. www.siglinde-fischer.de

★ **Park Hotel La Fenice.** Vier-Sterne-Apartmenthotel, alle Vorzüge eines Hotels, Apartments mit Kochnische, Pool. Corso Diaz 63, www.lafeniceparkhotel.it

★ **La Fattoria dei Tatti.** Kleines Hotel zwischen Massa Marittima und dem Meer, charmant, ruhig gelegen. Via Matteotti 10, www.tattifattoria.it

★ **Il Sassone.** Landgut in herrlicher Landschaft, Pool und Garten mit alten Steineichen. Loc. Poggio Curzio bei Massa Marittima, www.siglinde-fischer.de

★ **Villa Il Tesoro.** Traumhaft gelegenes Hotel, ruhig mit schöner Aussicht, gutes Restaurant, Weine von Terrabianca, Pool. Loc. Valpiana, Tel. 0566 92 97 60.

Oben: Echte Hingucker, die Steinfiguren an der Fassade der Kathedrale in Massa Marittima
Rechts: Turmuhr in Massa Marittima
Rechte Seite: Der Duomo San Cerbone mit der dreischiffigen Basilika und dem herrlichen romanischen Campanile.

manische Taufbecken auf. Es wurde im 13. Jahrhundert von Giroldo da Como aus einem einzigen Travertinblock gehauen.

Ein Spaziergang zur Città Nuova

In den meisten Ortschaften der Toskana liegt die Altstadt oberhalb der Neustadt, die am Hang oder im Tal angesiedelt ist. Dies gilt jedoch nicht in Massa Marittima: Hier liegt die *città vecchia*, die Altstadt, am Hang. Zwischen ihren Häusern, die zum Teil in den Fels hineingebaut wurden, geht es vorbei an kleinen Läden mit hübschem Kunsthandwerk den Berg hinauf in die Neustadt. Von der **Piazza Garibaldi** führt der Weg in die Via Moncini, die am Ende in eine lange steile Treppe übergeht, und weiter hinauf zur Festung und in die Neustadt. Die Festung von 1355 besteht lediglich aus einem Turm, der **Torre del Candeliere** heißt. Über eine Holztreppe gelangt man hinauf zum Aussichtsdeck, wo sich ein atemberaubender Blick auf das sanfte Hügelland bis hin zum Meer eröffnet. Bei guter Sicht erblickt man sogar die Insel Elba. Im Gegensatz zu den engen, verwinkelten Gassen der Altstadt, spaziert man in der auf einem Plateau gelegenen Neustadt durch gerade Sträßchen. Nicht versäumen sollten Sie dort die Piazza Matteotti mit dem großartigen **Arco Senese**. Der weitausladende Bogen verbindet die Festung mit der Altstadt. Von der Piazza führt der Corso Diaz zum ehemaligen **Kloster Sant'Agostino**, das einen bezaubernden Kreuzgang besitzt. Wer findet, dass er sich jetzt ein Gläschen Wein verdient hat, macht sich auf in die Enoteca il Bacchino in der nahen Via Moncini. Hier laden Köstlichkeiten, die Genießerherzen höher schlagen lassen, und 800 verschiedene Weine zur Einkehr ein. Natürlich kann man hier auch einkaufen, doch sollte man zuvor unbedingt die köstlichen Käse und dazu einen feinen Tropfen probieren. Auf diese Weise können Sie sich bequem ein wenig über die Weine der hiesigen Weinregion Monteregio di Massa Marittima schlau machen.

Abbazia **68**
San Galgano
Castagneto
Carducci
Montieri   Monticiano
Suvereto
Gabellino
Campiglia Marittima
Massa
Marittima
Montioni
Ribolla

68 *Abbazia San Galgano*
Legendäre Klosterruine der Zisterzienser

Auf dem Weg von Siena nach Massa Marittima fährt man durch die zauberhafte Landschaft des Merse-Tals. Und hier liegt einsam, inmitten einer Ebene, die Ruine des mittelalterlichen Klosters. Das mit dem einsam trifft – zumindest in den Sommermonaten – nicht zu! Die Abbazia San Galgano ist eine Touristenattraktion.

Die Ruine der Abbazia San Galgano liegt abseits der Hauptstrecke zwischen Küste und Siena, ist aber dennoch ein Besuchermagnet. Das mächtige Bauwerk besitzt schon lange keine Dächer und Fußböden mehr – doch gerade dies trägt zu der Faszination bei, die alljährlich zahllose Besucher zu den alten Gemäuern lockt. Ein strahlend blauer Himmel am Tag und das Sternenfirmament in der Nacht ersetzen die fehlenden Dächer, statt auf festen Böden spaziert man hier auf einer blühenden Wiese. Gänsehautfeeling pur erlebt man, wenn man den 70 Meter langen, nach oben offenen Sakralbau mit den hohen mächtigen Pfeilern betritt und durch die Spitzbogenfenster die Sonne scheint. Getoppt wird dieser Eindruck nur noch bei einem nächtlichen Besuch, wenn die Kirchenmauern fantastisch beleuchtet sind und der Sternenhimmel für einen unvergesslichen Eindruck sorgt.

Nicht verpassen!

★ **Eremo di Montesiepi.** Runde Kapelle (1185) zu Ehren des Heiligen auf dem Hügel Montesiepi in der Nähe von San Galgano, mit teilweise wieder freigelegten Fresken und schöner Kuppel. Eintritt frei, tagsüber geöffnet.

★ **Galganos Schwert.** Das Schwert, das der unzüchtige Ritter Galgano in einen Baum geschlagen und als Kreuz angebetet haben soll, ist in der Kirche von Montesiepi zu sehen.

★ **Galganos Geburtshaus.** Das Haus und Galganos Taufkapelle kann man in dem nahegelegenen hübschen Ort Chiusdino besichtigen.

★ **Santuario della Madonna delle Grazie.** Das Heiligtum aus dem 15. Jh. in Chiusdino wurde 1555 stark beschädigt und 1564 wieder restauriert.

★ **Steinskulpturenpark Traumwald.** Der Künstler Deva Manfredo legt aus Steinen unglaubliche Kunstwerke. Loc. Casole d'Elsa, 53012 Chiusdino, Tel. 33 34 33 01 83, Öffnungszeiten: im Sommer Fr–Di 14 Uhr–Sonnenuntergang, www.devamanfredo-stoneart.com.

Oben: Die Ruine der Abbazia San Galgano lockt jedes Jahr zahllose Besucher an, obwohl sie etwas abseits der Touristenrouten liegt.
Rechts: Faszinierende Detailaufnahme aus der Zisterzienser-Abtei San Galgano

Vom Lebemann zum Heiligen

Galgano Guidotti wurde 1148 in eine Adelsfamilie geboren und lebte als junger Ritter in Saus und Braus. Der Legende zufolge erschien dem jungen Mann in Visionen der Erzengel Michael, der ihn zu einem gottgefälligen Leben bekehrte. Galgano verschrieb sich von nun an der Gewaltlosigkeit und zog sich als Eremit auf den Montesiepi zurück, wo er in Armut lebte. Im Jahr 1181 starb Galgano im Alter von nur 33 Jahren. Bereits vier Jahre später wurde er von Papst Lucius III. heiliggesprochen. Galganos Einsiedelei steht noch heute auf dem Hügel, die Abbazia di San Galgano wurde hingegen ab 1224 von Zisterziensern im Tal unterhalb des Montesiepi erbaut. Die wirtschaftlich sehr aktiven Mönche gelangten rasch zu riesigem Landbesitz, und in nur kurzer Zeit entwickelte sich die Abbazia zum erfolgreichsten Zisterzienserkloster in der Toskana.

Doch im 14. Jahrhundert läuteten die Pest und Hungersnöte den beginnenden wirtschaftlichen Abstieg ein. Als Großherzog Leopold im Jahr 1783 das Kloster schließen ließ, war der Verfall der Anlage nicht mehr aufzuhalten.

1961 dann baten Zisterzienser in Rom um die Erlaubnis, in die Klosterruine überzusiedeln und dem ehrwürdigen Gebäude wieder neues Leben einzuhauchen. Sie bauten einige Klosterzellen aus und begannen das Kloster wiederzubeleben, nun jedoch für den Olivetanerorden. Eine kleine Werkstatt wurde eingerichtet und ab und an werden musikalische Veranstaltungen oder Ausstellungen organisiert.

Dank der Initiative der Mönche kann man nun das wunderschöne gotische Kirchengebäude besichtigen. Das harmonische Ensemble von unverfälschter Natur und einer gigantischen Kirchenruine ist so einzigartig und geheimnisvoll, dass es Jahr für Jahr abertausende von Touristen anzieht.

Hingehen!

EINKAUFEN

★ **Azienda Agricola Querciolaia.** Herstellung und Direktverkauf von Schafskäse verschiedener Reifegrade, Stracchino di pecora, Ricotta. Loc. Palazzetto 29, 53012 Chiusdino, Tel. 0577 75 29 07, www.caseificioquerciolaia.it

ESSEN UND TRINKEN

★ **Salendo.** Weinbar, kleine regionale Gerichte, Verkauf von Weinen und typischen Produkten der Region. La Cappella 176 c, San Galgano, Tel. 0577 75 62 70, www.sangalgano.org, Öffnungszeiten: Fr–Mi 10.30–20 Uhr.

★ **Da Vestro.** Typisches Stein-Landhaus, toskanische Küche, schattiger Garten, breites Weinangebot. Via Senese 4, 53015 Monticiano, Tel. 0577 75 66 18, www.davestro.it, Ruhetag: Mo.

ÜBERNACHTEN

★ **Castello di Tocchi.** In den grünen Hügeln wohnen in einem Castello aus dem 11. Jh., schöne Apartments, Kochschule, Reitausflüge. Loc. Tocchi, 53015 Monticiano, Tel. 0577 75 71 02, www.castelloditocchi.com

★ **Villa Ferraia.** 14 schöne Zimmer in einem Borgo in ruhiger, schöner Landschaft, Pool, Wellness, Park. Pod. La Ripa, Loc. Tocchi, 53015 Monticiano, Tel. 0577 75 71 02, www.villaferraia.com

Oben: Harmonisch eingebettet in die Landschaft liegt diese faszinierende gotische Kirchenruine.

Castagneto
Carducci
Abbazia
San Galgano
Montieri   Monticiano
69 Suvereto
Gabellino
Campiglia Marittima
Massa
Marittima
Montioni
Ribolla

69 *Suvereto & Castagneto Carducci*

Stararchitektur mitten in den Weinbergen

Nicht verpassen!

★ **Rocca Aldobrandesca.** Reste einer mittelalterlichen Burganlage der Aldobrandeschi oberhalb von Suvereto, errichtet im 13. Jh. unter der Herrschaft der Pisaner, danach mehrfach umgebaut.

★ **Palazzo Comunale.** Rathaus von Suvereto aus dem 13. Jh. mit einer sehenswerten Loggia, typische italienische Zivilarchitektur des Mittelalters.

★ **Museo Artistico della Bambola.** Reizendes Puppenmuseum. Via Magenta 14, 57028 Suvereto. Öffnungszeiten: Mai–September täglich 10.30–12.30 und 15.30–18 Uhr.

★ **Forte di Castagneto Carducci.** Die Festung präsentiert an der Meerseite eine massive Bastion aus Backsteinen und sieht an der Landseite eher wie ein Palazzo aus.

★ **Palazzo Espinassi.** Das Wohnhaus des italienischen Dichters Giosuè Carducci (1835–1907) steht zur Besichtigung offen, Eintritt 1,50 €. Öffnungszeiten: im Sommer Di–So 10–13 und 16–19 Uhr.

★ **Cavallino Matto.** Das »verrückte Pferdchen« ist ein 60 000 qm großer Freizeitpark bei Marina di Donoratico.

Oben: Ein besonderes Erlebnis für Puppenliebhaber ist das Museo Artistico della Bambola in Suvereto.
Rechts: Ein architektonisches Meisterwerk, das Weingut Petra, in der Nähe von Suvereto

Kunsthistoriker zieht es nicht unbedingt nach Suvereto und Castagneto Carduzzo, Weinliebhaber dafür umso mehr. Rund um die beiden hübschen Städte bestimmen Weinberge das Landschaftsbild. Von Jahr zu Jahr erfreuen hier immer mehr Winzer die Weingenießer mit edlen Tropfen.

Entlang der **Via Aurelia** von Livorno nach Grosseto klingt die Lokalgeschichte ein wenig anders als in der restlichen Toskana – dies gilt zumindest für die Geschichte des Weinbaus. Auf dessen Spuren muss man nicht weit in die Vergangenheit zurückblicken, denn der Anbau von, wohlgemerkt, Qualitätswein begann hier erst in den 1980er-Jahren. Hier setzt man nicht auf Sangiovese, sondern auf internationale Rebsorten, wie Cabernet Sauvignon, Merlot, Syrah und Co. Dies ist beileibe keine Trotzreaktion auf die berühmten Sangiovese-Weinlagen der restlichen Toskana, sondern ergab sich aus den Erfahrungen der hiesigen Winzer: Entlang der Küste ist es dem Sangiovese schlicht ein bisschen zu heiß. Dennoch bauen fast alle Winzer auch ein wenig Sangiovese an, schon aus Verbundenheit zu ihrer Heimatregion, die hier gerne auch die »französische Toskana« genannt wird.

Weingüter – die neuen Kultobjekte

Die **Maremma** bietet ein unglaubliches Kontrastprogramm: faszinierende Etruskerstädte, tief beeindruckende Relikte römischer Herrschaft, blühende mittelalterliche Städte – und seit einiger Zeit grandiose, modernste Weingüter. Eine der ersten dieser monumentalen Anlagen war in der Nähe von Suvereto das **Weingut Petra** der erfahrenen Önologin Francesca Moretti und deren Vater, Vittorio Moretti. Dem erfolgreichen Unternehmer gehört unter anderem auch das Weingut Bellavista in der Franciacorta. Erbaut wurde Petra von dem Schweizer Stararchitekten **Mario Botta**, der die Idee der Morettis perfekt umsetzte: Ein Bauwerk inmitten der Weingärten, ein Objekt der Leidenschaft, das sich optimal in seine Umwelt integriert. Mittlerweile ist die Kellerei zu einem Wahrzeichen der Weinregion Val di Cornia geworden – doch das Wein-Kunstwerk fasziniert nicht nur dank seiner Architektur, sondern auch mit seinen Weinen! Ein Besuch lohnt sich auf jeden Fall.

Vergessen Sie über all den Wein jedoch nicht, die mittelalterliche Altstadt von Suvereto zu erkunden. Das historische Zentrum wird von einer Stadtmauer in Form eines Fünfecks umschlossen. Über dem Städtchen thront eine Burg, die aus dem 13. Jh. stammt, und zudem sind die alten Brunnen und ein schattiger Kreuzgang schön anzusehen.

Über eine extrem kurvige Straße gelangt man nach langsamer Fahrt durch eine schöne Landschaft das 20 Kilometer entfernte **Castagneto Carducci**. In den hübschen mittelalterlichen Städtchen haben Weinfreunde wie in Suvereto die Qual der Wahl. Am besten, man quartiert sich in einem der vielen schönen Agriturismi ein und geht auf Entdeckungstour. Um das leibliche Wohl muss man sich weder in dem Städtchen noch in deren Umgebung irgendwelche Sorgen machen.

Hingehen!

EINKAUFEN

★ **Petra.** Beeindruckende Weine aus internationalen Rebsorten, es gibt aber auch einen Sangiovese, moderne stilsichere Architektur. San Lorenzo Alto 131, 57028 Suvereto, Tel. 0565 84 53 08, www.petrawine.it

★ **Tua Rita.** Das Weingut wurde 1984 von dem Ehepaar Rita Tua und Virgilio Bisti gegründet und hat Kultstatus. Loc. Notri 81, 57028 Suvereto, Tel. 0565 82 92 37, wwwtuarita.it

★ **Grattamacco.** Die fantastischen Weine des 13 ha großen Bio-Weinguts erlangen stets höchste Auszeichnungen. Loc. Podere Grattamacco, 57022 Castagneto Carducci, Tel. 0565 76 50 69, www.collemassari.it

ESSEN UND TRINKEN

★ **La Tana del Pirata.** Wer nach so viel Weinbergen am Meer speisen möchte, sollte hier einkehren und Fischgerichte bei Meeresrauschen genießen. Via Milano 17, 57022 Castagneto Carducci, Tel. 0565 74 41 43, www.latanadelpirata.net, Ruhetag: Oktober–Mai Di.

★ **l'Ciocio-Osteria di Suvereto.** Zauberhaftes Ambiente, in der Altstadt, Naturmauern, toskanische Gerichte mit KM-0-Produkten aus der nächsten Umgebung. Piazza dei Guidici 1, 57028 Suvereto, Tel. 0565 82 99 47, www.osteriadisuvereto.it, Ruhetag: Mo und Di.

Oben: In diesem herrlichen Keller reifen die großen Weine der Kellerei Petra.

70 *Bolgheri*
Ein Dorf schreibt Weingeschichte

Nicht verpassen!

★ **Tenuta San Guido – Sassicaia.** Sassicaia ist der einzige Wein in Italien, der innerhalb der DOC-Bolgheri einen eigenen Subbereich hat: Bolgheri-Sassicaia, Loc. Le Capanne 27, Tel. 0565 76 20 03, Enoteca im Park der Tenuta, Besucheranfrage per E-Mail, www.tenutasanguido.com

★ **Tenuta Il Biserno.** Palazzo Gardini, Piazza Gramsci 9, Tel. 0586 67 10 99 – Besucheranfrage per E-Mail, Weinladen in der Via Vittorio Emanuele 18, 57020 Bibbona, Tel. 34 09 99 14 61, www.biserno.com

★ **Ornellaia.** 1981 von Antinori gegründet, heute in Besitz von Frescobaldi, Führungen durch das Weingut dauern 3 Stunden, Buchungen möglich 10.30–15 Uhr unter Tel. 0565 71 82 42 oder per E-Mail. Loc. Orenllaia, 57022 Castagneto Carducci, www.ornellaia.com

★ **Castello di Bolgheri.** Castello aus dem 15. Jh., im 17. Jh. renoviert, elegante Weine und feines Olivenöl. Agriturismo, Via Lauretta 7, Besucheranfrage unter Tel. 0565 76 21 10 oder per E-Mail, www.castellodibolgheri.eu

★ **Consorzio Bolgheri DOC.** Gegründet 1995, auf der Website finden Sie in deutscher Sprache mehr über den Weinort, www.bolgheridoc.com

Oben: Sehr gut isst man in der sympathischen Taverna La Carbaccia in Bibbione.
Rechts: Nach der Ernte werden die Trauben verlesen, um sie einzukellern.

Bolgheri war ein unbedeutendes, hübsches Burgdorf in einer reizvollen Hügellandschaft, bis es durch einen Rotwein mit dem wohlklingenden Namen »Sassicaia« berühmt wurde. Mit der Ruhe ist es vorbei, seit Genießer aus aller Welt die fünf Kilometer lange Zypressenallee ins reizender Dörfchen Bolgheri pilgern.

Die letzten fünf Kilometer nach Bolgheri fährt man unter Zypressen eine schnurgerade Allee entlang. Bei dieser beeindruckenden Anfahrt beschleicht einen fast der Verdacht, dass die Dorfbewohner schon einst beim Pflanzen der Zypressen davon ausgingen, dass Bolgheri einmal berühmt werden würde. Kultstatus besaß die Allee in Italien jedoch bereits vor dem großen Weinzeitalter, dank der begeisterten Lobeshymnen des Dichters **Giosuè Carduzzi** (1835–1907). Der Literaturnobelpreisträger lebte zeitweise in Bolgheris Hauptort Castagneto, der sich ihm zu Ehren den Beinamen Carduzzi gab.

Heimat berühmter und teurer Weine
Der Baron de Rothschild regte 1944 den Marchese Incisa della Roccetta dazu an, auf seinem Landgut **Tenuta San Guido** einige

Cabernet-Sauvignon-Rebstöcke anzupflanzen. Über 20 Jahre lang beglückte der Marchese mit dem edlen Tropfen nur sich und seine Freunde. Als er schließlich 1968 den ersten Cabernet unter dem Namen »Sassicaia« auf den Markt brachte, war die internationale Weinwelt begeistert. Die italienische Weingesetzgebung war jedoch irritiert, entsprach doch der Sassicaia, der noch dazu als bester Wein Italiens ausgelobt wurde, nicht den vorgeschriebenen Regeln. Er musste als *vino di tavola*, als einfacher Landwein, deklariert werden, weil er nicht aus den für das Gebiet vorgeschriebenen Sangiovese-Trauben gekeltert wurde. Der Sassicaia hat nicht nur die Wein-Bürokratie grundlegend verändert, der Wein sorgte auch dafür, dass in und um Bolgheri eine Art Goldgräberstimmung ausbrach.

Ein weiterer Wein mit Kultstatus und sicherlich einer der gefragtesten Weine weltweit ist der Masseto. Lediglich auf sieben Hektar gedeihen die Rebstöcke für diesen außergewöhnlichen, hundertprozentigen Merlot, der einen Vergleich mit dem berühmten Petrus nicht scheuen muss. Der Masseto gehört zum **Weingut Ornellaia** im Besitz der Marchesi di Frescobaldi, wird aber separat von den übrigen, ebenfalls großen Gewächsen des weltweit geschätzten Weinguts geführt. Maßgeblichen Anteil am Ruhm der Weinregion haben aber auch die Weingüter der italienischen Adelsfamilie Antinori. Nahe **Bolgheri** in **Bibbona** haben Lodovico und Piero Antinori als neues Gemeinschaftsprojekt die **Tenuta Biserno** gegründet. Wie man es von der Weindynastie Antinori kennt, genießen die Weine bereits internationales Ansehen. Mittlerweile ist die Liste der Topweingüter um Bolgheri groß. Vergessen Sie aber trotzdem nicht, einen kleinen Spaziergang durch das reizende Bolgheri zu machen. Von November bis April können Sie es so erleben, wie es einst war: ein verträumtes, liebenswertes Dörfchen.

Hingehen!

ESSEN UND TRINKEN

★ **Taverna La Carbaccia.** Schickes Restaurant, Emanuele Vallini kocht kreativ mit heimischen Produkten, seine Frau betreut kompetent und herzlich die Gäste. Via della Camminata Est 15, 57020 Bibbona, Tel. 0586 67 03 70, www.lacarabaccia.it

★ **Osteria Magona.** Im Herzen von Bolgheri, toskanische Küche, modern interpretiert, nettes Ambiente. Piazza Ugo 2/3, Tel. 0565 76 21 73, Ruhetag: Mo.

★ **Enoteca Tognoni.** Mitten im mittelalterlichen Bolgheri Wein trinken und dazu einen Imbiss schnabulieren, Weinverkauf. Via Lauretta 5, www.enotecatognoni.it

ÜBERNACHTEN

★ **Strada Giulia 16.** Bezauberndes Boutique-Hotel, Räume mit alten Naturmauern. Strada Giulia 16, www.stradagiuliabolgheri.it

★ **Podere Vignanova.** Kleines charmantes Resort im ländlichen toskanischen Stil zwischen Olivenhainen und Weingärten, hübsche Apartments oder Suiten, Pool. Via Accattapane 56/a, 57022 Castagneto Carduccci, www.poderevignanova.com

★ **La Casetta B&B.** Freundliche helle Zimmer, gepflegter Garten, Frühstück unter einer Pergola, Pool. Loc. Casette Biondi 8/b, Tel. 33 91 28 63 30, www.lacasettabolgheri.com

Oben: Das Weingut Ornellaia bietet interessante Führungen an.

LIVORNO UND DIE NÖRDLICHE KÜSTE

Eine der meistbesuchten Sehenswürdigkeiten in der Toskana: Der schiefe Turm mit dem Dom auf der Piazza dei Miracoli in Pisa

Rechts: Hochwertige, schöne Marmorfiguren findet man in den Ateliers in Pietrasanta.

Links: Am Strand von Viareggio geht es immer lebhaft zu.

Oben: Der Weinkeller der Tenuta Podernovo in Terricciola
Mitte: Das liebste Gefährt für die Italiener ist eine Vespa, hier geparkt in Lari.
Unten: Vom kleinen Familienbetrieb in Lari aus werden die begehrten Martelli-Nudeln italienweit verschickt.

Livorno und die nördliche Küste

Weite Strände, Hafenstädte und Kultur

Sie lieben die Vielfalt? Baden im Meer, Flanieren, reizende Ferienorte, Bars und Clubs, faszinierende Landschaften, geschichtsträchtige Städte mit Kulturdenkmälern? Zwischen Livorno und Marina di Carrara ist dies möglich.

Viele Familien zieht es ans Meer und sie bevorzugen die Badeorte an der **Riviera della Versilia**. Das elegante Flair dieses Küstenabschnitts erlebt man am intensivsten in der Vor- und Nachsaison. Anfang des vergangenen Jahrhunderts lockte die »Côte d'Azur Italiens« die Reichen und Schönen aus aller Welt. Der Jetset hat sich zwar mittlerweile andere Orte gesucht, die weißen, gepflegten Sandstrände, die Nobelhotels der damaligen Zeit und ein gewisser Schick sind der Versilia jedoch geblieben. Noch immer machen hier die Papparazzi den hübschen Blondinen aus dem Norden gerne *complimenti*, sorgen witzige Bars und schicke Clubs für ein abwechslungsreiches Nachtleben und die Kids freuen sich, aus dem weißen Sand die prächtigsten Sandburgen zu bauen. **Viareggio**, **Forte dei Marmi**, **Pietrasanta** und andere Badeorte laden zum abendlichen Bummel ein, bei dem ein leckeres *gelato*, ein schneller Espresso oder ein genussvoller *aperitivo* nicht fehlen dürfen.

Jenseits der Strände

Nur wenige Kilometer im Hinterland warten wunderschöne Kulturstädte auf Besucher. Beschränken Sie aber beispielsweise Ihre Erkundungstour nach Pisa nicht auf wenige Stunden, um im Gefolge von Touristenscharen die Altstadt und die Piazza dei Miracoli mit dem schiefen Turm und dem Dom zu bestaunen. Den echten Charme dieser Stadt erlebt man außerhalb der Saison oder spätabends. Obwohl Pisa im Zweiten Weltkrieg stark bombardiert wurde, ist viel von seiner alten Substanz und seinem Charme verblieben. Die Innenstadt ist zu Fuß leicht zu erkunden, und für den kleinen Hunger zwischendurch lädt alle paar Meter eine Bar oder Trattoria ein.

Ein wahres Kleinod mit der schönsten Stadtmauer der Toskana ist die Provinzhauptstadt Lucca. Ein *must* ist hier ein Rundgang auf der Stadtmauer. Er nimmt nur wenig Zeit in Anspruch und hinterlässt einen unvergesslichen Eindruck. Von der Höhe der Mauer kann man die Stadt herrlich überblicken und sich aussuchen, durch welche der Gassen man anschließend bummeln möchte.

Ein ganz besonderes Flair bietet der bunte Obst- und Gemüsemarkt auf der ovalen Piazza del Mercato.

Reize einer Hafenstadt

Livorno besitzt keinen bedeutenden Strand, im Hafen herrscht geschäftige Betriebsamkeit, und die historische Altstadt wurde im Zweiten Weltkrieg gnadenlos zerstört – dennoch wäre es ein Fehler, die Stadt nicht zu besuchen. Wie in fast allen Hafenstädten locken viele Fischlokale mit fangfrischem, leckerem Fisch ohne Schnickschnack und einem einfachen Landwein. Sind es nicht gerade diese schlichten Gerichte, in urigen Kneipen mit Herzlichkeit präsentiert, an die man sich zu Hause so gerne erinnert? Dies und noch viel mehr hat Livorno zu bieten, und deshalb macht ein Besuch in dieser Hafenstadt Spaß. Wenn die *livornesi* sonntags an den Strand fahren, führt ihr Weg häufig Richtung Süden zu den reizenden kleinen Felsenbuchten von Castiglioncello.

Tipp der Autorin

LIVORNO: TOSKANA MAL ANDERS

Mit den berühmten Kunststädten der Toskana kann zwar Livorno nicht so ganz mithalten, dafür wurde im Krieg zu viel zerstört. Was aber nicht heißt, dass Livorno keinen Besuch wert wäre. Vor allem Junge und Junggebliebene fühlen sich hier wohl, denn: In Livorno ist richtig was los!

71 *Livorno*
Quirlige Hafenstadt mit Charme

Nicht verpassen!

★ **Duomo San Francesco di Assisi.** 1594–1606 von Bernardo Buontalenti (um 1531–1608) und Alessandro Pieron (1550–1607) erbaut, im 18. Jh. erweitert, nach dem Zweiten Weltkrieg nach Originalplänen wieder aufgebaut. Piazza Grande.

★ **Fortezza Vecchia.** Die 1521–1534 erbaute Medici-Festung mit Rundbastion diente zum Schutz des Hafens, der Mathilden-Turm aus dem 11. Jh. stammt von einer älteren Festung am selben Standort.

★ **Museo Civio.** Das Museum in der Villa Mimbelli präsentiert Bilder von Giovanni Fattori (1825–1908) und anderen toskanischen Künstlern, der Schwerpunkt liegt auf der Maremma. Öffnungszeiten: Di–So 10–13 und 16–19 Uhr.

★ **Acquario.** Das Aquarium umfasst 20 Becken mit 150 Meerestierarten. Die sensationelle, ins Meer ragende Terrasse ist ein beliebter Treffpunkt bei Sonnenuntergang, Eintritt 12 €, für Kinder 6 €, Piazzale Mascagni 1, Tel. 0586 26 91 11 154, Öffnungszeiten: wechselnd je nach Jahreszeit, im Juli und Aug. tägl. 10–21 Uhr, www.acquariodilivorno.it

★ **Bagni Tirreno und Bagni Nettuno.** Die beiden Strandbäder von Livorno erreicht man über die Viale Italia.

Oben: Die Statue von Herzog Ferdinand III auf der Piazza della Republica in Livorno
Rechts: Ein wenig erinnert das hübsche Städtchen Livorno an Venedig, weshalb es manchmal Venezia Nuova genannt wird.

Livornos prächtige Renaissance-Bauten sind im Zweiten Weltkrieg unglücklicherweise größtenteils zerstört worden, doch die Stadt hat anderes zu bieten. Das rege Leben am Passagierhafen erinnert ein wenig an die Zeit, als Livorno ein bedeutender Mittelmeerhafen war.

Livorno ist mit knapp 160 000 Einwohnern die drittgrößte Stadt der Toskana und sein Hafen zählt nach wie vor zu den wichtigsten in Italien. Neben dem bedeutenden Handelshafen gibt es noch den wesentlich schöneren, von der **Fortezza Vecchia** beschützten **Porto Mediceo**. Von hier aus setzen die Fähren nach Korsika, Elba und Sardinen über, darüber hinaus legen hier von Jahr zu Jahr verstärkt große Kreuzfahrschiffe an, um auf Mittelmeerkurs zu gehen.

Ein Blick in die Geschichte

Livorno liegt ein wenig im Schatten der toskanischen Kulturstädte, doch blickt die Stadt auf eine faszinierende Geschichte zurück. Viele Jahrhunderte lang spielte die unwirtliche Küste rund um das damalige kleine Hafendorf keine große Rolle – bis Livorno im Jahr 1421 von Genua an Florenz verkauft wurde. Zwischen 1518 und 1534 errichteten die Florentiner die Festung Fortezza Vecchia und legten ein größeres Hafenbecken an. Livorno zählte damals nur einige hundert Einwohner, sollte jedoch bald rasant anwachsen. **Großherzog Cosimo I.** plante hier den Bau einer »idealen« Stadt für 12 000 Menschen, die in den 1570er-Jahren von bedeutenden Baumeistern mit schnurgeraden Straßen

und rechtwinkligen Kreuzungen angelegt wurde. Zum Schutz vor Angriffen diente eine sechseckige Wallanlage mit Wassergräben rund um die Stadt. Unter **Großherzog Ferdinand I.** (1549–1609) versprachen die *Leggi Livornine*, die »Livorneser Gesetze«, allen, die sich in Livorno ansiedeln wollten, Immunität, zahlreiche Privilegien und Religionsfreiheit. Die tolerante Gesetzgebung sorgte für eine rege Zuwanderung aus ganz Europa. Zu den Neuankömmlingen gehörten viele Juden, die hier nicht in Ghettos wohnen mussten, aber auch Griechen, Türken, Katholiken aus England und vertriebene Araber aus Spanien. Die verschiedenen ethnischen und religiösen Gruppen organisierten sich in insgesamt neun Vertretungen, die *nazioni* genannt wurden. Dank der weitsichtigen, toleranten Politik entwickelte sich Livorno zu einer weltoffenen, kulturell vielfältigen Stadt, die Ende des 18. Jahrhunderts 80 000 Einwohner zählte. Die wunderschönen Palazzi und Plätze aus jener Blütezeit der Stadt fielen leider zum größten Teil dem Wahnsinn des Zweiten Weltkriegs zum Opfer. Mit dem Wiederaufbau Livornos begann man in den 1950er-Jahren. Nach Originalplänen wieder errichtet wurden unter anderem der völlig zerstörte Dom und die Synagoge.

Dynamisch und geschäftstüchtig

Ein prägendes Element der heutigen Stadtanlage ist der rund um die Altstadt verlaufende Festungsgraben **Fosso Reale**. Die von

Hingehen!

EINKAUFEN

★ **Mercato Centrale.** Beeindruckendes Bauwerk, Oase für Genießer, viele Spezialitäten aus Livorno. Am Fosso Reale, Via Buontalenti Ecke Via del Cardinale, Tel. 0586 89 61 73. Öffnungszeiten: Mo–Fr 5–14 Uhr, Sa. 5–19 Uhr.

★ **Ciabattari.** Pizzicheria und Salumeria, Feinkostladen mit Spezialitäten, gutes Weinangebot. Via Leonardo Cambini 30, Tel. 0586 80 80 80.

ESSEN UND TRINKEN

★ **Ristorante Gran Duca.** Direkt am Meer, elegant, Veranda, Garten, Fischspezialitäten, feiner *cacciucco*. Piazza Giuseppe Micheli 16, Tel. 0586 89 13 25, www.ristorantegranduca.com

Oben: Livorno, die quirlige Hafenstadt, hier ein Teil der sechseckigen Wallanlage mit Wassergräben, die die Stadt umrundet.

Hingehen!

★ **Oscar.** Schlichtes Restaurant, geführt von drei Brüdern, feine Gerichte aus fangfrischem Fisch. Via Oreste Franchini 78, Tel. 0586 50 12 58, www.ristoranteoscar.it, Ruhetag: Mo.

★ **Cantina Nardi.** Eine Mischung aus Laden, Osteria und Restaurant, leckere Mittagsgerichte, Tische vor dem Haus. Via Cambini Leonardo 6/8, Tel. 0586 80 80 06, Ruhetag: So.

★ **Osteria del Mare.** Kleine nette Osteria, köstliche, typische Fischgerichte, speziell *cacciucco.* Via Borgo dei Cappuccini 5, Tel. 0586 88 10 27, Ruhetag: Do.

ESSEN UND TRINKEN

★ **Max Hotel.** Nahe der Autobahnabfahrt, moderne, funktionelle Zimmer. Via Giotto Ciardi 28, www.maxhotels.it

★ **Gran Duca.** Gegenüber dem Hafen in einer Bastion aus dem 16. Jh., teilweise Zimmer zum Meer, Restaurant. Piazza Giuseppe Micheli 16, Tel. 0586 89 13 25, www.granduca.com

★ **Hotel Navy.** Nahe der Uferpromenade, 5 Minuten vom Zentrum entfernt, in Blautönen gehalten. Viale Italia 231, www.hotelnavy.it

★ **Hotel Il Romito.** Fantastische Lage auf einem Fels über dem Meer, moderne Zimmer, Ristorante Pizzeria, schöne Terrasse. Via del Litorale 274, Antignano-Livorno, www.ilromito.it

Oben: Der schwarz-weiße Bodenbelag der Terrazza Mascagni in Livorno ist ein echter Hingucker.
Rechte Seite: Himmlische Landschaft bei Piombino und ein hinreißender Blick auf die Insel Elba

wunderschönen Arkaden flankierte **Via Grande** teilt die Stadt dagegen in zwei Hälften. Sie ist Livornos Hauptgeschäftsstraße, eine angenehme Shoppingmeile mit vielen eleganten Läden, Bars und Cafés. Bestellen Sie aber nicht einfach nur einen Espresso oder Cappuccino, hier trinkt man die Kaffeespezialität *ponce alla livornese.* Der *ponce* ist ein heißes Getränk auf Espressobasis mit viel heißem Rum. Das Tüpfelchen auf dem »I« ist ein kleines Schiffchen aus Zitronenschale. Der heiße Drink wird in einem Glas serviert, erfreut den Gaumen und löst die Zunge. Vermutlich wurde er erfunden, als englische Seefahrer in den hiesigen Bars nicht auf ihren Irish Coffee verzichten wollten. Das Sahnehäubchen haben die pfiffigen *livornesi* allerding durch einen Zitronenschnitz ersetzt und den langweiligen Brühkaffee durch aromatischen Espresso. Den besten *ponce* serviert nach Meinung vieler Einheimischer die Bar Civili. Diese älteste Bar der Stadt ist nahe dem Bahnhof gelegen und bietet ein unvergessliches Ambiente. Im ganzen Gastraum hängen unzählige Wimpel der verschiedensten Fußball-Mannschaften – außer der von Pisa, denn mit Pisa haben die *livornesi* ihre nachbarschaftlichen Probleme. Das Publikum ist, typisch für Livorno, bunt gemischt von Jung bis Alt. Noch ein kleiner Hinweis, um sich nicht sofort als Tourist zu outen: Der *ponce* ist ein Digestif, ihn vormittags oder gar zum Frühstück zu bestellen, ist ein absolutes *no go!*

Auf der **Piazza Grande**, dem Mittelpunkt der Stadt, steht der nach dem Krieg wieder aufgebaute Dom mit seiner dreibogigen Loggia, die eine Einheit bildet mit den Arkaden der Via Grande. Lediglich ein paar Ecken weiter steht die 1893 erbaute, wirklich sehenswerte Markthalle. Schon allein der 100 Meter lange Pavillon aus Eisen und Glas ist sehenswert. Ein kulinarisches Mekka erwartet einen jedoch im Inneren: frische Fische und Meeresfrüchte, knackiges Gemüse, duftende Früchte, aromatische Käse, Salami, einfach alles, was den Gaumen verlockt.

Das grüne Neu-Venedig

Nicht verpassen!

★ **Monumento dei Quattro Mori.** Das Wahrzeichen der Stadt besteht aus einer steinernen Statue des Großherzogs Ferdinand I. und vier Bronzefiguren, die Piraten in Ketten darstellen.

★ **Torre del Marzocco.** Der 1439 in Hafennähe erbaute Turm mit achteckigem Grundriss war ein Machtsymbol.

★ **Santa Caterina.** Die Dominikanerkirche von 1720 hat einen achteckigen Grundriss; das Deckengemälde von Giorgio Vasari zeigt die Marienkrönung.

★ **Fischmarkt.** Auf dem schönen Fischmarkt zwischen Fortezza Vecchia und dem Monumento dei Quattro Mori bieten die Fischer täglich von frühmorgens bis in den Vormittag hinein ihre fangfrische Ware an.

★ **Ruderwettbewerbe.** Die spektakulären Ruderwettbewerbe zwischen den einzelnen Stadtvierteln sind die Coppa Risi'atori am 2. So im Juni, die Coppa Barontini am letzten So im Juni und der Palio Marinaro am 2. So im Juli.

★ **Effetto Venezia.** Das große Stadtfest mit kulturellem Rahmenprogramm findet alljährlich Ende Juli/Anfang Aug. in Venezia Nuova statt.

Oben: Der Hafen von Livorno mit dem von Weitem sichtbaren Leuchtturm
Rechts: Das Castello del Boccale hält den stürmischsten Winden stand.

Venezia Nuova, das »Neue Venedig«, ist ein reizender, von Kanälen durchzogener Stadtteil mit zahlreichen Brücken, schönen Palazzi und ruhigen Grünanlagen. Vom »königlichen Graben« Fosso Reale vollkommen umgeben, wirkt Venezia Nuova wie eine Insel.

Venezia Nuova wurde bereits im 17. Jahrhundert nach dem Vorbild der Lagunenstadt geplant und verwirklicht. Mit seinen zahlreichen Brücken, Kanälen und hübschen Palazzi sieht das Viertel tatsächlich aus wie eine Miniaturausgabe der berühmten Stadt im Veneto. Venezia Nuova ist ein charmantes Quartier und lohnt auf jeden Fall eine Erkundung. Das Auto parken Sie am besten an der Stazione Marittima oder der Piazza del Luogo Pio. Zu Fuß geht es dann weiter durch enge Gassen mit hübschen Palazzi und über zahlreiche Brücken. Unterwegs kann man zusehen, wie die Boote anlegen. Ein Hauch Venezia ist hier garantiert.

Genussvoller Entdeckungsspaziergang

In Venezia Nuova laden viele urige Kneipen und Cafés zum Verweilen ein. Möchten Sie eine regionale Spezialität probieren?

Dann fragen Sie in der Trattoria nach *cacciucco livornese*. Der Fischeintopf mit Meeresfrüchten schmeckt in der Regel unglaublich gut. Empfehlenswert sind auch die verschiedenen Varianten von *baccalà* (Stockfisch) oder *bordatino*, ein Gemüseeintopf mit Polenta. Eine spannende Entdeckung in den Pizzerie des Viertels ist die *torta di ceci*. Der außen knusprige, innen weiche Fladen wird aus Kichererbsenmehl gebacken. Den *livornesi* zufolge gibt es die beste *torta di ceci* in der **Pizzeria da Cecco**. Dort werden nur hochwertige Produkte zu Pizza und Co. verarbeitet und die Fladen in einem alten Ofen aus Ziegelsteinen knusprig gebacken. Wer die *torta di ceci* als »5&5« bestellt, bekommt sie auf traditionelle Weise in Brot eingerollt und zum Mitnehmen serviert. Die Bezeichnung *cinque e cinque* bezieht sich auf eine Zeit, als in Italien noch die Lira als Währung diente. Fünf Lire kostete die *torta*, weitere fünf Lire das Brot, in dem der Fladen serviert wurde. »5&5« ist auch heute noch in Livorno ein häufig gegessenes Gericht, der Preis hat sich jedoch mittlerweile dem Euro-Niveau angepasst.

Tolerant und weltoffen

In den Pasticcerie der Stadt findet man häufig ein *roschette* genanntes Gebäck; die Kringel wurden ursprünglich zum jüdischen Passah-Fest serviert. Diese Einflüsse der unterschiedlichsten Kulturen und Religionen haben Livorno geprägt und zu jener bunten, kosmopolitischen Stadt gemacht, die sie auch heute noch ist. Man sagt den *livornesi* nach, weltoffen, tolerant und freundlich zu sein – berüchtigt ist aber auch die *linguaccia livornese*, die typische Livorneser Lästerzunge. In ganz Italien sind die *livornesi* dafür bekannt, kein Blatt vor dem Mund nehmen. Ein Zeugnis dieser kritischen und offenen Haltung ist die überregionale Satirezeitschrift *Il Vernacoliere*.

Hingehen!

EINKAUFEN

★ **Caffè made in Italy.** Kaffeeladen mit einer großen Auswahl an Kaffees aus Italien. Via Antonio Gramsci 5, Tel. 392 074 52 32, www.caffemadeinitaly.it

ESSEN UND TRINKEN

★ **Gelateria Dolcefreddo.** Verführerische Eisspezialitäten, Eispralinen, Eiskaffee, schöne Terrasse. Corso Amedeo 40, Tel. 0586 88 91 20.

★ **Al Fosso Reale.** Toskanische Küche, Schwerpunkt Fleisch, gemütliches Lokal, am Fosse Reale. Scale delle Cantine 52, Tel. 0586 88 84 74, www.alfossorealerestaurant.com

★ **Pizzeria da Cecco.** Beliebte Pizzeria, Spezialität *torta di ceci*, nach Originaltezept zubereitet. Via Cavaletti 2, 0586 88 10 74, www.pizzeriaceccccolivorno.com

ÜBERNACHTEN

★ **Hotel Ariston.** Ehemaliger Palazzo in der Altstadt von Livorno, umgeben von Wasserkanälen. Piazza della Repubblica 13, www.hotelaristonlivorno.com

★ **Hotel Gennarino.** Nettes Vier-Sterne-Hotel im Liberty-Stil, hübsche Zimmer, gegenüber der Accademia Navale. Viale Italia 301, www.hotelgennarino.it

Oben: Die Fortezza, die mächtige Festung von Livorno, vom Meer aus betrachtet

Pescia
Viareggio
Massarosa
Collodi
Torre del
Lago Puccini
Lucca
Altopascio
S. Giuliano
Terme
Marina
di Pisa
73
PISA
Cáscina

73 Pisa

Ein Platz voller Wunder

Nicht verpassen!

★ **Torre Pendente – Der schiefe Turm.** Seit 2001 wieder begehbar. Längere Wartezeit einplanen, max. 40 Personen dürfen alle 30 Minuten den Campanile für 30 Minuten besteigen, Kinder unter 8 Jahren werden nicht eingelassen. Eintritt 18 €, Eintrittskarten vorab per E-Mail auf www.opapisa.it bestellen.

★ **Battisterio.** Erbaut 1152, größte Taufkirche der Welt, das achteckige Taufbecken in der Mitte schuf Guido Bigareli da Como 1246, Eintritt 5 € oder Sammelticket für noch drei weitere Sehenswürdigkeiten 9 €, ausgeschlossen davon ist der Turm. Öffnungszeiten: April–Sept. 8–20 Uhr.

★ **Camposanto Monumentale.** Friedhof am Ende der Piazza dei Miracoli, gotische Fassade, Arkaden aus Marmor, Eintritt ist im Sammelticket für 9 € enthalten, Öffnungszeiten: April–Sept. 8–20 Uhr.

★ **Cattedrale – Dom.** Beeindruckend u.a. die Porta San Ranieri, herrliches, plastisches Bronzerelief, das den Brand 1595 überlebt hat, im Sammelticket für 9 € enthalten, Öffnungszeiten: April–Sept. 10–20 Uhr.

★ **Museo delle Sinopie.** Gegenüber dem Camposante, enthält Zeichnungen der Fresken vom Friedhof, bemerkenswerte, moderne Architektur im Inneren, ist im Sammelticket für 9 € enthalten, Öffnungszeiten: April–Sept. 8–20 Uhr.

Infos über Öffnungszeiten für alle Sehenswürdigkeiten auf der Piazza dei Miracoli außerhalb der Saison unter www.opapisa.it

Auch wenn Pisa unglaublich viel Sehenswertes bietet, den schiefen Turm auf der Piazza dei Miracoli, dem »Platz der Wunder«, muss man als Besucher bestaunt haben. Das schräge Bauwerk ist zweifellos die berühmteste Sehenswürdigkeit der Stadt – aber beileibe nicht die einzige.

»Live und in Farbe« betrachtet, ist die **Torre Pendente** ein unglaublich beeindruckender Anblick. Die Neigung des Turmes resultiert aus dem sandigen Untergrund, der dem Gewicht des massiven Bauwerks nicht standhält. Fast hat man ein wenig Angst, der schiefe Turm könnte doch umfallen, trotzdem dieses Problem nun offensichtlich gelöst ist. Jahrzehntelang beschäftigten sich die Stadt und der Staat mit der Rettung des kippenden Bauwerks, das ab 1990 aus Sicherheitsgründen sogar nicht mehr betreten werden durfte. Erst, als im Jahr 2000 die Lösung für das schräge Problem gefunden und der Turm sogar um 44 Zentimeter wieder aufgerichtet worden war, hob man dieses Verbot wieder auf. Seit 2001 darf jeder, der gut zu Fuß ist, wieder die 294 Marmorstufen hinaufsteigen und sich an dem fantastischen Blick über die Stadt erfreuen. Schwindelfrei sollte man als Turmbesteiger jedoch sein, denn beim Hinaufsteigen merkt man deutlich die starke Neigung des Bauwerks. Auf der Treppe fühlt man sich ein wenig wie auf einem Schiff bei starkem Seegang.

UNESCO Weltkulturerbe und Touristenattraktion

Pisas schiefer **Campanile** ist 55 Meter hoch, hat einen Durchmesser von 12 Metern und besteht aus 14 200 Tonnen weißen

Oben: Die mächtige Glocke des Campanile von Pisa
Rechts: Einkaufsbummel durch die Galerien von Pisa mit ihren schicken Geschäften

Carrara-Marmors. Die sieben Glocken in seinem Inneren durften lange Zeit wegen der Einsturzgefahr nicht läuten. Der Bau des freistehenden Glockenturms des Doms begann 1173, als jedoch zwölf Jahre später das dritte Stockwerk fertiggestellt wurde, merkte man schon, dass sich der Turm deutlich nach Südosten neigte. Daraufhin stoppte man den Bau für die nächsten 100 Jahre. Schließlich nahm man die Arbeiten wieder auf und setzte die nächsten vier Etagen auf. Diesen verpasste man eine Neigung in die Gegenrichtung, um die Schräglage der unteren Stockwerke auszugleichen. Nach weiteren Unterbrechungen konnte schließlich 1372 auch die Glockenstube fertiggestellt werden. Die Torre Pendente ist sicherlich wegen ihrer einmaligen Schräglage so berühmt geworden, und natürlich ranken sich um das faszinierende Bauwerk viele Legenden. Rund um den Turm gibt es aber auch viele wahre Geschichten zu erzählen – und mit seiner großartigen Säulengalerie wäre er aber auch als kerzengerades Bauwerk sicherlich eine echte Attraktion.

Während der Hochsaison ist es schwer, den Zauber dieses Platzes zu spüren. Zu viele, mit Fotoapparaten bewaffnete Besucher schieben sich über die **Piazza dei Miracoli** auf der Suche nach dem besten Blick und dem schönsten Motiv. Besonders beliebt sind Aufnahmen, auf denen die Abgelichteten mit ausgestrecktem Arm so dastehen, als würden sie den Turm stützen. Wer Zeit und Muße hat, im Frühjahr, Spätherbst oder gar im Winter Pisa zu besuchen, wird von der Piazza dei Miracoli einen völlig anderen Eindruck bekommen. Auch nachts, wenn die Tagestouristen wie-

Hingehen!

ESSEN UND TRINKEN

★ **Enoteca-Ristorante La Clessidra.** Gemütliches Restaurant mit Garten, Fisch und Fleisch, zwei Degustationmenüs, gute Weinberatung. Via del Castelletto 26/30, Tel. 050 54 01 60, www.ristorantelaclessidra.net, Ruhetag: So.

★ **Osteria dei Cavalieri.** Gastfreundliches Lokal, Turmhaus aus dem 12. Jh. in der Altstadt, toskanische Küche. Via San Frediano 16, Tel. 050 58 08 58, www.osteriacavalieri.pisa.it, Ruhetag: Sa Mittag und So.

★ **Trattoria della Faggiola.** Schmackhafte toskanische Küche, familiärer Service, exzellentes Preis-Leistung-Verhältnis. Via Uguccione della Faggiolo 1, Tel. 050 55 61 79, Ruhetag: So und Mo.

★ **Hosteria Le Repubbliche Marinare.** Gute Fischküche, nette Terrasse. Vicolo Ricciardi 8, Tel. 050 205 06, Ruhetag: Mo, Juli u. Aug. nur abends geöffnet, www.repubblichemarinare.eu

Oben: **Ein Gesamtbild des Putti-Brunnens, Baptisteriums und des Doms im Abendlicht auf der Piazza dei Miracoli**

Hingehen!

★ **Osteria Bernardo.** Schickes Ambiente, feine, ungewöhnliche *cucina toscana*. Piazza San Paolo all'Orto 1, 56127 Pisa, Tel. 050 57 52 16, www.osteriabernardo.it, Ruhetag: Mo.

ÜBERNACHTEN

★ **Relais dell'Orologio.** Nur 100 Schritte vom Schiefen Turm entfernt, romantisches, gepflegtes Hotel, sehr guter Service, Restaurant, schöne Terrasse. Via della Faggiolo 12, www.hotelrelaisorologio.com

★ **Hotel San Ranieri.** 4 km vom historischen Zentrum entfernt, modernes komfortables Hotel, Restaurant, Garten, Dachterrasse. Via Filippo Mazzei 2, www.sanranierihotel.com

★ **Hotel Bologna.** Elegantes Vier-Sterne-Hotel, fußläufig zur Altstadt, nette Zimmer, Terrasse. Via Giuseppe Mazzini 57, www.hotelbologna.pisa.it

★ **Villa Maya.** 12 km von der Altstadt entfernt, nette Zimmer, schöner Garten, gutes Restaurant. Via Piccina 12, 56021 Latignano di Cascina, www.villamaya.it

★ **Agriturismo Le Capanne.** Wunderschöne Lage zwischen Pisa und Lucca, Zimmer und Apartments, Pool, Panoramalage. Loc. Le Capanne, 56017 San Giuliano Terme, www.lecapanne.it

Oben: Mittelalterliche Skulptur auf einer Säule auf der Außenseite des Doms von Pisa
Rechts: Eine andere Perspektive des Schiefen Turms von Pisa
Rechte Seite: Der Schiefe Turm von Pisa – von allen Seiten ein begehrtes Objekt für Fotografen

der am Meer sind und das weitläufige Areal mit den grandiosen Baudenkmälern mit einem warmen Licht angestrahlt wird, spürt man die Magie dieser Platzes, der seit 1987 zum Welterbe der UNESCO gehört.

Ensemble der Schönheit

Der Name Piazza dei Miracoli, »Platz der Wunder«, geht auf den italienischen Dichter **Gabriele d'Annunzio (1863-1938)** zurück – und als ein städtebauliches Wunder kann man das monumentale Ensemble außerhalb der Stadtmauern durchaus sehen. Zu diesem faszinierenden Gesamtkunstwerk gehören das **Battistero**, die größte Taufkirche der Welt, der **Dom Santa Maria Assunta** mit dem **schiefen Turm** und der Friedhof **Camposanto Monumentale**. Jedes dieser Elemente ist ein Meisterwerk mittelalterlicher Baukunst und bietet dem staunenden Besucher ein beeindruckedes Erlebnis. Allein die genaue Beschreibung der 1152 im romanischen Stil erbauten Taufkirche würde Seiten füllen. 54 Meter hoch und mit einem Umfang von 107 Metern, ist sie in ihrer Monumentalität die perfekte Ergänzung des prächtigen Domes, der als ein prägendes Hauptwerk des pisanischen Stils gilt. Sein Bau wurde 1063 begonnen und zog sich über 200 Jahre. Die Einheitlichkeit des Ensembles ist jedoch auch dem verwendeten Baumaterial geschuldet: edler, heller Carrara-Marmor, der einen wunderbaren Kontrast zu den smaragdgrünen Rasenflächen bildet. Um alle Wunder der beiden großartigen Bauwerke kennenzulernen, engagiert man sich am besten einen Führer, der sie kenntnisreich erläutern kann. Warum jedoch so viele Besucher nahe dem Hauptportal trotz Absperrung den Frosch, das Hündchen und die zwei Eidechsen berühren, lässt sich auch ohne Experten erklären: Der Legende zufolge gehen einem dadurch Wünsche in Erfüllung.

74 Pisa
Studentenleben zwischen alten Palazzi

Nicht verpassen!

★ **Orto Botanico – Botanischer Garten.** 3 ha, 1000 verschiedene Pflanzen, Eintritt 2,50 €, Kinder bis 12 Jahre € 1,50, Eltern mit 1 Kind 9 €. Via Luca Ghini 5, Öffnungszeiten: Mo–Fr 8.30–17.30 Uhr, Sa 8.30–13 Uhr.

★ **Piazza dei Cavalieri.** Der »Platz der Ritter« war einst der Hauptplatz der Stadt. Hier mussten die pisani 1406 die Stadt den Florentinern übergeben. Geschichtsträchtig und ein städtebauliches Highlight.

★ **Borgo Stretto.** Reizendes Stadtviertel mit mittelalterlichen Arkaden entlang des Arno, gotisch–romanische Kirche San Michele in Borgo von 990 und zwei weitere schiefe Türme am Ende der Via Santa Maria.

★ **Palazzo Gambacorti.** Berühmtes Bauwerk am Lungarno, 1370–1392 erbaut, gotische Fassade mit eleganten Bogenfenstern, heute Sitz der Stadtverwaltung.

★ **Gioco del Ponte.** Das Brückenspiel wird jedes Jahr am letzten Sonntag im Juni in farbenprächtigen Kostümen gefeiert. Die beiden Stadthälften Tramontana und Mezzogiorno treten gegeneinander an und müssen einen 7 t schweren Wagen über die Brücke ziehen.

★ **Luminara.** Am 16. Juni erstrahlt Pisa in besonderem Licht, wenn tausend Kerzen die Stadt erleuchten. Ein einmaliges Erlebnis.

Oben: Entlang des Arno-Flusses in Pisa kann man herrliche Spaziergänge machen
Rechts: Lecker schmeckt es auch in der Pizzeria Toscana an der Via Santa.

Es sind die vielen jungen Menschen, die die geschichtsträchtige Stadt am Arno so charmant und liebenswert machen. Das allerdings erlebt man nur, wenn man die Piazza dei Miracoli verlässt und durch Pisas enge Gassen zu den prachtvollen Palazzi und romantischen Piazze schlendert.

Fast die Hälfte von Pisas 88 000 Einwohnern sind Studenten. Dank der vielen jungen Menschen wirkt die schöne Stadt am Arno jenseits der Piazza dei Miracoli unvergleichlich weniger touristisch als andere berühmte Orte in der Toskana. In den romantischen Gassen findet man noch zahlreiche Lokale, die kein überteuertes Essen servieren, nette, lebhafte Bars und Boutiquen mit witziger, bezahlbarer Mode. Das historische Pisa ist auch oder gerade außerhalb der Saison einen Besuch wert, wenn sich in den Gassen und auf den Plätzen noch weniger Touristen als sonst zwischen die Studenten und Einheimischen mischen. Dann zeigt sich die lebendige, mediterrane Stadt voll jugendlichen Elans.

Ponte di Mezzo – der Mittelpunkt

Seit 1046 überspannt der Ponte di Mezzo den Arno. Die steinerne »Brücke der Mitte« verbindet genau in der Mitte Pisas die Stadtgebiete zu beiden Seiten des Flusses, die jeweils aus zwei Stadtvierteln bestehen. Die Hälfte rechts des Flusses heißt Tramontana, auf der gegenüberliegenden Seite liegt der Mezzogiorno. Die Brücke wurde nach ihrer Zerstörung im Zweiten Weltkrieg wieder

aufgebaut und mit Marmorplatten verkleidet. Vom Ponte di Mezzo führt ein interessanter Spaziergang zur **Piazza Garibaldi**, die von Palazzi aus dem 17. Jahrhundert gesäumt wird, und durch malerische Gassen zur **Piazza dei Cavalieri**. Den beeindruckenden Platz gestaltete im 16. Jahrhundert der damalige Stararchitekt **Giorgio Vasari** im Auftrag von Cosimo I. als Schaufenster der Medici-Macht. Von der wunderschönen Piazza ist es nur ein Katzensprung zur Flaniermeile Via della Maria. Sie wird von ehrwürdigen Herrenhäusern, prachtvollen Palazzi aus dem 15. und 16. Jahrhundert und Arkaden gesäumt. Auf beiden Seiten kann man in den Auslagen viele schöne Dinge entdecken, allen voran – *naturalmente* – schicke Schuhe. Wer den Spaziergang in einem prachtvollen Garten fortsetzen möchte, erreicht gleich um die Ecke den **Botanischen Garten** von Pisa. Er wurde 1543 von dem Arzt und Botaniker Luca Ghini angelegt und im Lauf der Jahrhunderte ständig erweitert. Die zwei ältesten Bäume der Anlage, ein Ginkgo und eine Magnolie, stammen aus dem Jahr 1787.

Auf den Piazze trifft man sich

Die Piazza delle Vettovaglie ist ein beliebter Treffpunkt für die Studenten der Stadt. Straßenmusiker sorgen hier für eine heitere Stimmung und in den Kneipen rund um den Platz ist immer etwas los. Ähnlich ist die Atmosphäre auf der Piazza Dante Alighieri. Dort kann man unter schattigen Bäumen den Tag oder die Nacht verquatschen.

Hingehen!

EINKAUFEN

★ **Cioccolateria de Bondt.** Allerfeinste handwerklich hergestellte Schokolade. Via San Martino 82, www.debondt.it

ESSEN UND TRINKEN

★ **Il Bistrot.** Liebenswerte Weinbar mit Küche, lockere, freundliche Atmosphäre, Tische auf der Piazza. Piazza Chiara Gambacorti, 17, Tel. 050 263 60, www.ilovebistrot.it

★ **Gelateria de'Coltelli.** Selbstgemachtes Eis aus besten Zutaten, ohne Zusätze. Lungarno Antonio Pacinotti 23.

★ **La Mescita.** Gemütliches Ambiente, stilvoll gedeckt, *cucina toscana*, exzellente Weinauswahl. Via Domenica Cavalca 2, Tel. 050 95 70 19, www.osterialamescitapisa.com

ÜBERNACHTEN

★ **Hotel Novecento.** Hübsches Drei-Sterne-Hotel, Garten, kleine, ansprechend gestaltete Zimmer, gute Lage für einen Stadtbummel. Via Roma 37, www.hotelnovecento.pisa.it

Oben: Die Uferpromenade am Arno ist ein beliebter Treffpunkt für Einheimische und Touristen.

75 Pisa
Kuren und genießen im Umland

Nicht verpassen!

★ **Museo Piaggio Giovanni Alberto Agnelli.** Für Liebhaber der Vespa! Historisches Museum in den Fabrikhallen der Piaggio-Gruppe, Entwicklung der Vespa, Ape und Gilera, Eintritt frei. Viale Rinaldo Piaggio 7, 56025 Pontedera, Tel. 0587 271 71, www.museopiaggio.it, Öffnungszeiten: Di–Sa 10–18 Uhr.

★ **Savini Tartufi.** Attraktiver Verkaufsladen und Trüffelmuseum. Piazza C. D. Ascanio, Loc. Montanelli, 56036 Forcoli, Öffnungszeiten; 8.30–13 und 14–18.30 Uhr. Degustation und Trüffelsuche buchen bei: Kristina Schmidt, info@toskanaferien.de

★ **Bilder & Schmuck** auf der Piazza von Lari, Toskanische Motive als Aquarell-, Öl- oder Terrakottamalerei, Schmuck aus Olivenholz und Marmor aus Carrara. Piazza Matteotti 2, 56035 Lari, Tel. 328 484 47 02.

★ **Tenuta Castelvecchio, Weingut, exzellenter Vin Santo.** Gegen Vorlage des Reiseführers kostenlose Probe. Via di Bagno und Via del Monte 34, 56030 Terricciola, Tel. 38 03 23 88 45. Öffnungszeiten: täglich 10–12 und 15–19 Uhr.

★ **Bioweingut Podere Spazzavento.** Ausgezeichnete Weine, Grappa und Bio-Olivenöl. Gegen Vorlage des Reiseführers kostenlose Degustation. Via Poggino 14, 56038 Ponsacco, Tel. 34 94 52 75 14. Öffnungszeiten: Mo–Sa 9–13 und 15– 20 Uhr.

★ **Poggianti Outlet.** Hier verkauft man seit 1958 Hemden, das Outlet ist ein must für modebewusste Männer: italienischer topaktueller Schick, 60 % günstiger als im Laden. Gegen Vorlage des Reiseführers weitere 5 % Preisnachlass. Quinto Viale 9, 56037 Peccio.

Rechts: Dino Martelli macht noch Pasta auf die langsame und aromaschonende Weise, und das schmeckt man.

Nicht nur das Städtchen Pisa selbst, auch das reizende Umland ist eine Reise wert. Das Meer und die herrlichen Sandstrände sind nah, zudem gibt es einige kleine, sehr charmante Kurbäder. Genießer kommen voll auf ihre Kosten, wenn Sie nur wenige Kilometer ins Landesinnere fahren.

Von Pisa sind es nur wenige Kilometer bis zum Meer mit den wunderschönen Stränden. Wählt man den Weg in nördlicher Richtung, erreicht man bereits nach sieben Kilometern **San Giuliano Terme**. Das bezaubernde Renaissance-Städtchen liegt am Fuß der Pisaner Berge an der Quelle des mit Schwefelsulfat, Kalzium und Magnesium angereicherten Heilwassers. In dem einstigen römischen Thermalbad trafen sich noch im 19. Jahrhundert die Reichen und Schönen; aus jenen goldenen Zeiten stammen traumhafte Villen mit romantischen Parkanlagen. Einige der Prachtbauten sind heute luxuriöse Hotels, in denen man den Stress des Alltags hinter sich lassen oder Gelenk- und Atemwegsbeschwerden lindern kann.

Kulinarisches – immer vom Feinsten
Wer auf eine genussvolle Entdeckungstour gehen möchte, der lenkt sein Auto Richtung **Pontedera**, eine typisch italienische

Kleinstadt mit knapp 30 000 Einwohnern und einem hübschen Zentrum. Man trifft hier kaum Touristen, dafür aber *pisani*. Sie kommen gerne zum Shoppen her, denn in Pontedera bekommt man alles, hat mehr Ruhe und die Preise sind günstiger. Vor den Toren der Stadt steht die Produktionsstätte der berühmten Schokoladenmanufaktur **Amedei**. Deren Geschichte begann 1998, als Cecilia Tessari nach siebenjähriger Forschung und vielen Versuchen ihre ersten Schokoladentafeln auf den Markt brachte. Sie gab der Schokolade den Nachnamen ihrer Großmutter Amedei, weil die Oma sie mit Enthusiasmus unterstützte und an sie glaubte. Seit 2014 gibt es sogar einen Amedei-Shop in New York, in Pontedera sucht man jedoch vergeblich nach einem Direktverkauf. Dafür findet man die exquisite Schokolade in der **Bottega dell caffè** in Pontedera oder in Lari in der **Bottega delle specialità**.

Weiter geht die Genussreise auf der Landstraße nach **Forcoli**. An dem kleinen Nest südlich von Pontedera würde man normalerweise vorbeifahren, wären da nicht die Trüffel-Experten **Savini**. Die Familie Savini stellt aus den edlen Trüffeln der Gegend köstliche Produkte her, die weltweit vermarktet werden. In ihrem

---

Lust auf eine Dolce Vita Tour?

Eine abwechslungsreiche Genusstour mit persönlicher Führung bietet Kristina Schmidt jeden Dienstag. Da sie alle Produzenten gut kennt, werden auch Sie wie Freunde empfangen. Ein unvergessliches Urlaubserlebnis für Genießer, aber auch für Kinder, die es werden wollen! Teilnehmen kann nur, wer sich per E-Mail unter info@toskanaferien.de oder telefonisch unter 32 84 84 47 02 vorab anmeldet.

Hingehen!

EINKAUFEN

★ **Bottega del Caffè.** Viele Produkte von Amedei und anderen Schokoladenmanufakturen, Kaffee aus eigener Rösterei. Corso G. Matteotti 79, 56025 Pontedera, Tel. 0587 540 88.

★ **Pizzicheria dal Canto.** Antikes Geschäft seit 1925, leckere Eiernudeln, toskanische Fleisch- und Wurstwaren, Gerichte zum Mitnehmen, Pasta Caponi. Corso G. Matteotti, 78, 56025 Pontedera, www.pastacaponi.it

★ **Tenuta Podernova.** Weingut mit feinen Rotweinen, wunderschöner Keller, nach Anmeldung geführte Verkostungen, Ferienhäuser und -wohnungen direkt in den Weinbergen. Via Podernuova 13, 56030 Terricciola, Tel. 0587 65 60 40, www.casalepodernovo.it

★ **Biocolombini.** Gemüse und Obst biologisch angebaut und verarbeitet. Grandioser und prämierter Sugo di pomodori. Olivenöl, Säfte, eingelegtes Gemüse, Via le Prata, 56040 Crespina.

★ **Caseificio Busti.** Toskanische Käserei, fantastischer Verkaufsladen. Via Guglielmo Marconi 10, 56043 Fauglia (Pisa) oder im Laden von Massimiliano, Via Diaz 10, 56035 Lari.

★ **Creazioni Vittoria.** Outletverkauf von Nacht- und Tischwäsche aus Naturfasern, Linea Mediterranea für Männer und Frauen, Naturkosmetik. Gegen Vorlage des Reiseführers 10 % Preisnachlass. Via del Commercio 15, 56035 La Capannina di Cevoli/Lari.

Oben: Dolce Vita hautnah erleben – bei der spannenden Tour von Kristina Schmidt

einladenden Trüffelshop werden Liebhaber des noblen Pilzes sicherlich fündig. Zudem kann man ein sehenswertes Trüffelmuseum besuchen und in der Trüffelzeit sogar an einer Exkursion teilnehmen.

Weiter Richtung Süden erreicht man **Terricciola**, ein Dorf mit 4500 Einwohnern, das zwischen Weinbergen liegt. Die hier produzierten Rotweine gehören zur DOCG Chianti Colline Pisane, die Weißweine zur DOC Bianco Pisano di San Torpè. Überzeugt von der hügeligen Landschaft, vor allem aber dem Boden dieses Chianti-Anbaugebietes hat die Trentiner Familie Lunelli hier ein Weingut gebaut. Die Lunellis, denen auch die weltberühmte Spumante-Cantina Ferrari gehört, produzieren in ihrer **Tenuta Podernova** zwei beachtliche Rotweine. Der Teuto ist ein reiner Sangiovese, der Aliotto ein Cuvée aus Sangiovese, Cabernet und Merlot. Sehenswert ist der in die Landschaft integrierte Weinkeller des Gutes. Wer gerne inmitten von Weinbergen den Urlaub verbringen möchte, mietet sich in einem der geschmackvoll gestalteten Häuser oder Apartments ein.

Im nahegelegenen Kurort **Casciana Terme** wird das 35,7° Celsius warme Thermalwasser seit der Antike zur Linderung von verschiedensten Beschwerden genutzt. Wer gerne ohne viel Chichi für seine Gesundheit etwas tun oder einfach nur vom Alltag abschalten möchte, ist hier genau richtig.

Eis und Pasta vom Feinsten

Unweit von Casciana ist das noch sehr ursprüngliche Dorf **Lari** seit 15 Jahren die zweite Heimat der Leipzigerin Kristina Schmidt. Sie kennt hier jeden und jeder kennt Kristina. Sie ist nicht nur Expertin für Ferienwohnungen in allen Preiskategorien in und um Lari, sie kennt sich auch mit den großartigen Produkten aus, die in ihrer Gemeinde hergestellt werden. Ein strahlendes Beispiel ist die wunderbare **Eisbar von Federico**, der nach seinem Sportstudium keinen Job fand und deshalb sein Glück mit Eis versuchte. Seine Produkte sind so lecker, dass er mittlerweile schon mit vielen Preisen ausgezeichnet wurde. Lari wartet aber auch mit einer echten Spaghetti-Manufaktur in Familienbesitz auf. Dort begann die **Familie Martelli** vor über 85 Jahren, als das Wort »Entschleunigung« noch nicht in aller Munde war, mit viel Sorgfalt exquisite Pasta zu produzieren. Das Geheimnis guter Pasta ist nämlich die Zeit, die für die Zubereitung und Trocknung aufgewendet wird. Auch dorthin begleitet Sie Kristina Schmidt, denn die Martellis sind gute Freunde.

Hingehen!

★ **Miriams Klamottenladen.** Ausschließlich italienische Designermode zu guten Preisen. Gegen Vorlage des Reiseführers 5 % Preisnachlass. Via Diaz 13, 56035 Lari.

ESSEN UND TRINKEN

★ **Paninoteca Sister Fox.** Antonella und Sandra verwöhnen mit köstlichen panini, Eingelegtem in Olivenöl, Käse, Salami, Schinken, Honig, dazu ein Glas Wein. Gegen Vorlage des Reiseführers gibt es eine kleine Degustation. Via Trento e Trieste 8, 56035 Lari. Öffnungszeiten: Mo–Sa 10–20 Uhr.

★ **Ristorante Antica Osteria al Castello.** An der Piazza mit Tischen im Freien, schönes Ambiente unter dem Castello, Gerichte mit Martelli-Pasta. Via Piazza Matteotti, 56035 Lari, Tel. 0587 68 71 51. Ruhetag: Mo, Di Mittag.

★ **Ristorante il Merlo.** Kleines Restaurant mit Freisitz, wunderbare traditionelle Küche im Zentrum von Casciana Terme, mittags günstige Menüs zum Festpreis. Via C. Minati 5, 56034 Casciana Terme, Tel. 0587 64 40 40. Ruhetag: Do.

★ **Osteria Bacco Perbacco.** Einfach und nett, weinbewachsene Pergola, kinderfreundlich. Gegen Vorlage des Reiseführers erwartet Sie eine Aufmerksamkeit. Via delle Vigne 18, 56035 Boschi di Lari, Tel. 0587 68 61 19. Ruhetag: Mi.

ÜBERNACHTEN

★ **Toskanaferien – Kristina Schmidt.** Über 50 Ferienwohnungen und Ferienhäuser in allen Preiskategorien in und um Lari und viele spannende Tipps für den Urlaub unter www.toskanaferien.de

Oben: Die einladende Zufahrt zur Tenuta Podernovo, wo man nicht nur herrlich wohnen kann, sondern auch feinste Weine gekeltert werden

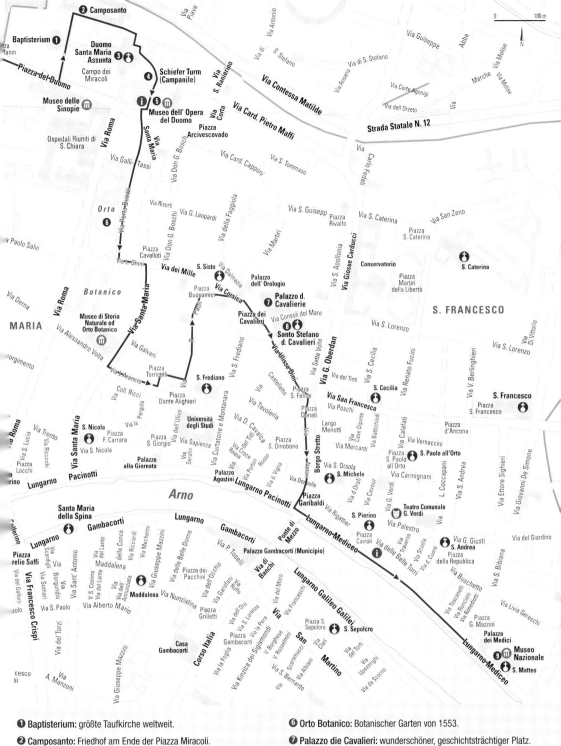

- ❶ **Baptisterium:** größte Taufkirche weltweit.
- ❷ **Camposanto:** Friedhof am Ende der Piazza Miracoli.
- ❸ **Duomo Santa Maria Assunta:** Dom mit imposanter Marmorverkleidung.
- ❹ **Schiefer Turm (Torre Pendente):** Wahrzeichen der Stadt.
- ❺ **Museo dell Opera del Duomo:** u.a. mit Fresken von Pisano und Benozzo Gozzoli.
- ❻ **Orto Botanico:** Botanischer Garten von 1553.
- ❼ **Palazzo die Cavalieri:** wunderschöner, geschichtsträchtiger Platz.
- ❽ **Chiesa di Santo Stefano dei Cavalieri:** Kirche, geplant von Vasari.
- ❾ **Museo Nazionale de San Matteo:** Sammlung toskanischer Malerei (12.–16. Jh.)

Bagni
Borgo a di Lucca Pontepetri Cantagallo
Mozzano
Montecatini Pistoia
Pescia Terme
Collodi Monsummano
76 Terme
Lucca Quarrata
Altopascio Lamporecchio

76 *Lucca*

Heiter in die Altstadt

Nicht verpassen!

★ **Duomo San Martino.** Gegründet im 6. Jh., seit dem 8. Jh. Bischofskirche, auffallende, reich gestaltete asymmetrische Fassade.

★ **Museo della Cattedrale.** Zu besichtigen sind die wichtigsten Kunstschätze aus dem Dom, so der Schatz des Volto Santo und die Statue des Apostels Johannes, aus dem 15. Jh. von Jacobo della Quercia, Eintritt 4 €. Piazza Antelminelli 5, Öffnungszeiten: im Sommer täglich 10–18 Uhr.

★ **Battistero e Chiesa SS.Giovanni e Reparata.** Interessanter archäologischer Bereich, bemerkenswert sind die Steinmetzarbeiten am Kirchenportal, das quadratische Taufbecken und die enorm hohe Kuppel, Eintritt 4 €. Öffnungszeiten: täglich 10–18 Uhr.

★ **Botanischer Garten.** In dem 1820 von einer Schwester Napoleons gegründeten Botanischen Garten gedeihen mediterrane und exotische Pflanzen. Öffnungszeiten: täglich ab 10 Uhr, je nach Monat bis 17, 18 oder 19 Uhr geöffnet.

★ **Torre Guinigi.** Auf der Dachterrasse des großartigen Turmes aus dem 14. Jh. wachsen Steineichen, Eintritt 3,50 €.
Öffnungszeiten: 9.30–19.30 Uhr im Sommer, 9.30–16.30 Uhr im Winter.

★ **Piazza del Mercato.** Auf einem römischen Amphitheater wurde dieser ovale Platz errichtet. Die unterschiedlich hohen Häuser aus dem Mittelalter rund um den Platz stehen auf den ehemaligen Zuschauertribünen. Die ursprüngliche Struktur mit den Bögen ist noch erhalten.

Oben: Fein speist man auf der Terrasse der Osteria Miranda in Lucca.
Rechts: Für einen kleinen Plausch hat man in der Toskana immer Zeit.

Hinter Luccas hoher breiter Stadtmauer lebt ein fröhliches Völkchen – vielleicht, weil der Schutzwall Luccas Bewohner vor jeglichen Überfällen beschützt. Selbst die Florentiner, die die gesamte Region unter ihre Herrschaft brachten, scheiterten an den pfiffigen Lucchesi.

Viele Städte in der Toskana sind wunderschön, aber keine kann mit einer solch grandiosen und komplett erhaltenen Stadtmauer aufwarten wie Lucca. Von der Planung bis zur Fertigstellung vergingen rund 100 Jahre, und ab dem 15. Jh. schützte er die Bewohner der Stadt vor jeglichen Angriffen. Das mächtige Bauwerk hat immense Ausmaße: Es ist über vier Kilometer lang, zwölf Meter hoch und an einigen Stellen ebenso breit. Damit ist Luccas Stadtmauer so breit, dass eine Straße darauf bequem Platz hätte. Zum Glück ist Autofahren dort jedoch streng verboten. Riesige, im Sommer Schatten spendende Platanen, die im Winter wie Skulpturen in den Himmel ragen und der Sonne Platz machen, begleiten Spaziergänger und Radfahrer rund um die zauberhafte Altstadt.

Aus der Vogelperspektive

Die *lucchesi* wissen ihre Mauer zu schätzen und legen viel Augenmerk darauf, dass ihr Rundgang immer gepflegt und schön ist. Bereits im 19. Jahrhundert begannen sie, 2000 Platanen, Ulmen

und Pappeln auf diesem parkähnlichen Wall zu pflanzen. Die Bäume spenden im Sommer Schatten und ragen im Winter wie Skulpturen in den Himmel. Zahlreiche Parkbänke laden in kleinen Ruheoasen zum Verweilen ein. Bis heute hat sich an der Liebe der *lucchesi* zu ihrer begehbaren Mauer nichts geändert, sie ist ein echtes Aushängeschild der Stadt. Als entzückter Besucher hat man beim Mauerspaziergang jedoch vor allem Augen für die zauberhafte Stadt zu seinen Füßen. Von oben kann man dabei schon in Gedanken auswählen, durch welche Gassen man anschließend flanieren oder wo man später essen gehen möchten. Auskennen muss man sich dabei nicht, denn auf die Mauer und wieder hinunter führen zahlreiche Auf- und Abgänge. Sobald man was Sehenswertes entdeckt hat, wie zum Beispiel den beeindruckenden **Dom**, den **Glockenturm** oder die **Piazza Napoleone**, macht sich bei der **Porta San Pietro** auf den Weg ins Zentrum. Nach der Besichtigung setzt man den City-Walk fort. Für Liebhaber mediterraner und exotischer Pflanzen bietet sich im Südosten des Mauergürtels ein fantastischer Blick auf den **Botanischen Garten**. Dorthin gelangt man durch die **Porta Elisa**. Sie heißt nach der Schwester Napoleons, die Fürstin von Lucca und Piombino und Großherzogin der Toskana war und diesen Park 1820 mit viel Begeisterung anlegen ließ. Unterwegs kann man auf dem Wall oder gleich neben der Mauer in netten Trattorien oder Bars eine Pause einlegen. Wer den 4,2 Kilometer langen Rundgang nicht ganz absolvieren möchte, kann bei einem der sechs Portale die Tour abbrechen und durch die Gassen bummeln.

Hingehen!

EINKAUFEN

★ **Antiche Tessiture Lucchesi.** Der schöne Laden, den Genni Tommasi mit einer Gruppe von Frauen führt, bietet Mode, Tischwäsche, Vorhänge usw. aus feinsten handgewebten Luccheser Stoffen. Via dell'Anfiteratro 85, Tel. 0583 46 46 24, www.antichetessiturelucchesi.it

★ **Antiquitätenmarkt.** Findet jedes 3. Wochenende im Monat auf der Piazza San Martino statt.

ESSEN UND TRINKEN

★ **Bucca di Sant'Antonio.** Seit vielen Jahren die führende Adresse für traditionelle Küche. Via della Cervia 175, Tel. 058 35 58 81, www.bucadisantantonio.it, Ruhetag: So Abend und Mo.

★ **Il Mecenate.** Im Herzen der Altstadt, gemütlich, herzlicher Service, traditionelle Küche aus hochwertigen Produkten. Via del Fosso 94, Tel. 0583 51 21 67, kein Ruhetag.

Oben: Der prachtvolle Park des Palazzo Pfanner sieht nicht nur schön aus, die vielen Rosen und Zitronenbäume verbreiten auch einen wunderbaren Duft.

Lucca

Hingehen!

★ **La Griglia di Varrone.** Fleischsorten von bester Qualität, modernes pfiffiges Ambiente, gutes Weinangebot. Viale Europa 797/f, Tel. 0583 58 36 11, www.lagrigliadivarrone.it, Ruhetag: Sa Mittag.

★ **Giglio.** Im Zentrum in einem Palazzo aus dem 17. Jh., schmackhafte Fisch- und Fleischgerichte. Piazza del Giglio 2, Tel. 0583 49 40 58, www.ristorantegiglio.com

ÜBERNACHTEN

★ **Hotel Noblesse.** Vier-Sterne-Hotel in einem Palazzo aus dem 17. Jh. in der Altstadt nahe dem Dom, elegante Zimmer, gutes Restaurant. Via Sant'Anastasio 23, www.hotelnoblesse.it

★ **Villa Romantica.** Altstadtnähe, mit Garten, nettes Ambiente, kleines Wellnesscenter. Via Inigo Campioni 19, www.villaromantica.it

★ **Alla Dimora Lucense.** Vier-Sterne-Hotel nahe der Altstadtmauer und der Piazza dell'Anfiteatro, hübsche Zimmer. Via Fontana 19, Tel. 0583 49 57 22, www.dimoralucense.it

★ **Piccolo Hotel Puccini.** Freundliches Stadthotel in der Fußgängerzone, einfache, aber gepflegte Zimmer. Via di Poggio 9, www.hotelpuccini.com

★ **Hotel Melecchi.** Familienbetrieb in der Nähe der Altstadt mit Parkplätzen und Frühstücksterrasse. Via Romana 41, www.hotelmelecchi.it

Oben: Kurioses gibt's beim Flohmarkt in Lucca
Rechts: Im ehemaligen Caffè di Simo Since (1880), das heutige Cafe Caselli, trafen sich Intellektuelle und Künstler zum Gedankenaustausch.
Rechte Seite oben: Blick vom Torre Guinigi auf das hübsche Städtchen Lucca.
Rechte Seite unten: Die Piazza dell Anfiteatro in Lucca ist das »Wohnzimmer« der Stadt.

Perfekt für Flaneure

Obwohl Lucca wegen der wuchtigen Mauer den Eindruck einer sehr geschlossenen Stadt erweckt, war und ist es doch ein weltoffenes Handelsstädtchen mit einem unglaublichen Kunst- und Kulturschatz. Auf Schritt und Tritt stößt man auf Zeugnisse des Wohlstands, den Lucca einst durch den Handel mit Textilien erwarb. Berühmt war die Stadt vor allem für ihre einzigartigen farbenprächtigen Seidenstoffe, die in der ganzen Welt hoch geschätzt wurden.

Wie in anderen italienischen Städten darf auch hier ein Besuch des Domes nicht fehlen. In Lucca ist er dem heiligen Martin geweiht. Die Geschichte der Kathedrale reicht bis in das 6. Jahrhundert zurück, umfassend umgebaut wurde sie im 12. und 13. Jahrhundert. Im 14. und 15. Jahrhundert investierte man erneut viel Geld für die Innengestaltung des auffälligen Bauwerks, das zuletzt noch einmal im 19. Jahrhundert restauriert wurde. Besonders beeindruckend sind die Fassade und der dreischiffige Innenraum mit den reichhaltig dekorierten Arkaden. Stolz ist man auch auf das legendenbehaftete hölzerne Kreuz *Volto Santo*, das Christus im langen Gewand und mit seinem »wahren Antlitz« zeigt.

Lucca entdeckt man am besten, indem man einfach nur durch die Gassen schlendert und die Atmosphäre auf sich wirken lässt. Alles ist klein, überschaubar und lässt sich bequem zu Fuß erkunden. Zwischendurch verlocken einige wirklich gute Ristoranti zur Einkehr, und wer sich noch einmal sportlich betätigen möchte, steigt die 230 Stufen der **Torre Guinigi** hinauf. Oben auf dem Turm bietet sich zur Belohnung eine wunderbare Aussicht auf die malerische Backsteinstadt.

77 *Lucca*
Comics, Jazz und Puccinis Spuren

Nicht verpassen!

★ **Casa Natale di Giacomo Puccini.** Kleines Museum im Geburtshaus von Puccini und Sitz der Fondazine G. Puccini. Corte San Lorenzo 9. Öffnungszeiten: Mi–Mo 10–18 Uhr, im Winter 11–17 Uhr.

★ **Sommerfestival.** Mehr über dieses Musikspektakel auf der Piazza Napoleone im Juli sowie über das Winterfestival im Nov. und Dez. im Teatro del Giglio finden Sie unter: www.summer-festival.com

★ **Piazza Napoleone.** Den großzügigen, mit Platanen bestandenen Platz ließ Elisa Baciocchi von einem Gartenarchitekten im 18. Jh. gestalten. Im Juli findet hier das Sommerfestival statt.

★ **Museo nazionale del fumetto.** Alles über die Entwicklung der Comic-Kunst mit vielen Filmausschnitten. Piazza San Romano 4, Tel. 0583 563 26, Eintritt 4 €. Öffnungszeiten: Di–So 10–18 Uhr.

★ **Nationale Pinakothek im Palazzo Mansi.** Malerei aus dem 16. bis 18. Jh., flämische Wandteppiche und Möbel aus dem 18. und 19. Jh. Via Galli Tassi 43 Eintritt 4 €. Öffnungszeiten: Di–Sa 8.30–19.30 Uhr.

Luccas weitaus berühmtester Sohn ist zweifellos Giacomo Puccini. Der weltweit bewunderte Komponist von zwölf Opern wurde hier am 22. Dezember 1858 in eine Musikerfamilie geboren. Puccini liebte seine Heimatstadt – sein Durchbruch gelang ihm jedoch in Mailand.

Man wundert sich fast ein wenig, dass die Stadt um ihren berühmtesten Mitbürger keinen Kult macht. Es mag vielleicht daran liegen, dass Puccini zu Lebzeiten nicht sonderlich beliebt war und man ihm sogar die Nachfolge seines Vaters als Domkapellmeister verweigerte. Das eigenwillige Temperament des jungen Musikers gefiel den *lucchesi* nicht, was ihn weniger störte. Dennoch ging er nach Mailand, schaffte dort seinen Durchbruch und wurde einer der größten Opernkomponisten der Welt. Wie gut, dass es mit dem Domkapellmeister nicht klappte, zumindest sehr zur Freude aller Opernfreunde. Heute ist Lucca stolz auf den berühmten Sohn der Stadt. Das **Geburtshaus von Puccini** in der Via di Poggio ist mittlerweile ein Museum. Davor steht eine Bronzestatue des Komponisten, und im Inneren kann man ein Klavier bestaunen, an dem er seine hinreißende Musik schuf. Im Caffè di Simo traf sich der Musiker gerne mit befreundeten Künstlern und komponierte auch einige Passagen seiner Opern.

Oben: Über dem Eingang der romanischen Basilica di San Frediano in Lucca glänzt ein fantastisches Mosaik, dass die Himmelfahrt Christi darstellt.
Rechts: San Michele in Foro, der wohl wichtigste sakrale Bau in Lucca, wurde im 12. Jh. gebaut.

Festivals hinter dicken Mauern

Möglicherweise liegt die außergewöhnliche Kreativität des berühmten Meisters auch ein wenig an seiner Heimatstadt und deren künstlerisch aufgeschlossenen Bewohnern. So findet in Lucca jedes Jahr im Oktober und November ein **Comic&Games-Festival** statt, zu dem Interessierte aus aller Herren Länder kommen. Das Festival ist nach den Branchentreffen in Tokio und im französischen Angoulême weltweit das größte seiner Art. Rund 200 000 Besucher strömen zu dieser Gelegenheit in die Stadt, um Filme, Comics und Anime zu sehen und sich rund um das Thema Comics umfassend zu informieren. Das Thema ist zudem während des ganzen Jahres im **Comic-Museum** präsent, das in einer ehemaligen Kaserne seine unterhaltsamen Ausstellungen präsentiert. Dort kann man anhand von Originalskizzen, Postern und lebensgroßen Figuren die Entwicklung der Comic-Kunst nachvollziehen und man kann sich von Filmausschnitten in fantastische gezeichnete Welten entführen lassen. Ein kurzweiliger Besuch für die ganze Familie!

Seit 1998 sorgt Luccas **Sommerfestival** alljährlich im Juli mehrere Wochen für eine grandiose Stimmung in der Altstadt, wenn auf der Piazza Napoleone berühmte und weniger bekannte Musiker auftreten. Zu den Berühmtheiten, die hier schon das Publikum begeisterten, zählen unter anderem Leonard Cohen, Diana Krall und Bryan Adams. Lucca ist also nicht nur eine wohlhabende und schöne Stadt mit herrlichen Bauwerken – hier lebt und liebt man die Musik.

Hingehen!

EINKAUFEN

★ **Lenci.** Kleiner handwerklicher, traditioneller Betrieb mit schicken Damenschuhen, ein wahres Schuhparadies. Viale Puccin 32i, 55016 Porcari.

★ **Golden House.** Nobel-Schmuckgeschäft. Roberto Pieretti und Mutter Graziella designen und lassen dann die edlen Schmuckstücke handwerklich fertigen. Viale Giacomo Puccini 467, www.golden-house.it

ESSEN UND TRINKEN

★ **Antica Caffè di Simo.** Auf einen *Caffé* in Puccinis mit tollem Ambiente. Via Fillungo 58.

★ **All Olivo.** Elegant im Innern, schöne Veranda, köstliche Fisch- und Fleischgerichte. Piazza San Quirico 1, Tel. 0583 49 62 64, www.ristoranteolivo.it, Ruhetag: Mi.

ÜBERNACHTEN

★ **Palazzo Tucci.** Sehr nobel und mitten im Geschehen der Altstadt. Via Cesare Battisti 13, www.palazzotucci.com

Oben: Vom Torre Guinigi aus hat man einen wunderbaren Blick in die kleinen Gassen. Der Turm ist einer der letzten gut erhaltenen von ehemals über 250 Turmen in Lucca.

78 Lucca

Olivenhaine und Weinberge

Rund um Lucca locken sanfte Hügel mit Olivenhainen und Weinbergen, steinerne Brücken über kleine Flüsse, mittelalterliche verschlafene Dörfer, Palazzi aus längst vergangenen Zeiten, ein traumhafter Blick auf das Meer – und Puccinis Lieblingsdorf.

Lust auf einen frisch-lebendigen Weißwein? Dann sind Sie in **Montecarlo** genau richtig. Von Lucca sind es nur wenige Kilometer in dieses relativ unbekannte, aber durchaus bemerkenswerte Weißweingebiet. Angebaut wird hier traditionell vor allem Trebbiano Toscano, viele Winzer kultivieren mittlerweile jedoch auch andere weiße Rebsorten und auch ein wenig Sangiovese. Das reizende Montecarlo hat knapp 4500 Einwohner und ist schon allein wegen seiner Burg einen Ausflug wert, die 1555 im Auftrag von Cosimo I. erbaut wurde. Zu dem hoch gelegenen Ort führt eine Serpentinenstraße, oben angekommen, wird man für die Kurverei mit einer sensationellen Aussicht über Weinberge und Olivenhaine belohnt, die bis zu den Dächern von Lucca reicht. Bei einem Spaziergang durch Montecarlo kommen Sie an vier intakten To-

Nicht verpassen!

★ **Festung Rocca del Cerruglio in Montecarlo.** Im Auftrag von Cosimo I. 1555 erbaut, die vier Tore sind größtenteils noch intakt.

★ **Kirche Sant'Andrea in Montecarlo.** Aus dem 14. Jh. mit Kunstwerken aus jener Zeit.

★ **Teatro dei Rassicurati in Montecarlo.** Prächtiges Theater aus dem 18. Jh., hier finden viele Konzerte statt. Via Carmignani 1.

★ **Villa Torrigiani.** Wunderschöne Barockvilla aus dem 16. Jh. mit traumhaftem Park, Eintritt für Park 7 €, Villa und Park 10 €. Via del Gomberaio 3, 55010 Camigliano Santa Gemma, Tel. 0583 92 80 41, www.villalucchesi.net, Öffnungszeiten: im Sommer 10–13 und 15–18.30 Uhr, im Winter nur nach telefonischer Anmeldung.

★ **Museo Pucciniano di Celle.** Kleines Puccini-Museum in Celle dei Puccini im ehemaligen Landhaus des Komponisten. Besichtigung nach Voranmeldung per E-Mail lucchesinelmondo@virgilio.it oder telefonisch: 347 674 63 98.

★ **Montecarlo.** Hier lebte Giacomo Puccinis Schwester, die er dort öfter besuchte.

Oben: Eine Statue von Giacomo Puccini erinnert in seiner Geburtsstadt an den berühmten Komponisten.
Rechts: Zum Abschluss eines feinen Menüs mundet im Restaurant Buca di Sant Antonio ein Vin Santo.

230   LIVORNO UND DIE NÖRDLICHE KÜSTE

ren der Stadtmauer vorbei; eine besonders schöne Aussicht können Sie dabei von der **Torre Belvedere** genießen. Genießen können Sie aber auch die heimischen Weine, die in vielen kleinen Bars und Enoteche ausgeschenkt werden.

Villa Torrigiani und noch einmal Puccini

Auf dem Rückweg von Montecarlo nach Lucca lohnt sich ein Abstecher nach **Camigliano** in die traumhafte **Villa Torrigiani** aus dem 16. Jahrhundert. Vom Eingangsportal des wunderschönen Anwesens führt eine 700 Meter lange Zypressenallee zum Haupthaus mit der beeindruckenden Fassade. Die einzigartigen elliptischen Treppen im Inneren der Villa stammen ebenso wie die prunkvolle Dekoration des Salons aus dem frühen 18. Jahrhundert. Die größte Attraktion des Anwesens ist jedoch der herrliche Park, in dem man als überwältigter Besucher gar nicht weiß, wo man zuerst hinsehen soll. Ein Paradies für Pflanzenfreunde ist die Anlage auf der rechten Seite mit ihrer sensationellen Vielfalt an exotischen Gewächsen. Ein Spaziergang durch den gesamten Park führt zu Statuen, Brunnen, einzigartigen Wasserspielen sowie einem großen Fischteich und ist schlicht Balsam für die Seele.

In Camigliano lassen Sie Lucca links liegen und folgen dem Fluss Serchio bis **Diecimo**. Dort biegen links ab in Richtung Pescaglia und erreichen schließlich das Dörfchen **Celle dei Puccini**. Kaum ein Besucher würde in das 370 Meter hoch gelegene, gottverlassene Dörfchen kommen, hätte nicht Giacomo Puccini hier familiäre Wurzeln besessen und in seiner Kindheit viele Ferien verbracht. Zeit seines Lebens kam der Komponist immer wieder gerne hierher, das letzte Mal wenige Wochen vor seinem Tod, der ihn am 29. November 1924 in Brüssel ereilte. In Celle dei Puccini ist dem Künstler ein kleines Museum gewidmet, in dem unter anderem das Bett steht, in dem er geboren wurde.

Hingehen!

EINKAUFEN

★ **Enzo Carmignani.** Das Weingut produziert frischen Montecarlo bianco. Loc. Cercatoia, Via Cercatoia Alta 13/b, Montecarlo, Tel. 0583 224 63, www.fattoriacarmignani.com

★ **Podere Sgretoli.** Das kleine Weingut produziert auf 3 ha bemerkenswerte Bio-Weine, sein Bianco besticht durch Mineralität. Via Micheloni 23, Tel. 0583 27 60 93, poderesgretoli.wix.com

ESSEN UND TRINKEN

★ **Nina.** Feine traditionelle Küche mit Lamm, Taube und anderen Spezialitäten. Via San Martino 54, 55015 Montecarlo, Tel. 0583 221 78, www.lanina.it, Ruhetage: Mo Abend und Di.

★ **Enoteca La Torre.** Weine spielen in dieser Enoteca mit Tischen im Freien die Hauptrolle, doch es gibt auch gute toskanische Gerichte. Via Provinciale di Montecarlo 7, Tel. 05832 29 81, Ruhetag: Di.

ÜBERNACHTEN

★ **Fattoria di Fubbiano.** Geschmackvolle Ferienhäuser in den Weinbergen, Pool, eigene Weine und Olivenöl. San Gennaro-Lucca, Tel. 0583 97 80 11, www.fattoriadifubbiano.it

★ **Colle di Bordecheo.** Wohnen in typischen toskanischen Steinhäusern, nahe Lucca auf einem Weingut. Via di Piaggiori 123, 55018 Segromigno in Monte-Capannori, www.colledibordocheo.com

Oben: Blick in ein Feinkostgeschäft, wie man sie in der Altstadt von Lucca häufiger antrifft.

79 Viareggio

Perle am Tyrrhenischen Meer

Viareggios Aufstieg als elegantes Seebad begann schon im frühen 19. Jahrhundert – heute ist es der größte Badeort am Tyrrhenischen Meer. Von seiner mondänen Vergangenheit zeugen prächtige Jugendstil- und Art-déco-Bauten nicht nur entlang der Strandpromenade.

Das Hafenstädtchen Viareggio liegt in der Küstenregion Versilia, und sein Umland war noch im 18. Jahrhundert ein riesiges, wenig bewohntes Sumpfgebiet. Als Siedlungsgebiet wurde es erst interessant, als die Sümpfe nach und nach trockengelegt waren und neu gepflanzte Kiefernwälder entlang der Küste vor den heftigen Seewinden schützten. Noch heute sind sie ein prägendes Element der Landschaft. Im 19. Jahrhundert entwickelte sich Viareggio allmählich zu einem gefragten Seebad. Badeanstalten entstanden, zahlreiche Sommervillen wurden gebaut und die High Society machte hier Urlaub. Ein Relikt jener Zeit ist das **Gran Caffè Margherita** mit seiner auffallend grün gekachelten Kuppel, in dem auch der damals schon hochgeschätzte Puccini gerne verkehrte. Dem großen Komponisten zu Ehren hat man vor dem Eingang des heutigen Restaurants eine Bronzestatue aufgestellt.

Der Charme einer vergangenen Epoche

Viareggio zählt heute 65 000 Einwohner, in den Sommermonaten wird diese Zahl jedoch von der der Gäste weit übertroffen. Der große Zulauf hat Tradition, gab es hier doch bereits Anfang des 20. Jahrhunderts so viele Urlauber, dass schon damals über 3000

Nicht verpassen!

★ **Festival Puccini.** Bei dem Festival auf der Freilichtbühne am Ufer des Lago Puccini werden Opern des großen Komponisten aufgeführt.

★ **Torre del Lago Puccini.** 4 km von der Küste entfernt, nach der Trockenlegung wurde das Gebiet kultiviert. Der Name bezieht sich auf den Wachturm, der am Lago Massaciuccoli stand. Puccini war von dem See begeistert, kaufte sich ein Haus und lebte hier die letzten Jahre vor seinem Tod. Sein Haus ist eine Gedenkstätte.

★ **Carnevale Viareggio.** Am 5. Wochenende vor Ostern ziehen großartig geschmückte Festwagen aus Pappmaché durch die Stadt, natürlich mit der Symbolfigur burlamacco. Seit 2001 gibt es eine Pappmaché-Schule, in der die Wagen gebaut und gelagert werden.

★ **Museo degli strumenti musicali.** Das Museum zeigt 400 von Giovanni Ciuffreda über 50 Jahre gesammelte Musikinstrumente, Eintritt: 2,50 €. Öffnungszeiten: im Sommer Di–So 18–24 Uhr.

★ **EuropaCinema.** Das Filmfestival wurde 1984 von Felice Laudado und Federico Fellini in Rimini gegründet und findet mittlerweile auch in Bari und Ende November in Viareggio statt. Schwerpunkt ist der europäische Film.

Oben: Ein unvergessliches Spektakel: der Carnevale von Viareggio
Rechts: Das Grand Hotel Royal ist noch eine schöne Erinnerung an das elegante Seebad im frühen 19. Jahrhundert.

Umkleidekabinen aufgebaut wurden. Viareggios Einwohner leben seit jeher mit dem Tourismus, und die Stadt ist mit ihm gewachsen. Die *viareggini* sind es gewohnt, ihr schönes Städtchen – zumindest im Sommer – mit Menschen aus aller Welt zu teilen, und sind infolgedessen ausgesprochen weltoffen und tolerant.

In Viareggio sind im Lauf der Jahrhunderte neben den vielen eleganten Hotels, Ristoranti und Bars auch viele schicke Geschäfte entstanden. Entlang der Promenade am **Lungomare** beispielsweise kann man ganz ohne Probleme in kürzester Zeit ein kleines Vermögen ausgeben. Hier reihen sich feinste Boutiquen mit Nobelmarken aus aller Welt. Vor allem in den Seitengassen und rund um die **Piazza Cavour** finden sich aber auch witzige Boutiquen mit bezahlbarer Kleidung und Accessoires. Wenn es richtig heiß ist – im Sommer der Normalfall – ist ein Spaziergang unter den zwei Pinienwäldern mit sechs Kilometern Länge »Pineta di Ponente« und »Pineta die Levante« eine echte Wohltat.

Lebenslust im Zeichen des Burlamacco

Die Geburtsstunde des Karnevals von Viareggio schlug 1873 mit dem Maskenumzug auf der Via Regia. 1931 erfand der Maler *Uberto Bonetti* (1909–1993) aus Viareggio den *burlamacco* – der Hampelmann wurde in der Folge zur offiziellen Symbolfigur des Festes. Während der Karnevalszeit bewegen sich mehrere Züge mit Festwagen aus Pappmaché durch die Stadt.

Hingehen!

ESSEN UND TRINKEN

★ **Piccolo Principe.** Sterne-Restaurant im Grand Hotel Principe, kreative Küche, Terrasse mit Meerblick. Piazza Puccini 1, Tel. 0584 40 11, Ruhetag: Mo.
www.ristoranteilpiccoloprincipe.com

★ **Romano.** Sterne-Restaurant, köstliche Fischgerichte, Traditionsrestaurant seit 1966, familiär geführt. Via Giuseppe Mazzini 122, Tel. 0584 313 82, www.romanoristorante.it

★ **Cicero.** Sehr gutes Fischrestaurant, einfaches Ambiente, stets die frischesten Fische, große Weinauswahl. Via Coppino 319, Tel. 0584 39 30 89, Ruhetag: Do und Fr Mittag.

ÜBERNACHTEN

★ **Hotel London.** Am Lungomare, Meerblick, schön renoviert mit eleganter Jugendstilhalle. Lungomare Manin 16, www.hotellondon.it

★ **Hotel Arcangelo.** Am Lungomare, kleines modernes Hotel mit Frühstücksterrasse. Via Carrara 23, www.hotelarcangelo.com

Oben: Buntes Strandleben in pulsierenden Städtchen Viareggio

80 *Riviera della Versilia*
Sandstrand, Badehaus und Sonnenschirm

Nicht verpassen!

★ **Il Bagno Nilo Beach.** Gepflegter Strand mit allem Komfort, Bar und Ristorante. Viale Bernardini 636, 55041 Lido di Camaiore, www.bagnonilo.com

★ **Bagno Pardini Beach.** Wunderschön im Liberty-Stil, sehr gepflegter Strand mit allem Komfort. Viale Bernardini 654, 55041 Lido di Camaiore, www.bagnopardini.it

★ **Bagno Il Cavallone.** Schicker Strand und gute Küche mit Gerichten der Versilia, gepflegte Bar. Viale Sergio Bernardini 722, 55041 Lido di Camiore, www.bagnocavallone.it

★ **Collegiata Santa Maria Assunta.** In Camaiore Centro, erbaut 1278, der Glockenturm stammt aus dem Jahr 1365, wurde 1515 von Papst Leo X. zur Kollegiatskirche erklärt. Enthält einige wertvolle Werke berühmter Künstler aus dieser Zeit.

★ **Badia di Camaiore.** Die Abtei wird auch Badia di San Pietro genannt und wurde 760 von Benediktinern gegründet. Im 11. Jh. wurde das Kloster im Ortszentrum von Grund auf renoviert.

★ **Museo d'Arte sacra.** Das Museum für sakrale Kunst befindet sich im Ortszentrum von Camaiore. Zu sehen sind berühmte Kunstwerke aus Kirchen.

Oben: Gepflegte Sandstrände, so weit das Auge reicht, bietet die Küste am Tyrrhenischen Meer.
Rechts: Kilometerlange Strandpromenaden, Strandhäuschen, Sonnenschirme – alles bereit für einen eleganten Urlaub an der Riviera della Versilia

Sonnenschirme in allen Farben, bunt bemalte Strandhäuschen, kilometerlange Strandpromenaden, feine Ristoranti, witzige Bars, verlockende Eisdielen, schicke Clubs – hier findet man alle Zutaten für einen großartigen Strandurlaub: Mitzubringen ist lediglich ein gut gefülltes Portemonnaie.

Die Riviera della Versilia – so heißt der Küstenabschnitt zwischen **Viareggio** bis zur Grenze nach **Ligurien** – ist mit ihren kilometerlangen Sandstränden heute ein begehrtes Urlaubsparadies für Familien mit Kindern. Damit hat die Region einen starken Imagewandel erlebt. In den 1920er-Jahren war die Versilia noch »der« Treffpunkt des europäischen Jetset. Die Schönheit der hiesigen Küste und das milde Klima lockten Künstler und die Schönen und Reichen an die Küste des Tyrrhenischen Meers. Wer »in« war oder es gerne werden wollte, tummelte sich an den Stränden der Versilia, und in den kleinen Badeorten entlang der Küste schossen Luxushotels und Villen wie Pilze aus dem Boden. Diese Hotels im Liberty-Stil – wie der Jugendstil in Italien genannt wird – prägen auch heute noch die reizenden Dörfer entlang der Küste.

Familienparadies Versilia
Mittlerweile hat sich die Schickeria längst andere Spielplätze gesucht und Familien mit Kindern Platz gemacht. Die genießen das Strandleben an dieser wunderschönen Küstenregion mit den ewig langen Sandstränden, die immer noch so gepflegt sind, wie zu den Zeiten, als sich der alte und der Geldadel vergnügten. Dieser

Ruf der penibelsten Sauberkeit eilt der Versilia voraus. Jeden Abend werden die Strände von Unrat befreit und fein säuberlich wieder in einen Topzustand gebracht. Auch die Parks in den Ferienorten, die Straßen und die Strandpromenaden sind gleichsam »frisch geschrubbt«.

Zu all diesen Vorzügen kommt hinzu, dass die gesamte nordtoskanische Küste verkehrstechnisch optimal erschlossen ist. Ob über die historische **Via Aurelia**, die heutige Staatsstraße 1, über die Autobahn A12 oder über die breite Küstenstraße: Egal, welches der ehemaligen Hafenstädtchen Sie ansteuern wollen, Sie erreichen es rasch und ohne Fahrstress. Landschaftlich besonders reizvoll ist eine Fahrt auf der Küstenstraße. Dort fällt der Blick auf der einen Seite auf die vielen *bagni* genannten Strandbäder, das lebhafte Treiben an den Stränden und das weite tiefblaue Meer, auf der anderen Seite erfreuen grüne Kiefernwälder und die weiß leuchtenden Apuanischen Alpen das Auge.

Die Locanda al Colle

Riccardo Barsotelli war 20 Jahre lang für ein italienischen Modelabel weltweit unterwegs, bis ihn die Sehnsucht zurück in seine Heimat an die Küste der Versilia trieb. Dort gründete er ein etwas anderes Gästehaus. Weltoffen und unkompliziert lautet die Devise in der beschaulichen Unterkunft auf einem Hügel nicht weit von der Küste entfernt. Ein idealer Platz für Individualurlauber.

Hingehen!

EINKAUFEN

★ **Pasticceria Musetti.** Alles, was Liebhaber feiner *dolci* lieben. Via del Fortino 47, 55041 Camaiore, Tel. 0584 662 18.

ESSEN UND TRINKEN

★ **Il Pinolo.** Ob zum *caffè*, *aperitivo* oder Snack – im Pinolo ist immer was los. Via del Fortino 42, 55041 Camaiore, Tel. 0584 663 33.

★ **Emilio e Bona.** Feine Regionalküche. Via Nuova 1641, Loc. Lombrici, 55041 Camaiore, Tel. 0584 98 92 89, www.ristoranteemilioe-bona.com

ÜBERNACHTEN

★ **Locanda al Colle.** Flair der Roaring Sixties. Via la Stretta, Loc. Capezzano Pianore, 55041 Camaiore, www.siglinde-fischer.de

★ **Villa Bianca.** Geschmackvoll gestaltetes B&B im Grünen, mit 2 Pools. Via Nuova 825, Loc. Lombrici, 55041 Camaiore, www.villalabianca.com

★ **Hotel Le Monache.** Im Herzen von Camaiore Jugendstilmöbel. Piazza XXIX Maggio 36, 55041 Camaiore, www.lemonache.com

Oben: Die Locanda al Colle, ein ganz besonderes Gästehaus

81 *Pietrasanta*

Blaues Meer und Marmorberge

Nicht verpassen!

★ **Casa Carducci.** Carducci erhielt 1906 den No-
belpreis für Literatur und starb 1907 in Bologna.
Das Haus ist heute ein Museum, Eintritt frei,
Spenden erwünscht. Via Valdicastello,
Tel. 0584 79 55 01, Öffnungszeiten: Mo–Fr 9–12
und 15–18 Uhr, Sa und So 17–20 Uhr.

★ **Duomo San Martino.** Im 14. Jh. am Standort
einer älteren Kirche erbaut, im 17. und 19. Jh.
restauriert, der Glockenturm stammt aus dem
16. Jh. und ist aus Backstein, der Dom ist mit
weißem Marmor verkleidet.

★ **Chiesa Sant'Agostino.** Romanische Kirche der
Augustinerchorherren aus dem 14. Jh. Der Turm
wurde 1780 errichtet. Heute Kulturzentrum mit
einem Museum.

★ **Chiesa Sant'Antonio Abate.** Stammt aus dem
14. Jh., sehenswert sind die zwei riesige Fresken
von Fernando Botero, die er 1993 der Gemeinde
spendete.

★ **ArtigianArt.** Vereinigung der ortsansässigen
Künstler. Hier erhält man unverbindlich Auskunft
über die Ateliers der einzelnen Kunsthandwerker.
www.artigianart.org

Oben: Szene aus einem Fresko der Chiesa
Sant'Antonio Abate
Rechts: Künstler und solche, die es werden wollen, bearbeiten in den Studios in Pietrasanta den
weißen Marmor.

Schon der Ortsname – Pietrasanta bedeutet »heiliger
Stein« – weist darauf hin, dass Gestein hier eine wichtige
Rolle spielt. Zu der Stadt mit den knapp 24 000 Einwohnern am Fuß der Apuanischen Alpen gehört auch das direkt am Meer gelegene Seebad Marina di Pietrasanta.

Der vier Kilometer lange Sandstrand von Marina di Pietrasanta ist
so gepflegt wie alle Strände entlang der Riviera della Versilia und
am schönsten in den frühen Morgenstunden: Frühaufsteher können die bezaubernde Landschaft in aller Stille genießen. Angenehm ruhig ist es hier aber auch in der Vor- und Nachsaison!

Kunstwerke aus Stein

Wenige Kilometer landeinwärts haben sich in Pietrasanta zahlreiche Bildhauer und Steinmetze angesiedelt, gibt es dort doch
Stein im Überfluss. Aus weißem Marmor werden Originalskulptu-
ren geschaffen oder Kopien berühmter Werke gefertigt. Bei den
Besuchern, die abends die Stadt bevölkern, sind diese Arbeiten
sehr gefragt. Wer sich für die Steinbildhauerei interessiert, kann

bei einigen Künstlern sogar Kurse belegen. Pietrasantas berühmtester Bewohner ist der kolumbianische Künstler **Fernando Botero**, der im Jahr 2000 sogar zum Ehrenbürger der Stadt ernannt wurde. Der 1932 geborene Botero ist einer der bekanntesten bildenden Künstler Lateinamerikas und hat bereits in den 1950er-Jahren seinen weltberühmten Stil gefunden. Bei ihm dreht sich alles um das Thema Mensch, und seine sinnenfrohen Figuren sind wirklich richtig dick.

Außer mit Stein arbeiten viele Künstler in Pietrasanta aber auch mit anderen Materialien, beispielsweise Glas oder Kupfer. Die ganze Stadt bietet eine lebendige Mischung aus Kunst und Kultur und lockt zahllose Urlaubsgäste. Ein typischer Bummel führt hier zur **Via Mazzini** und weiter zum zentralen Domplatz **Piazza Giordano Bruno**. Dort beeindrucken auf der einen Seite schöne Palazzi vorwiegend aus dem 17. Jahrhundert, auf der anderen Seite der mächtige Dom, dessen Fassade ganz mit weißem Marmor verkleidet ist. Daneben ragt der **Campanile** aus Backstein 36 Meter in den toskanischen Himmel auf. Auf dem Platz laden Cafés dank des milden Klimas während des ganzen Jahres zum Verweilen ein. Das charmante »Wohnzimmer« von Pietrasanta ist darüber hinaus eine schöne Ausstellungsfläche für großartige Skulpturen. Ganz in der Nähe des hübschen Städtchens ist das Dörfchen **Valdicastello Carducci** als Geburtsort des Schriftstellers und Nobelpreisträgers **Giosuè Carducci** (1835–1907) bekannt geworden. Von der hochgelegenen Ortschaft hat man einen herrlichen Blick auf die schier unendlich wirkende Küste.

Hingehen!

ESSEN UND TRINKEN

★ **Filippo.** In der Altstadt, modernes Ambiente, das viele Künstler des Ortes mitgestaltet haben, traditionelle, modern interpretierte Gerichte. Via Stagio Stagi 22, Tel. 058 47 00 10, www.filippopietrasanta.it

★ **Osteria alla Giudea.** Nahe dem Dom, nettes Ambiente, Tische im Freien, heimische Gerichte. Via Barsanti 54, Tel. 0584 715 14, www.osteriaallagiudea.com

★ **Locanda di Bruno.** Außerhalb im Grünen gelegen, raffinierte Gerichte aus Fisch und Fleisch, gemütliches Ambiente, Terrasse. Via Solaio 67/c, Tel. 0584 79 08 87, www.locandadibruno.com

ÜBERNACHTEN

★ **Hotel Palagi.** Gegenüber dem Dom, Palazzo aus dem 17. Jh. geräumige Zimmer. Piazza Carducci 23, www.hotelpalagi.it

★ **Albergo Pietrasanta.** Vier-Sterne-Hotel im Herzen der Altstadt in einem Palazzo aus dem 16. Jh., elegant und luxuriös. Via Garibaldi 35, www.albergopietrasanta.it

Oben: Die Rocca di Sala in Pietrasanta

Nobelseebad am Fuß der Marmorberge

Nicht verpassen!

★ **Golf Club Versilia.** Anspruchsvoller 18-Loch-Golfplatz an der Küste bei Forte dei Marmi, ganzjährig geöffnet, mit Hotel, schicke Tea Time. Via della Sipe 100, 55045 Pietrasanta, www.versiliagolf.com

★ **Markt in der Markthalle und Wochenmarkt.** Markt in der Markthalle täglich auf der Piazza Donatori d'Organi 7–20 Uhr. Wochenmarkt auf der Piazza Marconi am Mi und im Sommer auch am So 8–13.30 Uhr.

★ **Antiquitätenmarkt.** Jedes zweite Wochenende eines Monats auf der Piazza Dante.

★ **Fiera di S. Ermete.** Großes Fest am 28. Aug. mit Jazzkonzert und Feuerwerk über dem Meer.

Oben: Das Feuerwek beim Fiera di S. Ermete
Unten: Am Strand gilt: Relax pur!
Rechts: Eine Bildhauerwerkstatt in Carrara

Das mondänste Seebad an der wunderschönen Riviera della Versilia ist zweifellos Forte dei Marmi. Seitdem hier in den 1920er-Jahren die Industriellenfamilie Agnelli ihre Sommerurlaube verbrachte, ist der bezaubernde Ort am Fuß der Marmorberge ein begehrtes Ziel für wohlhabende Erholungssuchende.

Eine der vielen berühmten Gäste des Seebads war **Thomas Mann**, der die traumhafte Landschaft unglaublich inspirierend fand. 1926 verfasste er hier die Novelle *Mario und der Zauberer*. Auch der britische Schriftsteller **Aldous Huxley** wusste die einmalige Atmosphäre von Forte dei Marmi zu schätzen. In den herrlichen Villen, die versteckt an der Küste liegen, fühlen sich aber auch heute viele Prominente sehr wohl, unter anderem der Tenor **Andrea Bocelli**.

Die Mole – Besuchermagnet mit Geschichte

Fast 300 Meter lang ist die weit ins Meer ragende Mole, die Abend für Abend Urlauber anlockt, um einen fantastischen Sonnenuntergang zu erleben. Wo heute Romantik triumphiert, wurden jedoch früher in Knochenarbeit riesige Marmorblöcke verschifft, damit sie dann unter anderem in Rom von grandiosen Künstlern bearbeitet werden konnten. Auf einen fantastischen

Künstler geht auch die Entdeckung der hiesigen Marmorvorkommen zurück: Keinem Geringeren als Michelangelo gebührt hierfür die Ehre. Der Handel mit dem Marmor florierte auch weiter, nachdem Großherzog Leopold I. hier 1788 eine Festung erbauen ließ. In jener Zeit fanden es schon viele Adelige schick, am Fuß der Berge und direkt am Meer Villen zu bauen. Einen kometenhaften Aufstieg als Luxusbadort erlebte Forte dei Marmi ab den 1920er-Jahren, als die Fiat-Dynastie Agnelli begann, hier ihre Sommerurlaube zu verbringen. Viele Großindustrielle, Reiche und berühmte Menschen taten es ihnen gleich, bauten sich Villen oder mieteten sich in den Nobelhotels ein. Seitdem hat sich in Forte dei Marmi Manches bis heute nicht viel geändert. Die kleine Stadt, die im Winter nur höchstens 8000 Einwohner zählt, achtet streng darauf, dass die privaten Villen ihren Baumbestand erhalten, und kein Haus mehr als zwei Stockwerke aufweist. Das Gleiche gilt für die Hotels: Sie dürfen höchstens drei Stockwerke hoch sein und müssen einen gepflegten Garten aufweisen. Seinen bezaubernden Charme verdankt Forte dei Marmi den vielen mediterranen Pflanzen und weitausladenden Kiefern im Stadtbild sowie seinem vier Kilometer langen Sandstrand mit den bunten Badhäusern, der stets pieksauber und gepflegt ist.

Wer All-Inclusive-Urlaub sucht, ist hier fehl am Platz. Das exquisite Strandleben in Forte dei Marmi hat seinen Preis, schließlich will man ja unter sich bleiben. Kaum irgendwo findet man so viele noble und gut geführte Hotels, die allen erdenklichen Komfort bieten. Die gut gefüllten Geldbeutel der anspruchsvollen Gäste schlagen sich auch in der Gastronomie des Städtchens nieder. Drei Sterneköche haben sich hier angesiedelt und verwöhnen in den Restaurants La Magnolia, Lorenzo und Bistrot zahlungskräftige Genießer. Genuss und gute Laune bieten aber auch zahlreiche weitere Ristoranti, Clubs und Bars des schicken Seebads.

Hingehen!

ESSEN UND TRINKEN

★ **Osteria del Mare.** Schicke Osteria, ansprechendes Ambiente, Küche der Versilia. Viale Franceschi 4, Tel. 0584 836 61, www.marcodavid.com Ruhetag: außer So nur abends geöffnet, im Winter Do.

★ **The Frattellini's.** Perfekt für einen Cocktail oder Aperitif, und für *pesce crudo* und Sushi. Viale Franceschi 2A, Tel. 0584 8 29 31, www.marcodavid.com, Ruhetage: im Winter Mo und Di.

★ **Chez'sar.** Lounge und Ristorante in Strandnähe, schickes, weißes, modernes Ambiente, frische Fischspezialitäten und Fleischgerichte. Viale Italico 7, Tel. 0584 824 10, www.chezsar.com

ÜBERNACHTEN

★ **Hotel Kyrton.** Drei-Sterne-Hotel mit einfachen, netten Zimmern, schöner Garten mit Pool, familiär geführt. Via Raffaelli 16, www.hotelkyrton.it

★ **Hotel Bijou.** Hotel in ruhiger Lage, 2011 renoviert, moderne Zimmer, schöner Garten mit Sitzecken. Via Allende 31, www.landinihotels.it

★ **Piccolo Hotel.** Freundliches, familiär geführtes Hotel nahe dem Lungomare, hübsche Zimmer, Restaurant. Viale Morin 24, www.albergopiccolohotel.it

Oben: Strandkulisse von Marina di Massa vor den Bergen von Forte die Marmi

ALPI APUANE & GARFAGNANA

Die beeindruckende Steinbrücke in der Garfagnana heißt Ponte della Maddalena, im Volksmund auch »Teufelsbrücke«.

Rechts: Ghivizzano, eines der pittoresken mittelalterlichen Dörfer in der Garfagnana

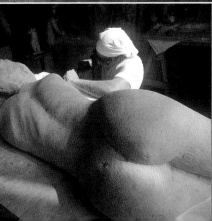

Links: Schöner Briefkasten an einer Wand im Massa Marittima
Rechts: Hingebungsvolle Arbeit an einer marmornen Schönheit

Alpi Apuane & Garfagnana
Dichte Wälder, hohe Berge, leuchtender Marmor

Die Garfagnana ist für die meisten Toskana-Touristen ein weißer Fleck. Dabei ist das waldreiche, bergige Gebiet ideal für ausgedehnte Wanderungen durch unberührte Landschaft. Wer es abenteuerlicher liebt, fährt über kurvige Straßen hinauf zu den Marmorbrüchen.

Die Garfagnana gehört zur Provinz Lucca und liegt zwischen den Apuanischen Alpen und dem Apennin. Durch die bergige Landschaft schlängelt sich der Fluss Serchio. Garfagnana bedeutet »großer Wald«, und der erwartet die Besucher in diesem Gebiet tatsächlich. Kastanienbäume wechseln sich mit Akazien, Eichen und Buchen ab. Hier locken liebliche Täler zwischen weiten Wäldern, dazwischen winzige Dörfer, steile Gipfel über schroffen Schluchten auf und alte Steinbrücken über rauschenden Wildbächen. Die Menschen der Garfagnana zeichnet eine herzliche Gastfreundschaft aus, und Wanderer werden mit einfachen, aber schmackhaften Gerichten glücklich satt.

Wandern, biken, klettern oder reiten?
Das romantische Naturparadies ist das ideale Reiseziel für sportliche Naturfreunde. Je nach Lust und Laune unternimmt man eine Wanderung von einem Dorf zum anderen, Montainbiker und Kletterer finden für jeden Schwierigkeitsgrad das Richtige und selbst hoch zu Ross kann man die Oase erobern. Wer das nasse Abenteuer liebt, den lockt aufregendes Canyoning. Das sportliche Angebot ergänzt ein kleiner Golfplatz mit sechs Par-3-Löchern. Und noch eines ist garantiert: gutes, bodenständiges Essen und Trinken zu fairen Preisen.

Wer seinen Knochen in heißen Thermen Wohltat verschaffen will, ist hier auch richtig. Ein berühmtes Bad war bereits im 18. Jahrhundert **Bagni di Lucca**, wo rund 25 heiße Quellen sprudeln. Insbesondere unter wohlhabenden Engländern war es trendy, sich in den »Bädern von Lucca« zu erholen. Zu den wenigen größeren Ortschaften der Garfagnana gehören **Barga** und **Castelnuovo di Garfagnana**. In den beiden Städtchen tummeln sich Individualtouristen, die sich an der authentischen Atmosphäre erfreuen. Besonders reizvoll ist diese herrliche Landschaft im Herbst, wenn die Kastanien reif sind, die Pilze sprießen und die Jagdsaison ihren Höhepunkt erreicht. Die einheimischen Hausfrauen und Köche verstehen sich darauf, herzhafte Kastaniengerichte oder einen süßen Kastanienkuchen zuzubereiten.

Oben: Wer Ruhe, Erholung und herrliche Wanderwege sucht, ist in der Garfagnana genau richtig.
Mitte: Barga, ein mittelalterliches Städtchen inmitten der Garfagnana
Unten: Aus Carrara-Marmor entstehen zauberhafte Werke.

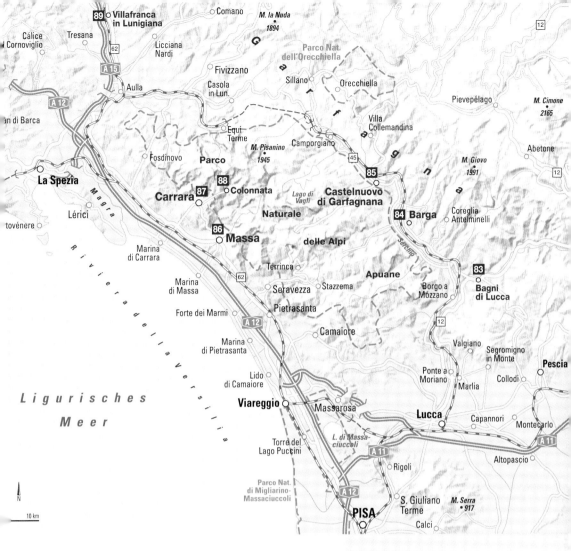

Bizarre Höhlen und weißes Gold

Eine faszinierende Reise in das Innere der Erde bietet die **Grotta del Vento**. Die »Höhle des Windes« ist eine Welt aus bizarr geformten Tropfsteinen, die bei ihren Besuchern einen unvergesslichen Eindruck hinterlässt. Das unterirdische Wunderwerk liegt im Zentrum der Garfagnana, von Lucca knapp 40 Kilometer in Richtung Castelnuovo di Garfagna entfernt. In dieser weitaus größten, aber nicht einzigen Tropfsteinhöhle des Gebiets kommen Hobby-Höhlenforscher voll auf ihre Kosten.

Marmor wird an den verschiedensten Orten abgebaut, aber keiner ist so berühmt wie der weiße von Carrara. Dieser matt glänzende Stein hat der Gegend um **Massa-Carrara** seit dem 12. Jahrhundert zu Wohlstand verholfen. Ihre größte Blüte erlebte die Stadt im 18. und 19. Jh. Damals wurde das »weiße Gold« unter schwersten Bedingungen gebrochen, zum nahen Meer transportiert und in alle Welt verschifft. Ein Spaziergang durch Carrara zeigt die Schönheit dieses Materials.

Tipp der Autorin

NATURPARADIES GARFAGNANA

Unberührte Landschaften, Tropfsteinhöhlen, Marmorbrüche, Kurbäder und eine bodenständige Küche – das ist die Garfagnana, die zwar zur Toskana gehört, aber dennoch ein Schattendasein führt. Perfetto für Wanderer, Biker, Reiter und für alle, die Erholung in einer schönen Landschaft suchen!

Zur Kur in ein bezauberndes Bergdorf

Nicht verpassen!

★ **Demidoff Ospedale.** In der Nähe des Ponte a Serraglio ließ Prinz Nicolaj Demidoff in den 1820er-Jahren ein Krankenhaus bauen, in dem arme Menschen behandelt werden sollten. Die dazugehörige beeindruckende Kapelle kann besichtigt werden.

★ **Teatro Accademico.** In dem 1790 erbauten Theater traten früher viele berühmte Persönlichkeiten auf. Heute findet hier auch das Festival der Kino-Amateure statt.

★ **Ponte della Maddalena.** Bei Borgo a Mozzano überspannt diese beeindruckende, 1052–1115 erbaute Brücke den Fluss Serchio. Sie ist 95 m lang, 3,7 m breit und ihre Bogenhöhe reicht von 4 bis 18,5 m. Die Brücke gehört zur Via Francigina und wird auch Ponte del Diavolo, »Teufelsbrücke«, genannt, weil sie der Legende nach der Teufel innerhalb einer Nacht erbaute.

★ **Centro Ippico La Riviera.** Reit-Informationszentrum. Pian dei Berci-Fornoli, Tel. 34 72 94 27 75.

★ **Orrido di Botri.** Beim kostenpflichtigen Eintritt in das abenteuerliche Naturreservat wird jeder Besucher aus Sicherheitsgründen registriert. Durch das Gelände führen unterschiedlich schwere Pfade. Comunità Montana Media Valle del Serchio, Via Umberto I 100, 55023 Borgo a Mozzano, Tel. 0583 883 46 oder Centro Visitatori Orrido di Botri, Tel. 0583 80 00 22.

Oben: Im Plauderton schrieb Heinrich Heine in seinen Lucca-Schriften Anekdoten über die Region.
Rechts: Reizvoll ist eine Fahrt mit Zug von Lucca nach Bagni di Lucca.

Obwohl das geschichtsträchtige Kurbad nur 150 Meter hoch liegt, wirkt es wie ein bezauberndes Bergdorf. Seine Lage direkt am Fluss Lima verleiht dem Ort zusätzlichen Charme. Über den traditionsreichen Badeort in der Garfagnana verfassten schon Poeten begeisterte Lobeshymnen.

Über *Die Bäder von Lucca* schrieb schon der deutsche Dichter **Heinrich Heine** (1797–1856) in seinen *Reisebildern*: »Die Wohnungen in den Bädern von Lucca nämlich sind entweder unten in einem Dorfe, das von hohen Bergen umschlossen ist, oder sie liegen auf einem dieser Berge selbst, unfern der Hauptquelle, wo eine pittoreske Häusergruppe in das reizende Tal hinabschaut. Einige liegen aber auch einzeln zerstreut an den Bergesabhängen, und man muss mühsam hinaufklimmen durch Weinreben, Myrtengesträuch, Geißblatt, Lorbeerbüsche, Oleander, Geranikum und andre vornehme Blumen und Pflanzen, ein wildes Paradies.«

Heiße Quellen und himmlische Ruhe

Die mineralreichen Thermalquellen sprudeln zwischen 36 und 54° Celsius heiß aus dem Boden; ihr Wasser wird für Bäder und teilweise auch für Trinkkuren genutzt. Die prächtigen, manchmal schon etwas abgenutzten Villen und das Casino aus dem 18. und 19. Jahrhundert sind Zeugnisse einer glanzvollen Ära, als Bagni di Lucca ein gefragtes Kurbad für wohlhabende Engländer und *lucchesi* war. Das hübsche Städtchen besteht aus mehreren Orts-

teilen, die entweder den Flusslauf des **Lima** säumen oder sich an die Hügel schmiegen. Einige der imposanten Paläste kann man besichtigen, und das 1838/39 als Erstes in Italien erbaute **Casino** lockt nach mehrmaligen Renovierungen seit 2009 mit Roulette und Automaten wieder die Spielfreudigen an. Eine erholsame und wahrscheinlich auch gesundheitsfördernde Oase der Ruhe ist hingegen der **Parco Pubblico** mit seinen uralten, seltenen Pflanzen und verschiedenen Zedernarten. Die römische Contessa Carlotta Casalini Ruspoli ließ ihn 1800 anlegen und vermachte ihn nach ihrem Tod der Gemeinde.

Das reizende Bagni di Lucca bietet seinen Kurgästen jedoch noch mehr als nur Ruhe und Erholung. Der Fluss Lima ist bei Sportanglern überaus gefragt, denn reiche Beute ist garantiert, und ein beliebtes Gewässer zum Kanufahren und Raften. Mountainbiker und Reitfreunde können sich auf ausgewiesenen Wegen austoben, und mutige Paraglider zieht es hinauf auf den Gipfel des **Pratofiorito**, wo sie einen perfekten Startplatz vorfinden. Von Juni bis September können Naturfreunde zudem im Naturreservat **Orrido di Botri** den größten und tiefsten Canyon der Toskana bestaunen.

Wer nach so viel Sport hungrig geworden ist, kann in und um Bagni di Lucca zwischen zahlreichen Trattorien und Agriturismi wählen. Die dort angebotenen Gerichte sind einfach, bodenständig und vorwiegend aus heimischen Produkten zubereitet. Spezialitäten wie Wildgerichte, Gemüse und Hülsenfrüchte oder fangfrische Fische aus der Lima prägen die Speisekarten der Garfagnana.

Hingehen!

EINKAUFEN

★ **Farmacia Clementi.** In der sehenswerten alten Drogerie verkauft man immer noch den Magenbitter »China«, den der Großvater des jetzigen Besitzers kreierte. Via Roma 109, 54013 Fivizzano.

ESSEN UND TRINKEN

★ **Ristorante al Biribisso.** Mitten im Grünen mit herrlichem Panoramablick; Fleisch vom Grill, Pilzgerichte und feine Kuchen. 55022 Granaiola-Bagni di Lucca, Tel. 0583 83 10 81, www.ristoranteilbiribisso.com

★ **Bar Caffè Borghesi.** Traditionsbar in Bagni di Lucca, herzlicher Service, Kaffee, aperitivo und Mittagsmenü, Viale Umberto 85, Tel. 0583 872 19, barborghesi.it

ÜBERNACHTEN

★ **Corono Hotel.** Traditionelles Drei-Sterne-Jugendstilhotel im Zentrum, schöne ruhige Zimmer an der Flussseite. Via Serraglia 78, 55021 Bagni di Lucca, www.coronaregina.it

Oben: Ein Blick auf den Kurort Bagni di Lucca, der heute ein wenig in Vergessenheit geraten ist

84 Barga

Die »Metropole« der ruhigen Garfagnana

Nicht verpassen!

★ **Festivals von Barga.** Im Barga finden alljährlich ein Jazz-, Kunst- und sonstige Festivals statt. Mehr darüber unter www.barganews.com

★ **Teatro dei Differenti.** In dem Theater finden jedes Jahr die Festspiele »Opera Barga« und ein Jazzfestival statt.

★ **Dom von Barga.** Ein weißer Travertinbau mit einem wuchtigen Glockenturm, Bauzeit 10. bis 15. Jh., vor dem Dom erstreckt sich eine weitläufige Aussichtsterrasse.

★ **Palazzo Pretorio.** Ehemaliger Amtssitz der Verwalter aus Florenz, wurde im 14. Jh. direkt neben dem Dom erbaut und ist heute ein Museum.

★ **Grotta del Vento.** Faszinierende Tropfsteinhöhle mit immensen Ausmaßen. Loc. Grotta del Vento, Eintritt je nach Art der Führung 9–20 €. 55020 Fornovolasco, www.grottadelvento.com. Öffnungszeiten: ganzjährig, Führungen 10–18 Uhr.

★ **Castelvecchio Pascoli.** Hier kann man das Geburtshaus des Dichters Giovanni Pascoli (1855–1912) besichtigen.

Oben und rechts: Absolut einen Aufenthalt wert ist das charmante Städtchen Barga in der Garfagnana

In der weitläufigen Landschaft der Garfagnana liegen nur sehr verstreut kleine Siedlungen – mit seinen 10 000 Einwohnern kann man Barga deshalb mit Fug und Recht als »Metropole« der Region bezeichnen. Von dem hochgelegenen Städtchen hat man einen herrlichen Blick über das waldreiche Umland.

Bargas bunte Häuser staffeln sich auf einem rund 400 Meter hohen Hügel, das dominierende Bauwerk des hübschen Städtchens ist der imposante **Dom San Christofero.** »Gut Ding will Weile haben« gilt auch in Barga, schließlich zog sich der Bau der Kathedrale vom 11. bis ins späte 15. Jahrhundert. Bei einem Besuch parkt man das Auto am Besten in der Unterstadt und marschiert dann den steilen gepflasterten Weg hinauf zum Domplatz. Vor der Besichtigung der Kirche sollte man sich auf jeden Fall auf die **Domterrasse** stellen und von dort den fantastischen Blick auf die Gipfel der Apuanischen Alpen, das Serchio-Tal und auf Barga genießen.

Der romanische Dom hat eine helle Fassade aus Travertin, die vor allem bei strahlendem Sonnenschein schon von Weitem ins Auge fällt. Einen starken Kontrast dazu bildet der dustere Innenraum, dessen Kostbarkeiten man kaum erkennen kann. Zu den schönsten Kunstwerken der Kirche gehört die steinerne Kanzel, die von zwei Löwen getragen wird und vermutlich eine Arbeit des italienischen Bildhauers Guido da Como (um 1220–1257) ist. Um sie und einige andere kostbare Bildhauerarbeiten gebührend bewundert zu können, lohnt es sich fast, eine Taschenlampe mitzunehmen.

Bei einem Bummel durch die Altstadt entdeckt man viele kleinen Läden, Bars und Trattorie. Im Sommer locken dazu Opernfestspiele im Barocktheater des reizenden Städtchens sowie Jazz- und weitere Festivals. Seit langer Zeit pflegen die Bewohner von Barga darüber hinaus eine enge kulturelle Beziehung zu Schottland, weshalb der Ort auch gerne *the most Scottish town in Italy* genannt wird.

Geheimnisvolle Unterwelt

Nur wenige Kilometer von Barga entfernt bietet die spektakuläre Tropfsteinhöhle **Grotta del Vento** ein großartiges Ausflugsziel im **Naturpark Apuanische Alpen**. Schon allein die Anfahrt zur »Höhle des Windes« ist dank der fantastischen Aussicht sehr reizvoll. Die Grotta kann auf fünf verschiedenen, gut präparierten Wegen unter fachmännischer Führung besichtigt werden. Auf den unterschiedlich langen Touren gelangt man in eine faszinierende Unterwelt mit bizarr geformten Tropfsteinen, die auch Herausforderungen bereithält. Die kürzeste Route ist rund einen Kilometer lang und dauert eine Stunde. Auf der atemberaubenden dreistündigen Tour hingegen muss man 1200 Stufen bewältigen und tiefe Schluchten überqueren – die Ausblicke sind jedoch immer grandios. Doch unabhängig davon, welche Tour Sie wählen: Eine warme Jacke sollten Sie stets mitnehmen, denn in der Höhle herrscht eine konstante Temperatur von 10,7° Celsius. Der kühle Wind der Unterwelt schlägt einem schon beim Eingang entgegen, daher der anschauliche Name »Höhle des Windes«.

Hingehen!

EINKAUFEN

★ **Pasticceria Fratelli Lucchesi.** Ein Schlemmermekka mit süßem und herzhaftem Gebäck. Piazza Giacomo Matteotti, Tel. 0583 72 31 93.

ESSEN UND TRINKEN

★ **Ristorante Alpino.** Regionale Gerichte, gemütlich. Via G. Pascoli, Tel. 0583 72 33 36, www.bargaholiday.com

★ **Scacciaguai.** Regionale Küche, angenehmes Ambiente, Via di Mezzo 23, Tel. 0583 71 13 68, www.scacciaguai.it

ÜBERNACHTEN

★ **Hotel Villa Moorings.** Ein kleines Jugendstilschloss in traumhafter Lage. Viale Roma 18, www.barganews.com

★ **Casa Fontana Tuscany.** B&B in herrlicher Lage, nette Zimmer. Via di Mezzo 77, www.casa-fontana.com

★ **Luxury B&B Acchiappasogni.** Der Name bedeutet Traumfänger, hübsche Zimmer und viel Kunst. Via di Mezzo 21, www.acchiappasognibarga.com

Oben: **Die Grotta del Vento bei Fornovolasco**

Wandern und gut essen

Oben: Schöner Brunnen auf der Piazza Umberto in Castelnuovo
Rechts: Die mächtige Burg von Ludovico Ariosto in Castelnuovo ist bereits von der Ferne zu sehen.

In der Garfagnana geht man vergeblich auf die Suche nach den üblichen Toskana-Klischees – und doch lernt man auf einer Reise diese Landschaft in der Regel nicht nur kennen, sondern auch lieben. Waschechtes Toskana-Feeling findet man ausnahmsweise auf Castelnuovos mittelalterlichem Marktplatz.

Die mächtige Burg aus dem 13. Jahrhundert ist schon aus der Ferne zu sehen. Ludovico Ariosto (1474–1533), italienischer Humanist und Schöpfer des Epos *Der rasende Roland*, hat sie als Gouverneur der Garfagnana von 1522 bis 1525 bewohnt. Die beeindruckenden Rundbastionen verleihen dem Städtchen mit seinen gut 6000 Einwohnern auch heute noch eine majestätische Ausstrahlung, obwohl Burg und Stadttor eher schlicht gehalten sind. Die reizende Ortschaft am Zusammenfluss von **Serchio** und **Turrite Secca** wird auch gerne das »Herz« der grünen Garfagnana genannt. In Castelnuovo di Garfagnana bestimmen die Einheimischen das Leben auf den Straßen, obwohl sie sich über Touristen freuen, denn jede zusätzliche Einnahmequelle ist herzlich willkommen.

Ein kulinarisches Einkaufsparadies

Castelnuovos Gemüseläden, Bäckereien und Metzgereien bieten alles, was die Natur des Umlandes hergibt. Spargel im Herbst sucht man hier vergebens, dafür gibt es duftende Waldpilze, frische Beeren und einen Bergkäse, der ganz in der Nähe produziert wird. Der Metzger macht seine Salami noch wie eh und je, ohne darüber nachzudenken, dass er damit fast schon eine Rarität pro-

duziert. In dem bezaubernden Bergdorf auf knapp 280 Metern Höhe ist die kulinarische Welt noch in Ordnung. Das gilt auch für die Ristoranti und Trattorien, die den Wanderer oder Radler mit einer guten authentischen Hausmannskost erfreuen. Der leckere Geschmack liegt einzig und alleine an den frischen Produkten, die einfach nur dann verwendet werden, wenn die Natur sie erzeugt. Castelnuovo hat den Ruf, dass man hier am besten in der ganzen Garfagnana essen kann. Internationale Raffinesse sucht man allerdings vergebens, dafür bekommt man aber *piatti*, die mit ihren ehrlichen Aromen jeden Feinschmecker zum Schwärmen bringen. Schon alleine deswegen lohnt es sich, sei es mit dem Fahrrad, dem Auto, dem Zug oder gar zu Fuß, in Castelnuovo einen Aufenthalt einzuplanen. Bei aller Liebe für gutes Essen und Trinken empfiehlt es sich aber zudem auf jeden Fall, im Dom aus dem frühen 16. Jahrhundert herrliche Kunstwerke aus Terrakotta zu bestaunen.

Per Rad das Land erfahren?

Von Lucca aus gibt es eine Zugverbindung nach Aulla nahe Ligurien am Fuß der Apuanischen Alpen. Ein guter Tipp für Radfahrer: Packen Sie Ihr Fahrrad und fahren Sie mit diesem Zug – durch viele Tunnels und vorbei an der beeindruckenden Teufelsbrücke – bis Castelnuovo. Nach einem guten Mittagessen radeln Sie entlang des Serchio nach Lucca zurück.

Hingehen!

ESSEN UND TRINKEN

★ **La Lanterna.** Schöne Terrasse, mitten im Grünen, Gerichte der Region. Loc. Le Monache-Piano Pieve, Tel. 0583 63 93 64, www.lalanterna.eu

★ **Trattoria Marchetti.** Einfach und gut, eine klassische Trattoria, wie sie sein soll. Via Testi Fulvio 10, Tel. 0583 63 91 57.

★ **Trattoria Bonini.** Nette Trattoria mit guter Küche und herzlichem Service, Via Monteperpoli 147, Tel. 0583 63 94 25.

ÜBERNACHTEN

★ **Hotel Lanterna.** Oberhalb der Stadt im Grünen gelegen, hübsche Villa, Pool, ansprechende Zimmer. Loc. Le Monache-Piano Pieve, www.lalanterna.eu

★ **Hotel The Marquee.** Einfaches, ordentliches Drei-Sterne-Hotel mit Garten und Pool. Via Provinciale per San Romano, www.themarquee.it

Oben: Das Städtchen Castelnuovo wird gerne auch das »grüne Herz« der Garfagnana genannt.

86 *Massa*

Lange Strände im Reich der Malaspina

Nicht verpassen!

★ **Palazzo Malaspina.** Mächtiges Bauwerk von 1560, heute Sitz der Stadtverwaltung, sehenswerter Innenhof.

★ **Castello Malaspina.** Eine der schönsten Burgen der Toskana mit traumhafter Aussicht, Eintritt 6 €, Kartenverkauf: Via Papiriana 2, Tel. 0187 68 00 13, www.castellodifosdinovo.it, Öffnungszeiten: 1. Mai–30. Sep. Mi–Mo 11–18.30 Uhr, 1. Okt.–30. April Sa 15–17 Uhr, So 11–17 Uhr.

★ **Dom San Pietro e San Francesco.** Im 15. Jh. als Grabkirche für Giacomo Malaspina errichtet, nach mehreren Umbauten erhielt der Dom 1936 eine weiß strahlende Marmorfassade.

★ **Kirche San Rocco.** Hier gibt es ein Kruzifix zu sehen, das Michelangelo zugeschrieben wird.

★ **Montignoso.** 5 km südlich von Massa liegt das bezaubernde Städtchen Montignoso. Es erlebt einen stetigen Bevölkerungszuwachs und zählt derzeit über 10 000 Einwohner.

★ **Castello Aghinolfi.** Das geschichtsträchtige Castello in Montignoso, etwa drei km von Massa entfernt, wurde 753 erstmals urkundlich erwähnt. 2001 wurde es renoviert.

Oben: Die Via Francigena (dt. Frankenweg) war einst Pilgerweg der Franken nach Rom zur Grabstätte der Apostel Petrus und Paulus.
Rechts: Strandleben in Versilia ...

Die Hauptstadt der nördlichsten toskanischen Provinz Massa-Carrara erstreckt sich entlang der Küste und hinauf in die Berge bis nach Carrara. Seinen städtebaulichen Charme verdankt Massa weitgehend der Fürstenfamilie Malaspina, die hier drei Jahrhunderte lang herrschte.

Vom **Castello Malaspina**, das man entweder zu Fuß über eine breite Treppe erreicht oder mit dem Auto auf einer ausgeschilderten Straße, hat man einen atemberaubenden Blick über die Stadt und die Küste bis nach Ligurien. Der Prachtbau der Familie Malaspina, den sie im Spätmittelalter aufwändig in einem faszinierenden Renaissancestil umbauen ließen, zählt zu den schönsten Burgen der Toskana und ist unbedingt einen Besuch wert. Den abwechslungsreichen Rundgang über Innen- und Außentreppen und durch schattige Loggien darf man sich keinesfalls entgehen lassen.

Pittoreske Altstadt mit Orangen

Die **Piazza Aranci** wird, wie der Name »Platz der Orangenbäume« vermuten lässt, an drei Seiten von Orangenbäumen gesäumt. Die gleichzeitig blühenden und Früchte tragenden Bäume verleihen

dem Platz eine einzigartige, bezaubernde Note. In unmittelbarer Nähe befindet sich der **Palazzo Ducale** oder **Palazzo Malspina** aus dem Jahr 1560, hinter dessen leuchtender rötlicher Fassade heute die Stadtverwaltung residiert. Von dem Palazzo mit den wunderbaren Renaissance-Arkaden im Innenhof führen kleine Gassen mit hübschen Häusern in die Altstadt und zum **Dom**, den Giacomo Malaspina im 15. Jahrhundert erbauen ließ. An dem eindrucksvollen Bauwerk zeigen Mosaiken in den Loggien die Lebensgeschichte des heiligen Franziskus. Seine prachtvolle weiße Marmorfassade erhielt das Gotteshaus erst 1936.

Massa zählt rund 70 000 Einwohner und war schon vor dem Marmor-Boom eine lebhafte Stadt. Zahllose Besucher kamen über **Via Francigena**, die ebenso an Massa vorbeiführt wie die ehemals römische **Via Aurelia**, heute die Strada Statale 1 Via Aurelia. Heutige Besucher flanieren entspannt durch Massas verschiedene Stadtteile. Mit vielen Boutiquen, Cafés und Bars lädt beispielsweise die reizende Altstadt zum Bummeln und Shoppen ein. An der Küste erfreuen sich die Badeorte **Marina di Carrara** und **Marina di Massa** zunehmender Beliebtheit. Sie sind zwar nicht so mondän wie das weiter südlich gelegene **Forte dei Marmi**, gefallen aber auch mit toskanischem Flair. Der Sandstrand und das kristallklare Meer garantieren Badespaß und eine Vielzahl an Sportmöglichkeiten runden den perfekten Urlaub am Meer ab. Ein weiterer Ortsteil von Massa zieht sich hinauf zu den Apuanischen Alpen und ins Marmorgebiet bis **Carrara**, dessen weiße Marmorbrüche seit Jahrhunderten berühmt sind.

Hingehen!

ESSEN UND TRINKEN

★ **Trattoria Emma.** Seit über 20 Jahren kocht hier Emma. Via Bergiola 14/a, Loc. Castagnetola, 54100 Massa, Tel. 0585 419 31, Ruhetag: außer im Sommer So Abend und Di.

★ **Il Trillo.** Auf einem Hügel über Massa gelegen, mit herrlicher Panoramaterrasse, regionaler Küche und guten Weinempfehlungen. Via Bergiola Vecchia 30, Loc. Castagnetola, www.iltrillo.net, Ruhetag: außer im Sommer Mo.

★ **Osteria del Borgo.** Steingewölbe, schwarz-weiße Bilder an den Wänden und ein perfekt gegrilltes Angus-Steak auf dem Teller! Via Beatrice 17, Tel. 0585 81 06 80, Ruhetag: Di.

ÜBERNACHTEN

★ **Villa Fiorisella.** Nettes Drei-Sterne-Hotel, deutscher Besitzer, schöner Garten, Tennisplätze, Golfplatz Versilia. Via G. Verdi 37, Poveromo, www.villafiorisella.it

★ **Hotel Tiziana.** Drei-Sterne-Hotel im Zentrum von Marina di Massa, moderne Zimmer, Pool, familienfreundlich, Restaurant. Via delle Pinete 266/a, 54100 Marina di Massa, www.tizianahotel.com

Oben: Blick auf Marina di Massa, das von herrschaftlichen Gründerzeitvillen geprägt ist.

Nicht verpassen!

★ **Dom Andrea Apostolo.** Erbaut zwischen dem 12. und 15. Jh., Fassade aus zwei verschiedenen Marmorsorten, 33 m hoher Campanile aus dem 13. Jh.

★ **Piazza del Duomo.** Kleiner Platz mit einem großen, unvollendeten Brunnen von Baccio Bandinelli (1493–1560).

★ **Marmor-Museum.** Eintritt 4,50 €. Viale XX Settembre, Tel. 0585 84 57 46, Öffnungszeiten: Mo–Sa 9–12.30 und 14.30– 17 Uhr, www.museodelmarmo.com

★ **Cava Museo Fantiscritti.** Freiluftmuseum im Herzen der Steinbrüche, grandiose Aussicht. Loc Fantiscritti, Miseglia, Tel. 0585 709 81, www.cavamuseo.com

★ **Accademia di Belle Arti.** Ausstellung von Skulpturen berühmter Bildhauer und vieles mehr, Eintritt frei, Besuch nur nach vorheriger Anmeldung. Via Roma 1, Tel. 0585 716 58, www.accademiacarrara.it

★ **Parco della Padula.** Ständige Ausstellung einiger Kunstwerke internationaler Künstler, Eintritt frei. Loc. Grazzano, www.labiennaledicarrara.it

Oben: Mit dem Jeep auf Tour durch die Marmorberge
Rechts: Im Museo del Marmo in Carrara gibt es viel Wissenswertes zum Abbau und zur Verarbeitung von Marmor.

Von der Küstenstraße aus sehen selbst im Hochsommer die Spitzen der Apuanischen Alpen wie schneebedeckt aus. Für den strahlend weißen Eindruck ist der schönste Marmor der Welt verantwortlich. Ein Ausflug in die Marmorsteinbrüche von Carrara ist ein unvergessliches Erlebnis.

Seit mehr als 2000 Jahren wird in den Apuanischen Alpen Marmor abgebaut, lediglich die Methoden haben sich geändert. Heute wird das »weiße Gold« nicht mehr abgesprengt, wie es Jahrhunderte lang üblich war, sondern mit modernsten Seilsägen exakt herausgeschnitten. Und der Abtransport geschieht längst nicht mehr mit der Drahtseilbahn, sondern mit riesigen Lastwägen, die die tonnenschweren Steine über eine Serpentinenstraße ins Tal befördern. Auch wenn die Arbeit im Steinbruch und auf den Transportwegen – dank technischer Errungenschaften – leichter geworden ist, so ist sie doch immer noch hart und verlangt höchste Konzentration.

Zum Welterfolg des weißen Marmors aus Carrara wesentlich beigetragen hat **Michelangelo**. Der große Bildhauer der Renaissance kam oft persönlich nach Carrara, um sich den schönsten Stein für seine Skulpturen auszusuchen. Sein »David« wurde mittlerweile unzählige Male kopiert und wird in Carrara noch immer verkauft wie warme Semmeln.

Im 18. und 19. Jahrhundert schufteten etwa 10 000 Arbeiter in den Steinbrüchen, die den Wohlstand der Kleinstadt begründeten. Heute verdienen rund 2500 Menschen in den etwa 200 aktiven Steinbrüchen, die alle schon in der Römerzeit in Betrieb waren, mit dem Abtransport oder der Verarbeitung des Marmors vor

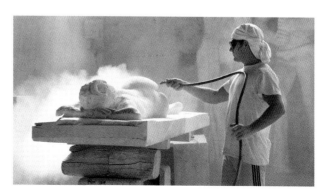

Ort ihr Geld. Die Abbaustellen liegen vor allem in den drei Talbecken oder *bacini* **Fantiscritti**, **Collonata** und **Torano** und befinden sich in Privatbesitz.

Carraras edler Stein

Die Farben der rund 50 verschiedenen Marmorarten entstehen durch ihre spezifischen mineralischen Einlagerungen und reichen von Grau über Blau bis Gelblich. Der wertvollste und teuerste Marmor ist der *statuario*, dessen strahlendes Weiß höchstens durch gelbliche Streifen unterbrochen sein darf. Da dieser Stein nicht nur sehr schön aussieht, sondern auch besonders feinkörnig ist, wird er bevorzugt von Bildhauern ausgewählt.

Wer mehr über das edle Material wissen möchte, für den empfiehlt sich ein Besuch des **Marmormuseums** in Carrara. Anschaulich und gut strukturiert zeigt es die Geschichte des Marmors in der Region. Wer dagegen den Abbau hautnah erleben möchte, fährt von Carrara immer Richtung *cave*! Weniger anstrengend ist diese Tour an Sonntagen, wenn einem auf der Straße nicht ständig schwer beladene Monsterlaster entgegenkommen, oder im Rahmen eines organisierten Ausflugs. Ob so oder so, der Weg lohnt sich spätestens, wenn man zum ersten Mal vor den atemberaubenden hohen Mauern aus weißem Fels steht.

Wie schön der weiße Marmor aussieht, wenn er verarbeitet ist, entdeckt man bei einem Spaziergang durch Carrara an jeder Ecke. In der Marmorstadt strahlen Pflaster, Fassaden, Parkbänke und Vieles mehr im Glanz des weißen Goldes.

Hingehen!

ESSEN UND TRINKEN

★ **L'Purtunzin d'Ninan.** Gemütliches Restaurant in der Altstadt, köstliche Fischgerichte. Via Lorenzo Bartolini 3, Tel. 0585 747 41, Ruhetag: Mo.

★ **Pizzeria Dal Massi.** Leckere Pizza! Freundlicher Service. Viale XX Settembre 63, Fossola, Tel. 0585 84 41 60.

ÜBERNACHTEN

★ **Hotel Michelangelo.** Vier-Sterne-Hotel, jedes Zimmer des Art&Design-Hotels ist anders gestaltet, schönes Ambiente. Corso Carlo Rosselli 3, www.michelangelocarrara.it

★ **Hotel Radar.** Kleines Hotel mit 20 einfachen Zimmern, Meerblick, Restaurant mit Terrasse. Via delle Macchiacce 13, Santa Lucia-Fontia di Carrara.

★ **B&B Villa Belverde.** Romantisches, liebevoll gestaltetes Hotel in der Altstadt. Viale XX Settembre 73, 0585 84 53 04, www.villabelverde.it

Oben: Das Studio Nicoli in Carrara ist eines der Ateliers, in denen der weiße Stein zu großartigen Kunstwerken verarbeitet wird.

88 Colonnata
Pilgerfahrt in das Reich des gewürzten Specks

Nicht verpassen!

★ **Carrara Marble Tour.** Treffpunkt Ristorante Il Poggio, Via Fantiscritti 2, Cave di Fantiscritti, 54033 Miseglia Carrara, hier nach Davide oder Mara fragen. Touren mit dem Jeep durch die Steinbrüche und anschließender Lardo-Degustation 10–18 Uhr. Falls man warten muss, kann man entweder das Marmormuseum besichtigen (kostenlos) oder einen Blick zu den Marmortrögen mit dem *lardo* werfen. Die Tour in italienischer oder englischer Sprache kostet gegen Vorlage des Reiseführers 18 €, Kinder ohne Verkostung 5 €. Tel. 0585 77 96 73.

★ **Marmordenkmal.** Vor dem Friedhof zu Ehren der verunglückten Steinbrucharbeiter.

★ **San Bartoleomeo.** In der Kirche befindet sich ein Flachrelief aus Bronze und Marmor, das zum 20. Todestag von Papst Johannes XXIII. gefertigt wurde.

★ **Piazza Palestro.** Der Platz ist vollständig mit Marmor gepflastert. Seit 1957 steht dort ein marmornes Denkmal des italienischen Freiheitshelden Giuseppe Mazzini.

Der weiße Marmor von Carrara ist wunderschön, doch für Feinschmecker zählt auch ein anderes weißes Gold aus der Region: der Lardo di Colonnata. Der feine Speck wird mit Gewürzen in Marmortrögen eingelegt. Fertig gereift, zergeht er auf der Zunge.

Über zahlreiche Serpentinen geht es hinauf auf 530 Meter Höhe nach Colonnata, dem ursprünglichsten Marmordorf. Hier oben befindet sich mit dem **Gioia-Steinbruch** auch der größte Steinbruch der Alpi Apuane. An 30 Stellen werden vier Marmorsorten abgebaut: der weißliche Ordinario und der reinweiße Venato sowie die bläulichen Sorten Arabescato und Bardiglio. Tagsüber dröhnt der höllische Lärm von gigantischen Sägen und Presslufthämmern durch die Marmorschluchten, dennoch ist es unglaublich faszinierend, diesem Kampf von Maschine gegen Fels und Stein zuzusehen. Äußerst beeindruckend sind der römische Steinbruch **Fossacava**, der nur zu Fuß erreichbar ist, und die älteste **Marmorbrücke** aus dem Jahr 1875. Das kleine Dorf mit den wenigen hundert Einwohnern ist eng verbunden mit der Geschichte des Marmorabbaus. Zu Ehren der vielen Arbeiter, die in der 2000-jährigen Geschichte des Marmorabbaus ihr Leben ließen, haben seine Einwohner neben dem sehenswerten Friedhof ein Mahnmal für die verunglückten Steinbrucharbeiter errichtet.

Das würzige Geheimnis des Lardo

Lardo ist heute eine teure Delikatesse, war früher jedoch die Kraftnahrung der Steinbrecher für die schwere Arbeit im Stein-

Oben: Der Lardo - eine gehaltvolle Angelegenheit. Gewürze wie Salbei, Wacholder, Muskatnuss oder Knoblauch geben ihm den unverwechselbaren Geschmack.
Rechts: Blick auf das malerisch gelegene Carrara Colonnata

bruch. Voraussetzung für einen guten *lardo* ist das richtige Schwein. Am besten eignen sich alte Schweinerassen, die noch natürlich aufgezogen werden. Wichtig ist, dass der Rückenspeck mindestens 5 Zentimeter dick ist. Der schiere Speck wird in Rechtecke geschnitten, mit einer stets geheimen Würzmischung mariniert und abwechselnd mit Meersalz bestreut in eine *conca*, einen schmalen Marmortrog, geschichtet.

Nachdem der Deckel fest verschlossen wurde, reift der *lardo* mindestens sechs Monate. Beim Öffnen des Deckels entströmt ein feinwürziger Duft und ein weißer, zartrosiger, butterzarter Speck kommt zum Vorschein. Das ist der Moment, wo jedem Genießer das Wasser im Mund zusammenläuft. Möglichst dünn geschnitten wird das weiße Gold nun auf heißes, frisch geröstetes Toskanerbrot gelegt und kurz bevor es zu schmelzen beginnt, genussvoll in den Mund geschoben. *Buon appetito!*

Mit Steinmetz Davide unterwegs

Ein unvergessliches Erlebnis für die ganze Familie: Eine Jeep-Tour durch den Steinbruch mit anschließender *lardo*-Degustation. Steinmetz Davide holt Sie im Restaurant Il Poggio ab, fährt Sie durch die Marmorbrüche, hält an interessanten Stellen und erklärt anschaulich ihre Geheimnisse.
Zum Schluss serviert seine Mama Mara köstlichen *lardo* mit frischem Brot und Wein. Tel. 0585 77 96 73.

Hingehen!

EINKAUFEN

★ **Renata Ricci.** Verkauf von *lardo, crema di lardo* und *pancetta*, gereift in *conche di marmor*. Via della Fontana 52.

★ **Mafalda.** Verkauf von *lardo di Colonnata*, älteste Speckproduktion des Ortes, seit 1930 in Betrieb. Piazza Palestro 2, Tel. 0585 76 80 30, anticalarderiamafalda.com

ESSEN UND TRINKEN

★ **Ristorante Venanzio.** Viele Pilz- und Wildgerichte sowie *lardo*. Piazza Palestro 3, Tel. 0585 75 80 33, www.ristorantevenanzio.com, Ruhetag: außer im Aug. Do, So Abend.

★ **Locanda Apuana.** Gemütliches Wirtshaus. Via Comunale 2, Tel. 0585 76 80 17, www.locandaapuana.com, Ruhetag: So Abend und Mo.

ÜBERNACHTEN

★ **Hotel Carrara.** Familiär geführtes Drei-Sterne-Hotel in Carrara nahe dem Bahnhof. Via Petacchi 21, 54033 Avenza-Carrara, www.hotelcarrara.it

Oben: Das Valle die Colonnata in Carrara: Weißer Marmor, so weit das Auge reicht

89 *Lunigiana*
Waldreiches Hügelland mit hübschen Dörfern

Nicht verpassen!

★ **Museo Etnografico della Lunigiana.** Ethnografisches Museum in einer alten Mühle direkt im Ortszentrum von Villafranca.

★ **Malgrate.** Der höchste und wahrscheinlich eleganteste mittelalterliche Rundturm Italiens. Berühmt ist Malgrate auch für die Gewürzhandlung des Chronisten Antonio da Faye (1409–1470).

★ **Filetto.** Ein Stadtviertel von Villafranca, byzantinischen Ursprungs mit vielen schönen mittelalterlichen Gebäuden und überaus freundlicher Bevölkerung.

★ **Dom S. Colombano in Pontremoli.** Mit vielen Sehenswürdigkeiten, z.B. die Marmorarbeiten von Agostino di Duccio (1418–um 1481).

★ **Castello del Piagnaro.** Die Burg aus dem 10./11. Jh. steht auf einem Hügel im Norden der Stadt, die Verteidigungsanlage stammt aus dem 15. Jh.

★ **Bagnone.** Pittoresker Ort mit Laubengängen, rund um das Dorf sind einige beachtliche Burgen zu bestaunen.

Oben: Eine kleine Gasse im Dorf Filetto (Villafranca) in der Lunigiana, wie man sie so häufig in der Toskana findet.
Rechts: Die Pieve von Sorano in der Lunigiana, dem waldreichen Hügelland im Norden der Toskana

Es gibt noch wenige, die einen Urlaub in der Lunigiana buchen, an »Toskana« denkt dabei kaum jemand. Lediglich die Touristen an der Riviera della Versilia haben vielleicht schon mal die archäologischen Ausgrabungen in Luni oder die waldreiche Lunigiana zwischen Ligurien und der Emilia besucht.

Der Name der Region leitet sich vom Namen der einstigen wohlhabenden Kolonie Luni ab, die 177 v. Chr. von den Römern gegründet wurde. Die Lunigiana erstreckt sich entlang des Flusses **Magra** im Hinterland der **Riviera della Versilia** dort, wo die Toskana nach Ligurien hineinragt und auf der anderen Seite an die Emilia grenzt. Das waldreiche, hügelige Gebiet erinnert ein wenig an das Voralpenland. Es ist ein ideales Urlaubsgebiet für alle, die Ruhe und Erholung suchen, gerne wandern und Trattorien mit einer einfachen aber guten regionalen Küche schätzen. Aber auch Radsportler werden sich hier wohl fühlen, denn die Straßen sind nicht sehr stark befahren.

Burgen und kleine Dörfer
Bevor Sie das Flusstal entlang in die Lunigiana fahren, ist ein Besuch der ehemaligen Römerstadt **Luni** empfehlenswert. Strategisch günstig an der **Via Aurelia** und den Marmorsteinbrüchen gelegen, war die Hafenstadt seinerzeit ein bedeutendes Zentrum.

Ausgrabungen förderten beeindruckende Funde zutage, darunter ein Theater, in dem 6000 Menschen Platz fanden. Von Luni geht es weiter nach **Aulla**, das Sie jedoch links liegen lassen können, denn das Städtchen wurde im Zweiten Weltkrieg weitgehend zerstört und ist heute eine moderne Einkaufsstadt.

Der Weg führt nun an der Magra entlang bis **Villafranca**, wo man die Ruinen der ehemaligen **Burg von Corrado Malaspina** aus dem 11. Jahrhundert schon von weitem erblickt. Im hübschen Ortskern ist in einer Mühle aus dem 14. Jahrhundert ein ethnografisches Museum untergebracht. Der reizende Ortsteil **Filetto** ist byzantinischen Ursprungs und wartet mit dem alten Kastanienhain **Selva di Filetto** auf. In dem schönen Stadtviertel findet alljährlich Mitte August ein großer mittelalterlicher Markt mit vielen Handwerksständen und Umzügen in historischen Kostümen statt. Ganz in der Nähe von Villafranca liegt das reizende Dörfchen **Bagnone** in einem engen Tal zwischen Eichen- und Kiefernwäldern. Die größte Sehenswürdigkeit außer der wunderschönen Landschaft ist das **Castello del Terziere** aus dem 11. Jahrhundert. Aber vielleicht besuchen Sie auch die Bar, die 2009 zahlreiche Italiener anlockte, weil ein Bewohner des Dörfchens hier seinen Lotterietippschein abgab und 147 Millionen Euro gewann. Die nördlichste Stadt der Lunigiana schließlich ist **Pontremoli**. Nehmen Sie sich Zeit für einen Bummel durch die Arkaden der hübschen Altstadt und am besten auch für den Wochenmarkt auf der **Piazza della Repubblica**. An seinen Ständen werden viele Produkte aus dem Umland angeboten.

Hingehen!

ESSEN UND TRINKEN

★ **Locanda del Castellano.** Bekannt für eine sehr gute Küche, gute Weinempfehlungen, herrliche Aussicht. Via Borgo Diritto 59, 54011 Aulla, Tel. 0187 41 55 47, Ruhetag: Mo und Di.

★ **Alla Piazza di Sopra.** Typisches Restaurant mit Gerichten der Lunigiana, im Ortsteil Filetto. Piazza Immacolata 11, 54028 Filetto-Villafranca, Tel. 0187 49 37 96 oder 34 98 78 33 64.

ÜBERNACHTEN

★ **Agriturismo Podere Montese.** Bäuerlicher Betrieb mit Tieren und Gemüseanbau, Pool, Verkauf eigener Produkte. Via dell'Ara 41, Fornoli, 54028 Villafranca di Lunigiana, www.agriturismo.it

★ **Agriturismo Costa d'Orsola.** Schöne Zimmer und Apartments in einem alten Bauerngehöft, Terrasse, schöne Aussicht. Loc. Orsola, 54027 Pontremoli, www.agriturismo.it

★ **Locanda Gavarini.** 5 schöne Zimmer und 1 Miniapartment, schönes Restaurant mit herrlicher Aussicht, Pool und Garten. Via Benedicenti 50, Loc. Mocrone, 54028 Villafranca di Lugiana.

Oben: Villafranca, ein reizendes Dörfchen in der Lunigiana, das absolut besuchenswert ist

Cavoli, einer der einladenden
Strände von Elba

Rechts: Frische Meeresfrüchte
aus dem glasklaren Meer rund
um die Insel Elba

PARADIESISCHE INSELN

Links: Die Büste Napoleons, der einige Zeit auf Elba weilte
Rechts: Blick auf das Castello von der Insel Giglio

Paradiesische Inseln

Einsame Buchten, klares Wasser, unberührte Natur

Sieben einzigartige Inseln liegen vor der Küste der Maremma. Hier findet man einsame Buchten, Taucher- und Seglerparadiese, malerische weiße Sandstrände, mediterrane Flora und Fauna und pittoreske Dörfer mit netten Bars, Trattorien und feinsten Ristoranti.

Die bekannteste und auch am stärksten frequentierte Insel des Toskanischen Archipels ist **Elba**. Sie zählt zu den begehrtesten Urlaubszielen Europas, ist traumhaft schön und bietet auf 224 Quadratkilometern (fast) alles, was das Urlauberherz begehrt. Hinzu kommt die herzliche Offenheit der Insulaner.

Die Schönheiten der Archipel-Inseln

Die weiteren sechs Inseln sind weitaus kleiner und sehr verschieden. **Giglio** lockt mit attraktiven Tauchgebieten, schönen Stränden, einer ursprünglichen Natur und einem bezaubernden Naturhafen. **Montecristo** ist ein Naturschutzgebiet. Die geheimnisvolle Insel ragt wie eine Felshalbkugel aus dem kobaltblauen Meer und hat als Schauplatz des Romans *Der Graf von Monte Christo* Weltruhm erlangt. Die abgeschiedene vulkanische Insel **Capraia** war jahrhundertelang eine italienische Strafkolonie. Seit 1986 ist sie jedoch frei zugänglich und vor allem bei Seglern und Tauchern beliebt. Naturfreunde schätzen ihre faszinierende Pflanzenwelt und die herrliche Ruhe. **Giannutri** ist – vor allem im Winter – so gut wie unbewohnt. Das Inselchen ist ideal für Urlauber, die Ruhe in idyllischer Landschaft suchen. **Gorgona** ist die kleinste Insel im Tyrrhenischen Meer und als Standort eines Hochsicherheitsgefängnisses nicht zugänglich. Eine streng gesicherte Strafkolonie war einst auch **Pianosa**, heute ist die faszinierende Insel ein Naturpark. Hier ist es täglich einer begrenzten Anzahl von Besuchern erlaubt, die unberührte mediterrane Natur mitten im Meer zu erkunden.

Der Überlieferung zufolge entstanden die Inseln des Archipels aus den Splittern des Perlenschmucks der Tyrrhenischen Venus. Gesichert ist hingegen, dass bereits 750 v. Chr. die Etrusker den Archipel gut kannten und sich besonders für die umfangreichen Eisenvorkommen auf den Inseln interessierten. Aus jener Zeit finden sich noch Reste von Siedlungen, Nekropolen und Brennöfen, in denen das Eisenerz geschmolzen wurde. Um 453 v. Chr. fiel Elba in den Einflussbereich der Griechen, rund 200 Jahre später sollte der Archipel für die folgenden Jahrhunderte zum Römi-

Oben: Blick auf das Tyrrhenische Meer mit den Inseln Giglio und Montecristo
Mitte: Der Hafen von Portoferraio aus der Luft
Unten: Ein herrliches Plätzchen, direkt am Meer, so wohnt es sich traumhaft.

Isola di Capraia
Capraia Isola **100**
Parco Nat. dell'Arcipelago Toscano

**L i g u r i s c h e s
M e e r**

Campiglia Marittima
Castello della Marsiliana
Massa Marittima

Golf von Baratti
Cornia
Venturina
Montioni
Valpiana

Populonia

Ribolla

Kanal von Piombino

Piombino
Follònica
Gavorrano

Golf von Follonica
Grilli

Cavo
I. Palmaiola · I. Cerboli
Vetulonia

Rio nell'Elba
Marciana Marina **Portoferraio**
Rio Marina

Punta Ala
Sc. d. Sparviero

Monte Capanna 1018
S. Martino
Porto Azzurro
la Pila
Capoliveri

Castiglione della Pescaia

Isola d'Elba
90-95
Parco Nazionale dell' Arcipelago Toscano

Isola Pianosa **96**
Pianosa

Formiche di Grosseto

**T y r r h e n i s c h e s
M e e r**

97
Isola di Montecristo
Parco Nazionale dell' Arcipelago Toscano

Giglio Castello
Giglio Porto
Isola del Giglio
98+99

N
0   10 km

schen Reich gehören. Danach unterstanden die Inseln wechselnden Herrschaften, Ende des 18. Jahrhunderts war Elba sogar kurz-
zeitig von den Briten besetzt und fiel schließlich 1802 durch den
Frieden von Amiens an Frankreich. Als **Napoleon** 1814 als Kaiser
abdankte, erhielt er Elba als souveränes Fürstentum, in dem er –
so die Hoffnung seiner Gegner – von der Bildfläche der großen
Politik verschwinden sollte. Der französische Kaiser lebte zwar
nur bis Februar 1815 in seinem Exil auf der Insel, doch wird man
noch heute auf Schritt und Tritt beispielsweise durch Hotel- und
Straßennamen an ihn erinnert. Auf dem Wiener Kongress
1814/15 wurden Elba und die anderen Inseln des Archipels der
Toskana zugesprochen, 1860 schlossen sie sich gemeinsam mit
der Toskana dem Vereinigten Königreich Italien an.

Die Inseln des Toskanischen Archipels blicken also auf eine
wechselhafte Geschichte zurück, in deren Verlauf die unterschiedlichsten Kulturen ihre Spuren hinterließen. Doch gerade
dies verleiht ihnen ihren einzigartigen Charme.

Tipp der Autorin

TOSKANAS INSELN – FÜR JEDEN
GESCHMACK DAS PASSENDE

Insel-Urlaub hat einen ganz besonderen Reiz. Die
der Toskana vorgelagerten kleineren und größeren
Inseln können unterschiedlicher kaum sein. Highlife
in allen Gassen, romantische Plätze und Küsten,
einsame Naturparks und Paradiese für Taucher –
für alle Urlaubswünsche ist etwas dabei.

Piombino

Isola d'Elba   Cavo

Marciana Marina   **90** ○ **Portoferraio**

S. Martino

Capoliveri

Isola d'Elba

90 *Elba – Portoferraio*
Ferienparadies mit quirliger Hauptstadt

Nicht verpassen!

★ **Fährschiffe zur Insel Elba.** Am besten bucht man die Fähren lange vor Urlaubsbeginn, kurzfristig kann es im Sommer eng werden, obwohl stündlich Schiffe von Piombino nach Portaferraio gehen. Infos und Preisvergleiche unter www.faehren.info

★ **Hafen Darsena.** Das abwechslungsreiche und geschäftige Treiben der halbmondförmigen Kaianlage ist äußerst unterhaltsam zu beobachten.

★ **Museo Civico Archeologico.** Das Museum im ehemaligen Salzlager bei der östlichen Kaimauer präsentiert zahlreiche Exponate zur Geschichte Elbas vom 8. Jh. v. Chr. bis zum 2. Jh. n. Chr.

★ **Municipio.** Das Rathaus zwischen Piazza Cavour und Piazza della Repubblica bietet einen sehenswerten Innenhof und eine Bibliothek mit 27 000 Büchern über die Geschichte der Insel.

★ **Palazzina Napoleonica dei Mulini.** Hier lebte Napoleon im Exil, Eintritt 7 €, Doppelticket inklusive Villa San Martino 13 €. Öffnungszeiten: Di–Sa 9–19 Uhr, So 9–13 Uhr.

★ **Villa San Martino.** Das 5 km außerhalb in Richtung Marciana gelegene Landhaus war ein Geschenk von Pauline Bonaparte an ihren Bruder und dessen zweite Residenz während seines Exils 1814/1815.

Oben: Das Bett von Napoleon im seinem Haus in Portoferraio auf Elba
Rechts: Frische Meeresfrüchte so charmant serviert – das ist Urlaub pur.

Elba ist »die« Lieblingsinsel der Italiener, die sie vor allem im Ferienmonat August vollständig in Beschlag nehmen. Die Anreise ist äußerst unkompliziert: Mit der Fähre von Piombino erreicht man innerhalb einer Stunde die herrlichen Buchten, gepflegten Sandstände und, ganz wichtig, guten Ristoranti der schönen Insel.

Elba ist geprägt von zahlreichen Einflüssen unterschiedlichster Kulturen. Zu den Ureinwohnern, den ligurischen Ilvaten, gesellten sich um 750 v. Chr. die Etrusker, die von den Römern vertrieben wurden, und selbst die Langobarden hielten sich einige Zeit auf der Insel auf. Später kamen die Franzosen, die Briten und sogar die deutsche Wehrmacht besetzte kurze Zeit die heiß begehrte Insel, die seit 1860 zur Toskana und somit zu Italien gehört. Diese verschiedenen Kulturen hinterließen auf der Insel ihre Spuren und prägten ihr Gesicht mit unterschiedlichen Baustilen. Elba bezaubert durch diese bunte Mischung, aber auch durch seine Bewohner, die dank der wechselhaften Geschichte der Insel weltoffen und gastfreundlich sind.

Natur für einen Traumurlaub
Der Tourismus hielt auf Elba erst in den 1960er-Jahren Einzug und mit ihm kamen die ersten Hotels. Die letzte Eisenmine, die den Inselbewohnern eine Verdienstmöglichkeit geboten hatte,

wurde 1982 stillgelegt. Auch wenn heute der Großteil der 32 000 Inselbewohner vom Tourismus lebt, so schränkte man doch seine Entwicklung verhältnismäßig behutsam ein und setzte darauf, dass Elbas wunderbare Natur sein größtes Kapital ist. Ein Teil der Insel wurde zum Nationalpark erklärt, darüber hinaus bilden der Archipel und das ihn umgebende Meer das größte Naturschutzgebiet Europas. Als Besucher profitiert man davon, dass auf Elba der Natur ausreichend Platz eingeräumt wird und nicht jeder freien Meter der schönen Insel mit Hotels und Campingplätzen zugepflastert ist. Ohnehin kann man sich kaum vorstellen, dass sich hier während der Saison über 2 000 000 Gäste aufhalten, die von den Einheimischen rundum gut versorgt werden. Da etwa 50 Prozent der Besucher auf Elba Italiener sind, hat man zumindest als ausländischer Urlauber das angenehme, wenn auch trügerische, Gefühl, nicht nur von Touristen umgeben zu sein.

Ankunft in einem bezaubernden Hafen

Die Überfahrt von Piombino nach Portoferraio ist kurz: Je nachdem, ob Sie die Fähre oder ein Schnellboot nehmen, dauert sie maximal eine Stunde. Die Insel ist nur zehn Kilometer vom Festland entfernt und auch deshalb bei italienischen Urlaubern so begehrt. Sie lieben es, dass Elba so unproblematisch zu erreichen ist und einen dennoch vom Festland entführt. Das Schiff steuert zuerst auf felsige Klippen zu, die bizarr aussehen – aber wo ist der versprochene Sandstrand? Sobald das Schiff in den Hafen von **Portoferraio** einläuft, ändert sich das Bild: Häuser in warmen, ty-

Hingehen!

EINKAUFEN

★ **Wochenmarkt.** Hier bekommt man von Gemüse, Obst, Schinken und Käse bis zu Klamotten und Schuhen einfach alles. Abends bieten in den Gassen und Plätzen Handwerker und Künstler ihre Werke zum Verkauf an. Neben dem Fährhafen, Öffnungszeiten: Fr 8–13 Uhr.

★ **Nautica Sport.** Alles, was Wassersportler brauchen, modisches Outfit und professionelle Ausrüstung. Calata Italia 3 und Via Carducci 238.

★ **Landro.** Freundliches Geschäft für modische Schuhe und Taschen italienischer Markenproduzenten. Piazza Cavour 35.

ESSEN UND TRINKEN

★ **Stella Marina.** Traumhaft am Hafen gelegen, leckere Fische und Meeresfrüchte. Via Vittorio Emanuele II 1, Tel. 0565 91 59 83, Ruhetag: im Sommer Mo Mittag.

Oben: Auf der Piazza della Repubblica in Portoferraio steppt während der Saison der Bär.

Hingehen!

* **Osteria Elbana Il Gambero Rosso.** In der Altstadt, Fischgerichte, herzlicher Service. Piazza del Mercato Vecchio, Tel. 34 75 73 83 58.

* **Le Viste Ristorante.** Direkt am Strand, feine Fischgerichte, familiärer Service, gutes Weinangebot. Viale Falcone 2, Tel. 0565 91 46 50.

ÜBERNACHTEN

* **Villa Ombrosa.** Herrliche Panoramalage, ruhig, 20 m zum Strand im Meeresschutzgebiet, Terrassen, alter Baumbestand. Via Alcide de Gasperi 9, www.villaombrosa.it

* **Hotel Biodola.** Luxushotel in herrlicher Lage am Meer, gehobene Ausstattung der Zimmer, Wellness, Pool, Strand, Restaurants, 9-Loch-Golfplatz. La Biodola, www.biodola.it

* **Hotel Villa Ottone.** Vier-Sterne-Hotel in einer neoklassizistischen Villa, elegante Zimmer und Restaurant, Pool, am Strand gelegen. Loc. Ottone, www.villaottone.com

* **Camping Rosselba Le Palme.** Terrassenförmig angelegter Campingplatz, 30 ha, mediterraner Baumbestand, 3 Pools. Loc. Ottone 3, www.rosselbalepalme.it

pisch mediterranen Erdfarben umrahmen den Hafen mit seinem hektischen Treiben. In der Hochsaison spucken die Fährschiffe und Schnellboote stündlich hunderte von blassen Touristen aus, die unter der Sonne Elbas einen himmlischen Urlaub erleben und sich gut erholen möchten. Sonnengebräunt soll es danach wieder nach Hause gehen. Elbas Hauptstadt Portoferraio zählt rund 12 000 Einwohner und ist der wichtigste Fährhafen der Insel. Die Hafenmolen legten schon die Römer im damaligen Fabricia an.

Portoferraio heißt übersetzt »Eisenhafen«, denn Eisenerz war vor dem Tourismus die wichtigste Einnahmequelle der Insel. Der nüchterne Name straft den unwiderstehlichen Charme des reizenden Hafenstädtchens Lügen, das viele schöne Bauwerke den florentinischen Medici verdankt. Der gesamte Hafen ist durch eine Wehrmauer und die drei **Bastionen Falcone**, **Stella** und **Linguella** fest abgeschirmt. In früheren Zeiten erblickte man von hier alle ankommenden Feinde, heute genießt man die traumhafte Aussicht auf das Meer.

Durch das breite Stadttor **Porta a Mare** gelangt man zur **Piazza Cavour**, ein lebhafter, klassisch italienischer Platz mit vielen kleinen Läden und Bars. Bergauf folgt man der Via Vittoria zur malerischen, parkähnlichen **Piazza della Repubblica**, an der Cafés und Bars zur Rast einladen. Von hier geht es über eine Treppengasse hinauf zur **Festung** und zur **Palazzina Napoleonica dei Mulini**, die sich Kaiser **Napoleon** zu seiner *residenza* hatte ausbauen lassen. Die Räume, die er während seines Exils bewohnte, stehen heute zur Besichtigung offen. Wenn im Urlaub der Wettergott einmal nicht mitspielt, bietet Portoferraio eine wunderbare Alternative zu Sonnentagen am Strand und in der Natur.

Oben: Auf der Piazza della Repubblica in Portoferraio steppt während der Saison der Bär.
Rechts: Ewig langer Kiesstrand und glasklares Wasser nahe Portoferraio auf der Insel Elba
Rechte Seite: Forte Stella in Portoferraio auf Elba von oben betrachtet

Piombino

Isola d'Elba — Cavo

Marciana Marina — Portoferraio

S. Martino — **91** Porto Azzurro

Capoliveri

Isola d'Elba

91 *Elba – Porto Azzurro*
Hübscher Fischerort und malerische Buchten

Nicht verpassen!

★ **Festung San Giacomo di Longone.** Sternförmige Anlage aus der Zeit des spanischen Königs Philipp III. (1578–1621), heute eine Strafanstalt und nicht zugänglich.

★ **Madonna di Monserato.** Wallfahrtskirche im spanischen Barockstil, 1606 von einem spanischen Gouverneur errichtet. Das Altarbild stellt die Muttergottes des Wallfahrtsortes Monserrat in Spanien dar.

★ **La Piccola Miniera.** Nachgebautes Bergwerk und etruskisches Mineralmuseum, Eintritt für beide: 9 € incl. 1 Caffè und Degustation, Öffnungszeiten: Juni–Aug. 9–20 Uhr, sonst 9–13 und 14.30–19 Uhr, www.lapiccolaminiera.it.

★ **Pfarrkirche San Michele.** In Capoliveri im 12. Jh. im Stil der Romantik von Pisa auf einer früheren Kirche erbaut.

★ **Madonna delle Grazie.** Kirche in der Nähe von Marcone aus dem 16. Jh., im Inneren ein Ölgemälde der Madonna del Silenzio des Michelangelo-Schülers Marcello Venusti (1510–1579), 1960 von Gustav Blankenagel aus Köln renoviert, wunderschöne Lage zwischen Kiefernwäldern und Weinbergen.

★ **Mineralmuseum Alfeo Ricci.** Privatsammlung mit über 700 Exponaten, Eintritt. 2,50 €. Via Palestro, 57031 Capoliveri. Öffnungszeiten: im Sommer: 9.30–12.30 und 19–24 Uhr.

Oben: Eine der pittoresken Gassen in dieser Gegend der Insel
Rechts: Der stark frequentierte Hafen Porto Azzuro von Elba

Im Schutz von über 300 Meter hohen Bergen duckt sich das Porto Azzurro in eine Bucht mit kristallklarem blauem Wasser. In der Nähe des Dorfes locken schöne Sand- und Kiesstrände und entlang des kleinen Hafens mit den bunten Fischerbooten viele einladende Restaurants auf Stelzen.

Den Weg von Portoferraio nach Porto Azzurro säumen Weingärten, die sich an die sanften Hänge der Hügel schmiegen. Noch bis in die 1950er-Jahre waren hier die Hänge bis auf 300 Meter Höhe mit Rebstöcken bepflanzt, doch mussten diese nach und nach schönen Villen und Hotels weichen. Heute werden nur noch 350 Hektar Fläche als Weinberge genutzt. Nur die Hälfte des Ertrags sind Qualitätsweine mit einer geschützten Herkunftsbezeichnung (DOC). Der größte Anteil der Weiß-, Rosé-, Rot- und Süßweine aus heimischen Rebsorten verlässt die Insel nicht, er mundet den zahlreichen Touristen.

Romantisch schöne Postkartenidylle
Porto Azzurro ist, nicht weiter erstaunlich, ein Besuchermagnet, denn das Dorf bietet alles, was sich Nordlichter von einem Bilderbuchurlaub erträumen: einen hübschen Hafen mit bunten Fi-

scherbooten, umrahmt von gelben und orangefarbenen Häusern, enge Gassen mit vielen kleinen Geschäften, **Trattorie** direkt am Meer mit einer authentischen Küche und heimischem Wein, fast immer blauen Himmel und Sonnenschein. Gleich um die Ecke erstrecken sich Sand- oder Kiesstrände, lädt ein tiefblaues, sauberes Meer zum Baden oder zu begeisternden Tauchgängen ein. Hier lässt sich die intakte Flora und Fauna des Meeres gut bestaunen. Darüber hinaus freuen sich Segler und Surfer über einen optimalen Wind, und wer lieber festen Boden unter den Füßen hat, packt seinen Rucksack und geht zum Wandern. Ein beliebtes Ziel ist beispielsweise nördlich von Porto Azzurro die 390 Meter hoch gelegene Wallfahrtskirche **Madonna di Monserrato** am **Monte Castello**. Während des etwa 30 Minuten langen Spaziergangs hat man eine herrliche Aussicht. Etwas länger unterwegs ist man in das ehemalige Bergarbeiterdorf **Capoliveri**. Reizvoll ist dieses Ziel vor allem wegen des fantastischen Panoramablicks auf knapp 170 Metern Höhe. Die Ortschaft mit den rund 3900 Einwohnern wartet darüber hinaus mit einer hübschen mittelalterlichen Altstadt auf. Durch enge Gassen mit Schwibbögen und Treppen gelangt man hier zum Zentrum des Geschehens, der **Piazza Matteotti**. Wer hungrig ist, kann sich an dem schönen Platz in einem der vielen Restaurants mit der guten Küche Elbas stärken.

Wer mehr Lust auf ein Bad im Meer hat, folgt der Panoramastraße, die über die Dörfer **Morcone** und **Pareti** hinunter zur **Cala dell'Innamorata** führt. Ihren Namen verdankt diese zauberhafte Bucht einer Liebesgeschichte aus dem 16. Jahrhundert.

Hingehen!

ESSEN UND TRINKEN

★ **Osteria Quattro Gatti.** Urige Osteria in der Altstadt, gute Fischküche, fantasievoll zubereitet. Piazza Mercato 4, Tel. 0565 98 80 35, Ruhetag: außer im Sommer Mo.

★ **Il Chiasso.** In der Altstadt, Fleisch- und Fischgerichte, freundliche Atmosphäre. Vicolo Nazario Sauro 13, 57031 Capoliveri, Tel. 0565 96 87 09, Ruhetag: außer im Sommer Di.

ÜBERNACHTEN

★ **Grand Hotel Elba International.** Komfortable Zimmer mit umweltfreundlichen Materialien, Wellness, wenige Minuten zum Meer, Pools, herrliche Aussicht. Loc. Naregno, 57031 Capoliveri, www.elbainternational.it

★ **Dino.** Familiär geführte, einfache Drei-Sterne-Pension am Meer mit Sandstrand, Restaurant mit schöner Terrasse. Loc. Pareti, 57031 Capoliveri, www.elbahoteldino.com

★ **Villagio La Valdana.** Feriendorf mit Wohnungen unterschiedlicher Größe, Pool, mitten im Grünen, wenige Autominuten zu den Stränden. Loc. Valdana, 57031 Capoliveri, www.lavaldana.it

Oben: Porto Azzuro, der Hauptort der Insel, von oben.

92 *Elba – Marciana Marina*
Die Lieblingsstrände der Italiener

Piombino

Isola d'Elba Cavo
Marciana Marina Portoferraio
S. Martino Porto Azzurro
Capoliveri
Isola d'Elba

Nicht verpassen!

★ **Centro Storico.** Die Treppengassen und reizenden kleinen Plätze von Marciana Alta sind absolut sehenswert.

★ **Santa Catarina.** Kirche aus dem 16. Jh. in Marciana Alta. Damals ein schwieriges Bauwerk wegen der extremen Steillage.

★ **Madonna del Monte.** Wallfahrtskirche auf 630 m Höhe, traumhafter Panoramablick bis Korsika. Die Kirche wurde 1595 am Abhang des Monte Giove an einem Kreuzweg mit 12 Leidensstationen errichtet, berühmte Wallfahrt am 15. Aug.

★ **Torre dei Appiani.** Der beeindruckende Turm aus dem 12. Jh. schließt sich direkt an die Kaimauer an.

★ **Cotone.** Der älteste, malerische Teil von Marciana Marina, mit winzigem Hafen und engen, romantischen Gassen. Cotone heißt »großer Fels«.

★ **Santa Chiara.** Kirche an der Piazza Vittorio Emanuele, benannt nach der Schutzpatronin des Dorfes, am 12. Aug. beginnt hier die feierliche Prozession mit der Statue der hl. Chiara zum Hafen.

Oben: Impressionen von Marciana Alta auf der Insel Elba
Rechts: Marciana Marina bei Nacht – ein romantisches Urlaubserlebnis

Alleine der Name Marciana Marina ist für Italiener unglaublich wohlklingend. Und weil der Strand – so sagt man – der schönste der Insel ist, fühlen sich hier die urlaubshungrigen Besucher vom Festland besonders wohl. Andere Nationalitäten sind natürlich auch Sempre Benvenuti!

Wenn man von Marciana spricht, kann sich das auf **Marciana Alta** oder **Marciana Marina** beziehen. Beide sind seit 1954 zwei eigenständige Gemeinden. Marciana Alta liegt auf 375 Metern Höhe, Marciana Marina hingegen direkt am Meer. Das Küstendorf hat sich in den vergangenen Jahrzehnten zu einem florierenden Badeort entwickelt, der nicht nur mit einen fantastischen Strand lockt, sondern auch mit malerischen Stadtvierteln, pastellfarben getünchten Häusern und engen Granitgassen punktet. In dem besonders romantischen Fischerviertel **Cotone** stehen die Häuser auf Felsvorsprüngen so nah über dem Meer, das man fast befürchtet, sie stürzten jeden Moment ins Wasser. Vor den ehemaligen Fischerhäusern liegen noch immer die bunten Boote abfahrtbereit zum Fischfang. Mit ihren herrlichen Tamarisken ist die Strandpromenade perfekt für eine *passeggiata*, einen gemächlichen Spaziergang, wie ihn die Italiener lieben. Auf der schönen Flaniermeile gelangt man zu einem Turm aus dem 16. Jahrhundert, der zum Wahrzeichen von Marciana Marina geworden ist. Er wurde im Auftrag von Cosimo de Medici als Wachturm zur Verteidigung der Insel gebaut. Bezogen auf seine Fläche, ist Marciana Marina die zweitkleinste Gemeinde Italiens. Doch trotz der

vielen Tausend Gäste, die hier alljährlich ihren Urlaub verbringen, hat es nichts vom Charme eines Fischerdorfes eingebüßt. Nach wie vor sind für die Einwohner auch der tägliche Fischfang, die Landwirtschaft und nicht zuletzt der Weinbau wichtig. Zu sehen ist dies an den Weinbergen, die sich bis nach Marciana Alto hinaufziehen.

Zwischen Steineichen und Kastanien

Marciana Alta liegt wie ein Adlernest zwischen Laubwäldern an einem Berghang und wird von einer Burgruine überragt. Während Marciana Marina den wohl schönsten Strand der Insel bietet, ist Marciana Alta sicherlich das malerischste Bergdorf. Steile Treppen und enge Gassen verlaufen hier, die Häuser mit den prächtigen Portalen sind mit Wappen verziert und überall blühen Blumen in üppig bepflanzten Blumentrögen.

Madonna del Monte – ein wahrhaft schöner Ort

Jedes Jahr am 15. August pilgern viele Gläubige hinauf zur Madonna des Monte. Elbas bedeutendste Wallfahrtskirche wurde 1595 neben einer Einsiedelei errichtet. Viele Besucher kommen jedoch weniger wegen der Muttergottes, sondern aus Lust an der Romantik: Hier sollen sich Napoleon und seine polnische Geliebte, Gräfin Maria Walewska, zusammen mit ihrem gemeinsamen Sohn zwei Tage lang heimlich getroffen haben.

Hingehen!

ESSEN UND TRINKEN

★ **Capo Nord.** Fischrestaurant mit Traumaussicht, direkt am Meer mit Terrasse. Loc. Fenicia 1, Tel. 0565 99 69 83.

★ **Borgo al cotone.** Superlage im alten Fischerdorf, hier isst man Fisch, was sonst? Via del Cotone 23, Tel.0565 90 43 90, www.ristoranteborgoalcotone.com

★ **Gelateria La Svolta.** Ob Eis, Sorbet oder Granite – alles aus frischen besten Zutaten, sehr lecker. Via Cairoli, Tel. 0565 994 79, www.gelaterialasvolta.it

ÜBERNACHTEN

★ **Magnifico De Luxe Resort.** In der Nähe von Marciana Marina, Innen- und Außenpool, 300 m zum Strand. Viale Principe Amedeo 94, www.ilmagnificodeluxeresort.com

★ **Albergo Le Briciole.** B&B in herrliche Panoramalage, Strand mit Liegeplatz in 400 m Entfernung, nette Zimmer. Loc. Redinoce, www.albergolebriciole.it

Oben: Paradiesisch, die Küsten von Elba

Piombino
Isola d'Elba   Cavo
San Andrea   Portoferraio
93 S. Martino   Porto Azzurro
Pomonte
Fetovaia   Capoliveri
Isola d'Elba

93 Elba – Monte Capanne

Der wilde Westen an der Küste

Nicht verpassen!

★ **Poggio.** Reizende Ortschaft inmitten von Kastanienwäldern, durch das terrassenförmig angelegte Dorf führen Treppengassen.

★ **Wrack der Elviscot.** Nur wenige Meter von der Küste von Pomonte entfernt liegt in 16 Metern Tiefe das Wrack eines Frachtschiffes, das hier 1976 kenterte. Ein beliebtes Ausflugsziel für Taucher.

★ **Seilbahn zum Monte Capanne.** Von der Talstation in Marciana auf 375 m Höhe fährt man in 2-Personen-Kabinen in 20 Minuten bis fast zum 1019 m hohen Gipfel. Die letzten Meter muss man zu Fuß gehen, gutes Schuhwerk ist deshalb ratsam. Die Gondeln fahren im Sommer im groben Stundentakt zwischen 9.30 und 18.30 Uhr, Tel. 0565 90 10 20.

★ **Tauchen, Schnorcheln, Kajakfahren, Windsurfen und mehr.** Gut organisiert durch: www.hotelilio.com

★ **Montainbiken, Free Climbing, windsurfen, kiten und mehr.** Gut organisiert durch: www.elbacorallo.it

Oben: Mit der Gondel geht's auf den Monte Capanne: Traumaussicht garantiert
Rechts: Auf Elba kann man nicht nur das Meer genießen, sondern auch wunderschöne Wanderungen machen, wie hier auf dem Monte Capanne.

In Marciana Alta hat man einen traumhaften Blick auf den höchsten Berg der Insel. Von dem bezaubernden Bergdorf aus kann man den Monte Capanne auch erklimmen. Weniger anstrengend ist der Aufstieg allerdings mit der Gondelbahn.

Der 1019 Meter hohe Monte Capanne ist die höchste Erhebung der gebirgigen Insel. Wer gut zu Fuß ist, kann den Gipfel von Marciana Alta aus erklimmen, oder auf – leider nicht immer perfekt – ausgeschilderten Wanderwegen von **Poggio**, **Valle Nevera**, **Chiessi** oder **Pomonte** aufsteigen. Unabhängig davon, welche Route Sie wählen: Feste Wanderschuhe sind immer notwendig, denn die Wege sind steinig und führen durch die Macchia. Belohnt wird man während des anstrengenden Aufstiegs mit dem würzigen Duft von Wildkräutern und sensationellen Ausblicken. Überall sprudeln frische Quellen mit Bergwasser, die bekannteste ist die **Fonte Napoleone** zwischen Poggio und Marciana. Hierher kommen Viele, um sich kostenlos Mineralwasser in mitgebrachten Behältern abzufüllen.

Rascher gelangt man zum Gipfel mit der Gondelbahn von Marciana aus. Schwindelfrei sollte man jedoch sein und keine Höhenangst haben, denn man wird stehend in Zweierkabinen in einer zwanzigminütigen Fahrt zum Gipfel transportiert. Auf welche

Weise auch immer oben angekommen, sieht man bei klarer Sicht die sechs kleinen Inseln des Archipels, das Festland, die Dörfer und Buchten von Elba und bis hinüber nach Korsika.

Romantische Buchten und grandiose Ausblicke

Für eine beeindruckende Umrundung des Monte Capanne fahren Sie von Marciana aus auf der Küstenstraße Richtung Zanka. Unterwegs lockt ein kurzer Abstecher zu dem kleinen Badeort **S. Andrea.** Über einem bequemen Fußweg gelangen Sie vorbei an Felsen und würzig duftenden wilden Rosmarinsträuchern in die hübsche Bucht **Cotoncello.** Wieder zurück an der Küstenstraße, führt die Strecke weiter nach **Chiessi.** Vor dem Ort ist die Straße spektakulär in den steilen Felsen über dem Meer geschlagen.

Das kleine Fischer- und Bauerndorf **Pomonte** liegt in einem wunderschönen Tal. Hier spielten einst der Eisenabbau und die Bearbeitung von Granit eine wichtige Rolle, heute kümmert man sich um die Weinberge an den Hängen des Monte Capanne und um die stetig zunehmende Schar an Touristen. Die Geschichte des Ortes reicht bis zu den Etruskern zurück; sehr viel später stand es vermutlich in enger Verbindung mit Korsika, weil der lokale Dialekt und die Familiennamen sehr korsisch klingen. Wer zwischendurch ins Meer springen möchte, dem bieten sich auf der weiteren Strecke bezaubernde Möglichkeiten. Schmal, aber wunderschön sind die Strände von **Fetovaia** und **Seccheto.** Junge Urlauber lockt zudem das Strandbad **Cavoli,** weil hier immer etwas los ist.

Hingehen!

ESSEN UND TRINKEN

★ **Pino Solitario Fetovaia.** Fischrestaurant direkt am Strand, Urlaubsfeeling pur. Loc. Fetovaia 80, 57034 Fetovaia, Tel. 0565 98 80 37.

★ **Ristorante Publius.** Im Dorf Poggio gelegen, gute Fischküche, schöne überdachte Veranda, Panoramaterrasse, Traumblick. Piazza Castagneto 11, Poggio, 57030 Marciana, Tel. 0565 992 08, www.ristorantepublius.it

ÜBERNACHTEN

★ **Hotel Ilio.** Kleines aber feines Boutique-Hotel in Traumlage in der Bucht von S. Andrea, modernes Design, viele Sportmöglichkeiten. Loc. S. Andrea, 57030 Marciana, www.hotelilio.com

★ **Hotel Corallo.** Hübsches Ökohotel, nahe den Kiesstränden und dem spektakulären Granitfelsen, 15 schöne Zimmer, viele Sportmöglichkeiten. Via del Passatoio 28, 57030 Pomonte, www.elbacorallo.it

★ **Hotel Galli di Fetovaia.** Wunderschön gelegen, Sportmöglichkeiten vor der Tür. Via Fetovaia 115, 57034 Campo nell'Elba, www.hotelgalli.it

Oben: Marciana und Marciana Marina vom Monte Capanne aus betrachtet

Piombino

Isola d'Elba — Cavo
○ Portoferraio
S. Martino ○
Marina
di Campo ○ 94 — ○ Porto Azzurro
○ Capoliveri
Isola d'Elba

Elbas längster Sandstrand

Nicht verpassen!

★ **Acquario dell'Elba.** Auf 1000 Quadratmeter Fläche sieht man in 60 Aquarien wunderschöne und seltene Mittelmeerfische sowie sonstiges Meeresgetier und Meerespflanzen, Eintritt 7 €. Loc. Segagnana, Tel. 0565 97 78 85, www.acquarioelba.com, Öffnungszeiten: im Sommer 9–23.30 Uhr.

★ **Sub Now Diving Center.** Bekanntes Tauchcenter, bietet geführte Tauchtouren und Tauchunterricht für alle Stufen, Schnorchelausflüge. www.subnow.it

★ **Spiro Sub Dive Center.** Die 1974 gegründete Tauchschule bietet Touren auf einem hochsee-tüchtigen Holzschiff – ein Erlebnis für Taucher. Via della Foce 27, Tel. 0565 97 61 02, www.spirosub.isoladelba.it

★ **Torre di San Giovanni.** Wehrturm aus dem 11. Jh. aus der Zeit der pisanischen Herrschaft, auf einem Granitblock gebaut, jahrhundertelang der beherrschende Turm der Insel, 1995 restauriert.

★ **Sant'Illario in Campo und San Piero in Campo.** Zwei malerische Bergdörfer nahe der Granit-brüche mit hübschen Gassen und herrlichen Ausblicken, in Piero in Campo steht zudem eine schöne romanische Kirche.

Trotz des Tourismus hat das kleine Fischerdorf nichts von seiner Ursprünglichkeit verloren. Der relativ breite und 1,4 Kilometer lange Sandstrand ist beliebt bei Familien mit Kindern, die hier im flachen Meer plantschen und mächtige Burgen bauen können.

Marina di Campo liegt direkt an der Küste rund drei Kilometer von Elbas kleinem Flugplatz entfernt. Das Fischerdorf zählt 1500 Einwohner und gehört zur höher gelegenen Gemeinde **Campo nell'Elba**. Die wiederum war früher bekannt für ihre Granitstein-brüche. Das bezaubernde Gemeindegebiet von Campo nell'Elba bietet unglaublich viele Sportmöglichkeiten. So verlaufen bei-spielsweise rund um den 630 Meter hohen **Monte Perone** einige gut beschilderte Wanderwege unter alten, schattenspendenden Pinien. Unterwegs hat man an jeder Ecke eine neue, himmlische Aussicht.

Ein Paradies für Wassersportler

Kinder freuen sich an Marina di Campos langem Strand, dass sie mit vielen neuen Freunden im Sand spielen und erste Schwimm-

Oben: Blick auf Marina di Campo
Rechts: Strandleben genießen an der Marina di Campo auf Elba

versuche starten können. Darüber hinaus gibt es immer eine nahe Bar, in der man leckeres Eis bekommt. In der Hochsaison gleicht der breite, lange Sandstrand einem Kinderspielplatz. Wer es weniger familiär mag, spaziert einfach ein paar hundert Meter weiter zur Badebucht **Galenzana**, die selbst während der Hochsaison ein bisschen Ruhe bietet. Viele Urlauber kommen aber auch nach Elba, um aktiv Wassersport zu betreiben. In der Bucht von Marina di Campo finden sie dazu großartige Möglichkeiten. Mit den diversen sehr guten Tauchschulen vor Ort können auch Anfänger Ausflüge in die Tiefe wagen. Im klaren Wasser des sauberen Meeres werden die Tauchgänge sicher zu einem beeindruckenden Erlebnis. Taucherfahrene können mit verschiedenen Anbietern auch Fahrten rund um die Insel unternehmen und neue, traumhafte Reviere erkunden. Wer gerne schnorchelt, findet in den Buchten von Marina di Campo und entlang der Westküste beste Gelegenheit. Surfer und Segler wiederum sind von den gleichmäßigen Winden an diesem Küstenabschnitt begeistert; für Neulinge bieten zahlreiche Surf- und Segelschulen den perfekten Einstieg.
Nach so viel Sport bekommt man Hunger! Kein Problem auf Elba. Auf der wunderschönen Insel erwartet Sie eine interessante Küche, die die zahlreichen kulturellen Einflüsse ihrer langen, wechselvollen Geschichte widerspiegelt. Im Grunde genommen ist sie eine arme Küche, die nur verwendet, was Insel und das sie umgebende Meer hergeben. Die Inselbewohner haben daraus köstliche Gerichte entwickelt – probieren Sie statt Pizza und Fisch vom Grill doch auch einmal die heimischen Klassiker!

Hingehen!

ESSEN UND TRINKEN

★ **Da Piero.** Terrasse mit Blick aufs Meer und köstlicher Fisch! Via degli Etruschi, Bagni Iselba, Tel. 329 635 02 25.

★ **Paolo.** Gutes Traditions-Fischrestaurant, am Strand gelegen, für die Kids auch Holzofenpizza, Via Molo Nuovo, Tel. 0565 97 64 65, nur abends geöffnet.

ÜBERNACHTEN

★ **Iselba.** Vier-Sterne-Residenz, schöne Ferienwohnungen in der Bucht von Marina di Campo, Kiefernwald, Privatstrand, Tauchschule. Viale degli Etruschi, www.iselba.it

★ **Hotel Meridiana.** Hübsches Drei-Sterne-Hotel, umgeben von einem Kiefernhain, wenige Schritte vom Meer entfernt, behindertengerechte Zimmer. Viale dei Etruschi 465, www.hotelmeridiana.info

★ **Camping Ville degli Ulivi.** Nahe der Tauchschule Spiro Sub, mit großem Pool, 30 m zum Strand, Wellness- und Fitness-Center. Via della Foce 89, www.villedegliulivi.it

Oben: Elba – ein Paradies auch für Montainbiker – schöne Ausblicke garantiert

Piombino
Isola d'Elba
Cavo
95 Rio nell'Elba
Portoferraio
S. Martino
Porto Azzurro
Isola d'Elba

95 Elba – Rio nell'Elba
Vom Industriezentrum zum Touristenort

Nicht verpassen!

★ **Pfarrkirche SS. Giacomo e Quirico.** Kirche aus dem 14. Jh., außen Renaissance, innen Barock, Via Guglielmo Marconi 1.

★ **Santa Caterina.** Wallfahrtskirche bei einer Einsiedelei aus dem 14. Jh., steht in der Nähe von Grassera, einem mittelalterlichen Dorf, das um 1500 von den Türken zerstört wurde. Am Ostermontag wird hier die Erscheinung der Heiligen gefeiert, dabei ist es Brauch, getrocknete Feigen zu essen.

★ **Torre del Giove.** Der Jupiterturm wurde 1459 als Warnung für die Piraten bei Rio nell'Elba errichtet. Von hier aus wurden die beiden Dörfer Rio und Grassera verteidigt.

★ **Museo dei Minerali Elbani Gennai Tonietti.** Gemeinschaftsprojekt mit dem Parco Minerario. Das Museum zeigt 1000 auf Elba gefundene Mineralien und bietet geführte Touren durch die stillgelegten Erzgruben an, Via Magenta 26, Rio Marina.

★ **Museo Archeologico del Distretto Minerario.** Anschauliche Darstellung der Bergwerksgeschichte des Ortes, mit Funden von Etruskern, Römern und aus dem Mittelalter, Via delle Cantine.

★ **Orto dei Semplici Elbano.** Botanischer Garten, der die vielfältige Pflanzenwelt der toskanischen Inseln zeigt. Mai–Sep. Di, Do, So 13–19 Uhr, beim Eremo di Santa Caterina.

Oben: Die Eremo di Santa Caterina in Rio nell Elba im strahlenden Sonnenlicht
Rechts: Der Torre del Giove wurde zur Verteidigung von Rio nell Elba 1459 errichtet.

Das einstige Zentrum für den Eisenerzabbau auf Elba mausert sich zum florierenden Urlaubsort. Das beschauliche Rio nell'Elba liegt wunderschön an einem Hang und bietet mit Treppen, Gassen und sprudelnden Brunnen auf hübschen Piazze einen romantischen Anblick.

Der Ortsname Rio leitet sich von dem lateinischen Wort *rivus*, »Fluss« ab. Der Fluss in Rio nell'Elba hat im 19. Jahrhundert zahlreiche Wassermühlen angetrieben und mündet in **Rio Marina**, dem Küstendorf der Gemeinde, ins Meer. Noch heute sieht und hört man, dass Wasser in diesem Bergdorf eine zentrale Rolle spielt. Denn im Gegensatz zur restlichen Insel, wo in den Sommermonaten das Wasser knapp werden kann, plätschern hier auf den Plätzen die Brunnen. Es gibt sogar heute noch einen öffentlichen Waschplatz, der zwar nicht mehr genutzt wird, aber sehr schön renoviert wurde.

Mehr als »nur« Strand ...

Schön sind auch die Strände von **Rio Marina**. Hierzu gehören zum Beispiel der einen Kilometer lange Sandstrand **Cavo**, der nur zwei Kilometer von Rio Marina entfernte Strand von **Oranto** und die **Cala Seregola**. Auf diesem nur 64 Meter langen, aber 190 Meter breiten Strand fühlt man sich ein wenig wie auf einem Berg-

PARADIESISCHE INSELN

werksgelände. Nach nur wenigen Gehminuten gelangt man von dort zu einer Felsklippe, die zwar weniger zum Baden geeignet, dafür aber ein begehrter Angelplatz ist.

Nachdem die letzte Eisenerzmine 1981 geschlossen worden war, konzentrierten sich die Einwohner der Gemeinde von Rio nell'Elba auf den Tourismus. Das Dorf erhielt einen hübschen Stadtpark am Hang, neue Hotels wurden gebaut und alte zeitgemäß renoviert. Museen, die sich mit der Geschichte des Eisenerzabbaus beschäftigen, wurden eröffnet, damit die ruhmreiche Vergangenheit auch für die nächsten Generationen lebendig bleibt. Nördlich von Rio legte man nahe dem **Eremo di Santa Caterina** einen botanischen Garten an. Dort kann man die Vielfalt der Pflanzenwelt auf dem Toskanischen Archipel und speziell von Elba bestaunen. Wer sich für Mineralien interessiert, besucht am besten das **Museo Gennai Tonietti**. Es präsentiert tausend Mineralien, deren Fundorte auf Elba genau lokalisiert sind. Wer das quirlige, ein wenig laute italienische Leben liebt, bummelt am besten montags durch die malerischen Gassen des Küstenorts, wenn der Wochenmarkt seine Stände aufstellt. Hier findet man alles, was man zum Leben braucht oder nicht – vor allem aber heitere Menschen!

Essen gehen Sie während des Markttages besser am Abend, denn zur Mittagszeit sind alle Trattorien rund um den Markt sehr gut besucht und Plätze lassen sich nur schwer ergattern. Falls es Ihnen doch gelingt, sollten Sie vielleicht doch einmal Elbas typischen Gemüseeintopf *gurguglione* probieren.

Hingehen!

ESSEN UND TRINKEN

★ **Ristorante Aquasalata.** Lounge, Ristorante mit mediterraner Küche, Cocktails, direkt am Strand. Loc. Nisporto, Tel. 33 87 66 44 16, www.aquasalataisoladelba.it

★ **Pizzeria Spaghetteria Il Mare.** Mediterrane Küche, leckere Pastagerichte mit Fisch, Pizza für die Kinder, optimal für Familien. Via del Pozzo 16, 57038 Rio Marina, Tel. 0565 96 21 17.

ÜBERNACHTEN

★ **Hotel Rio sul Mare.** Gegenüber der Küste in der Bucht von Costa che Brilla gelegen. Via Palestro 31, 57038 Rio Marina, www.hotelrioisoladelba.it

★ **Locanda del Volterraio.** Kleines Vier-Sterne-Hotel mit 18 Zimmern, 3 ha großer Park, großer Pool. Loc. Bagnaia-Residenza Sant'Anna, www.volterraio.it

★ **B&B Capo Pero.** Zwischen Rio Marina und Cavo gelegen, nahe dem Meer mit schwarzem Sandstrand, einfache Zimmer, freundlich geführtes Haus. Largo Rio Albano, 57038 Rio Marina.

Oben: Der beliebte Urlaubsort Rio Marina auf Elba bei Nacht

Marciana Marina ○ **Portoferraio**

S. Martino

○ Capoliveri

Isola d'Elba

Isola **96** Pianosa

96 *Isola Pianosa*
Ausflug in eine unberührte Natur

Nicht verpassen!

★ **Parco Nazionale dell'Arcipelago Toscana.** Seit 1996/1997 ist Pianosa Teil des Nationalparks, zudem gehört das Meer rund um die Insel zum multinationalen Schutzgebiet für Wale. Darf nur im Rahmen einer Führung in begrenzter Besucherzahl tagsüber besucht werden.

★ **La Scola.** 250 m östlich von Pianosa ragt der Felsen mit einem Durchmesser von 150 Metern und einer Höhe von 32 Metern aus dem Meer. Ein wenig kleiner ist der Felsen La Scarpa nahe der Nordspitze Punta del Marchese.

★ **Muro dalla Chiesa.** Die mächtige Hochsicherheitsmauer des ehemaligen Gefängnisses sieht man gleich nach der Ankunft. Sie zieht sich vom einzigen Badestrand Cala di Giovanna nordwärts bis zum 29 m hohen Monte Belvedere.

★ **Villa romana di Agrippa.** Ausgrabung der römischen Villa, in der der verbannte Kaiserenkel Agrippa Postumus lebte. Zu sehen sind Mosaike und in der Umgebung frühchristliche Katakomben.

Oben: Auch das ist möglich auf Pianosa – Sonnenbaden unter Felsen am Meer
Rechts: Traumhafte Bucht auf der Isola di Pianosa

Erlaubt ist tatsächlich nur ein Tagesausflug, nachts sind die zehn bis 20 Bewohner der kleinen Isola Pianosa wieder unter sich. Selbst die Anzahl der täglichen Besucher auf der Insel ist begrenzt. Die wenigen Gäste erwartet dafür eine einzigartige, unberührte Naturlandschaft.

Die Isola Pianosa liegt südwestlich von Elba, misst gut zehn Quadratkilometer, hat eine dreieckige Form und ist, der Name sagt es schon, *piano* – »eben«, besser gesagt bretter eben. Die höchste Erhebung auf der einzigen flachen Insel des Toskanischen Archipels ist nicht einmal 30 Meter hoch. An ihrer flachen felsigen Küste ist nur an dem Sandstrand **Cala Giovanna** Baden erlaubt. Von hier aus hat man einen herrlichen Blick auf die Ruine einer alten römischen Villa.

Von der Strafkolonie zum Naturparadies

Pianosa war schon in prähistorischer Zeit besiedelt, und in der Antike wurde **Agrippa Postumus** (12 v. Chr.–14 n. Chr.), der Enkel des römischen Kaisers **Augustus**, auf die einsame Insel verbannt. Ausgrabungen ergaben, dass er auf der damals »Planasia« genannten Insel ein Stollensystem für Sklaven anlegte und pompöse Feste feierte. Im Lauf der folgenden Jahrhunderte wurde die Insel mehrmals besiedelt und immer wieder verlassen. 1858 richtete das Großherzogtum Toskana auf Pianosa eine Strafkolonie

ein, deren Häftlinge in der Landwirtschaft schuften müssten. Im 20. Jahrhundert war die Insel bekannt als Hochsicherheitsgefängnis für Terroristen und Mitglieder der Mafia. Einer der berühmtesten politischen Gefangenen war 1932 der Sozialist **Sandro Pertini**. Der ungebrochene Kämpfer gegen den Faschismus war von 1978 bis 1985 Italiens Staatspräsident – einer der populärsten in Geschichte des Landes.

Als das Gefängnis auf Pianosa im August 1998 geschlossen wurde, hatte sich auf der jahrzehntelang isolierten, touristisch völlig unerschlossenen Insel eine faszinierende Naturlandschaft erhalten. Hier leben seltene Vogelarten wie Wanderfalke, Wiedehopf, Bussard und Kormoran, und das umliegende Meer ist das fischreichste Gewässer des Toskanischen Archipels.

Heute ist Pianosa ein Naturpark, der nur im Rahmen von geführten Touren erkundet werden kann. Die Besucher kommen von Piombino und einigen Häfen auf Elba mit Schiffen zur Insel, die hierfür eine Sondergenehmigung besitzen müssen. Auch die tägliche Anzahl der Besucher ist streng limitiert.

Ein gemeinnütziger Verein kümmert sich um den Schutz der Insel und des Meeres, damit diese unvergleichliche Naturlandschaft erhalten bleibt. Bei einer Führung erfährt man viel über die spannende Tier- und Pflanzenwelt sowie über die Geschichte von Pianosa und kann an der Cala Giovanna ein erfrischendes Bad nehmen. Die Insel ist und bleibt jedoch ein Platz der Stille und ein faszinierendes Ausflugsziel für Menschen, die die Natur genießen und dem Gesang der unzähligen Vögel lauschen möchten.

Hingehen!

★ **Giovanni Bellini-Toremar.** Die Fährgesellschaft fährt immer dienstags von Piombino vom Festland nach Pianosa (Fahrtdauer 3 Stunden) und nimmt Passagiere für Tagesausflüge mit. Nur mit Anmeldung, Tel. 0565 311 00.

★ **Anfahrt von der Insel Elba.** Von Rio Marina und Marciana Marina fährt im Sommer täglich ein Schiff nach Pianosa. Nur mit Anmeldung, Tel. 0565 96 20 73.

Oben: Das Naturparadies der Insel Pianosa darf nur tagsüber besucht dwerden, und das auch nur von einer limitierten Besucherzahl.

97 *Isola di Montecristo*
Einsames, wildromantisches
Wild, schön und einsam

Wie ein Fels steht die faszinierende Insel Montecristo im Meer südlich von Elba und westlich von Giglio. Ihre einmalige Naturlandschaft steht unter strengem Schutz. Pro Jahr dürfen sie nur 1000 Besucher erleben.

Weltberühmt ist die Insel jedoch weniger wegen ihrer Schönheit denn als Schauplatz oft verfilmten Abenteuerromans *Der Graf von Monte Christo* von **Alexandre Dumas** (1802–1870). In der spannenden Geschichte, die Dumas zwischen 1844 und 1846 als Fortsetzungsroman für die Zeitschrift *Le Journal des débats* schrieb, findet der Held unter anderem einen Schatz auf der Insel Montecristo.

Zutritt strengstens limitiert

Montecristo steht seit 1971 unter strengem Naturschutz. Naturliebhaber, Umweltforscher, Wissenschaftler und Menschen, die sich mit Naturschutz beschäftigen, können sie besuchen, müssen sich aber rechtzeitig anmelden. Doch gleich vorweg: Die Warteliste ist lang. Da nur 1000 Besucher pro Jahr auf der gut 1000 Hektar großen Insel zugelassen sind, kann die Genehmigung bis zu zwei Jahre dauern. Auf diese Weise wird diese einzigartige Naturlandschaft auch für kommende Generationen erhalten. Wer jedoch die Chance erhält, die Insel einen Tag lang mit einem Führer zu erkunden, wird von diesem unvergesslichen Erlebnis begeistert sein. Auf Montecristo gedeiht eine Vielfalt an seltenen mediterranen Pflanzen und sieht man unter anderem die wilden Montecristo-Ziegen. Der Bestand lebt seit Jahrhunderten auf der Insel und stellt ein interessantes Forschungsobjekt für Genetiker dar. Auf der seit Generationen fast unbewohnten Insel findet sich eine hochinteressante Fauna, und die umliegenden Gewässer bieten Lebensraum für Seegraswiesen, Seeanemonen, Gorgonien und Korallen, aber auch für seltene Tierarten wie etwa die Mönchsrobbe.

Die höchste Erhebung der einsamen Insel ist der 645 Meter hohe **Monte Fortezza**. Das Benediktinerkloster aus dem 13. Jahrhundert wurde 1553 von Piraten zerstört und ist nur als Ruine erhalten. Mitte des 19. Jahrhunderts baute sich der britische Kunstsammler George Watson-Taylor eine Villa, in der er für kurze Zeit lebte. Darüber hinaus gibt es noch ein Gebäude für die Wildhüter. Ganzjährig wohnen nur eine Handvoll Menschen auf der Insel, die sich mit wissenschaftlichen Studien beschäftigen.

Oben und rechte Seite unten: Die Bucht Cala Maestra auf der einsamen Insel Montecristo – heute Nationalpark des Toskanischen Archipels
Rechte Seite oben: Die sagenumwobene Insel Montecristo von oben

Orbetello
Porto S. Stefano
Port'Ercole
Giglio Castello
Isola del Giglio · Giglio Porto · Monte Argentario
98
Isola di Giannutri

98 *Isola del Giglio*
Romantisch und von trauriger Berühmtheit

Nicht verpassen!

★ **Chiesa di San Pietro Apostolo.** Kirche im Zentrum von Castello aus dem frühen 15. Jh., wertvolles Elfenbeinkreuz, Reliquie des Armes des San Mamilliano.

★ **Rocca Aldobrandesca.** Wird auch Rocca pisana genannt, aus dem 12. Jh., von den Pisanern erbaut, später von den Aldobrandeschi vergrößert, 1595–1623 von Alessandro Pieroni im Auftrag von Ferdinando I de Medici restauriert.

★ **Stadtmauer.** Aus dem 12. Jh. mit drei Stadttoren und zehn Wachtürmen.

★ **Torre del Lazzaretto.** Wachturm außerhalb des Hafens Porto Giglio, 1561 erbaut.

★ **Torre del Porto.** Am Porto Giglio, wird auch Torre del Saraceno genannt, Bauzeit unbekannt, 1554 erstmals schriftlich erwähnt.

★ **Villa Marittima.** Die Villa stammt aus dem 1. Jh. v. Chr., heute nur noch als Ruine zu besichtigen.

Oben: Von der Terrasse des Ristorante Il Bottegone in Santo Stefano auf dem Monte Argentario hat man einen herrlichen Blick auf die Insel Giglio.
Rechts: Die zauberhafte Insel Giglio bei Nacht

Die zweitgrößte Insel des Toskanischen Archipels war ein echter Urlaubs-Geheimtipp, bis am 13. Januar 2012 das Kreuzfahrtschiff »Costa Concordia« direkt vor der Küste mit einem Felsen kollidierte und kenterte. Die zauberhafte Insel Giglio erlangte dadurch traurige Berühmtheit.

Von diesem Zeitpunkt an lockte die Insel zahlreiche Schaulustige an, und es bleibt zu hoffen, dass wieder Normalität einkehrt, sobald das erfolgreich aufgerichtete Schiff im Sommer 2014 abtransportiert wird. Das Unglück kostete 32 Menschen das Leben, und durch die erfolgreiche Bergung entkam der Toskanische Archipel gerade noch einer verheerenden Umweltkatastrophe.

Wunderschönes Dorf Castello

Bald hat man wieder lediglich die farbenprächtigen Leuchttürme vor Augen, wenn das Fährschiff die malerische Bucht mit **Giglio Porto** ansteuert. Ein Hafen wie aus einem Bilderbuch erwartet die ankommenden Gäste, die sich sofort heimisch fühlen, denn alles ist klein und überschaubar. Die Einheimischen erwarten, dass Sie ohne Auto auf die Insel kommen oder es gleich am Hafen parken. Es wird Ihnen nicht fehlen, denn die 28 Kilometer lange Insel ist gut mit Linienbussen erschlossen. Am meisten Spaß macht es ohnehin, wenn man mit dem Fahrrad oder einer Vespa auf Eroberungstour geht. Die drei kleinen Dörfer der Insel werden von

1500 *gigliesi* bewohnt, denen man eine liebenswerte Schlitzohrigkeit nachsagt. Wer nicht im quirligen kleinen Hafendorf bleiben will, fährt gemütlich sechs Kilometer hinauf nach Giglio Castello. Es ist eines der *più belli borghi d'Italia*, eines der schönsten Dörfer Italiens. Ein *gigliese*, der auf sich hält, wohnt ohnehin in **Castello** und nicht in **Porto**. Das liegt vielleicht an der Geschichte der Insel, die in den vergangenen Jahrtausenden mehrfach angegriffen wurde. Von dem malerischen, 400 Meter hoch gelegenen Ort hat man einen grandiosen Überblick und das gibt Sicherheit. Darüber hinaus ist Giglio Castello von einer mittelalterlichen, noch völlig intakten Ringmauer umgeben und wird von der mächtigen Festung Aldobrandeschi beschützt. In dem hübschen Dörfchen schlängeln sich enge Gässchen, die von Steinbögen überspannt und eng aneinander gedrängten Steinhäusern gesäumt werden.

Wie der Wind von Giglio Castello

Nicht selten hört man auf der Insel *tu sei come un ponente*, »du bist wie der ponente«, wenn sich eine Person rasch stark aufregt. Die Redensart ist auf Giglio Castellos Lage in 400 m Höhe zurückzuführen. Hier weht häufig Wind, der an heißen Sommertagen als angenehm kühles Lüftchen gefällt. Der Westwind ist jedoch ziemlich stürmisch und heißt *ponente*.

Hingehen!

ESSEN UND TRINKEN

★ **Da Maria.** Rustikales Ambiente, im Zentrum, heimische Küche. Via della Casamatta 12, 58012 Giglio Castello, Tel. 0564 80 60 62, Ruhetag: außer im Sommer Mi.

★ **Da Santi.** Ein wenig außerhalb des Zentrums Panoramablick, traditionelle Inselküche. Via Santa Maria 3, 58012 Giglio Castello, Tel. 0564 80 61 88, Ruhetag: außer im Sommer Mo.

★ **Ristorante Il Grembo.** Uriges Ambiente, Maremma-Küche mit viel Fleisch. Via Verdi 7, 58012 Giglio Castello, Tel. 32 93 48 70 67.

ÜBERNACHTEN

★ **Castello Monticello.** Alte Vila, ruhig gelegen, Restaurant. Bivio per Arenella Nord, 58012 Giglio Porto, www.hotelcastellomonticello.com

★ **Bahamas.** Einfaches, aber ordentliches Zwei-Sterne-Hotel nahe dem Hafen. Via Cardinale Oreglia 22, www.bahamashotel.it

★ **Hotel L'Arenella.** Wunderschöner Ausblick aufs Meer, nettes Ambiente. Via Arenella 5, 58013 Giglio Porto, www.hotelarenella.com

Oben: Der Hafen von Giglio, der leider traurige Berühmtheit erlangte.

Orbetello
Porto S. Stefano
Giglio Castello
Isola del Giglio
99
Giglio Porto
Port'Ercole
Monte Argentario
Isola di Giannutri

99 Isola del Giglio

Die etwas andere Urlaubsinsel

Klein, liebenswert, smaragdgrünes, sauberes Meer – das sind die Attribute, die vor allem Wassersportler überzeugen. Am meisten Spaß macht der Urlaub auf Giglio mit einem Boot, weil man damit die einsamen Buchten einfacher erreicht. Luxushotels sucht man noch vergebens.

Liest man in der Geschichte der Insel, erfährt man, dass die *gigliesi* traditionell keine Seefahrer und auch keine Fischer waren. Sie zogen es vor, im höher gelegenen **Castello** zu leben und Landwirtschaft zu betreiben. Zudem spielte der Granitabbau eine wichtige wirtschaftliche Rolle, die bunten Häuser der Insel sind auf einem Granitfelsen gebaut. Viel Bedeutung für die Bevölkerung hat seit langem auch der Weinbau. Fast in jedem Haus findet man heute noch einen in den Granit geschlagenen Keller und eine Presse. Die Weinproduktion gehörte zum täglichen Leben des Bergvolkes, daran hat sich nicht viel geändert. Die heimische Rebsorte Ansonico gedeiht immer noch bestens an den sonnigen, windigen Hügeln, und der daraus gekelterte kräftige Wein wird ausschließlich auf der Insel getrunken – wobei die immer mehr werdenden Touristen tatkräftig mithelfen.

Die Sonnenscheininsel

Giglio wirbt mit seinen vielen Sonnen- und seltenen Regentagen. Dank des milden Klimas finden hier mediterrane Pflanzen opti-

Nicht verpassen!

★ **Torre del Campese.** Wachturm in der Bucht von Campese, den Cosimo I. Ende des 16. Jh. von dem Architekten Alessandro Pieroni erbauen ließ. Das Dach wurde vermutlich im 18. Jh. hinzugefügt.

★ **Isola Giannutri.** Winzige Insel, 2,3 km lang, 500 m breit, an der höchsten Stelle 88 m hoch, felsige Küste, lediglich zwei Strände, nur ein Handvoll Einwohner, ein Eldorado für Taucher, von Giglio aus mit dem Boot erreichbar.

★ **Villa Romana.** Auf der Insel Giannutri eine Ruine einer römischen Villa aus dem 2. Jh. n. Chr. der Familie Domitius Ahenobarbus.

★ **Palio di Giglio.** Am 10. August in Giglio Porto, Feier zu Ehren des hl. Lorenzo, mit Prozession, Musik, Tanz und Feuerwerk, die drei Ortsviertel treten mit Booten auf einer fünf km langen Ruderstrecke gegeneinander an.

★ **Festa San Rocco.** Am 15. Aug. ein opulentes Fest mit einer Prozession auf dem Meer, Musik und Feuerwerk.

★ **Fest San Mamiliano.** Fest zu Ehren des Schutzheiligen von Castello am 15. Sept. mit Eselrennen als Wettkampf der vier Ortsteile.

Oben: Blick vom Monte Argentario auf die Isola del Giglio
Rechts: Im Hafen von Giglio ist endlich wieder der normale Alltag eingekehrt, und man kann die schönen Boote wieder in Ruhe bestaunen.

male Voraussetzungen. Am besten bewundern kann man die Blumen-, Kräuter- und Blütenpracht im Frühjahr und Frühsommer bei einer Wanderung hinauf zum höchsten Berg der Insel, dem 498 Meter hohen **Poggio della Pagana**. Dann leuchten die Wiesen und Sträucher in allen erdenklichen Farben und verbreiten einen betörenden Duft. Im Sommer merkt man deutlich, dass die Werbung mit den wenigen Regentagen zutrifft. Die Natur trocknet aus! Die Einheimischen sind es daher gewohnt, Wasser als kostbares Gut zu betrachten und niemals sinnlos zu verschwenden.

Giglio ist noch eine junge Touristeninsel. Der Fremdenverkehr gewann hier erst ab den 1960er-Jahren an Bedeutung. Noch heute hinkt die Insel hinterher, wenn es um schicke Hotels oder zeitgemäße, ansprechende Ferienanlagen geht. Wenn auch der Luxus noch weitgehend fehlt, die natürliche Herzlichkeit der Menschen wiegt vieles auf. Ein Höhepunkt ist zudem der Strand von Campese, der größte der Insel. Die romantische Bucht mit dem kristallklaren Wasser begrenzt auf der einen Seite der aus dem Meer aufragende **Faraglione-Felsen** und auf der anderen die **Torre del Campese**. Dieser Turm wurde im 18. Jh. erbaut, um Schiffe zu beobachten, die sich von Westen her näherten. Wassersportler sind hier voll und ganz in ihrem Element, können schnorcheln, tauchen, surfen, kajakfahren, segeln oder einfach auch nur schwimmen. Wenn im Sommer der Strand von vielen Italienern vom Festland bevölkert ist, weicht die Ruhe einer ausgelassenen Partystimmung.

Hingehen!

ESSEN UND TRINKEN

★ **La Veccia Pergola.** Familiär geführtes Ristorante, Speiseraum und Terrasse mit Blick ins Land und zum Hafen. Via Thaon de Revel 31, 58012 Giglio Porto, Tel. 0564 80 40 03.

★ **Il Tagliere.** Schmackhafte Gerichte aus topfrischen Produkten. Via Provinciale 6, 58012 Campese – Isola Giglio, Tel. 33 56 56 16 56.

ÜBERNACHTEN

★ **Hotel Campese.** Nur wenige Schritte vom Privatstrand entfernt, Restaurant, Apartments mit Panoramablick. Via della Torre 18, 58012 Isola del Giglio, www.hotelcampese.com

★ **Albergo Il Porticciolo.** Direkt am Strand von Campese, mit guter Küche, familiär, einfache Zimmer, ruhig. Via della Torre 3, 58012 Campese, www.albergoilporticciolo.it

★ **Hotel delle Palme.** Am Strand von Campese, nahe der Torre del Campese, hübscher Garten. Via della Torre 3, 58012 Campese, www.giardinolepalme.it

Oben: Beliebtes Ausflugsziel ist das Castello di Giglio, denn von hier hat man einen traumhaften Blick auf das Meer.

Isola d'Elba   Cavo

100 Isola di Capráia

Die wilde Insel der Ziegen

Vermutlich waren es die wilden Ziegen, die capre, die der wildromantischen Insel Capráia im Tyrrhenischen Meer ihren Namen gaben. Die ehemalige Gefängnisinsel ist nun ein geschützter, aber bewohnter Naturpark und ein begehrtes Urlaubsziel für Naturliebhaber und Taucher.

Das Naturparadies liegt zwischen Korsika und Elba und ist mit der Fähre von Livorno oder Portoferraio auf Elba aus gut erreichbar. Capráia ist mit einer Länge von acht Kilometern und einer Breite von vier Kilometern die drittgrößte Insel des toskanischen Archipels. Ihre felsige, stark zerklüftete Steilküste fällt schroff ins Meer ab und ist voller Höhlen und winziger Buchten. Unterschiedlichste Kulturen und Völker, insbesondere die sarazenischen Piraten, haben der Insel ihren Stempel aufgedrückt. Ab dem Zweiten Weltkrieg war Capráia eine Gefängnisinsel, bis der italienische Staat in den 1980er-Jahren das ganze Areal zum Naturschutzgebiet erklärte. Für die etwa 400 Einwohner begann damit eine neue Ära: der Tourismus.

Wandern durch die duftende Macchia

Mittlerweile gibt es auf Capráia einige hübsche Pensionen und Ferienwohnungen sowie erstaunlich viele Trattorien und Ristoranti. Dies mag daran liegen, dass die Besucher beim Wandern

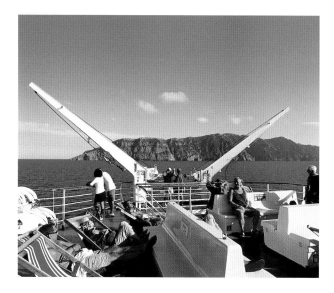

Oben: Die Isola di Capráia ist nicht nur ein Paradies für Naturliebhaber und Wanderer, sondern auch für Taucher.
Rechts: Mit einer Fähre gelangt man auf die Isola di Capraia – mittlerweile ein bewohnter Naturpark

oder Tauchen kräftig Appetit bekommen und verköstigt werden möchten.

Gleich bei der Ankunft mit der Fähre im kleinen Hafen der Insel erkennt man, dass hier die Natur die Hauptrolle spielt. Wer Strandpromenaden mit eleganten Geschäften, schicke Clubs und feine Restaurants sucht, sollte rasch wieder die Rückfahrt antreten. Naturliebhaber werden jedoch schon aus der Ferne von der grünen Insel fasziniert sein.

Vom hübschen Hafen führt ein knapp ein Kilometer langer Weg mit herrlicher Aussicht bergauf in den reizenden Hauptort. Dort finden sich einige Geschäfte, einfache Bars und einladende Trattorien. Am besten mietet man sich in einem der erstaunlich charmanten Hotels oder Residenzen ein, packt die Wanderschuhe aus und marschiert erst einmal durch die duftende, blühende Macchia hinauf zum 445 Meter hohen **Monte Castello**, dem höchsten Berg der Insel. Je weiter man in das Innere der Insel vordringt, umso einsamer wird die Landschaft, die sich in den Duft wildwachsender Myrthen, Rosmarinsträucher und vieler nur hier heimischer Pflanzen hüllt. Wer sich für die fantastische Natur Capráias interessiert, kann sich im **ProLoco-Büro** eine Broschüre über die Flora und Fauna der Insel besorgen.

Taucher bleiben am besten im kleinen Hafen, um von dort aus mit einem Boot die wilde Küste mit den vielen geheimnisvollen Höhlen und der noch intakten Unterwasserwelt zu erkunden: klare Sicht und der Artenreichtum in dieser Region ziehen Taucher aus aller Welt an. Capráia ist auf Taucher eingestellt, deshalb gibt es hier (fast) alles, was man für diesen Sport benötigt.

Da im Hochsommer die wenigen Unterkünfte rasch ausgebucht sind, ist ein Besuch im Frühjahr oder Herbst empfehlenswert. Dann zeigt sich die Natur ohnehin von ihrer schönsten Seite und die Temperaturen sind angenehm.

Hingehen!

EINKAUFEN

★ **Az. Agr. Biologica Valle di Portovecchio.** Verkauf von Produkten der Insel wie Honig, Limoncino, Grappa, Früchte je nach Saison und Vermietung von Ferienwohnungen. Loc. Il Pollaio, Tel. 0586 90 52 42, E-Mail vallediportovecchio@virgilio.it

ESSEN UND TRINKEN

★ **Brassierie Baracuda.** Im Dorf im Landesinneren, Grillspezialitäten, herrlicher Garten. Piazza Milano, Tel. 0586 90 52 84.

★ **La Gritta.** Am Fuß des Castello gelegen, regionale Küche mit vielen Fischgerichten. Via San Giorgio 1, Tel. 0586 90 52 30.

★ **La Lampara.** Ambiente mit blauen Wänden, mediterranes Feeling, köstliche Fischgerichte, schöne Terrasse mit Blick auf den Hafen. Via Assunzione 11, Tel. 0586 90 51 56.

ÜBERNACHTEN

★ **Residenza La Vela.** Drei-Sterne-Residenz gegenüber der Bastion Forte San Giorgio, nette Zimmer und Apartments, nettes Ambiente, Terrasse, mitten im Dorf. Via Genova 46, www.residencelavela.it

★ **Max Resort La Mandola.** Traumlage am Meer, elegante Zimmer, Restaurant, schöne Terrassen, gepflegte Anlage. Via della Mandola 1, www.maxhotels.it

Oben: Ein alter verlassener Turm auf der naturgeschützten »Ziegeninsel«

REGISTER

Abbadia San Salvatore 127
Abbazia San Galgano 196 f.
Accarigi 94
Accona-Wüste 110 f.
Acquaviva di Montepulciano 151
Adams, Bryan 227
Agostino di Duccio 254
Agrippa 274
Alberese 186 f.
Albinia 183
Aldobrandeschi 278
Alessandro Bocci 175
Alfonso III. 246
Alpi Apuane 240
Alta Maremma 172
Ambrogio Lorenzetti 102
Anghiari 134, 145
Angiolo Ambrogini 159
Anna Maria Ludovica 13
Antonio da Faye 254
Arezzo 57, 135 ff., 142, 151 f.
Arno-Tal 87
Arnolfo di Cambio 93
Asciano 110 f., 115
Augustus 274
Aulla 247, 255
Avenza-Carrara 253

Badia a Coltibuono 68 f.
Bagni di Lucca 240, 242 f.
Bagno Roselle 181
Bagno Vignoni 128
Bagnone 254 f.
Baldino, Poggio 150
Bandinelli, Baccio 250
Barga 241, 244 f.
Bartolo, Domenico di 100
Bazzi, Giovanni Antonio 115

Benigni, Robert 134, 142
Benvenuto, Giovanni di 174
Bernini, Gian Lorenzo 52
Bettole 153
Bibbona 200 f.
Boccaccio 84, 142
Bocelli, Andrea 236
Bolgheri 169, 200 f.
Bonaparte, Pauline 260
Borgo a Mozzano 242
Borgo San Lorenzo 29
Borgo Sansepolcro 134, 141, 144 f.
Boschi 220
Bosco della Ragnaia 113
Botero, Fernando 234 f.
Botta, Mario 184, 199
Brunelleschi, Filippo 18
Buonconvento 116 f.
Buoninsegna, Duccio di 188

Camaiore 233
Camigliano 229
Camigliano Santa Gemma 228
Campagnatico 180 f.
Campese 281
Campo nell'Elba 269
Capalbio 184 f.
Capoliveri 265
Capráia 258, 282 f.
Carmignano 34 ff.
Carrara 249 ff.
Casciana Terme 220
Castagneto 200 f.
Castagneto Carducci 199 f.
Castellina 30, 72 f., 75
Castello 278, 280
Castello Malaspina 248

Castelnuovo Beradenga 76 f.
Castelnuovo du Garfagnana 241, 246 f.
Castiglioncello 205
Castiglione della Pescaia 190
Castiglione Fiorentino 134, 146 f.
Castagneto Carducci 198 f.
Catarina Piccolomini 100
Cava, Luca 77
Celle dei Puccini 228 f.
Cerreto 53
Cerreto Guidi 53
Certaldo 84 f.
Chiana-Tal 134 f., 146 f., 149 ff.
Chianciano Terme 135, 164
Chianti 53, 56, 58, 60, 64, 72 f., 75, 98, 108
Chiantigiana 56, 62
Chiessi 268 f.
Chiusdino 196 f.
Chiusi 134 f., 151 f., 166 f.
Ciuffreda, Giovanni 230
Cohen, Leonard 227
Colle di Val d'Elsa 92
Collodi 46 f., 48
Collodi, Carlo 48
Colonnata 252 f.
Como, Giroldo da 194
Contucci, Andrea 153
Cortona 135, 148 f.
Cosa 182
Cosimo I. 137, 206, 217, 228
Crespina 219
Crete Senesi 98 f., 108 ff., 117

Dante Alighieri 115, 140
Datini, Francesco 32 f.
Donatello 18
Dumas, Alexandre 276

Elba 258 ff., 276, 282
Elsa-Tal 84 f., 92, 95

Farsetti, Antonella 74
Fellini, Frederico 230
Ferdinand I. 207
Fetovaia 269
Fiesole 13, 28 f.
Filetto-Villafranca 255
Fischer, Joschka 110
Florenz 12 ff., 30, 32, 38, 50
Foiano della Chiana 27, 148
Follonica 276
Forcoli 218 f.
Fornovolasco 244
Forte dei Marmi 204, 236 f.
Francesca, Piero della 134, 141, 145
Francesco Orioli, Pietro di 116
Franz von Assisi 16
Friedrich II. 86 f.

Gaiole 69, 70 f.
Galileo Galilei 16, 148
Garfagnana 240, 244
Garibaldi, Giuseppe 152
Ghiberti, Lorenzo 19
Ghini, Luca 217
Ghirlandaio 22
Giannutri 258, 280
Giglio 182, 258, 276 ff.
Giosuè Carducci 235
Giotto 18
Giovanni, Matteo di 116
Giuntini, Michele 68
Goethe, Johann Wolfgang von 150
Gorgona 258
Gozzoli, Benozzo 22, 78
Grassera 272
Greve 30, 60, 62 f.
Grosseto 169, 180, 188 ff., 198
Guaracci, Maria 91
Guida, Antonio 183
Guido da Como 244

Hawkwood, Sir John 145
Heine, Heinrich 242
Heinrich VII. 116
Henze, Hans Werner 160
Huxley, Aldous 236

Il Sodoma 114
Impruneta 58 f.

Karl der Große 137
Krall, Diana 227

La Capannina 219
Lacrenza, Vito 121
Lago di Trasimeno 134, 165
Lamporecchio 51 ff.
Lanci, Baldassare 164
Larciano 51, 53
Lari 218 ff.
Latignano di Cascina 214
Leccio Reggello 27
Leopold I. 197, 237
Leopold II. 190
Leopold von Habsburg 44
Lido di Camaiore 232
Livorno 198, 204, 206, 208, 282
Lorenzini, Carlo 47
Lucca 38, 50, 205, 222 ff., 241, 247
Lucignano 109, 135, 152 f.
Lucignano d'Asso 112 f.
Ludovico Ariosto 246
Luni 254 f.
Lunigiana 254 f.

Magliano 176 f., 178
Malameranda 108
Malaspina, Giacomo 249
Manciano 174
Mann, Thomas 236
Marciana Alta 266 ff.
Marciana Marina 266 f., 275
Maremma 168, 171, 176 ff., 186, 189, 192, 206, 258

Marina di
 Campo 270 f.
Marina di Carrara 204,
 249
Marina di Massa 249
Marina di Pietra-
 santa 234
März, Andreas 52
Masaccio 24
Masolino 24
Massa 248 f.
Massa e Cozzile 45
Massa Marittima
 192 ff., 196
Massa-Carrara 241,
 248
Mayes, Frances 148
Medici, Alessandro de
 141
Medici, Cosimo de 12,
 20, 266
Medici, Ferdinando
 de 278
Medici, Giovanni
 de 12
Medici, Giuliano de 13
Medici, Ippolito de
 140
Medici, Lorenzo de
 13, 36, 68, 69
Medici, Piero de 13
Merse-Tal 196
Michelangelo 16, 18,
 20, 250
Mino da Fiesole 90
Miseglia Carrara 252
Monsummano 42 f.
Montaione 86 f., 88
Montalbano 50 f.
Montalcino 98 f., 108,
 118 ff., 125
Monte Amiata 77,
 98 f., 126 f., 129,
 154, 168, 174
Monte Argentario 169,
 182 ff.
Monte Capanne 268 f.
Monte Oliveto Mag-
 giore 114 f.
Monte San Savino
 151, 153
Montecarlo 45, 47 f.,
 228 f.
Montecatini 44 f.

Monteccio Ve-
 sponi 147
Montecristo 182, 258,
 276 f.
Montelupo Fiorentino 34, 36
Montemerano 174
Montepescali 180 f.
Montepulciano 134 f.,
 158 ff., 162 f.
Monteriggione 94 f.
Monteroni d'Arbia
 109, 116
Montevarchi 27
Monticiano 197
Montorsaio 180
Morcone 265
Mugello 13
Murlo 116 f.

Nannini, Gianna 107
Napoleon 223, 259,
 262, 267
Niki de Saint
 Phalle 184

Oltrarno 24 f.
Oranto 272
Orbetello 169, 182 f.,
 185
Orcia-Tal 126, 154 ff.,
 158 ff.

Pancole 83
Panzano 60, 62 f.
Papst Julius III. 153
Papst Leo X. 72, 148,
 232
Papst Lucius III. 197
Papst Pius II. 100,
 102, 129, 154
Parco Naturale della
 Maremma 186 f.
Parco Naturale Monti
 dell'Uccellina 186
Pareti 265
Pascoli, Giovanni 244
Pereta 177
Pertini, Sandro 275
Pesa-Tal 30
Pescia 46 ff.
Pescina 126 f.
Petrarca 140
Petrucci, Pandolfo 94

Philipp III. 264
Piancastagnaio 127
Pianosa 258, 274 f.
Pienza 99, 154 f., 156
Piero, Leonardo di
 ser 51
Pieroni, Alessandro
 278, 280
Pietrasanta 204,
 234 f.
Pietro Aldi 184
Pievasciata 74 f.
Pinocchio 46, 48
Piombino 260 f.
Pisa 204, 212 ff.,
 216 ff.
Pisano, Andrea 18
Pisano, Giovanni 104
Pistoia 13, 38 ff., 50
Pitigliano 168, 170 ff.
Plinius der Ältere 167
Poggibonsi 72
Poggio 268
Pomonte 268 f.
Pomonte-
 Scansano 178
Ponsacco 218
Ponte Buggianese 43
Pontedera 218 f.
Pontremoli 255
Porcari 227
Porta Elisa 223
Porto Azzurro 264
Porto Ercole 182 ff.
Porto Giglio 278,
 280 f.
Porto San
 Stefano 182 f.
Portoferraio 260 ff.,
 264, 282
Pozzi, Andrea 153
Prato 13, 26, 32 ff.
Principina a Mare 186
Puccini, Giacomo 182,
 226, 228 ff.

Quercia, Jacopo della
 103
Quinto Martino 36

Radda 30, 64, 66 f.
Renzo Piano 180
Ricasoli, Bettino 70
Rio Marina 272 f., 275

Rio nell'Elba 272 f.
Riviera della Versilia
 204, 232 f., 236, 254
Roselle 180 f., 189
Rosia 108
Rosselini 155
Rossellino, Bernardo
 129, 154
Rossini 16
Rothschild, Baron Eric
 de 35, 200

S. Croce 16
Salimbeni, Arcan-
 gelo 76
San Baronto 50
San Biagio 162 f.
San Casciano 30 f.
San Chianciano 164 f.
Sangallo, Antonio
 da 162
San Genaro-
 Lucca 229
San Gimignano 78,
 80 ff., 91 f.
San Giovanni
 d'Asso 112 f.
San Giuliano
 Terme 214, 218
San Gusmè 76 f.
San Miniato 86 f., 88
San Miniato al Te-
 desco 87
San Pantaleo Vinci 51
San Quirico d'Or-
 cia 128 f.
Sansovino, Andrea 90
Sant'Angelo in
 Colle 124 f.
Sant'Antimo 124 f.,
 126
Santa Lucia-Fontia di
 Carrara 251
Santa Romano di Gar-
 fagnana 246
Santomato di Pis-
 toia 38
Saturnia 174 f.
Scansano 176 ff.
Scarperia 28 f.
Seano 34
Seccheto 269
Seggiano 126 f.
Sheppard, Craig 113

Siena 72, 95, 98, 100
 ff., 168, 196
Signorelli, Luca 114 f.,
 148, 153, 164
Sinalunga 135, 151,
 152 f.
Sorano 168, 170, 172
Sovana 168, 170 ff.
SoviciIle 108 f.
Spoerri, Daniel 126
Strada dei Castelli del
 Chianti 70
Suvereto 198 f.

Talomone 186 f.
Terricciola 218 f., 220
Tolomei, Giovanni 114
Torre a Castello 110

Vagliagli 74 f.
Val di Cornia 199
Valdicastello Car-
 ducci 235
Valle Nevera 268
Valtiberina 144
Vanni, Francesco 122
Varotsos, Costas 75
Vasari, Giorgio 136,
 140, 217
Venezia Nuova 210
Ventura Salimbeni 76,
 128
Venusti, Marcello 264
Verdi, Giuseppe 43 f.
Versilia 230
Via Aurelia 198, 233,
 249 f.
Via Cassia 31, 116,
 128
Via Clodia 174
Via Francigena 78, 94
 f., 116, 128, 242, 249
Viareggio 204, 230 f.
Villafranca 254 f.
Vinci 50 f.
Vinci, Leonardo da
 50 f., 150
Volterra 90 f., 92

Walewska, Maria 267

Zanka 269

IMPRESSUM

Verantwortlich: Joachim Hellmuth
Lektorat: Barbara Rusch, München
Korrektorat: Birgit Günther, Utting am Ammersee
Layoutentwurf Innenteil: VerlagsService
Gaby Herbrecht, Mindelheim
Satz: grafitecture book & edition,
Bernau am Chiemsee
Umschlagentwurf: coverdesign uhlig, Augsburg;
Ausführung: Ulrike Huber, Kolbermoor
Kartografie: Huber Kartografie GmbH, München
Repro: Repro Ludwig, Zell am See
Herstellung: Rudi Stix, Bettina Schippel
Printed in Italy by Printer Trento

Sind Sie mit diesem Titel zufrieden? Dann wurden wir uns über Ihre Weiterempfehlung freuen.

Erzählen Sie es im Freundeskreis, berichten Sie Ihrem Buchhändler, oder bewerten Sie bei Onlinekauf.
Und wenn Sie Kritik, Korrekturen Aktualisierungen haben, freuen wir uns über Ihre Nachricht an Bruckmann Verlag, Postfach 40 02 09, D-80702 München oder per E-Mail an lektorat@verlagshaus.de.

Unser komplettes Programm finden Sie unter

 www.bruckmann.de

Bildnachweis

Udo Bernhart: S. 4, 6, 7 M., 8 M., 23, 36 l., 37, 49, 50 r., 66 r., 72, 93 l., 96 l., 128 r.,129, 130 l., 131, 138 l., 138 r., 140 o., 140 u., 150 r., 154 r., 162 r., 202 r., 203, 218 r., 230 r., 231, 236 r., 238 l.u., 239, 241 r., 242 u., 250 l., 251, 252 r., 253; 254 l., 255

Bildagentur Huber, Garmisch-Partenkirchen: S. 1 (Amantini Stefano), 142 l. (Ripani Massimo), 142 r. (Carassale Matteo), 143 (Carassale Matteo), 144 l. (Rellini Maurizio), 144 r. (Borchi Massimo), 278 (Piacentino Massimo), 279 u. (Piacentino Massimo);

Bernhard Irlinger: 148 l., 164 r.

Bildagentur Look, München:
S. 5 u., 12/13, 12 r., 12 l., 13 r., 18 o., 20 r., 24 l., 26 l., 26 r., 27, 29 l., 29 r., 30 l., 31, 32 l., 33, 34, 35, 40, 41, 42 l., 42 r., 43, 45 r., 48 r., 50 l., 51, 52 l., 52 r., 53, 56/57, 56 l., 56 r., 57, 66 l., 68 l.o., 68 l.u., 68 r., 69, 70 l., 70 r., 71, 73, 79, 80, 81 o., 81 u., 82 l., 82 r., 83, 84 l., 86 l., 86 r., 87, 88 l., 92, 93 r., 94 l., 94 r., 95, 98 u.l., 98/99, 99 u.l., 99 u.r., 106 l., 106 r., 107, 108, 110 l., 110 r., 111, 112 l., 112 r., 113, 114 l., 114 r., 115, 116 r., 117, 118 l., 118 r., 119, 125, 127, 128 l., 132, r. l., 133r., l., 136 r., 137, 138 l., 138 r., 139, 150 r., 151, 153, 155, 157, 158 l., 158 r., 159, 160 r., 160 l., 161, 162 l., 162 r., 163, 166 l., 168/169, 168, 169 l., 169 r., 172 l., 172 r., 173, 175, 177, 182 l., 182 r., 183, 184 r., 185, 186 r., 186 l., 187, 188 r., 189, 190 l., 192 r., 193, 194 l., 194 r., 195, 196 r., 197, 198 l., 198 r., 204/205, 204 u., 205 u.l., 205u.r., 209, 210 l., 211, 214 r., 214 l., 215, 216 l., 216 r., 217, 218 l., 219, 220, 224 l., 224 r., 225, 226 l., 227 o., 227 u., 230 l., 232 l., 233, 258/259, 258 u., 259 u.l., 259 u.r., 262 l., 262 r., 263, 264 l., 264 r., 265, 270 l., 270 r., 272 r., 273, 274 l., 274 r., 276 l., 277, 280 l., 280 r., 281, 282 l., 282 r., 283, 284 r.

Mauritius Images, Mittenwald: S. 45 r. (CuboImages)
Mirko Milovanovic, München: S. 36 r., 44 l., 228 l., 288 r., 229
Max Müller / pixelio: 150 l.
Picture Alliance, Frankfurt: S. 276 r. (Baccella Adriano), 279 o. (www.bild-agentur-online.com)

www.shutterstock.com: S. 14 u. (NigelSpiers), 30 r. (Magati), 38 o. (samot), 38 u. (sansa55), 39 o. (samot), 39 u. (Claudio Giovanni Colombo), S. 44 r. (chloe7992), 47 (Flegere), 67 (PRILL), 100 u. (StevanZZ), 116 l. (Malgorzata Kistryn), 130 r. (Claudio Giovanni Colombo), 139 (LianeM), 141 (wjarek), 145 (LianeM), 146 l. (wjarek), 146 r. (6015714281), 147 (Brian A Jackson), 163 (Brian A Jackson), 165 (wjarek), 170 u. (ER_09), 179 (sergioboccardo), 180 o.l. (FooTToo), 180 M. (Claudio Giovanni Colombo), 181 (sergioboccardo), 208 r. (Darios), 208 l. (Darios), 210 r. (bonzodog), 212 l. (pio3), 212 r. (Paolo Querci), 213 (claudio zaccherini), 226 l. (Svetlana Jafarova), 234 l. (Angelo Giampiccolo), 234 r. (leonori), 236 l. (Claudio Giovanni Colombo), 237 (Bildagentur Zoonar GmbH), 238 l.o. (Fotografiche), 240/241 (topora), 240 u. (Claudio Giovanni Colombo), 241 l. (Stuart Taylor), 242 o.l. (Claudio Giovanni Colombo), 242 l.M. (wjarek), 244 r. (Steven Corton), 244 l. (Nicku), 245 (Alastair Wallace), 246 l. (David Persson), 246 r. (niall dunne), 248 l. (wjarek), 248 r. (jwarek), 249 (wjarek), 250 l. (Claudio Divizia), 254 l. (Foodpictures), 256 l. (Claudio Giovanni Colombo), 256 r. (Sarah2), 257 (Claudio Giovanni Colombo), 260 o. (Angelo Giampiccolo), 260 M. (stefano marinari), 266 l. (Val Thoermer), 266 r. (travelpeter), 267 (stefano marinari), 268 r. (hal pand), 268 l. (Andrzej Gibasiewicz), 269 (Luciano Mortula), 271 (Stefano Ember), 272 l. (Angelo Giampiccolo), 284 l. (Porojnicu Stelian), 285 (Honza Hruby).

Thilo Weimar, Bardolino: S. 5 o.l., 5 u.r., 7 l., 7 u., 7 o., 8 o., 8 u., 10 u., 10 M., 10 o., 11 M., 11 u., 14 o., 16 l., 16 r., 17, 18 r., 20 l., 21, 22 l., 22 r., 24 r., 25, 28, 32 r., 54 l., 54 r., 55, 58 o., 58 M., 58 u., 60 l., 60 r., 61, 62 r., 63 o., 63 u., 64 l., 64 r., 65, 74 l., 74 r., 75, 76 l., 76 r., 77, 78 l., 78 r., 84 r., 85, 88 r., 89, 90 l., 90 r., 91, 96 r., 97, 100 u., 102 l., 102 r., 103, 104 l., 120 l., 120 r., 121, 122 l., 122 r., 123, 124 l., 124 r., 126 l., 126 r., 130 r., 132 o., 132 u., 142 l., 142 r., 143, 144 l., 144 r., 152 l., 152 r., 154 l.o., 154 l.u., 170 M., 170 o., 174, 176 r., 178, 190 r., 191, 200 r., 201, 202 l., 206 u., 206 M., 222, 252 u.

Umschlag: Alle Bilder stammen von Bildagentur Look, außer Rückseite: Huber-Images, Garmisch-Partenkirchen.

Vorderseite:
Oben links: Caffe Di Simo in Lucca.
Oben Mitte: Frau in Getreidefeld nähe San Quirico d'orcia (Bildagentur Huber/ Rellini Maurizio)
Oben rechts: Typisch italienisches Leben in Lucca.
Hauptbild: Blick über die Weinberge der Region Chianti bei Sonnenaufgang.

Rückseite:
Gemeinsames Abendessen in der Nacht auf der Piazza Santo Spirito, Siena. (Bildagentur Huber/Rellini Maurizio)
.
S. 1: Trattoria Il Guscio, Florenz
S. 2/3: Beleuchtete Ortsansicht von Pitigliano in der Abenddämmerung

© 2014 Bruckmann Verlag GmbH, München
ISBN 978-3-7654-8375-2